TOEFL 和 SAT 全能书
——能力提升篇

主　编　苏子进
副主编　李　曦

中国人民大学出版社
·北京·

图书在版编目（CIP）数据

TOEFL 和 SAT 全能书. 能力提升篇 / 苏子进主编. --
北京：中国人民大学出版社，2022.3
ISBN 978-7-300-30101-3

Ⅰ. ①T… Ⅱ. ①苏… Ⅲ. ① TOEFL－词汇－自学参考资料 ② TOEFL－写作－自学参考资料 ③英语－词汇－高等学校－入学考试－美国－自学参考资料 ④英语－写作－高等学校－入学考试－美国－自学参考资料 Ⅳ. ① H313 ② H315

中国版本图书馆 CIP 数据核字（2021）第 261718 号

TOEFL 和 SAT 全能书——能力提升篇
主　编　苏子进
副主编　李　曦
TOEFL he SAT Quannengshu—Nengli Tishengpian

出版发行	中国人民大学出版社		
社　　址	北京中关村大街 31 号	**邮政编码**	100080
电　　话	010－62511242（总编室）		010－62511770（质管部）
	010－82501766（邮购部）		010－62514148（门市部）
	010－62515195（发行公司）		010－62515275（盗版举报）
网　　址	http://www.crup.com.cn		
经　　销	新华书店		
印　　刷	唐山玺诚印务有限公司		
规　　格	185 mm × 260 mm　16 开本	**版　　次**	2022 年 3 月第 1 版
印　　张	28.5	**印　　次**	2022 年 3 月第 1 次印刷
字　　数	620 000	**定　　价**	79.80 元

PREFACE 序言

本书重点解决的是考生在考试中会遇到的单词问题，帮助考生提高阅读效率，迅速提分。

因为托福只是一项基本英语能力考试，而 SAT 则是美国高考，所以在选词时，作者选了一些比较难的学者用词。本书里的词语都是环环相扣的，仔细看能看出其内在的关联。我们希望读完这本词汇书的考生，不但托福、SAT 可以考高分，上大学之后同样可以读得很顺利，不用总是查字典。学习本书，你留学的时候，美国的教授们会对你另眼相看。

1. 怎样使用本书?

本书单词全部来自托福和 SAT 考题。

（1）主力单词 / 词组选择的是考试中常出现的词，每一个 lesson 的主词条的选择都有作者的小心思在里面，词义相近或相反，帮助考生形成词群记忆的效果。主词条大多配有一个或多个例句，教考生了解单词的不同含义和使用场合，以求精准使用这些单词。

（2）句中单词 / 词组是为了帮助考生在句子的情境中更高效地拓展词汇记忆，降低单独记单词的难度。

（3）补充单词 / 词组是一些高分秘诀词，考频较主词条稍弱，其选择往往是跟主词条出现的文章相关联，考生可作为对主词条的补充来记忆。

（4）识记单词 / 词组是每一个 lesson 的最后一部分，在学习完前面的内容之后，再系统记忆一些关键词。对本部分的要求是记忆、认识即可，不需要掌握例句与不同用法。

（5）在学习本书的过程中，考生需充分使用音频，加强听力训练，掌握单词的正确发音。

（6）本套书分为夯实基础篇（九阳神功）和能力提升篇（九阴真经），考生应该先学基础篇，再学提升篇，达到对托福和 SAT 词汇的全方位掌握。

2. 为什么有大量例句?

大部分托福和 SAT 考生对单词会读不会用，本书大量例句可以解决这个问题。考生往往只知道单词常用的第一种或第二种意思，但 SAT 考试却考查第三种或第四种意思，本书例句中的相关词组、同义词及反义词就是为了让考生举一反三，记一个单词等于记住了很多个，对 SAT 考试的辨词题也会大有帮助。

3. 书中例句为什么没有翻译?

市面上大多数的单词书中例句后面往往跟着中文翻译，这个翻译的存在恰恰让读者产生了一种依赖，而只去记忆关键词，对例句中的其他词语或内在精华不去思考、不去理解，在脑海中还是通过中文去背诵英文，同样的时间内只做了记住关键词这一件事。同时，夹带中文翻译的书浪费了很多的篇幅。本书则不同，例句中不带中文翻译，逼迫学生通过上下文、同义词及衍生词去思考理解，这样做的好处有两个：一是从思考模式中去适应英文语法逻辑，真正习惯用英文思考英文，让考生从内在建立学习外语的环境；二是通过思考，加深印象和理解，同样的时间内既记住了关键词，又联想记忆了衍生词。

4. 目前市场上的书大多是托福和 SAT 分别出书，本书将两者整合在一起，对考生来说方便之处是什么?

无论是托福语言测试还是 SAT 美国高考，考试设计的目地都只有一个，帮助考生适应国外的大学学习。本书除了指明考试方向，还可以帮助考生提升英文实力，了解国外文化。实际考试中，托福和 SAT 的单词有很多重叠的地方，学习托福单词会对 SAT 有帮助，学习 SAT 单词亦会对托福有帮助，作者以提升英文实力为主，故将托福和 SAT 单词整合在一本书中，两门考试用一本书，方便考生携带和使用。

CONTENTS 目 录

九阴真经

九阴真经

Lesson 1

Part 1 主力单词 / 词组

renounce [rɪ'naʊns] *v.* 声明放弃；放弃信仰

After being overwhelmed, Japan **renounced** all rights to China.

Renouncing her religion is out of the question.

I **renounce** smoking, faith, and my citizenship as well as my inheritance.

renunciate [rɪ'nʌnsɪeɪt] *v.* 宣告放弃；宣布脱离关系 *n.* 宣告放弃的人

The leader of the protesters **renunciated** violence.

He is a **renunciate** who once took the vow of abstinence.

renunciation [rɪˌnʌnsɪ'eɪʃən] *n.* 宣告放弃；宣布脱离关系；禁欲

The **renunciation** of the throne is equivalent to the **renunciation** of wealth.

Will the **renunciation** of Christianity bring bad luck?

He signed the **renunciation** without consulting his lawyer.

Claire finished her novel in a period of **renunciation** in her life.

forgo [fɔːr'gəʊ] *v.* 放弃

The monk **forgoes** all temporal pleasures and desires.

For habitual smokers to **forgo** cigarettes is difficult.

forsake [fər'seɪk] *v.* 放弃；遗忘

Your best friend will not **forsake** you in your time of need.

abandon [ə'bændən] *v.* 抛弃；停止 *n.* 放弃；放纵

He **abandons** his nomadic roving life and settles down on a secluded island in the Mediterranean Sea.

The mechanic has **abandoned** his job insomuch as his knee got injured.

surrender [sə'rendər] *v./n.* 投降；放弃；让与

The tribe **surrendered** without a fight inasmuch as they don't want to use arrows against a machine gun.

I accept your unconditional **surrender**.

I **surrender** my seat to that crippled man.

yield [jiːld] v. 屈服；放弃；弯曲；让路；生产 n. 产量；利润

Some **yield** to despair and refuse to go further.

He refused to **yield** his knife and gun to the police.

The iron chair **yielded** under the sheer weight of the obese man.

Do you see the **yield** sign?

The bank **yields** at least 10 billion dollars in revenue annually.

The grain **yield** has increased this year due to abundant rainfall.

capitulate [kəˈpɪtʃʊˌleɪt] v. 投降；屈服

With his unswerving resolve, he will not **capitulate** in the face of a formidable opponent.

abjure [əbˈdʒʊr] v. 放弃；摒弃

Are you willing to **abjure** your citizenship?

I **abjured** my belief in Christianity.

I **abjure** a life of abstinence.

He **abjures** arrogance.

abjuration [ˌæbdʒʊˈreɪʃən] n. 公开放弃

I am rather disappointed at your **abjuration** of Buddhism.

eschew [ɪsˈtʃuː] v. 避免；回避

Negotiation cannot proceed any further unless both sides **eschew** violence.

Some students **eschewed** textbooks in favor of TV shows.

give way 让步；屈服；垮掉

Neither of them will **give way** in the trade-war negotiation.

Vehicles have to **give way** to pedestrians.

The suspension bridge **gives way** to gusty winds.

relinquish [rɪˈlɪŋkwɪʃ] v.（尤指不情愿地）放弃

The president **relinquished** his power to the parliament.

jettison [ˈdʒetɪsn] v./n. 放弃；抛弃；投弃货物

The incompetent German emperor **jettisoned** realpolitik in favor of imperial politics. In the midst, England, France, and Russia formed the Triple Entente.

The captain has to **jettison** some cargo because the fuel supply runs low.

I saw **jettison** everywhere after the ship sunk.

• Words in sentences 句中单词 / 词组 •

overwhelm [ˌəuvər'welm] *v.* 制服；淹没；覆盖；使难以承受

habitual [hə'bɪtʃuəl] *adj.* 惯常的

roving ['rəuvɪŋ] *adj.* 移来移去的

settle ['setl] *v.* 定居；解决

mechanic [mə'kænɪk] *n.* 机械修理工

arrow ['ærəu] *n.* 箭

crippled ['krɪpld] *adj.* 残疾的

sheer [ʃɪr] *adj.* 完全的

unswerving [ʌn'swɜːrvɪŋ] *adj.* 坚定的

formidable [fər'mɪdəbl] *adj.* 令人敬畏的

abstinence ['æbstɪnəns] *n.* 节制；节欲；戒酒；禁食

suspension [sə'spenʃn] *n.* 暂令停职；减震装置

suspension bridge 吊桥

parliament ['pɑːrləmənt] *n.* 国会；议会

realpolitik [reɪ'ɑːlpɑːlɪtiːk] *n.* 现实政治；权利政治

fuel ['fjuːəl] *n.* 燃料 *v.* 加燃料；刺激

Part 2 补充单词 / 词组

Triple Entente 三国协约

The Triple Entente is concerning the association between Great Britain, France, and Russia during World War I.

embrace [ɪm'breɪs] *v./n.* 拥抱；欣然接受；信奉

These conservatives will not **embrace** your new ideas.

In the **embrace** of terror, guerrillas launched more attacks.

be out of question 不可能

It **is out of the question** for me to outdo the champion in every possible way.

insomuch as 因为；在……的情况下；在……范围内

Her job looks promising, **insomuch as** every company needs an accountant.

九阴真经

I brought her roses **insomuch as** I loved her.

insomuch that 竟然到……的程度；以致……

He wrote very fast, **insomuch that** he completed five essays within an hour.

entente [ɑn'tɑnt] *n.*（国家间的）友好关系；友好协定

Both nations launch joint military exercises annually by the **entente.**

pathway ['pæθweɪ] *n.* 途径；小路

Both countries lower tariffs to each other which is a **pathway** toward an **entente**.

a lame excuse 站不住脚的借口

That your dog ate your homework was **a** classic **lame excuse**.

agnate ['ægˌneɪt] *n.* 父系亲属 *adj.* 父系的；同系的

The DNA of an **agnate** descendant should match with his father's.

All his **agnate** descendants have been cursed since their father excavated ancient tombs and disturbed the dead.

cognate ['kɑgneɪt] *n.* 同源词 *adj.* 同源的；同族的

My family is **cognate** with his. Our ancestors all came from Greece.

Catholicism [kə'θɑlɪˌsɪzəm] *n.* 天主教；天主教义及组织

Catholicism and Christianity are cognate religions.

distaff ['dɪstæf] *n.* 纺纱杆 *adj.* 女性的

There are few **distaff** lawyers in the law firm.

Don't underestimate the **distaff** power.

spear side （家族的）父系；男系

distaff side 母系

His physique was inherited from the **spear side**, but his intelligence from the **distaff side**.

votive ['vəʊtɪv] *adj.* 还愿的；表示谢恩的

My grandmother is a **votive** prayer who is used to going to the temple.

votive offerings 还愿奉献物

Her wishes came true. She provided **votive offerings** to a god.

vegetarian [ˌvedʒə'terɪən] *n.* 素食者

She has been a **votive vegetarian** for her entire life.

ensconce [ɪnˈskɑns] *v.* 安顿

the most inner recess of my heart 我心深处

He **ensconced** himself on the sofa.

I **ensconced** my love toward her in **the most inner recess of my heart**.

redoubt [rɪˈdaʊt] *n.* 安全藏身处；掩体

We took refuge in a **redoubt** during the airstrike.

redoubtable [rɪˈdaʊtəbəl] *adj.* 令人敬畏的；可敬的

magnitude [ˈmæɡnɪtuːd] *n.* 巨大；重大；震级；星的亮度

German was **redoubtable** in the sheer **magnitude** of its destruction during World War Two.

Part 3 识记单词 / 词组

spindle [ˈspɪndl] *n.* 纺锤

mechanics [məˈkænɪks] *n.* 力学；机械学

mechanical [məˈkænɪkl] *adj.* 机械的

mechanize [ˈmekəˌnaɪz] *v.* 使机械化；使呆板

lame [leɪm] *n.* 金银锦缎；瘸子 *adj.* 站不住脚的 *vt.* 使残废

swerve [swɜːrv] *v.* 急转弯 *n.* 改变方向

unswerving loyalty 坚定的忠诚

stronghold [ˈstrɔːŋhəʊld] *n.* 要塞

dissipation [ˌdɪsəˈpeɪʃən] *n.* 逐渐消失

dissipate [ˈdɪsɪpeɪt] *v.* （使）消散

suspend [səˈspend] *v.* 悬；挂；延缓

forsaken captive 被遗忘的俘虏

Lesson 2

Part 1 主力单词

disobey [ˌdɪsəˈbeɪ] *v.* 不服从；违反

She has **disobeyed** a court order to move out and despised provisional execution.

九阴真经

Citizens have the moral right and responsibility to **disobey** an unjust law.

He **disobeyed** two traffic devices and was charged for vandalism.

violate [ˈvaɪəleɪt] *v.* 违反

Pirates displayed no regard for the law and callously **violated** international treaties.

If you **violate** the law, you will get punished.

violation [ˌvaɪəˈleɪʃ(ə)n] *n.* 违法

The felon was charged with a **violation** of the law.

breach [briːtʃ] *v.* 违反 *n.* 裂缝

What is the penalty for **breaching** the contract?

The race car **breached** the speed limit.

There is a **breach** on the front bulwark.

Trade war has widened the **breach** between two nations.

contravene [ˌkɑːntrəˈviːn] *v.* 违反

The licentious behavior **contravenes** the precepts of the New Testament.

He **contravened** his father's will.

infringe [ɪnˈfrɪndʒ] *v.* 违背；侵犯

Whoever **infringes** a law will get punished.

Illegal copy or plagiarizing others' theses **infringes** copyright.

By trespassing into those woods, we might **infringe** the sovereignty of Russia.

infringement [ɪnˈfrɪndʒmənt] *n.* 违背；侵犯

The journalist has no regard for the **infringement** of privacy.

transgress [trænsˈgres, trænz-] *v.* 违背

She consciously **transgresses** unwritten social laws.

Students who **transgress** the school regulations will face punishment.

transgression [trænsˈgreʃən, trænz-] *n.* 违反

Killing and deceiving were considered **transgressions** against gods.

infract [ɪnˈfrækt] *v.* 违背；违法

This habitual offender always **infracts** the law.

infraction [ɪnˈfrækʃən] *n.* 违规

Smoking in the public place is only a minor **infraction**, but arson and murder are serious felonies.

Intentionally kicking or tripping is a major **infraction** in a soccer game.

recusant [rəˈkjuːzənt] *n.* 不服从的人 *adj.* 不服从权威的

Recusants refuse to obey established authority and follow orders.

dissent [dɪˈsent] *v.* 不同意 *n.* 异议

I **dissent** you to carry on the mission any further.

The chairman has got four **dissenting** opinions.

The provision was approved without **dissent.**

dissenter [dɪˈsentər] *n.* 不同意的人

He stifled all the **dissenters** in a conference.

disobedient [ˌdɪsəˈbiːdɪənt] *adj.* 不服从的

The **disobedient** soldier was discharged dishonorably.

• Words in sentences 句中单词 / 词组 •

despise [dɪˈspaɪz] *v.* 鄙视

provisional execution 假执行

vandalism [ˈvændəlɪzəm] *n.* 恣意毁坏他人财产

bulwark [ˈbʊlwɜːrk] *n.* 保护者；防御工事

precept [ˈpriːsept] *n.* 规范

the New Testament 新约

trespass [ˈtrespæs] *v./n.* 擅入

sovereignty [ˈsɑːvrəntɪ] *n.* 主权

arson [ˈɑːrsn] *n.* 纵火

Part 2 补充单词 / 词组

no trespassing 禁止擅入

No trespassing! The landowner might shoot you.

sacrosanct [ˈsækrəʊsæŋkt] *adj.* 神圣不容更改的

The constitution is **sacrosanct**.

sacrosanctity [ˌsækrəʊˈsæŋktətɪ] *n.* 神圣不可侵犯；客人至上

The judge seems to enjoy the **sacrosanctity** while in the courtroom.

arson murder 纵火谋杀

It is an **arson murder** as the evidence indicates.

vandalize [ˈvændlaɪz] *v.* 故意破坏

Don't **vandalize** public property. You may get caught.

vandal [ˈvændl] *n.* 恣意毁坏他人财产的人

Vandals defaced the public toilet.

violence [ˈvaɪələns] *n.* 暴力

Racism serves as nothing but encourages **violence** and riots.

fringe [frɪndʒ] *v.* 形成……边缘 *n.* 边缘；刘海儿 *adj.* 边缘的；非主流的

These shrubs **fringes** the villa.

South Africa is located in the southern **fringe** of the Africa continent.

The beggar lives on the **fringe** of society.

Do you think acoustics is a **fringe** major?

sovereign [ˈsɑːvrɪn] *n.* 君主 *adj.* 有主权的

The **sovereign** decided to attack his neighboring countries.

The **sovereign** ruler can make his own decision.

China is a **sovereign** country.

desensitize [diˈsensɪtaɪz] *v.* 使脱敏；降低敏感作用

Doing the same thing every day, somehow I become **desensitize** and feel bored.

hoard [hɔːrd] *v./n.* 贮藏

Merchants like to **hoard** goods during wartime.

Grandmother found a **hoard** of cash in the basement.

kickback [ˈkɪkˌbæk] *n.* 回扣；佣金

He has to pay double the amount of the bribe or **kickback** for this insatiate judge.

kick up 变得更活跃；变得更明显

The rain started to **kick up** after dinner.

Part 3 识记单词

bastion [ˈbæstʃən, -tɪən] *n.* 堡垒

inviolate [ɪnˈvaɪəlɪt] *adj.* 不容破坏的

inviolable [ɪnˈvaɪələbəl] *adj.* 不可亵渎的

Lesson 3

Part 1 主力单词 / 词组

discern [dɪˈsɜːrn] *v.* 辨别出；区分了解

Industrialists **discern** a seemingly obscure change in fashion.

A composer **discerns** the difference between the center and the periphery of popular music.

In the production of a philosophy, phenomena must be **discerned**, discriminated, classified...A philosophy will be higher in the scale, nearer the truth, as the discernment is wider, the discrimination nicer, and the classification better. (from John Wesley Powell, U.S. ethnologist, geologist, and explorer)

Only **discerning** art appreciators will understand the value of these medieval paintings.

differentiate [ˌdɪfəˈrenʃieɪt] *v.* 区别

The saint won't **differentiate** people based on their fame and fortune.

You don't have to **differentiate** yourself in the eyes of others.

The company's top priority is to **differentiate** its products from rivals.

discriminate [dɪˈskrɪmɪneɪt] *v.* 区分；歧视

Whoever has color blindness can't **discriminate** between red and green.

Some countries might **discriminate** against women by imposing many restrictions on them.

parse [pɑːrs] *v.* 仔细地分析

Most internet readers can't **parse** truth from fiction. They simply click the clickbait image.

nuance [ˈnuːɑːns] *n.* 细微差别

I can distinguish the **nuances** of flavors and fragrances among wines and perfumes.

The song allows for individual **nuance** and creative variation while singing.

subtle [ˈsʌtl] *adj.* 细微的；敏锐的；狡猾的

She prefers a **subtle** fragrance over a strong one.

I can feel her **subtle** passion toward me.

The writer has both sharp and **subtle** moral sense.

A **subtle** craftsman made a lot of delicate wooden figurines.

The **subtle** scholar studies the scientific project meticulously.

He is a **subtle** rogue who loves to take advantage of others.

subtlety [ˈsʌtltɪ] *n.* 微妙

Evelyn plays the piano with **subtlety** and passion.

tell the difference 区分

Can you **tell the difference** between the twins?

fraction [ˈfrækʃn] *n.* 小部分；小数

He has only done a **fraction** of his homework.

I would believe you if there was a **fraction** of the truth to your story.

The mathematician expresses the number as a **fraction**.

modicum [ˈmɑdɪkəm] *n.* 少量

The task requires a **modicum** of mechanical skill.

If you don't have a **modicum** of common sense about ordinary life, you should watch television more often.

She has a **modicum** of envy and admiration for Katherine's beauty.

The solar panels only produce a **modicum** of energy.

vestige [ˈvestɪdʒ] *n.* 一丝；残留部分

He shows no **vestige** of fear in front of a fiend.

We can't extract a **vestige** of truth from her.

These trenches are a **vestige** of world war two.

The ancient house has been refurbished so many times, only a few **vestiges** of the original construction remain.

iota [aɪˈəʊtə] *n.* 极微小

She didn't show an **iota** of interest in him.

Recession doesn't affect my life one **iota**.

If you have one **iota** of concern, you will admit what you did.

whit [hwɪt, wɪt] *n.*（多用于否定句中）一点点

I care not a **whit** about what Elizabeth thinks.

scintilla [sɪnˈtɪlə] *n.* 一点儿；火花

He followed the sanctimonious religious leader without a **scintilla** of doubt.

There is not a **scintilla** of evidence supporting his claim.

scintillate [ˈsɪntl.eɪt] *v.* 发光；照亮

Polaris **scintillates** brilliantly in the Egyptian night sky.

The artwork **scintillates** his talent.

smatter [ˈsmætə] *v.* 学了一点儿

I **smattered** Spanish.

smattering [ˈsmætərɪŋ] *n.* 一知半解的知识；少许

A **smattering** of everything, and a knowledge of nothing. (from Charles Dickens, British novelist)

Swahili is an interesting medley of languages which includes a **smattering** of Portuguese, English, and Persian words.

Mushrooms grow very quickly with a **smattering** of rain.

I only have a **smattering** of knowledge about alchemy.

soupcon [suːpˈsɑn] *n.* 微量

Her appearance has a **soupcon** of immaturity.

He agreed to the term with a **soupcon** of doubt.

I put a **soupcon** of mustard on the pancake.

• Words in sentences 句中单词 / 词组 •

industrialist [ɪnˈdʌstrɪəlɪst] *n.* 实业家

periphery [pəˈrɪfərɪ] *n.* 外围；边缘；圆周；圆柱体表面

clickbait [ˈklɪkbeɪt] *n.* 点击诱饵

solar panel 太阳能电池板

fiend [fiːnd] *n.* 恶魔般的人；爱好者

refurbish [ˌriˈfɜːrbɪʃ] *v.* 整修

sanctimonious [ˌsæŋktɪˈməʊnɪəs] *adj.* 假装圣洁的；假装诚实的；假装虔诚的

Polaris [pəˈlærɪs] *n.* 北极星

medley [ˈmedlɪ] *n.* 混合；混合物 *adj.* 混合的

pancake [ˈpænkeɪk] *n.* 松饼 *v.* 平降；使平降

Part 2 补充单词

nib [nɪb] *n.* 鸟嘴；钢笔尖

A finch cracks seeds by its **nib**.

periphery [pəˈrɪfərɪ] *n.* 周围

Barbarians dwelled in the region's **periphery**.

juvenilia [ˌdʒuvəˈnɪlɪə, -ˈnɪljə] *n.* 年轻时代的作品

The sculpture was his **juvenilia**.

The poem is from his **juvenilia**.

九阴真经

misogamy [mɪˈsɑɡəmɪ] *n.* 厌恶结婚

Alan gets over **misogamy** and marries Jennifer.

squeamish [ˈskwiːmɪʃ] *adj.* 易心烦意乱的

Why are we **squeamish** about fine points and legal niceties while the killer is at the front door?

headstrong [ˈhedstrɔːŋ] *adj.* 任性的

The **headstrong**, conceited Trump neither adheres to diplomatic niceties nor subscribes to royal etiquette and protocol.

subscribe [səbˈskraɪb] *v.* 订阅；订购；捐助；签名；同意；认购（股份）

Will you **subscribe** to *Time Magazine* for me?

She doesn't want to **subscribe** her name to a petition.

My little brother always **subscribes** to my proposal.

Do you **subscribe** to his pessimistic view of the economy?

The boss **subscribed** for 1000 shares of this public company.

pane [peɪn] *n.* 窗玻璃片

The baseball striker broke a window **pane**.

extract [ɪkˈstrækt, ˈekstrækt] *v.* 提取，提炼　*n.* 摘录；提取物

The analyst **extracts** data from samples.

I read a few **extracts** from her forthcoming novel.

extraction [ɪkˈstrækʃn] *n.* 血统；抽出

She comes from a family of Russian **extraction.**

perjury [ˈpɜːrdʒərɪ] *n.* 伪证

The wicked always have recourse to **perjury**. (from Jean Baptiste Racine, French playwright)

recidivism [rɪˈsɪdəˌvɪzəm] *n.* 再犯

The correctional center is designed to lower **recidivism** rates.

recidivist [rɪˈsɪdɪvɪst] *n.* 惯犯

The **recidivist** got a maximum sentence.

Part 3

nicety [ˈnaɪsɪtɪ] *n.* 细微的差别，细节；礼节

protocol [ˈprəʊtəkɑːl] *n.* 协议；规程；草案；礼仪

discerning [dɪˈsɜːrnɪŋ] *adj.* 有识别力的

discerning ability 判断力

discernible [dɪˈsɜːrnəbl] *adj.* 可辨别出的

indiscernible [ˌɪndɪˈsɜːrnəbl] *adj.* 不明显的；难识别的

distinguished [dɪˈstɪŋgwɪʃt] *adj.* 杰出的

distinguish oneself 使自己出类拔萃

scintillating [ˈsɪntˌleɪtɪŋ] *adj.* 闪烁的；才气横溢的

scintillation [ˌsɪntəˈleɪʃən] *n.* 火花；闪光

Big Dipper *n.* 北斗七星

dipper [ˈdɪpər] *n.* 长柄勺；浸染工人

misogyny [mɪˈsɑdʒənɪ] *n.* 厌女症

polygamist [pəˈlɪgəmɪst] *n.* 一夫多妻论者；一妻多夫论者

Lesson 4

Part 1 主力单词 / 词组

pass away 死亡；消亡

My grandmother has **passed away** two years ago.

His coach **passed away** the following year after the tournament.

The day of small nations has long **passed away**. The day of the Empires has come. (from Joseph Chamberlain, British statesman)

decease [dɪˈsiːs] v. 死亡

One of his relatives is **deceased** due to an acute carcinoma.

demise [dɪˈmaɪz] n. 终止；失败；倒闭 v. 遗赠

The emissaries from Persia moaned for the general's violent **demise** and sent him some condolence.

moribund [ˈmɔːrɪbʌnd] adj. 即将倒闭的；濒于崩溃的；濒临死亡的

The textile industry is **moribund** in most developed countries.

九阴真经

posthumous [ˈpɑstʃəməs] *adj.* 死后的；死后出版的

I just enjoy my life and have little regard for my **posthumous** fame.

give up the ghost 死去；放弃……；不能运作

He lost everything he previously earned and simply **gave up the ghost** to live a life in the fast lane.

fatality [feˈtælɪtɪ, fə-] *n.* 死亡；宿命

Do you know how many traffic **fatalities** occur every year?

• Words in sentences 句中单词 / 词组 •

tournament [ˈtʊrnəmənt] *n.* 锦标赛

carcinoma [ˌkɑːrsɪˈnəʊmə] *n.* 癌；肿瘤

Persia [ˈpəːʒə, -ʃə] *n.* 波斯（Iran 的旧称）

moan [məʊn] *v./n.* 呜咽；抱怨；发牢骚

condolence [kənˈdəʊləns] *n.* 哀悼

textile industry 纺织业

live/lead a life 过生活

fast lane 快车道

life in the fast lane 充满刺激的生活

traffic fatalities 交通死亡人数

Part 2 补充单词

colostrum [kəˈlɑstrəm] *n.* 初乳

parturition [ˌpɑːrtjʊˈrɪʃn] *n.* 分娩

Normally **colostrum** is produced after **parturition**.

newsletter [ˈnuːzletər] *n.* 简讯

The company e-mails its employees a monthly **newsletter**.

carcinogen [kɑːrˈsɪnədʒən] *n.* 致癌物

Processed meat contains **carcinogens**.

carcinogenic [ˌkɑːrsɪnəˈdʒenɪk] *adj.* 致癌的

Burning plastics will produce **carcinogenic** fumes.

condole [kənˈdəʊl] *v.* 哀悼；同情

They **condoled** the victims for a few minutes.

necrology [neˈkrɒlədʒɪ] *n.* 逝世者名单

It was a lengthy **necrology**. Too many people died.

polish [ˈpɑːlɪʃ] *v.* 磨光；擦亮 *n.* 磨光粉

He **polishes** his shoes for a meeting.

burnish [ˈbɜːrnɪʃ] *v.* 擦亮；磨光 *n.* 光泽

Soldiers **burnished** their bayonets before fighting.

The ceramic glass was **burnished**.

Part 3 识记单词 / 词组

the fatalities of the war 战争伤亡人数

a tennis/badminton tournament 网球 / 羽毛球锦标赛

lead a luxurious life 过着奢侈的生活

asbestos [æzˈbestəs] *n.* 石棉

formaldehyde [fɔːrˈmældɪhaɪd] *n.* 甲醛

aldehyde [ˈældəˌhaɪd] *n.* 乙醛

ceramic glass 釉

radon [ˈreɪdɑn] *n.* 氡

Lesson 5

Part 1 主力单词 / 词组

disavow [ˌdɪsəˈvaʊ] *v.* 声称对……一无所知；声称与……毫无关联

The fugitive **disavowed** any responsibility and involvement in the robbery.

The only way he knows how to avoid jail time is to **disavows** the criminal actions of his subordinates.

The nation **disavowed** any intention of aiding Pakistan against another nation.

九阴真经

disclaim [dɪsˈkleɪm] *v.* 否认；放弃

The legislator **disclaims** any intention of slandering and libeling his competitors.

I will not **disclaim** my right to inherit half of the family fortune.

disown [dɪsˈəʊn] *v.* 声明与……断绝关系

Her parents **disowned** her when she married a gangster.

recant [rɪˈkænt] *v.* 放弃；撤回；反悔

She refused to **recant** Christianity in front of terrorists.

The witness tried to **recant** his prior testimony.

The politician seems to **recant** his statement frequently.

recantation [ˌrɪkænˈteɪʃən] *n.* 放弃信仰；撤回；公开认错

Confessions, **recantations**, denunciation of associates were involved.

nothing to do with sb. 与……毫无关联

I have **nothing to do with** you.

disavowal [ˌdɪsəˈvaʊəl] *n.* 否认

Her **disavowal** appeared to be questionable when she was caught red-handed.

• Words in sentences 句中单词 •

subordinate [səˈbɔːrdɪneɪt, səˈbɔːrdɪnət] *v.* 使从属于 *n.* 部属；下级 *adj.* 从属的；下级的

confession [kənˈfeʃən] *n.* 承认

denunciation [dɪˌnʌnsɪˈeɪʃən, -ʃɪ-] *n.* 谴责

Part 2 补充单词

avow [əˈvaʊ] *v.* 声明；承认

He **avows** his adoration for her.

The prisoner **avowed** his innocence as he used to be.

Homosexuality and drug addictions are rarely **avowed.**

avowal [əˈvaʊəl] *n.* 声明；公开承认

Most people don't believe the criminal's **avowal** of innocence.

The couple exchanged **avowals** of love during the wedding.

subaltern [sə'bɔːltərn] *n.* 部下；陆军中尉 *adj.* 次要的

Cynthia treats her **subalterns** like her own family.

The **subaltern** received an order to move his army to the appointed city.

Having an extravagant wedding is considered to be a **subaltern** part of the bourgeois family.

subalternate [sʌb'ɔːltənɪt] *adj.* 次要的；近互生的

Papercutting is considered to be a **subalternate** art.

reclaim [rɪ'kleɪm] *v.* 拿回；改造；回收；挽救

I will **reclaim** my suitcase.

He is eligible to **reclaim** her income tax partially.

The agriculturist **reclaimed** swamps into farmland.

The deserted town has been **reclaimed** by the desert.

These plastic bottles can be **reclaimed**.

I had many dreams that I never **reclaimed** and fulfilled.

solitude ['sɑːlətuːd] *n.* 独处；独居

One Hundred Years of ***Solitude*** is an acclaimed novel by an established writer.

Part 3 识记单词

presidency ['prezɪdənsɪ, -ˌden-] *n.* 主席的职位；总统的职位

acclaim [ə'kleɪm] *v./n.* 称誉；欢迎

established [ɪ'stæblɪʃt] *adj.* 著名的

fulfillment [fʊl'fɪlmənt] *n.* 满足感；履行；实现

thug [θʌg] *n.* 恶棍；罪犯

Lesson 6

Part 1 主力单词

distaste [dɪs'teɪst] *n.* 厌恶；讨厌

The spy has to conceal her **distaste** for an obese high-ranking official.

九阴真经

九阴真经

detest [dɪˈtest] *v.* 非常不喜欢

He **detested** her in his heart.

detestable [dɪˈtestəbəl] *adj.* 可憎的；令人讨厌的

I won't champion the **detestable** project of producing a weapon of mass destruction.

disgust [dɪsˈgʌst] *v.* 使厌恶；使反感 *n.* 厌恶；反感

His rude action **disgusted** her.

The protagonist turned away in **disgust** when seeing the antagonist approach.

The putrid smell of the prison renders the place loathsome and **disgusting**.

abominable [əˈbɑmɪnəbl] *adj.* 令人憎恶的

The **abominable** climate of fear and distrust has been imposed by the dictator.

I have no interest in their **abominable** idolatries to the superstar.

gross [grəʊs] *adj.* 令人恶心的；臃肿难看的

His **gross** misconduct has stunned us all.

odium [ˈəʊdɪəm] *n.* 憎恨

You have to endure the **odium** and contumely from aboriginal people if you insist to take away their land without compensation.

odious [ˈəʊdɪəs] *adj.* 可憎的

Fleeing from a battle is an act of **odious** treachery.

revulsion [rɪˈvʌlʃn] *n.* 强烈的反感

The nationwide **revulsion** was ignited by the brutal murder of a child.

aversion [əˈvɜːrʒn] *n.* 厌恶；憎恶

People have their **aversions** and their preferences.

antipathy [ænˈtɪpəθɪ] *n.* 反感；强烈的厌恶

I acquired a deep **antipathy** toward false news.

antipathetic [ˌæntɪpəˈθetɪk] *adj.* 反感的

He held an **antipathetic** attitude toward his brother.

The celebrity has an openly **antipathetic** relationship with her mother.

execrate [ˈeksɪˌkreɪt] *v.* 咒骂；厌恶

She came to **execrate** the hypocritical behaviors of upper-class upbringing.

I came here to be honored instead of **execrated.**

I **execrate** all policies and laws that bind people like livestock.

execration [ˌeksɪˈkreɪʃən] *n.* 咒骂；厌恶；被诅咒之人或物

The maledictions, the imprecations, the **execrations** of the multitude were appalling.

repugnance [rɪˈpʌgnəns] *n.* 厌恶；强烈的反感

Every time I saw him my **repugnance** toward him grew.

She could hardly repress manifestations of **repugnance** toward her disfigured sister.

repugnant [rɪˈpʌgnənt] *adj.* 使反感的

It is a **repugnant** act to push someone in the track field.

dislike [dɪsˈlaɪk] *v.* 不喜欢　*n.* 不喜欢的事物；不喜欢

She **dislikes** him so evidently.

My girlfriend talks about her likes and **dislikes**.

abhor [əbˈhɔːr] *v.* 憎恶

She is the politician whom I **abhor** the most.

abhorrence [əbˈhɔːrəns] *n.* 痛恨

He insists on his **abhorrence** of this repressive family.

• Words in sentences 句中单词 / 词组 •

mass destruction　大规模毁灭性

protagonist [prəˈtægənɪst] *n.* 支持者

antagonist [ænˈtægənɪst] *n.* 对手

putrid [ˈpjʊtrɪd] *adj.* 腐烂的

render [ˈrendər] *v.* 使成为；提供

loathsome [ˈləʊðsəm] *adj.* 令人厌恶的

idolatry [aɪˈdɑlətrɪ] *n.* 偶像崇拜；盲目崇拜

stun [stʌn] *v.* 使昏迷；使震惊

contumely [ˈkɑntʊməlɪ, -tjʊ-, -təmlɪ] *n.* 侮辱；傲慢

ignite [ɪgˈnaɪt] *v.* 点燃

malediction [ˌmælɪˈdɪkʃən] *n.* 咒骂

imprecation [ˌɪmprɪˈkeɪʃən] *n.* 咒骂；辱骂

manifestation [ˌmænɪfeˈsteɪʃn] *n.* 显示；显现

九阴真经

九阴真经

Part 2 补充单词 / 词组

faux pas [ˌfəʊ ˈpɑː] 失言；失礼

He made a **faux pas** and seemed genuinely embarrassed about it.

gaffe [gæf] *n.* 失态

It's an awful **gaffe** to call a pretty girl by the wrong name.

ego [ˈiːgəʊ] *n.* 自我

He chose a criminal path due to his own **ego**.

egoism [ˈiːgəʊɪzəm] *n.* 利己主义；自负；自大

His **egoism** and arrogance irritate his manager.

atonement [əˈtəʊnmənt] *n.* 弥补；赔罪

egocentric [ˌɪgəʊˈsentrɪk] *adj.* 自我中心的

In the quest for **atonement** and forgiveness, I begin to see how selfish and **egocentric** I have been.

incendiary [ɪnˈsendɪərɪ] *adj.* 煽动性的；能引起燃烧的 *n.* 燃烧弹

noose [nuːs] *n.* 绳套；活扣；绞索 *v.* 用套索捉；使落入圈套；处以绞刑

The **noose** is an **incendiary** image with a repugnant connotation of the death penalty.

decompose [ˌdiːkəmˈpəʊz] *v.* 分解；腐烂

The chemist **decomposed** water electrolysis.

Bananas **decompose** quickly.

decomposition [ˌdiːˌkɑːmpəˈzɪʃn] *n.* 腐烂；分解

The **decomposition** of a dead body began in the swamp.

contumacious [ˌkɑntʊˈmeɪʃəs] *adj.* 违抗的；不服从的

Her **contumacious** conduct will not be tolerated by her conservative parents.

contumacy [ˈkɑntʊməsɪ, -tjʊ-] *n.* 违抗；藐视法庭；缺席审判

His **contumacy** to the court's order impressed me.

compensation [ˌkɑmpenˈseɪʃn] *n.* 赔偿金；补偿金

You insist to take away their land without **compensation**.

compensatory [ˌkɒmpenˈseɪtərɪ] *adj.* 赔偿的；补偿的

The U.S. takes a **compensatory** tax on the import of foreign cars.

rape [reɪp] *v.* 强奸 *n.* 强奸罪

The designated driver **raped** and killed a beautiful girl which sparked hatred in the victim's family.

He was guilty of **rape**.

Part 3 识记单词 / 词组

atone [əˈtəʊn] *v.* 改正

excrete [ɪkˈskriːt] *v.* 排泄

excrement [ˈekskrəmənt] *n.* 粪便

gross income 毛利

net income 净利

stunning [ˈstʌnɪŋ] *adj.* 绝妙的；令人震惊的

a stunning defeat 意外惨败

seeming embarrassment 表面上有点尴尬

morally repugnant 道德上令人反感

electrolysis [ɪˌlekˈtrɑləsɪs] *n.* 电解作用

electrolyte [ɪˈlektrəˌlaɪt] *n.* 电解质；电解液

putrefy [ˈpjʊtrəˌfaɪ] *v.* 腐烂

compensate [ˈkɑːmpenseɪt] *v.* 补偿

compensatory leave 补假

disfigure [dɪsˈfɪgjər] *v.* 毁容

antagonize [ænˈtægəˌnaɪz] *v.* 使生气；使对立

Lesson 7

Part 1 主力单词

elucidate [ɪˈluːsɪdeɪt] *v.* 阐明；解释

Could you **elucidate** your view on the antithesis between the rich and the poor?

The professor continued to **elucidate** the subject for hours.

He plays a seminal role in the realm of science and **elucidates** advanced quantum physics

九阴真经

for students.

expound [ɪk'spaʊnd] *v.* 详细解释

The erudite old monk is capable of **expounding** the scripture.

specify ['spesɪfaɪ] *v.* 具体说明

He didn't **specify** which color he wanted for the bike.

illuminate [ɪ'lu:mɪneɪt] *v.* 照明；阐明

The lightning **illuminates** the dark sky momentarily.

The professor **illuminates**/shines some light on the subject for us.

clarify ['klærəfaɪ] *v.* 澄清；阐明

The plenary meeting **clarifies** the budget for next year.

mansplain ['mænspleɪn] *v.* 对女生说教

The photoelectrochemistry professor tended to **mansplain** simple principles when he talked to female students.

stipulate ['stɪpjʊleɪt] *v.* 规定；明确说明

The insurance cover in the contract is kind of vague which does not **stipulate** what particular situations can receive compensation.

Would you **stipulate** the new functions of this car?

Goods are sold at a **stipulated** price in some communist countries.

stipulation [ˌstɪpjə'leɪʃən] *n.* 规定；明确的要求

They abolished the **stipulation** that only men could vote or hold office.

expatiate [ɪk'speɪʃɪˌeɪt] *v.* 详述

The salesman **expatiates** on the advantages of his products.

• Words in sentences 句中单词 •

seminal ['semənəl] *adj.* 有深远影响的

erudite ['erjəˌdaɪt, 'erə-] *adj.* 博学的

scripture ['skrɪptʃə] *n.* 宗教经文

plenary ['plɪnərɪ, 'plenə-] *adj.* 充分的，全体出席的 *n.* 全体会议

photoelectrochemistry [fəʊtəʊɪlektrəʊ'kemɪstrɪ] *n.* 光电化学

Part 2 补充单词

polymath [ˈpɑlɪmæθ] *n.* 博学家

The experiment was carried out by a German **polymath**.

antithesis [ænˈtɪθɪsɪs] *n.* 对立（面）；对照

Poetry is not the proper **antithesis** to prose, but to science. Poetry is opposed to science, and prose to meter. (from Samuel Taylor Coleridge, British poet)

plenipotentiary [ˌplenəpəˈtenʃɪˌerɪ, -ʃərɪ] *n.* 全权代表 *adj.* 全权代表的

Japan sent a **plenipotentiary** to surrender unconditionally.

The United Nations held a **plenipotentiary** meeting to work out the global problem.

Part 3 识记单词 / 词组

elucidation [ɪˌluːsɪˈdeɪʃn] *n.* 阐明

shed some light on 澄清，理清

quantum physics 量子物理学

valedictory address 毕业告别演讲

erudite scholar 博学的学者

valedictory [ˌvælɪˈdɪktərɪ] *n.* 告别演讲 *adj.* 告别的

valedictorian [ˌvælɪdɪkˈtɔːrɪən] *n.* 致告别辞的学生代表

antebellum [ˌæntɪˈbeləm] *adj.* 战争前的

erudition [ˌerjʊˈdɪʃən] *n.* 博学

function [ˈfʌŋkʃn] *n.* 功能；函数 *v.* 运转；起作用

functionalism [ˈfʌŋkʃənəˌlɪzəm] *n.* 功能主义

Lesson 8

Part 1 主力单词

dull [dʌl] *v.* 使迟钝；变得无光泽；减少 *adj.* 枯燥的；迟缓的

The knife was **dulled** with long use.

九阴真经

It is a **dull**, lengthy lecture.

A book may be amusing with numerous errors, or it may be very **dull** without a single absurdity. (from Oliver Goldsmith, Irish-born British novelist, playwright, and poet)

The old woman hears only **dull** sounds without her hearing aid.

The market becomes **dull** after the recession.

jaded [ˈdʒeɪdɪd] *adj.* 厌倦的

Going to the amusement park is fun, but after a couple of times, it becomes **jaded**.

The airplane passengers became impatient and **jaded** after long-hour waiting.

After a long ride, the horse became **jaded**.

The caviar tempts your **jaded** appetite.

insipid [ɪnˈsɪpɪd] *adj.* 无味的；没趣味的

My love stories are like **insipid** coffee.

The senior playwright's ideas are so **insipid** and uninteresting.

ennui [ɑnˈwiː] *n.* 无聊

She promenaded along the coastline alone with **ennui** during Valentine's Day.

lackluster [ˈlækˌlʌstə] *adj.* 无生气的；暗淡的

Your **lackluster** performance in the talent show was not impressive.

The epidemic delivers a heavy blow to an already **lackluster** economy.

monotonous [məˈnɑːtənəs] *adj.* 无聊的；单调的

I could hear his **monotonous** snore.

The **monotonous** atonality of the opera made the audience drowsy.

monotony [məˈnɑːtənɪ] *n.* 单调

In Victor's life, **monotony** and boredom had nothing to do with one another.

humdrum [ˈhʌmˌdrʌm] *adj.* 平凡的；乏味的

I passed another **humdrum** day in the summer.

A writer depicting **humdrum** realities is comparable to a prophet incapable of performing miracles in which mountains are dislodged and rivers are turned into roads. (from Nuruddin Farah, Somali novelist, playwright, and teacher)

vegetate [ˈvedʒɪˌteɪt] *v.* 过无聊生活

I spent my summer vacation **vegetating** in Bali.

The children **vegetated** in front of the television all night.

vapid [ˈvæpɪd] *adj.* 枯燥的

I can't put up with the **vapid** generalities of the TV program.

No one wants to hang out with a **vapid** person.

vapidity [vəˈpɪdətɪ] *n.* 无趣

She challenged the **vapidity** of church music.

• Words in sentences 句中单词 •

caviar [ˈkævɪˌɑː(r)] *n.* 鱼子酱

promenade [ˌprɑməˈneɪd] *v.* 散步 *n.* 散步场所

snore [snɔː] *v./n.* 打鼾

atonality [ˌeɪtəʊˈnælətɪ] *n.* 无调性

Part 2 补充单词 / 词组

at the worst 在最坏的情况下

Most men and women lead lives **at the worst** so painful, at the best so monotonous, poor and limited that the urge to escape, the longing to transcend themselves if only for a few moments, is and has always been one of the principal appetites of the soul. (from Aldous Huxley, British novelist and essayist)

expatriate [ˌeksˈpeɪtrɪət] *v.* 放逐；放弃国籍；移居国外 *n.* 侨民 *adj.* 移居国外的；被逐出国外的

The king **expatriated** a criminal to an island.

His citizenship has been **expatriated**.

They decided to **expatriate** to Brazil last year.

Expatriates donated some money to their motherland.

Expatriate workers in California are commonplace.

repository [rɪˈpɑːzətɔːrɪ] *n.* 仓库；贮藏处

The encyclopedia, itself, is a **repository** of knowledge.

This museum is the largest **repository** of Picasso paintings.

impression [ɪmˈpreʃn] *n.* 印象

All the perceptions of the human mind resolve themselves into two distinct kinds; which I

九阴真经

shall call **IMPRESSIONS** and IDEAS. (from David Hume, Scottish philosopher and historian)

entry [ˈentrɪ] *n.* 进入；大门 *v.* 参与；参赛

You have to see the **entry** data on the computer first.

The nation repudiates Palestine's **entry** into the United Nations.

perceptive [pərˈseptɪv] *adj.* 反应敏锐的

The perspicacious editorial was written by a well-trained, **perceptive** writer.

frolic [ˈfrɑːlɪk] *n./v.* 嬉戏

Kids **frolicked** in the field with their dogs.

romp [rɑːmp] *v.* 玩耍；轻易地取胜 *n.* 风流韵事；嬉戏喧闹

He can't be free to **romp** after failing the exam.

The dogs love a good **romp** in a park.

sportive [ˈspɔːrtɪv] *adj.* 嬉戏的；开玩笑的；运动的

The **sportive** kung fu master likes to play around.

The **sportive** teacher begins every lesson with a licentious joke.

He is a **sportive** fellow who likes to jog every day.

gambol [ˈgæmbəl] *v./n.* 跳跃；嬉戏

Deer **gambol** in the field.

I can see the **gambols** of bear cubs in the forest.

gambado [gæmˈbeɪdəʊ] *n.* 马的跳跃；恶作剧

Gambado means a low leap of a horse.

repertoire [ˈrepərtwɑːr] *n.* 全部才能；全部节目

He repeated his **repertoire** so often that even from miles away, Clara could follow his conversation with anyone who happened to be sitting next to him. (from Luisa Valenzuela, Argentinian writer)

The orchestra is famous for its unmatched performance and the breadth of its **repertoire**.

Part 3 识记单词 / 词组

insipidity [ˌɪnsɪˈpɪdətɪ] *n.* 无味；清淡

static [ˈstætɪk] *adj.* 静态的；停滞的 *n.* 静电

encyclopedia [ɪnˌsaɪklə'piːdɪə] *n.* 百科全书

make an entry 进入

gain entry to or into sth. 得以进入某处

storehouse ['stɔːrhaʊs] *n.* 仓库；宝库

depository [dɪ'pɑːzətɔːrɪ] *n.* 贮藏所；受托者

night depository 夜间保险箱

waste depository 垃圾场

entry standard 参赛标准

playwright ['pleɪraɪt] *n.* 剧作家

ambulate ['æmbjʊleɪt] *v.* 走动

ambulatory ['æmbjələtɔːrɪ] *adj.* 流动的；走动的

impressionism [ɪm'preʃənɪzəm] *n.* 印象主义；印象派

perception [pər'sepʃn] *n.* 认知；观念

perspicacious [ˌpɜːrspɪ'keɪʃəs] *adj.* 有洞察力的

tonality [təʊ'nælətɪ] *n.* 音调；声调

Lesson 9

Part 1 主力单词

nascent ['næsənt, 'neɪsənt] *adj.* 初期的；未成熟的

China enjoys the **nascent** rapprochement with other nations by the belt and road projects.

His sister's encouragement boosts her **nascent** passion for playing the piano.

A high tariff was meant to protect domestic **nascent** industries.

incipient [ɪn'sɪpɪənt] *adj.* 刚开始的；早期的

The trade war incident led to **incipient** economic alignment and cooperation in Asia countries.

embryonic [ˌembrɪ'ɑnɪk] *adj.* 萌芽期的

The **embryonic** political party doesn't know how to run the country.

embryo ['embrɪəʊ] *n.* 胚胎

The doctor implanted the **embryo** in her uterus.

As research continues, scientists hope to link these fossil **embryos** with specific living creatures.

九阴真经

germinal [ˈdʒɜːrmənəl] *adj.* 幼芽的

The antidote is still in the **germinal** stage.

fledge [fledʒ] *v.* 长出飞羽

These young birds have started to **fledge**.

fledgling [ˈfledʒlɪŋ] *n.* 幼鸟 *adj.* 新手的；没经验的

The government tries to crack down the **fledgling** terrorists domestically.

bud [bʌd] *v.* 发芽；长出花苞 *n.* 芽；花蕾；刚发展的阶段

The plant **buds** in autumn.

The government decides to nip the rebellion in the **bud**.

budding [ˈbʌdɪŋ] *adj.* 开始发展的；崭露头角的

Budding insurgency in southwestern Cambodia reflected a spillover from the economic downturn.

burgeon [ˈbɜːrdʒən] *v.* 迅速发展

The mushroom **burgeons** after rainfall.

Supermarkets have **burgeoned** in recent years.

burgeoning [ˈbɜːrdʒənɪŋ] *adj.* 迅速发展的

The country tried to cope with the **burgeoning** population.

They sold their gold-mine franchise to a creditor in an attempt to compensate for their **burgeoning** debt.

chrysalis [ˈkrɪsəlɪs] *n.* 刚开始发展的阶段；蛹

She emerged from the **chrysalis** of vibrant adolescence.

inchoate [ɪnˈkəʊət] *adj.* 才开始的；不发达的

She has an **inchoate** feeling of affection for George, whom she had thought of as a friend and a teacher.

He was forced to scrap the **inchoate** plan because the bidding for the land was too high.

The western region is an **inchoate** area where few people live.

• Words in sentences 句中单词 / 词组 •

alignment [əˈlaɪnmənt] *n.* 结盟；列队

uterus [ˈjuːtərəs] *n.* 子宫

fossil [ˈfɑːsl] *n.* 化石；老顽固

antidote [ˈæntɪdəʊt] *n.* 解毒药；矫正方法

crack down 镇压；打击

nip [nɪp] *v.* 掐；啃咬；（寒气、风等）伤害；急忙赶往 *n.* 寒冷；少量的烈酒

spillover [ˈspɪləʊvə(r)] *n.* 溢出

adolescence [ˌædəˈlesns] *n.* 青春期

scrap [skræp] *v.* 放弃；取消；销毁 *n.* 碎片；碎屑

bidding [ˈbɪdɪŋ] *n.* 出价；命令

Part 2 补充单词 / 词组

at will 任意地；随心所欲地

They sallied out **at will** to harass the invader.

align [əˈlaɪn] *v.* 使一致，排整齐

The major unions are under pressure to **align** themselves with the government.

striker [ˈstraɪkər] *n.* 罢工者

They condemned the **strikers** in unison.

sally [ˈsælɪ] *v.* 突围；外出 *n.* 突袭；俏皮话；铃锁拉手处

ring the bell 摇铃

We **sallied** forth to the South.

The garrison made a sudden **sally** against the enemy at midnight.

Pull the **sally** in the right strength to **ring the bell**.

sortie [ˈsɔːrtɪ] *v./n.* 突围

The army made a **sortie** against an enemy position.

Soldiers all felt tired after two days of **sorties** against rebels.

stately [ˈsteɪtlɪ] *adj.* 庄重的

The president made a **stately** step in his inauguration.

knell [nel] *v.* 鸣丧钟；预报凶兆 *n.* 丧钟声；凶兆

The success of the revolution **knelled** the downfall of the Qing dynasty.

九阴真经

The major defeat sounded the death **knell** of this empire.

barb [baːrb] *n.* 伤人的话

blogosphere ['blagəsfɪr] *n.* 微博圈

barrage [bə'rɑːʒ] *v.* 齐射式攻击 *n.* 一连串；火力网

His belated action on the crisis caused him to receive a deluge of sarcastic **barbs** from the **blogosphere** and a **barrage** of criticism from the news.

sarcastic [sɑːr'kæstɪk] *adj.* 讽刺

The **sarcastic** critic repeats his words.

sarcasm ['sɑːrkæzəm] *n.* 讽刺；挖苦

His self-deprecating **sarcasm** makes the audience have mixed feelings.

sardonic [sɑːr'dɑːnɪk] *adj.* 冷嘲的

The journalist made a **sardonic** comment about an officer's morality.

Part 3 识记单词 / 词组

belt-and-road 一带一路

silk road 丝路

in unison 一起说；一起做

toll a knell 敲丧钟

a death knell 丧钟

open the bidding 首先开价

at sb.'s bidding 遵从……的吩咐而做

align yourself with sb. 与……保持一致；与……结盟

unison ['juːnɪsən, -zən] *n.* 齐唱

garrison ['gærɪsən] *n.* 守备部队；驻防地

belated [bɪ'leɪtɪd] *adj.* 太迟的；过时的

belated apology 迟来的道歉

barbwire [bɑb'waɪər] *n.* 倒钩铁丝

Lesson 10

Part 1 主力单词 / 词组

despise [dɪ'spaɪz] *v.* 鄙视

The people of lower castes **despise** the work of cleaning sewerage constantly.

It has been said that there are few situations in life that cannot be honorably settled, and without loss of time, either by suicide, a bag of gold, or by thrusting a **despised** antagonist over the edge of a precipice upon a dark night. (from Ernest Bramah, British writer)

He **despises** the partisans but pretends to be very faithful.

I **despise** you for cheating.

despicable [dɪ'spɪkəbl] *adj.* 卑劣的

A **despicable** traffic policeman hid at the corner of the street and gave me a traffic ticket for speeding.

disdain [dɪs'deɪn] *v./n.* 轻视

The boss **disdained** his mentally challenged son.

Upon the discovery of his deception, pity soon turned into **disdain**.

Racial supremacy had been pervading at that time. Some people often inculcated **disdain** for foreigners.

disdainful [dɪs'deɪnfl] *adj.* 轻视的

He gave me a **disdainful** glare while I passed by him.

contempt [kən'tempt] *n.* 轻蔑

An arrogant **contempt** for a formidable enemy is unwise.

The security guard glared at me in **contempt**.

He has been deemed guilty of **contempt** for refusing to testify.

contemptuous [kən'temptʃʊəs] *adj.* 轻视的

She seems at times **contemptuous** of her younger brother who has little money.

He is **contemptuous** of police, who are just "licensed gangsters" in his eyes.

contemn [kən'tem] *v.* 侮辱；蔑视

The rich guy always **contemned** me in some way.

九阴真经

condemn [kən'dem] *v.* 谴责；判刑

His immoral action should be **condemned**.

condescend [ˌkɑndɪ'send] *v.* 表现出优越感；屈尊

The rich man looks at me with a **condescending** attitude and a disdainful smile.

The gentleman **condescended** to take off the lady's jacket.

The king **condescends** to hear his people's complaints.

contumely ['kɑntʊməlɪ, -tjʊ-, -təmlɪ] *n.* 傲慢无礼

Forgiveness is a strength. People have to live down the past **contumely** in order to live a better life.

dismissive [dɪs'mɪsɪv] *adj.* 轻视的；不当一回事的

The racist was **dismissive** of other nations and cultures.

The layman's **dismissive** attitude toward God enrages the priest.

look down on 轻视

If you don't buy anything, the clerks might **look down on** you.

scorn [skɔːrn] *v./n.* 轻蔑

The two classmates tend to **scorn** each other.

A little disdain is not amiss; a little **scorn** is alluring.

underrate [ˌʌndə'reɪt] *v.* 低估

The dangers of atomic war are **underrated**.

The notable Romanian critic, also an **underrated** poet, will visit Belarus tonight.

You **underrate** your own charms and overrate others' in the pageant.

flout [flaʊt] *v.* 藐视；嘲笑

Hunters **flout** the poaching laws in the preservation area.

A driver openly **flouted** the law; parking on a red line.

jeer [dʒɪr] *v./n.* 嘲笑

He was **jeered** by other kids when he slipped by a banana peel.

She is a grandmaster of gibes, flouts, and **jeers**.

turn up one's nose at 对……嗤之以鼻

She **turns up her nose at** a vendor who sells low-quality merchandise.

• Words in sentences 句中单词 / 词组 •

caste [kæst] *n.* 种姓制度

sewerage [ˈsʊərɪdʒ] *n.* 下水道系统

traffic ticket 交通罚单

mentally challenged/mentally retarded 智障的

supremacy [sʊˈpreməsɪ] *n.* 最高地位；至高无上

live down 遗忘

enrage [ɪnˈreɪdʒ] *v.* 激怒

amiss [əˈmɪs] *adj.* 有错误的；不恰当的；有毛病的，有缺陷的

alluring [əˈlʊrɪŋ] *adj.* 诱惑的，诱人的，迷人的，吸引人的

Romanian [rʊˈmeɪnɪən] *n.* 罗马尼亚人 *adj.* 罗马尼亚的；罗马尼亚人的；罗马尼亚语的

Belarus [ˌbeləˈrʊs] *n.* 白俄罗斯

poach [pəʊtʃ] *v.* 偷猎；侵占；窃取

Part 2 补充单词

thrust [θrʌst] *v.* 用力推；刺 *n.* 抨击

He slew the vampire with a powerful **thrust**.

sewer [ˈsuːər] *n.* 下水道

Underground **sewers** suffuse the area.

officialese [əˌfɪʃəˈliːz, -ˈliːs] *n.* 官场用语

The **officialese** he used is kind of confusing.

pervade [pərˈveɪd] *v.* 弥漫

A feeling of joy **pervades** the movie.

pervasive [pərˈveɪsɪv] *adj.* 普遍的；弥漫的

Pollution is **pervasive** in the coastal waters.

pervasion [pəˈveɪʒən] *n.* 扩散；弥漫

The **pervasion** of drugs in the Philippines is alarming.

九阴真经

suffuse [sə'fjuːz] *v.* 使充满；弥漫

She **suffuses** her movie script with many twists.

She was **suffused** with a feeling of awe when she saw a tiny fairy.

Horror **suffuses** the ghost movie.

The landscape was **suffused** with a romantic feeling.

The red light **suffuses** her face.

tier [tɪr] *v.* 使分层 *n.* 排；层；等级

These seats were **tiered** into four rows.

Amphitheaters with **tiers** of seats surrounding a central area are often used for historical pageants or other hieratic celebrations.

rebus ['riːbəs] *n.* 字画谜

Several hieroglyphic writing systems had developed in China in contrast with Maya writing which **rebuses** augment symbols.

emblem ['embləm] *n.* 象征；徽章

The five-star flag is the **emblem** of China.

He was once regarded as the **emblem** of conservatism.

dove [dəʊv, dʌv] *n.* 鸽子；鸽派（参政者）

emblematic [ˌemblə'mætɪk] *adj.* 有代表性的

The **dove** is **emblematic** of world peace.

nanotechnology [ˌnænəʊtek'nɑlədʒɪ] *n.* 纳米技术

These finely woven waterproof sweaters have become **emblematic** of the age of **nanotechnology**.

Part 3 识记单词 / 词组

condescend to do 屈尊做……

dismissal [dɪs'mɪsəl] *n.* 解散

pageant contest 选美大会

pageant ['pædʒənt] *n.* 盛会

phonetic symbols 语音的符号

phonetic [fə'netɪk] *adj.* 语音的

uninitiated [ˌʌnɪ'nɪʃɪeɪtɪd] *adj.* 无专门知识的

the uninitiated 门外汉；不知情者

waterproof [ˈwɔːtərpruːf] *adj.* 防水的 *v.* 使防水 *n.* 防水材料

bulletproof [ˈbʊlɪtˌpruːf] *adj.* 防弹的；万无一失的

poacher [ˈpəʊtʃər] *n.* 偷猎者；非法捕鱼者

amphitheater [ˌæmfɪˈθɪrtə] *n.* 圆形露天剧场

hieratic [ˈhaɪəˈrætɪk] *adj.* 宗教的；牧师的

Lesson 11

Part 1 主力单词 / 词组

split [splɪt] v./n. 分开；切开；分裂

Married couples should **split** their combined income in making out their returns.

The road **splits** the town in two.

The thunder **splits** the air.

The largest political party has **split** into factions.

cleave [kliːv] v. 砍开；分裂；迅速穿过；信奉

He **cleaved** a stick in two.

The cell **cleaves** into two.

They **cleaved** a path in a mountain.

The ship **cleaved** through the waves.

He **cleaved/clove** to communism.

cleavage [ˈkliːvɪdʒ] n. 裂隙；分歧；乳沟

Incremental tax is designed to mitigate a sharp **cleavage** between the rich and the poor.

cleft [kleft] n. 裂口；裂缝

Eagles often nest in **clefts** in rocks on high mountains.

The **cleft** between the liberals and the conservatives in their approaches to social reform has been widened.

cloven [ˈkləʊvən] adj. 劈开的；分开的

Goats have **cloven** hooves.

interstice [ɪn'tɜːstɪs] *n.* 裂缝；缺口；间隔

The birds tend to deposit their nest in the **interstice** of upright rocks.

A sunbeam shines through an **interstice** in the clouds.

Huge quantities of food were consumed in the **interstices** of war. Matériel shipments were bound for the French front.

rive [raɪv] *v.* 撕裂；劈开 *n.* 碎片

The country is **riven** by disagreements over the trade war.

He was **riven** of guilt for not saving her in time.

Her sudden departure **rives** my heart in two.

wrench [rentʃ] *v.* 使痛苦；挣脱，猛拉；扭伤 *n.* 痛苦；猛拉；扭伤；扳手

Seeing the impoverished children produces a peculiar **wrenching** of the soul.

Cuba tried to **wrench** itself free from the grip of the United States.

I had a **wrench** in my ankle because I didn't warm up before a workout.

rend [rend] *v.* 撕碎；(声音) 响彻

The sharp sword is capable of **rending** your enemy in two.

The famine in Africa is a heart-**rending** crisis.

A terrifying scream **rent** the midnight air.

tear apart 拆掉；使……四分五裂

Economic crises **tore apart** the Soviet Union.

wrest [rest] *v.* 抢夺；抢夺 (权力)；攫取；曲解 *n.* 抢夺

The police **wrested** the hostage's whereabouts out of the kidnapper.

The report should misguide the audience and **wrest** the facts.

• Words in sentences 句中单词 / 词组 •

faction ['fækʃn] *n.* 派系；内讧

incremental tax 累进税率

hoof [huːf] *n.* 蹄 (hooves 复数) *v.* 用蹄踢

sunbeam ['sʌnˌbiːm] *n.* (一束) 阳光

whereabouts ['werəbaʊts, ˌwerə'baʊts] *n.* 行踪；下落 *adv.* 在哪个地方

misguide [mɪs'gaɪd] *v.* 误导；把……引入歧途

Part 2 补充单词 / 词组

flaunt [flɔːnt] *v.* 炫耀；飘扬

She **flaunts** her diamond ring in front of me.

The professor **flaunted** his knowledge to impress his students.

The flag in the tower **flaunts** in the breeze.

vaunt [vɔːnt] *v.* 吹嘘

He often **vaunts** how rich he is.

vaunted [ˈvɔːntɪd] *adj.* 自夸的

lenity [ˈlenətɪ] *n.* 慈悲

I don't believe your **vaunted lenity**.

infotainment [ˌɪnfəʊˈteɪnmənt] *n.* 信息类的娱乐节目

People have been bombarded by the **infotainment** industry every day.

tractor [ˈtræktər] *n.* 拖拉机；牵引机

furrow [ˈfɜːrəʊ] *v.* 犁，耕；弄皱 *n.* 犁沟；皱纹

The **tractor furrowed** the soft ground in the field.

She **furrowed** her brow when she heard the bad news.

Out in front of us, a **furrow** of radiant light from the ether marks the path we must take.

The water has dripped on this rock for centuries causing the formation of a deep **furrow**.

plow [plaʊ] *v.* 犁；耕；开路 *n.* 耕作机

The farmer **plowed** a **furrow** as a ditch.

The **plow** breaks up soil and makes **furrows**.

work out 锻炼；完成；想出；解出

I **work out** for three hours each day.

Things didn't **work out** as they were supposed to.

double life 双重生活

I will expose her **double life**.

rind [raɪnd] *n.* 外皮

She peeled the **rind** off of an apple.

faction ['fækʃn] *n.* 小集团；派系

dissension [dɪ'senʃən] *n.* 意见不合

There are many **factions**, divisions, and **dissensions** inside this democratic party.

factious ['fækʃəs] *adj.* 派别的

The nation has been transformed into a chaotic, **factious**, multiparty democracy.

clique [kliːk] *v.* 结党 *n.* 派系

The fascist **clique** failed to win the support of the majority.

junta ['hʊntə] *n.* 军人集团

A military **junta** staged a coup.

Failing to eradicate drug abuse was regarded as a setback for the ruling **junta**.

bellow ['beləʊ] *v.* 怒吼

The general **bellowed** at a low-ranking official to type a file for him.

Part 3 识记单词 / 词组

furrow someone's brow 眉头紧锁

plowed land 耕地

frown [fraʊn] *v./n.* 皱眉

farrow ['færəʊ] *v.* 产（仔猪） *n.* 一窝小猪

make out 填写；辨别出

rive off 撕开；扭去

tract [trækt] *n.* 大片土地

radicalism ['rædɪkəˌlɪzəm] *n.* 激进主义

materiel [məˌtɪrɪ'el] *n.* 物料；军备

Lesson 12

Part 1 主力单词

haughty ['hɔːtɪ] *adj.* 傲慢的

I really like that feisty girl, disregarding her **haughty** demeanor which can be overlooked.

Their **haughty** pride disdains the poor priest.

haughtiness ['hɔːtɪnəs] *n.* 傲慢

He took great offense to the waitress's **haughtiness**.

supercilious [ˌsuːpər'sɪlɪəs] *adj.* 傲慢自大的

The caricature manifests a **supercilious**, arrogant, cruel military officer.

A young man, in whose air and countenance appeared all the uncouth gravity and **supercilious** self-conceit of a physician piping hot from his studies. (from Tobias Smollett, Scottish novelist)

imperious [ɪm'pɪrɪəs] *adj.* 跋扈的；紧急的

Warlords are usually **imperious**. They kill civilians like bugs.

She has an **imperious** attitude toward everyone because she has a powerful father.

Overpopulation and depletion of resources are **imperious** problems nowadays.

overbearing [ˌəʊvər'berɪŋ] *adj.* 专横的，傲慢的

Many people have expressed their discontent over the major's **overbearing** attitude during TV interviews.

patron ['peɪtrən] *n.* 赞助者

She is a major **patron** of this organization.

patronize ['peɪtrənaɪz] *v.* 光顾；赞助；摆出高人一等的派头

The snob **patronizes** the luxury car shop frequently. It is vanity but futility.

He can't bear the superior and **patronizing** tone of his manager.

conceit [kən'siːt] *n.* 自负；自大

Conceit is the privilege of every successful man.

conceited [kən'siːtɪd] *adj.* 自负的

She is a brilliant but **conceited** programmer.

complacent [kəm'pleɪsnt] *adj.* 自满的

The general was too **conceited** and **complacent** to listen to the military adviser who caused them to lose the battle.

arrogant ['ærəgənt] *adj.* 自大的，傲慢的

She was proud and **arrogant**.

smug [smʌg] *n.* 沾沾自喜的人 *adj.* 沾沾自喜的

Most officials are annoyingly **smug** and complacent.

九阴真经

deign [deɪn] *v.* 降低身份；赐予

I don't suppose the president will **deign** to accept our invitation.

The princess **deigned** to talk to a beggar.

The haughty pretty girl never **deigns** to notice us.

He didn't receive the slightest token of recognition from the celebrity who rejected his proposal instantly without **deigning** a glance.

overweening [ˌəʊvərˈwiːnɪŋ] *adj.* 骄傲的；自负的

He is **overweening** about his abilities.

She has an **overweening** desire for wealth and fame.

hauteur [hɔːˈtɜːr] *n.* 傲慢

she looked at him with the **hauteur** as if he is a servant.

• Words in sentences 句中单词 •

feisty [ˈfaɪstɪ] *adj.* 精神抖擞的

uncouth [ʌnˈkʊθ] *adj.* 粗鲁的；笨拙的

snob [snɑːb] *n.* 谄上欺下的人；势利小人

vanity [ˈvænətɪ] *n.* 虚荣心

futility [fjʊˈtɪlətɪ] *n.* 无用

Part 2 补充单词

skim [skɪm] *v.* 撇去；掠过

lotus [ˈləʊtəs] *n.* 莲花

Children **skim** stones in a **lotus** lake.

dross [drɑːs] *n.* 无用之物；浮渣

The content of this television program is full of **dross** and emptiness.

bismuth [ˈbɪzməθ] *n.* 铋

They skimmed off the **dross** floating on the surface of the metallic liquid which combined lead and **bismuth**.

chaff [tʃæf] *v.* 开玩笑 *n.* 粗糠

She **chaffed** at others' expense.

An editor is one who separates the wheat from the **chaff** and prints the **chaff**. (from Adlai Stevenson, U.S. statesman)

consigliere [ˌkɒnsɪɡ'lɪərə] *n.*（黑帮老大的）顾问，参谋

He is a **consigliere** of a gang.

consiglieri [kɒn'sɪɡlɪərɪ] *n.* 顾问，参谋；军师（复数形式）

The most trusted White House **consiglieri** perform the anti-terrorist operations swiftly and discreetly.

craven ['kreɪvən] *n.* 懦夫 *adj.* 懦弱的

These **craven** mercenaries didn't fight for a minute.

It's better to be a **craven** man than a fool.

blabber ['blæbə] *v.* 胡扯；喋喋不休

blabbermouth ['blæbərmaʊθ] *n.* 长舌者

She is a **blabbermouth** who can't keep a secret.

Blabbermouths often use the technique of hyperbole to make others' secrets more sensational.

tedious ['tiːdɪəs] *adj.* 单调乏味的

Traveling with a **blabbering** man is very **tedious**.

tedium ['tɪdɪəm] *n.* 单调乏味

Fashion's job is to combat the **tedium** of routine existence. (from Carrie Donovan, U.S. fashion journalist)

I am reading the e-book to relieve the **tedium** of the long bus ride.

Part 3 识记单词 / 词组

at others' expense 以牺牲他人为代价

sort out 分类；解决（问题）；教训

sort out the wheat from the chaff 去伪存真；分清好坏

skim off 攫取（精华部分）；捞取（钱财）

be in/out of contention for sth. 有 / 没有机会赢得……

overweening confidence 太过自信

九阴真经

contention [kən'tenʃn] *n.* 争论；口角；主张

snobbish ['snɑːbɪʃ] *adj.* 势利眼的；充绅士气派的

futile ['fjuːtl] *adj.* 无用的

dearly ['dɪrlɪ] *adv.* 非常

Lesson 13

Part 1 主力单词

procreate ['prəʊkrɪeɪt] *v.* 生育；创造

It is our sacred duty to marry and **procreate**.

I could be content that we might **procreate** like trees, without conjunction, or that there were any ways to perpetuate the World without this trivial and vulgar way of coition: it is the foolishest act a wise man commits in all his life. (from Thomas Browne, English physician and writer)

procreation [ˌprəʊkrɪ'eɪʃn] *n.* 繁殖；生育

In contemporary society, having sex for **procreation** was replaced by having sex for fun.

propagate ['prɑːpəgeɪt] *v.* 繁殖；传播

It is hard to **propagate** plants without seeds.

He **propagated** chauvinistic sentiments in an attempt to win the next election.

Light **propagates** with transverse waves through various substances.

propagation [ˌprɑpə'geɪʃən] *n.* 传播

Concentrated power means no freedom. No freedom means little knowledge creation and worse, little knowledge **propagation**.

No **propagation** means little institutional learning and, thus, no effective action if the world changes. (from Arie de Geus, Dutch author)

• Words in sentences 句中单词 •

conjunction [kən'dʒʌŋkʃn] *n.* 连接词；结合；同时发生

perpetuate [pər'petʃʊeɪt] *v.* 使永久化；使持续

trivial [ˈtrɪvɪəl] *adj.* 不重要的；琐碎的；微不足道的

vulgar [ˈvʌlgər] *adj.* 粗俗的；不雅的

coition [kəʊˈɪʃən] *n.* 性交

commit [kəˈmɪt] *v.* 做出（错或非法的事）；犯（罪或错等）；承诺；保证

transverse [ˈtrænzvɜːrs] *n.* 横断面 *adj.* 横向的；横断的

Part 2 补充单词 / 词组

homemade [ˈhəʊmˈmeɪd] *adj.* 自制的

homespun [ˈhəʊmspʌn] *adj.* 家里纺织的；简朴的

I drank **homemade** lemon juice and wore **homespun** clothes.

litigation [ˌlɪtɪˈgeɪʃn] *n.* 诉讼

The company has been in **litigation** for years.

litigate [ˈlɪtɪgeɪt] *v.* 诉讼

He has no choice but to **litigate**.

attorney [əˈtɜːnɪ] *n.* 辩护师；律师

litigant [ˈlɪtɪgənt] *n.* 诉讼当事人 *adj.* 诉讼的

Attorneys, **litigants**, defendants, victims, and witnesses presented their statements in court.

rhinoceros [raɪˈnɑːsərəs] *n.* 犀牛

stamp out 踩灭；扑灭

Rhinoceros tend to **stamp out** wildfires.

The general is ordered to **stamp out** a revolt.

albedo [ælˈbiːdəʊ] *n.* 反照率

Albedo is the ratio between the amount of light an object reflects and the amount of light that is absorbed.

papyrus [pəˈpaɪrəs] *n.* 纸莎草纸

Plenty of archaeological evidence was contained in **papyrus** scrolls.

九阴真经

Lesson 14

Part 1 主力单词

pulverize [ˈpʌlvəˌraɪz] v. 使成粉末；把（液体）喷成雾；彻底摧毁

Aboriginals of California used to **pulverize** acorn into a meal.

A film must be alive. When this happens it smashes, devours, **pulverizes** any synopsis, plot, story. It speaks, talks, and explains itself. It constantly changes itself, its characters weave in and out of the screen. Their performance is different at each screening. (from Francisco Regueiro, Spanish filmmaker)

The antiquated train uses **pulverized** coal as fuel.

The boxer crumpled under a **pulverizing** blow of the champion.

pulverization [ˌpʌlvəraɪˈzeɪʃən] n. 粉碎；粉碎化

The essential benefit of tillage is the aeration resulting from **pulverization** which not only provides a freer circulation of oxygen and water but also results in increased biological activity in the soil.

crush [krʌʃ] v. 压伤；把……挤入；碾成粉末 n. 拥挤的人群；迷恋；果汁饮料

The biologist **crushed** a spider under his foot.

The government will **crush** the illegal demonstrators.

There was such a **crush** of people in the subway. I could barely move.

She has a **crush** on you.

macerate [ˈmæsəˌreɪt] v. 浸软

The dish was garnished with yellow peaches which had been **macerated** in liqueur.

The tiny ants must **macerate** and drag great quantities of leaves into their nests.

maceration [ˌmæsəˈreɪʃən] n. 浸软

The malnutrition and **maceration** of the skin get infected more easily.

Words in sentences 句中单词

acorn [ˈeɪkɔːrn] n. 橡子

synopsis [sɪˈnɑːpsɪs] n. 概要；对照表

crumple [ˈkrʌmpl] *v.* 倒下；瘫倒；（使）起皱 *n.* 皱纹

tillage [ˈtɪlɪdʒ] *n.* 耕作；耕种

liqueur [lɪˈkɜːr] *n.* 利口酒；酒心巧克力

Part 2 补充单词 / 词组

libation [laɪˈbeɪʃən] *n.* 奠酒；祭酒

They are used to offering **libations** at the temple on God's birthday.

He poured a **libation** on the bier.

try out 试验

I would like to **try out** this new bicycle.

compact [kəmˈpækt, ˈkɑːmpækt] *v.* 压紧 *n.* 协议；小汽车；带镜小粉盒 *adj.* 紧密的；结实的；小巧的

Russia signed a **compact** with German to invade Poland together.

A laptop is a **compact** computer.

suitcase [ˈsuːtkeɪs] *n.* 旅行箱

I **compact** my clothes in a **suitcase**.

cocktail [ˈkɑːkteɪl] *n.* 鸡尾酒

garnish [ˈɡɑːrnɪʃ] *v.* 装饰 *n.* 装饰菜

The **cocktail** was **garnished** with a slice of lemon.

Part 3 识记单词 / 词组

bier [bɪr] *n.* 棺材

tryout [ˈtraɪˌaʊt] *n.* 试验；选拔赛

try out for 参加……的选拔赛

compressed [kəmˈprest] *adj.* 压缩的；扁长形的

compress [kəmˈpres] *v.* 压缩

compression [kəmˈpreʃən] *n.* 压缩；浓缩；压迫

Lesson 15

Part 1 主力单词

necessary [ˈnesəserɪ] *n.* 必需品 *adj.* 必要的

I've packed all the **necessaries** before climbing a high mountain.

Killing overpopulated kangaroos is **necessary** but regrettable.

The U.S. controls a major resource **necessary** to produce shale oil.

Society...prepares crimes; criminals are only the instruments **necessary** for executing them. (from Lambert Adolphe Jacques Quételet, Belgian astronomer and statistician)

Virtue is the habit of acting according to wisdom. It is **necessary** that practice accompany knowledge. (from Gottfried Wilhelm Leibniz, German philosopher and mathematician)

necessitate [nəˈsesəteɪt] *v.* 使……成为必要

Severe rheumatism, which is an umbrella term for conditions causing chronic, often intermittent pain, **necessitates** his early retirement.

Lacking natural resources **necessitates** the country to import petroleum, natural gas, and steel.

exact [ɪgˈzækt] *v.* 要求；索要；强行（报复） *adj.* 精确的；严谨的

To perform a surgery **exacts** total concentration and experience.

The witch **exacted** a terrible price from a mermaid who exchanged having legs for her voice.

I will **exact** revenge on you if you offend me.

Mining has **exacted** its toll on the environment.

They produce machines with **exact** precision.

mandatory [ˈmændətɔːrɪ] *adj.* 强制的；法定的 *n.* 受托者

Serving in the army is not **mandatory** in China.

compulsory [kəmˈpʌlsərɪ] *adj.* 强制性的 *n.*（花样滑冰、竞技体操等的）规定动作

The redundancy is **compulsory** for the company to survive the economic downturn.

The class is **compulsory**, everyone has to take it, regardless of majors.

• Words in sentences 句中单词 •

overpopulated [ˌəʊvərˈpɑpjʊleɪtɪd] *adj.* 人口过剩的

shale [ʃeɪl] *n.* 页岩；泥板岩

umbrella term 总称

umbrella [ʌmˈbrelə] *n.* 雨伞

mermaid [ˈmɜːrmeɪd] *n.* 美人鱼

Part 2 补充单词

thigh [θaɪ] *n.* 大腿

I had a spasm in my **thigh** last night due to low temperature.

pleonasm [ˈplɪəˌnæzəm] *n.* 冗词赘字

His speech is marked by frequent **pleonasm**.

verbiage [ˈvɜːrbɪɪdʒ] *n.* 赘词

Electorates got lost in a tangled maze of evasive **verbiage** delivered by a politician.

Ordinary people are not familiar with legal **verbiage**.

kangaroo [ˌkæŋgəˈruː] *n.* 袋鼠

marsupial [mɑːrˈsuːpɪəl] *n.* 有袋动物 *adj.* 有袋的

Kangaroos are **marsupial** animals.

underscore [ˌʌndərˈskɔːr] *v.* 强调 *n.* 下划线

necessity [nəˈsesətɪ] *n.* 必要

disarmament [dɪsˈɑːrməmənt] *n.* 解除或放弃武器

shoot [ʃuːt] *v./n.* 射击

The parliament **underscored** the **necessity** of **disarmament** due to too many **shootings** in high schools.

redundant [rɪˈdʌndənt] *adj.* 多余的；失业的

The word is **redundant**; it can be left out.

There are one thousand **redundant** workers this year.

redundancy [rɪˈdʌndənsɪ] *n.* 多余；解雇

Redundancy in writing will make readers very sleepy.

Many workers faced **redundancy** last year.

specialization [ˌspeʃəlaɪ'zeɪʃn] *n.* 专业化

Specialization outstrips antiquated ideas and **redundant** erudition.

tautological [ˌtɔːtə'lɑdʒɪkl] *adj.* 重复的；赘述的

Seventy percent of the words he spoke were **tautological**.

The president was too bored to answer the **tautological** question.

There are some **tautological** errors in this writing.

cameo ['kæmɪəʊ] *n.* 客串演出；有浮雕的贝壳

He has a brief **cameo** in this serial.

The major star played a **cameo** role as a doctor in this movie.

Part 3 识记单词 / 词组

verbatim [vɜːr'beɪtɪm] *adj.* 逐字翻译

rheumatoid arthritis 风湿性关节炎

elective [ɪ'lektɪv] *n.* 选修课程 *adj.* 选修的；选举的

shank [ʃæŋk] *n.* 小腿

precision [prɪ'sɪʒn] *n.* 准确；严谨

rheumatism ['rʊməˌtɪzəm] *n.* 风湿病

rheumatic [rʊ'mætɪk] *adj.* 风湿的；风湿病的 *n.* 风湿病患者

tauto- ['tɔːtəʊ] 一样

tautology [tɔː'tɑlədʒɪ] *n.* 重复；赘述

attrition [ə'trɪʃn] *n.* 消耗

specialize ['speʃəlaɪz] *v.* 专精于

Lesson 16

Part 1 主力单词

prejudice ['predʒʊdɪs] *v./n.* （使有）偏见；歧视；损害

Excessive use of cell phones **prejudices** kids' eyes.

Do you have any racial **prejudice**?

Prejudice lurks beneath the surface politeness of many whites in the United States, although there is barely overt racism.

In the enfranchised mind of the scientific naturalist, the usual feelings of repugnance simply do not exist. Curiosity conquers **prejudice**. (from W. N. P. Barbellion, British naturalist)

bias [ˈbaɪəs] *v.* 使有偏见 *n.* 偏见；（对织物的）斜裁 *adj.* 斜线的

Her background **biases** her against outsiders.

Judges should be impartial and not show political **bias**.

He cut the cloth **bias**.

bigotry [ˈbɪgətrɪ] *n.* 偏执

Sages usually distaste **bigotry** and sleazy politics.

partiality [ˌpɑːrʃɪˈælətɪ] *n.* 偏心；偏袒

The father's ungrounded **partiality** was apparent by giving his son a Christmas gift while his daughters received naught.

preconceived [ˌpriːkənˈsiːvd] *adj.* 事先认为的

You can't really know someone by your **preconceived** notions.

preconception [ˌpriːkənˈsepʃən] *n.* 先入之见；预想；成见

The case has been swayed by the media from which there are too many **preconceptions** and misconceptions.

jaundice [ˈdʒɔːndɪs] *v.*（使）偏见；使患黄疸病 *n.* 偏见；黄疸病

Greed has **jaundiced** his judgment.

The **jaundice** was enough to trigger a war.

Jaundice manifests yellowish skin outwardly and is caused by excessive amounts of bile pigments in blood tissues.

jaundiced [ˈdʒɔːndɪst] *adj.* 有偏见的；患黄疸病的

Do not look at this issue with a **jaundiced** eye.

• Words in sentences 句中单词 •

enfranchise [enˈfrænˌtʃaɪz] *v.* 解放；给予……选举权

impartial [ɪmˈpɑːrʃl] *adj.* 公正的

九阴真经

sleazy [ˈsliːzɪ] *adj.* 腐败的；堕落的
misconception [ˌmɪskənˈsepʃn] *n.* 误解；错误的想法

Part 2 补充单词

foothold [ˈfʊthəʊld] *n.* 立足点

We should annihilate the virus before it gains its **foothold**.

sallow [ˈsæləʊ] *v.* 使成灰黄色 *adj.* 灰黄色的；气色不好的

The chronic kidney disease has **sallowed** her skin.

His **sallow** skin makes him look like he has jaundice.

His **sallow** face indicates he is sick.

vinegar [ˈvɪnɪgər] *n.* 醋

condiment [ˈkɑːndɪmənt] *n.* 调味品；佐料

Vinegar is used as a sour-tasting **condiment** and as a preservative and is created by two successive microbial processes.

Part 3 识记单词

icterus [ˈɪktərəs] *n.* 黄疸
impartiality [ˌɪmpɑːrʃɪˈælətɪ] *n.* 公正；不偏不倚
sleaze [sliːz] *n.* 舞弊；欺诈；卑鄙的人
acetic [əˈsiːtɪk] *adj.* 醋的
acetic acid 醋酸；乙酸

Lesson 17

Part 1 主力单词

evil [ˈiːvl] *n.* 邪恶 *adj.* 邪恶的；讨厌的

History buffs probably noted the reunion at a Washington party a few weeks ago of three ex-presidents: Carter, Ford, and Nixon—See *No Evil, Hear No* ***Evil****, and* ***Evil***. (from Bob Dole, U.S. politician)

Will someone tell me where I am least likely to meet these necessary **evils**? (from James Joyce, Irish writer)

You will pay for your **evil** deeds one day.

wicked [wɪkt, ˈwɪkɪd] *n.* 恶人 *adj.* 邪恶的；危险的

The **wicked** always gets killed at the end in the movies.

I would like to pour out my consuming wrath upon **wicked** individuals who commit heinous crimes.

The time has come to reform altogether the absurd and **wicked** anachronism known as Dublin Castle. (from Joseph Chamberlain, British statesman)

vile [vaɪl] *adj.* 邪恶的；卑鄙的

It is my belief, Watson, founded upon my experience, that the lowest and **vilest** alleys of London do not present a more dreadful record of sin than does the smiling and beautiful countryside. (from Arthur Conan Doyle, Scottish-born British writer and physician)

The **wicked** reporter tries to libel my family in the newspaper by detailing the **vilest** falsehoods.

heinous [ˈheɪnəs] *adj.* 可憎的

He is **heinous** both in character and behavior.

He committed a **heinous** war crime which was a blasphemous negation of humanity.

sinister [ˈsɪnɪstər] *adj.* 邪恶的；不祥的

A nation with nuclear weapons is considered to be a **sinister** force by some nations.

There was something **sinister** about the eerie sound in the forest.

• Words in sentences 句中单词 •

buff [bʌf] *v.* 缓冲；擦亮 *n.* 浅黄色；爱好者 *adj.* 暗黄色的

consuming [kənˈsumɪŋ] *adj.* 消费的；强烈的

wrath [ræθ] *n.* 愤怒

anachronism [əˈnækrəˌnɪzəm] *n.* 时代错误

falsehood [ˈfɔːlshʊd] *n.* 说谎

九阴真经

Part 2 补充单词

tendril [ˈtendrəl] *n.* 卷发；（攀缘植物的）卷须

twine [twaɪn] *v.* 捻；搓；交织 *n.* 合股线；麻绳

The girl's **tendrils** of hair had been **twined**.

Twine is a strong string with twisted threads.

wreathe [riːð] *v.* 缭绕；扭动

The mountain is perpetually **wreathed** in cloud.

They were **wreathed** in flowers.

The tailor **wreathed** the brim of this hat with flowers.

abdomen [ˈæbdəmən] *n.* 腹（部）

abdominal [æbˈdɑmɪnl] *n.* 腹肌 *adj.* 腹部的

writhe [raɪð] *v./n.* 扭动；蠕动

He **writhed** around on the floor due to the great **abdominal** stomach.

Uriah, with his long hands, slowly twinning over one another, made a ghastly **writhe** from the waist upwards. (from Charles Dickens, British novelist)

unbearable [ʌnˈberəbl] *adj.* 无法忍受的

agony [ˈæɡənɪ] *n.* 极度痛苦

The pain was **unbearable**, and his body writhed in **agony**.

agonize [ˈæɡəˌnaɪz] *v.* 焦虑不已

Do not **agonize** about falling asleep. The stress will only prevent sleep.

Lesson 18

Part 1 主力单词

upset [ʌpˈset, ˈʌpˌset] *v./n.*（使）心烦意乱，（使）不适，爆冷门 *adj.* 心烦的

Overeating and not chewing properly **upset** your stomach.

He becomes the heavyweight world champion after a stunning **upset**.

Don't be **upset**. It's just a game.

distress [dɪˈstres] *v./n.* 忧虑；悲伤

She turned me down and I was quite **distressed** about it.

Stop playing a prank on me. Can't you see I am in **distress**?

discompose [ˌdɪskəmˈpəʊz] *v.* 使不安

The dreadful nightmare **discomposed** my mother.

unsettle [ʌnˈsetl] *v.* 使心神不宁

The lethal contagious diseases **unsettle** citizens.

unsettled [ʌnˈsetld] *adj.* 未解决的；多变的；焦虑不安的

The **unsettled** dispute between Russia and Japan over the Kuril Islands has occurred sporadically.

ruffle [ˈrʌfəl] *v.* 使生气；使心烦意乱；弄皱 *n.* 生气；心烦意乱；褶饰；低音鼓声

A breeze **ruffles** the lake.

A breeze **ruffles** the pond.

The azure sky and vast grassland in Tibet might smooth **ruffled** feelings.

I can sense her **ruffle** as she is called scamball.

vex [veks] *v.* 使恼火

The memory of his grandfather's death still **vexes** him.

vexation [vekˈsɪʃən] *n.* 烦恼

Being misunderstood by someone is a **vexation**. Being misunderstood by everyone is a tragedy. (Liu Shahe, Chinese writer and editor)

vexatious [vekˈseɪʃəs] *adj.* 使人烦恼的

Stop pestering me with this **vexatious** problem.

fidget [ˈfɪdʒɪt] *v.* 坐立不安 *n.* 坐立不安的人

The suspect starts to **fidget** after an hour of interrogation by police.

irk [ɜːrk] *v.* 使厌烦

The student who starts every sentence with "I" **irks** me.

Anyone who **irks** Beijing will be targeted by advanced facial-recognition surveillance cameras.

fret [fret] *v.* 烦躁不安；苦恼；使腐蚀 *n.* 雾气；回纹饰

I started **fretting** and panicking before the race.

九阴真经

The acid rain **fretted** the metal.

I can see some **frets** on the edge of your pants.

dismay [dɪs'meɪ] *v./n.* 沮丧

American farmers were **dismayed** by the trade war implemented by the president.

He watched with **dismay** as flames engulfed his house.

dismal ['dɪzməl] *adj.* 忧郁的；凄凉的

The old man's mere existence beyond the grave is at best only a **dismal**, wretched reflection of life.

fluster ['flʌstər] *v./n.* (使) 慌乱

He **flustered** with indignation and decided to attack the avaricious landlord at midnight.

At the sight of his ex-girlfriend in the club, he was in a **fluster**.

agitate ['ædʒɪteɪt] *v.* 使激动；使焦虑

They **agitated** people for the right to choose their own governor.

chagrin [ʃə'grɪn] *v./n.* 懊恼

He was **chagrined** at his breakup with his girlfriend.

The doctor committed suicide out of **chagrin** at his failure to keep his patient alive.

• Words in sentences 句中单词 / 词组 •

heavyweight ['hevɪweɪt] *n.* 最重量级拳击手 *adj.* 重量级的

prank [præŋk] *n.* 玩笑

dreadful ['dredfl] *adj.* 可怕的

dispute [dɪ'spjuːt] *v./n.* 争执

sporadically [spə'rædɪklɪ] *adv.* 偶尔发生地；断断续续地

azure ['æʒər] *adj.* 蔚蓝色的

interrogation [ɪnˌterə'geɪʃn] *n.* 讯问

surveillance cameras 监控摄像机

surveillance [sɜːr'veɪləns] *n.* 监视

indignation [ˌɪndɪg'neɪʃn] *n.* 义愤

avaricious [ˌævə'rɪʃəs] *adj.* 贪婪的

Part 2 补充单词 / 词组

give someone a runaround 搪塞某人

runaround [ˈrʌnəˌraʊnd] *n.* 推诿；搪塞

I didn't bother to look at his report and **gave him a runaround** by asking him to rewrite it.

swage [sweɪdʒ] *v.* 用型铁打成 *n.* 模锻；锻造

anvil [ˈænvɪl] *n.* 铁砧

concave [kɑːnˈkeɪv] *n.* 凹面 *adj.* 凹面的

Swaging, similar to forging, is accomplished by hammering metal stock while it is held on an **anvil** within a **concave** tool called a **swage**.

shutter [ˈʃʌtər] *v.* 用快门；为……装百叶窗 *n.* 快门；百叶窗

aperture [ˈæpətʃər] *n.* 隙缝；光圈

The journalist took photographs by using a fast **shutter** speed and a large **aperture**.

caper [ˈkeɪpər] *v.* 雀跃 *n.* 恶作剧

He **capered** no more for the delectation of the crowd which despised him.

He **capered** in the classroom while the teacher was gone.

paramour [ˈpærəmʊr] *n.* 情人

She has a wealthy **paramour**.

affront [əˈfrʌnt] *v./n.* （公开）侮辱

Are you out of your mind to **affront** the king? You will get us killed.

chew [tʃuː] *v./n.* 咀嚼；深思

Don't **chew** bubble gum in the subway.

Part 3 识记单词 / 词组

fling [flɪŋ] *v.* 掷；抛

fling on/off 匆忙地穿上 / 脱掉

fling off 匆匆走了

fling out 破口大骂

fling into 使投身于；致力于

compose [kəmˈpəʊz] *v.* 作曲

compose of 由……组成

compose yourself 使自己镇定
composure [kəm'pəʊʒər] *n.* 镇静
beyond all dispute 毫无争议
in dispute 有争议
open to dispute 不确定的；不肯定的
disputable [dɪ'spjʊtəbəl] *adj.* 有争议的
agitate for/against 鼓动支持 / 反对
facial recognition 脸部识别
convex ['kɑːnveks] *n.* 凸面；凸透镜 *adj.* 凸面的
masticate ['mæstɪˌkeɪt] *v.* 咀嚼；粉碎
disturb [dɪ'stɜːrb] *v.* 打扰；妨碍；弄乱
perturb [pər'tɜːrb] *v.* 使焦虑；使不安
unruffled [ʌn'rʌfəld] *adj.* 平静的；泰然自若的
agitation [ˌædʒɪ'teɪʃn] *n.* 焦虑不安
dread [dred] *v./n.* 害怕
unsettling [ʌn'setlɪŋ] *adj.* 使人不安的
interrogatory [ˌɪntə'rɑgətrɪ] *n.* 质询；质询书；疑问 *adj.* 质问的；疑问的
indignant [ɪn'dɪgnənt] *adj.* 愤慨的
turn in 把人或东西交给警察；归还
importunity [ˌɪmpə'tjʊnətɪ] *n.* 强求；硬要
importunate [ɪm'pɔːrtʃənət] *adj.* 纠缠不休的
at best 充其量；顶多

Lesson 19

Part 1 主力单词

incorrigible [ɪn'kɔːrɪdʒəbl] *adj.* 无法改正的；屡教不改的

They are **incorrigible** optimists and will not have made any precautions for energy and food shortage.

To deal with **incorrigible** or delinquent children, she improvises a singing diversion off the cuff.

Foster children were frequently found by philanthropists to be neglected, abused, or **incorrigible**.

inveterate [ɪnˈvetərɪt] *adj.* 根深蒂固的

He is an **inveterate** gambler squandering all his fortune in a casino.

She is an **inveterate** lover of dancing and can dance all night long.

The **inveterate** scoundrel gets drunk and harasses people in the street as he used to.

refractory [rɪˈfræktərɪ] *adj.* 倔强的；有抵抗力的

Most naughty kids in kindergarten are **refractory** and unmanageable.

An infantry got a million-dollar wound; there being a **refractory** lesion in his right leg.

They were **refractory** to infection after daily exercises.

unalterable [ʌnˈɔːltərəbl] *adj.* 不可改变的；坚定不移的

Their opposition to the government's proposals is **unalterable**.

• Words in sentences 句中单词 / 词组 •

optimist [ˈɑptɪmɪst] *n.* 乐观主义者

delinquent [dɪˈlɪŋkwənt] *n.* 行为不良的人 *adj.* 有违法倾向的；玩忽职守的

improvise [ˈɪmprəvaɪz] *v.* 临时做；即兴做

cuff [kʌf] *v.* 给……上袖口 *n.* 袖口；翻边

off the cuff 未经思考；没有准备

foster child 寄养儿童

scoundrel [ˈskaʊndrəl] *n.* 恶棍

lesion [ˈlɪʒən] *n.* 损伤

Part 2 补充单词 / 词组

rotation [rəʊˈteɪʃn] *n.* 旋转；循环

centrifugal [senˈtrɪfjəgəl] *adj.* 离心的

九阴真经

centrifugal force 离心力

The **rotation** of the Earth, creating **centrifugal force**, pushes the air outward.

centripetal force 向心力

centripetal [sen'trɪpɪtl] *adj.* 向心性的

Centripetal force provides an explanation for the motions of the solar world. The Earth revolves around the Sun.

lob [lɑb] *v.* 以高弧线抛出 *n.* 笨重的人

smoke grenade 烟雾弹

grenade [grə'neɪd] *n.* 手榴弹

They were ordered to **lob** a **smoke grenade** at enemies before the retreat.

corrigendum [ˌkɔːrɪ'dʒendəm] *n.* 应改正的错误（corrigenda 复数）

They didn't proofread so there were some **corrigenda** in the book.

addendum [ə'dendəm] *n.* 补遗；附录（addenda 复数）

The businessman adds an **addendum** to the deal.

The book was updated with **addenda**.

malapropism ['mæləprɑpɪzəm] *n.* 文字误用

catachresis [ˌkætə'kriːsɪs] *n.* 字词的误用

solecism ['sɑlɪsɪzəm] *n.* 语法错误；失礼

The teacher found some **malapropisms**, **catachresis**, and **solecism** in an English beginner's writing.

mondegreen [ˌmɑndə'griːn] *n.* 耳误

spoonerism ['spuːnəˌrɪzəm] *n.* 口误

clerical error 笔误

clerical ['klerɪkl] *n.* 牧师 *adj.* 牧师的；办事员的；文书的

A few sentences in the ancient scripts didn't add up, there being some **mondegreens**, **spoonerisms**, and **clerical errors**.

play it by ear 根据情形采取行动

We didn't plan anything and had to **play it by ear**.

Part 3 识记单词 / 词组

corrigible [ˈkɒrədʒəbəl] *adj.* 可改正的

typo [ˈtaɪpəʊ] 排印错误

troposphere [ˈtrɒpəsfɪər] *n.* 对流层

stratosphere [ˈstrætəsfɪər] *n.* 平流层

strato- [ˈstrætəʊ] 层；高空

optimistic [ˌɑːptɪˈmɪstɪk] *adj.* 乐观的

upbeat [ˈʌpˌbiːt] *adj.* 乐观的

pessimist [ˈpesɪmɪst] *n.* 悲观的人

pessimistic [ˌpesɪˈmɪstɪk] *adj.* 悲观的

pessimism [ˈpesɪmɪzəm] *n.* 悲观

downbeat [ˈdaʊnˌbiːt] *adj.* 悲观的

philanthropist [fɪˈlænθrəpɪst] *n.* 慈善家

philanthropy [fɪˈlænθrəpɪ] *n.* 慈善

philanthropic [ˌfɪlənˈθrɑpɪk] *adj.* 慈善的

rotate [ˈrəʊteɪt] *v.* 旋转

revolving credit 循环信用

Lesson 20

Part 1 主力单词 / 词组

denigrate [ˈdenɪˌgreɪt] *v.* 贬低；诋毁

They have suppressed and **denigrated** local people; treating them with inferiority.

The high school student uses a racial slur, mocking Vietnamese accents and **denigrating** their intelligence.

line of attack 处理方法；批评

The entire city is under the sway of right-wing politicians who open up a new **line of attack** by **denigrating** left-wing political proposals.

The leader tries a new **line of attack** to avoid direct trading confrontation with other nations.

九阴真经

disparage [dɪˈspærɪdʒ] *v.* 贬斥

The Terrorism is **disparaged** and despised by the global community.

derogatory [dɪˈrɑɡətərɪ] *adj.* 诋毁的

The **derogatory** remark of a journalist has cut him like a sharp knife.

deprecate [ˈdeprəkeɪt] *v.* 谴责；轻视

The negotiator **deprecates** the shedding of blood.

She **deprecates** all the efforts we've made.

The ancient temple has been **deprecated** by looters.

belittle [bɪˈlɪtl] *v.* 轻视

He **belittled** his subordinates like stooges.

criticize [ˈkrɪtɪsaɪz] *v.* 批评

dissect [dɪˈsekt] *v.* 解剖

The crown prince has been criticized by disinterested media for killing and **dissecting** the reporter inside the embassy.

castigate [ˈkæstɪɡeɪt] *v.* 斥责

The books have been written to **castigate** dirty politics.

blame [bleɪm] *v./n.* 责备

John **blames** his mother for his misfortunes in life.

culpable [ˈkʌlpəbl] *adj.* 应受责备的

Who is **culpable** in this disaster?

He was charged with **culpable** negligence.

berate [bɪˈreɪt] *v.* 严责

He was **berated** by his rigorous coach for losing the contest.

deplore [dɪˈplɔːr] *v.* 强烈反对；谴责

We all **deplore** the hit-and-run driver.

The inventor **deplored** making inroads into weapons of mass destruction which might lead to human annihilation.

obloquy [ˈɑbləkwɪ] *n.* 谴责

The scandal has gained him no little **obloquy**.

He lived out his days in the **obloquy** of one who had betrayed his country.

I order the soldiers to march forward to avoid the **obloquy** of being cowardly.

opprobrium [əˈprəʊbrɪəm] *n.* 谴责

By burning down forests on a large scale which results in global warming and melting of Arctic ice, Brazil becomes a target of international **opprobrium**.

He went abroad to avoid the **opprobrium** of the townspeople.

opprobrious [əˈprəʊbrɪəs] *adj.* 骂人的；极无礼的

She attacked me with **opprobrious** language.

You will pay for your **opprobrious** conduct.

revile [rɪˈvaɪl] *v.* 谩骂

The master **reviled** his slave and jeered at his seemingly debased culture.

diatribe [ˈdaɪəˌtraɪb] *n.* 指责

The military commander privately subjected a few of us to a lengthy **diatribe** about how terrible the president's decision is in the Middle East.

I'd prefer a reasonable argument to the **diatribes** that the old woman ranted about.

The professor made a **diatribe** against falling standards in university admissions.

• Words in sentences 句中单词 / 词组 •

slur [slɜːr] *v.* 含糊地说；诽谤；连奏 *n.* 含糊地说；诽谤

mock [mɑːk] *v.* 嘲弄 *adj.* 嘲笑的

under the sway of (someone) 被（某人）控制着

sharp [ʃɑːrp] *adj.* 锋利的

stooge [stuːdʒ] *n.* 走狗

embassy [ˈembəsɪ] *n.* 大使馆

inroad [ˈɪnrəʊd] *n.* 取得进展；侵袭

Arctic [ˈɑːrktɪk] *n.* 北极 *adj.* 北极的

debase [dɪˈbeɪs] *v.* 使堕落；贬低

Part 2 补充单词

depredation [ˌdeprɪˈdeɪʃən] *n.* 掠夺；破坏

The bandits had been guilty of **depredations**.

derision [dɪˈrɪʒn] *n.* 嘲笑

boffin [ˈbɑːfin] *n.* 研究员

The history of anti-slavery begins with the first slave; similarly, the history of anti-racism begins with the original object of scorn, **derision,** and insult. (from Herbert Aptheker, U.S. historian)

Britain had its **boffins,** working researchers subject to the **derision** of intellectual gentlemen. (from James Gleick; *Genius: The Life & Science of Richard Feynman,* 1992)

shed [ʃed] *v.* 流泪；流血；去除；摆脱 *n.* 棚子

snowflake [ˈsnəʊfleɪk] *n.* 雪花

Autumn leaves **shed** like **snowflakes**.

I tried to **shed** some weight.

ionosphere [aɪˈɑːnəsfɪər] *n.* 电离层

geomagnetism [ˌdʒɪəʊˈmæɡnətɪzəm] *n.* 地磁气

meteorology [ˌmiːtɪəˈrɑːlədʒɪ] *n.* 气象学

aurora [ɒˈrəʊrə] *n.* 极光

Astronomy includes studying cosmic rays, thc **ionosphere**, **geomagnetism**, **meteorology**, **auroras**, solar activity, gravity, the upper atmosphere, and extraterrestrial beings.

landfall [ˈlændˌfɔːl] *n.* 着陆

austral [ˈɔːstrəl] *adj.* 南方的；南国的

A multitude of visitors makes **landfall** on New Zealand in the **austral** summer.

knavery [ˈneɪvərɪ] *n.* 狡诈；无赖行为

The scene acquainted him with his captain's **knavery**.

altruistic [ˌæltrʊˈɪstɪk] *adj.* 无私心的

We all have sight suspicion of his **altruistic** motive.

beware [bɪˈwer] *v.* 注意；提防

Beware of that vicious dog which might bite you.

Beware lest any man spoil you through philosophy and vain deceit, after the tradition of men, after the rudiments of the world, and not after Christ. (King James Bible)

lest [lest] *conj.* 以防；由于

We should kill him now **lest** he takes revenge for his father.

vigilance [ˈvɪdʒələns] *n.* 警戒

South Korea keeps **vigilance** about North Korea's military movement.

disinterested [dɪsˈɪntrəstɪd] *adj.* 客观的；公正的；无兴趣的

The advisor gave me a **disinterested** suggestion.

The homosexual man is **disinterested** in women.

Part 3 识记单词 / 词组

consult [kənˈsʌlt] *v.* 商议

depredate [ˈdeprɪˌdeɪt] *v.* 劫掠；破坏

slur over one's duties 玩忽职守

slur one's words 说话含混不清

slurry [ˈslɜːrɪ] *n.* 泥浆

consulate [ˈkɑːnsələt] *n.* 领事馆；领事职；领事任期

a consulate general 总领事馆

consultant [kənˈsʌltənt] *n.* 顾问；咨询者

image consultant 形象顾问

denigration [ˌdenɪˈɡreɪʃn] *n.* 诋毁

blameworthy [ˈbleɪmwɜːrðɪ] *adj.* 应受谴责的

vilify [ˈvɪləˌfaɪ] *v.* 诋毁

reprehend [ˌreprɪˈhend] *v.* 责难

reprehension [ˌreprɪˈhenʃən] *n.* 指责

slight [slaɪt] *v.* 轻视 *adj.* 轻微的

feel slighted 感觉受到冷落

open admissions 开放招生制

deride [dɪˈraɪd] *v.* 嘲笑

taunt [tɔːnt] *v.* 辱骂；嘲笑

suppression [səˈpreʃən] *n.* 镇压；压制

flake [fleɪk] *v.* 剥落 *n.* 小薄片；碎片

uninterested [ʌnˈɪntrɪstɪd] *adj.* 不感兴趣的

meltwater [ˈmeltˌwɔːtə] *n.* 冰雪融成的水

aurora borealis 北极光

aurora australis 南极光

subarctic [sʌb'ɑktɪk] *adj.* 亚北极（区）的

Antarctic [æn'tɑːrktɪk] *n.* 南极 *adj.* 南极的

biome ['baɪəʊm] *n.* 生物群落

boreal ['bɔːrɪəl] *adj.* 北的；北风的

Boreal Forest Biome 北方森林系统

villain ['vɪlən] *n.* 流氓

knave [neɪv] *n.* 恶棍

snub [snʌb] *v./n.* 冷落；怠慢

altruism ['æltrʊˌɪzəm] *n.* 利他主义

clown [klaʊn] *n.* 小丑

Lesson 21

Part 1 主力单词/词组

teem [tiːm] *v.* 倾注；倾泻；充满；大量出现

teem with 装满的

The lake in the enclave is **teeming** and pulsing with fish.

The hieroglyph **teems with** hidden meaning.

Consciousness, from our natal day, is of a **teeming** multiplicity of objects and relations, and what we call simple sensations are results of discriminative attention, pushed often to a very high degree. (from William James, U.S. psychologist and philosopher)

plenty ['plentɪ] *n.* 大量；众多 *adj.* 大量的 *adv.* 大量地

The orphan was given **plenty** to eat and sufficient clothing.

The German official had **plenty** of victuals in his kitchen during the war.

plentiful ['plentɪfl] *adj.* 丰富的

Fish are **plentiful** in this lake.

bountiful ['baʊntəfəl] *adj.* 丰富的；慷慨的

Bountiful harvests contributed to a decline in fruit prices.

He was **bountiful** enough to donate a huge amount of money.

replete [rɪˈpliːt] *adj.* 充满的

These long-range missiles are **replete** with the latest technology.

brim [brɪm] *v.* 注满；充满

Some **brim** with ideas, others don't.

brimful [ˈbrɪmfʊl] *adj.* 充满的

My heart was still **brimful** of hope and love.

He will fight in an arena **brimful** of seasoned fighters.

fraught with 充满

The country is **fraught with** social chaos and turmoil.

abound [əˈbaʊnd] *v.* 充满

The freedom of land **abounds** opportunities for self-realization.

The promised land **abounds** milk and honey.

plenitude [ˈplenɪtuːd] *n.* 大量；充裕；众多

The United States has gathered a **plenitude** of information on the nuclear development of other nations.

The mountain is endowed with a **plenitude** of natural beauty.

The nation has a **plenitude** of natural resources.

• Words in sentences 句中单词 •

enclave [ˈenkleɪv] *n.* 飞地

natal [ˈneɪtl] *adj.* 出生的

multiplicity [ˌmʌltəˈplɪsɪtɪ] *n.* 多样性

victual [ˈvɪtəl] *v.* 喂食 *n.* 食物

turmoil [ˈtɜːrmɔɪl] *n.* 混乱

Part 2 补充单词

fraught [frɔːt] *adj.* 焦虑的；忧虑的

The president looked rather **fraught**.

九阴真经

bungle ['bʌŋgl] *v.* 搞糟 *n.* 失误

It is another **bungled** attempt to assassinate the president.

I am going to give you another chance. Don't **bungle** it up this time.

The plan of judicial reform was **bungled** by senior judges.

parapraxis [ˌpærə'præksɪs] *n.* 动作失误

The lecturer has some **parapraxises** in his speech.

depleted [dɪ'pliːtɪd] *adj.* 耗尽的

deplete [dɪ'pliːt] *v.* 耗尽

a lake depleted of fish 鱼类资源已耗尽的湖

Natural gas has been **depleted** in this region.

overfishing [ˌəʊvər'fɪʃɪŋ] *n.* 过度捕捞

Overfishing depletes ocean resources.

viand ['vaɪənd] *n.* 食物

The generous host provides us with the richest **viands**.

These dishes are my favorite **viands**.

ferment [fər'ment] *v.* 发酵；使骚动 *n.* 酵母

Inflation and currency devaluation **ferment** social unrest.

gestate ['dʒesteɪt] *v.* 酝酿；怀孕

They **gestated** the plan for a month before robbing a bank.

Dogs **gestate** for approximately two months.

fluke [fluːk] *v./n.* 侥幸成功

That's no **fluke**. She has been working hard to realize this goal.

yeast [jiːst] *n.* 酵母；导致的原因

Yeast is able to ferment carbohydrates in various substances.

Yeast, which is a fungus, plays an important part in fermentation occurring in the soil and on plants.

Poverty and starvation are the **yeasts** of rebellion.

knead [niːd] *v.* 揉

The chef **kneaded** the dough.

The masseuse **kneaded** my back.

Do you want me to **knead** you?

Part 3 识记单词 / 词组

blunder [ˈblʌndər] *n.* 大错

teem with blunders 错误百出

pre-natal [ˌpriːˈneɪtl] 产前的

prenatal leave 产前假

postnatal [pəʊstˈneɪtl] *adj.* 产后的

take someone's pulse 把脉

acupuncture [ˈækjʊpʌŋktʃər] *v./n.* 针灸

acupuncture points 穴道

screw up 用螺丝钉将某物拧紧；将（纸等）揉成团

pulse [pʌls] *v./n.* 搏动；跳动

sufficiency [səˈfɪʃənsɪ] *n.* 足量

annals [ˈænəlz] *n.* 编年史

anal [ˈeɪnəl] *adj.* 肛门的

Lesson 22

Part 1 主力单词

caprice [kəˈpriːs] *n.* 任性；善变

The trend was short-lived, subject to art-world **caprice**.

capricious [kəˈprɪʃəs] *adj.* 多变的

Her **capricious** temperament is easily overcast by some small cloud of jealousy or pique.

Some find the alleged female president to be **capricious** and it is rumored that she takes bribes and wantonly peddles her influence from time to time.

vagarious [vəˈgerɪəs] *adj.* 奇特的；异想天开的

I can't stand her **vagarious** temperament.

mercurial [mɜːrˈkjʊrɪəl] *adj.* 多变的；机智的；水银的

The president answered the reporters with his **mercurial** mind and temperament.

九阴真经

The politician is **mercurial** and fractious.

fickle [ˈfɪkl] *adj.* 反复无常的

My faith in the **fickle** future has remained unchanged.

Fickle weather complicated the landing for marines.

unpredictable [ˌʌnprɪˈdɪktəbl] *adj.* 变幻莫测的

Unpredictable inclement weather in the Antarctic, coupled with starvation and thirst, made his survival difficult.

erratic [ɪˈrætɪk] *adj.* 不规则的；不稳定的 *n.* 难以预测的人；漂石

The car drove in such an **erratic** course that I thought it might hit us accidentally.

His snoring is **erratic**.

Underworld figures in the assassination plot gave **erratic** testimony to misdirect the judge.

Erratics behave unpredictably.

vacillate [ˈvæsəˌleɪt] *v.*（观点或立场等）摇摆

He **vacillates** between extending his tenure and resigning as the executive.

A mandate from the electorate was **vacillated** by unverified rumors.

oscillate [ˈɑsɪleɪt] *v.* 摇摆不定；来回

The pendulum of the mind **oscillates** between sense and nonsense, not between right and wrong.

I **oscillate** between my cozy home and downtown office every day.

The stock index **oscillates** between 2500 and 2800.

fitful [ˈfɪtfl] *adj.* 断断续续的

He had a **fitful** slumber at night.

wayward [ˈweɪwərd] *adj.* 反复无常的；任性的

Studying everything superficially, he faced the consequence of his **wayward** course, Jack-of-all-trades, master of none.

Controlling his **wayward** cousin is difficult. He does whatever he wants to do without consideration of others.

volatile [ˈvɑːlətl] *adj.* 不稳定的；易怒的

The situation in the Middle East has been **volatile**.

kaleidoscopic [kəˌlaɪdəˈskɑːpɪk] *adj.* 千变万化的

The elapse of ten years has brought **kaleidoscopic** changes in the political landscape.

vicissitude [vɪˈsɪsɪtuːd] *n.* 变迁；人生沉浮

The Mozart Ensemble which has been through from original obscurity to present popularity meditates the **vicissitudes** of life in the music firmament.

fluctuate [ˈflʌktʃueɪt] *v.* 波动

The ship **fluctuates** on the inclement sea.

undulate [ˈʌndʒəleɪt] *v.* 起伏；波动 *adj.* 波动的

The road **undulates** through the mountain.

A field of wheat **undulates** in the breeze.

The tree has **undulate** leaves.

undulation [ˌʌndʒəˈleɪʃn] *n.* 起伏；波动

Oarfish and pike eels swim by means of snakelike **undulations** of the body.

flux [flʌks] *v.* 熔化；熔解；流出 *n.* 流体；不断的变动；(使) 熔化物

heat flux 热流（通量）

The **flux** of cosmic rays influences our health.

The country has been in a state of **flux** since the previous president was overthrown.

ebb [eb] *v.* 逐渐减少；退潮 *n.* 低点

Her popularity **ebbs** after a sex scandal.

Morale seems to have reached its lowest **ebb.**

ebb and flow 涨落；起伏

The **ebb and flow** of personal impressions, feelings, and thoughts about his country and lover constitute the novel.

• Words in sentences 句中单词 / 词组 •

temperament [ˈtemprəmənt] *n.* 气质；性情

overcast [ˌəuvərˈkæst] *v.* 变得多云 *n.* 阴天；郁闷 *adj.* 阴天的；阴暗的

alleged [əˈledʒd] *adj.* 声称的

wantonly [ˈwɒntənlɪ] *adv.* 放纵地；恶意地

peddle [ˈpedl] *v.* 叫卖；散布

fractious [ˈfrækʃəs] *adj.* 易怒的；暴躁的

九阴真经

marine [mə'riːn] *n.* 海军陆战队士兵 *adj.* 航海的；海运的

inclement [ɪn'klemənt] *adj.* 恶劣的（天气）

couple ['kʌpl] *v.* 加上；伴随；连结 *n.* 一对；夫妻

tenure ['tenjər] *n.* 任期；使用权

mandate ['mændeɪt] *v./n.* 支持；命令；要求；授权

electorate [ɪ'lektərɪt] *n.* 全体选民

unverified [ˌʌn'verɪfaɪd] *adj.* 未经证实的

slumber ['slʌmbər] *v./n.* 睡眠；蛰伏

jack-of-all-trades [ˌdʒækəv'ɔːltreɪdz] *n.* 万事通

firmament ['fɜːrməmənt] *n.* 拱形的天空

music firmament 音乐界

oarfish ['ɔːrfɪʃ] *n.* 皇带鱼

pike [paɪk] *v.* 刺穿 *n.* 长矛；尖头

pike eel 海鳗

Part 2 补充单词

elapse [ɪ'læps] *v./n.* 流逝

Two hours **elapsed**. There was still no sign of the suspect.

pathos ['peɪθɑs] *n.* 感染力

Hitler's speech had a special **pathos** which motivated his soldiers to fight for him.

The sorrowful, plaintive song has a particular **pathos**.

bathos ['beɪθɑs] *n.* 虚伪得太过的感染力；陈腐

The screenwriter fabricated the scenario felicitously and neatly without the risk of **bathos** or anticlimax.

wallow ['wɑloʊ] *v.* 打滚；沉迷

The seemingly great novel **wallows** in **bathos**.

clemency ['klemənsɪ] *n.* 仁慈

Demonstrators pleaded for **clemency** and for postponement of his execution.

poultice [ˈpəʊltɪs] *n.* 膏药 *v.* 敷膏药

The smashed leaves can be used as a **poultice** for insect bites and swelling.

unction [ˈʌŋkʃən] *n.* 虚情假意；奉承；涂油

After seeing his son's return, the man expired with solace and **unction**.

I felt the **unction** from this dysfunctional family after receiving my inheritance.

ointment [ˈɔɪntmənt] *n.* 软膏

The dermatologist applied a thin film of **ointment** to the patient's affected area.

tabernacle [ˈtæbərnækl] *v.* 居住 *n.* 居所；帐篷

The hermit **tabernacled** in the Big Bear Mountain for a while.

Most locals believe that a spirit **tabernacles** in this tree.

Her grandmother **tabernacled** in the medium's body temporarily.

anoint [əˈnɔɪnt] *v.* 涂

Zadok the priest took a horn of oil out of the tabernacle, and **anointed** Solomon. And they blew the trumpet; and all the people said, God save king Solomon. (King James Bible)

unguent [ˈʌŋgwənt] *n.* 药膏

I scented a strong **unguent** while entering a traditional Chinese hospital.

pendulum [ˈpendʒələm] *n.* 钟摆；摆锤

The political **pendulum** has swung back in favor of trade war policy.

pendulous [ˈpendʒələs] *adj.* 摇摆的；下垂的

The commander is **pendulous** about whether to attack or not.

Pendulous fungi hang on the branches of the tree.

swing [swɪŋ] *v.*（使）摆动；摇摆 *n.* 摆动；强劲节奏

She **swung** an ax and threatened her husband to divorce.

The golfer has a decent **swing** for public image.

inflate [ɪnˈfleɪt] *v.* 使充气；使膨胀；吹嘘

deflate [dɪˈfleɪt] *v.* 抽出……中的气；紧缩

deflated [dɪˈfletɪd] *adj.* 泄气的

The children **inflate/deflate** the balloon.

We were **inflated/deflated** by the news.

九阴真经

scald [skɔːld] *v./n.* 烫伤

The hot vapor might **scald** your skin.

deflect [dɪˈflekt] *v.* 使偏斜

The helmet was designed to **deflect** bullets.

Part 3 识记单词 / 词组

peddle influence 施加影响

influencer [ˈɪnfluənsə(r)] *n.* 有影响力的人

wanton [ˈwantən] *v.* 挥霍；嬉戏；任性 *n.* 嬉闹的人 *adj.* 放纵的；淫荡的；恶意的

entertaining firmament 娱乐圈

maritime province 沿海省份

capricious winds 变化无常的风

temperamental [ˌtemprəˈmentl] *adj.* 喜怒无常的；性情的

maritime [ˈmærɪtaɪm] *adj.* 航海的；沿海的

shellfish [ˈʃelfɪʃ] *n.* 贝

clement [ˈklemənt] *adj.* 温和的；仁慈的

balm [bɑːm] *n.* 芳香性树脂；香油

balmy [ˈbɑːmɪ] *adj.* 温和宜人的；芬芳的

unctuous [ˈʌŋktʃuəs] *adj.* 谄媚的；油滑的

discrepancy [dɪsˈkrepənsɪ] *n.* 不一致

verify [ˈverɪfaɪ] *v.* 证实

verification [ˌverɪfɪˈkeɪʃn] *n.* 检验；核实

waver [ˈweɪvər] *v./n.* 动摇；踌躇

swing back 摆回

in full swing 在热烈进行中

get into the swing of things 回归常态

scalding [ˈskɔːldɪŋ] *adj.* 滚烫的

moray [ˈmɜːrɪ] *n.* 海鳝

deflection [dɪˈflekʃən] *n.* 突然转向，偏斜，偏离

kaleidoscope [kəˈlaɪdəskəup] *n.* 万花筒；（形势、图案等的）千变万化

Lesson 23

Part 1 主力单词

agree [ə'griː] *v.* 同意

There had been rounds of negotiations before both sides **agreed** to the terms.

He **agrees** to drop the libel lawsuit.

concur [kən'kɜːr] *v.* 同意

The general **concurred** in this course of action, attacking the enemies from behind or flanking them.

assent [ə'sent] *v./n.* 同意

I **assented** to the change of that outdated policy.

The contract has been terminated without my **assent**.

consent [kən'sent] *v./n.* 同意

The patient has finally **consented** to the surgery.

He took my pen without my **consent**.

accord [ə'kɔːrd] *v.* 一致；给予 *n.* 协议

My view **accorded** with his.

After the combat, the general was **accorded** a war hero.

Women were **accorded** to the franchise after World War Two.

Both nations signed a peace **accord**.

She left him of her own **accord**. No one forced her.

concord ['kɑŋkɔːrd] *n.* 和谐

Several races live in **concord**.

accede [æk'siːd] *v.* 同意；就任

I will not **accede** to their pleas for more time to carry out the mission.

Germany **acceded** to the terms of surrender reluctantly.

The president will **accede** in September.

concede [kən'siːd] *v.* 让步；让与

The general refuses to bow and **concedes** his power to the new monarch.

The king stepped down and **conceded** his rule to a powerful warlord.

I can compensate with money, but I won't **concede** my land.

The general finally **conceded** that the battle was over after the monarch's surrender.

acquiesce [ˌækwɪˈes] *v.* 默许

His mother cordially **acquiesced** with him in traveling to the north with his friends.

grant [grænt] *v.* 同意；授予 *n.* 补助金

The government **granted** naval officers to escort fish boats.

approve [əˈpruːv] *v.* 同意

Do you think the manager will **approve** my business proposition?

approbation [ˌæprəˈbeɪʃən] *n.* 批准

He manages to win public **approbation** on his environmental conservation and animal preservation projects.

ratify [ˈrætɪfaɪ] *v.* 正式同意

Germany refused to **ratify** the treaties.

ratification [ˌrætɪfɪˈkeɪʃn] *n.* 批准

I need the **ratification** of the president to launch a nuclear missile.

• Words in sentences 句中单词 / 词组 •

course of action 行动步骤

franchise [ˈfræntʃaɪz] *v.* 给予或出卖经销权 *n.* 选举权；经销权

of one's own accord 自愿地

reluctantly [rɪˈlʌktəntlɪ] *adv.* 勉强地

cordially [ˈkɔːrdʒəlɪ] *adv.* 友好地；诚恳地

preservation [ˌprezərˈveɪʃn] *n.* 保护

Part 2 识记单词

concurrence [kənˈkɜːrəns] *n.* 同意；一致；同时发生

consensus [kənˈsensəs] *n.* 一致同意

accidence [ˈæksɪdəns] *n.* 词形变化；词法

concession [kən'seʃn] *n.* 让步；认可

acquiescence [ˌækwɪ'esəns] *n.* 默许

approval [ə'pruːvl] *n.* 赞成；批准；认可

disapprove [ˌdɪsə'pruːv] *v.* 不同意

approbate ['æprəˌbeɪt] *v.* 认可；承认

Lesson 24

Part 1 主力单词

plead [pliːd] *v.* 恳求；辩护

They **pleaded** for mercy.

supplicate ['sʌplɪˌkeɪt] *v.* 恳求

The ritual was designed to **supplicate** gods for a bumper harvest.

supplicant ['sʌplɪkənt] *n.* 恳求者 *adj.* 恳求的

There was a long line of **supplicants** begging for food.

entreat [ɪn'triːt] *v.* 恳求

I **entreated** him not to come back. Otherwise, the secret might be divulged.

adjuration [ˌædʒʊ'reɪʃən] *n.* 恳求；宣誓

The district attorney received an **adjuration** of reexamining the murder case.

will [wɪl] *v.* 愿意；想要 *n.* 决心；心愿 *aux.* 将；总是；能

She has a strong **will** to get what she wants.

volition [və'lɪʃən] *n.* 意志；选择

Aria comes here by her own **volition**.

Bill Gates dropped out of school of his own **volition**.

• Word in sentence 句中单词 •

bumper ['bʌmpər] *n.* 保险杠 *adj.* 丰盛的；特大的

九阴真经

Part 2 补充单词

flank [flæŋk] *v.* 位于……侧面 *n.* 侧面

The boss was **flanked** by his secretary.

consonance [ˈkɑnsənəns] *n.* 调和；一致

Her beliefs are in **consonance** with the majority.

To be a planner requires a good **consonance** of thought.

consonant [ˈkɑːnsənənt] *n.* 子音 *adj.* 一致的

His action is **consonant** with the constitution.

adjourn [əˈdʒɜːrn] *v.* 暂停；休会

The meeting was **adjourned** on the accord.

squire [ˈskwaɪər] *v./n.* 护卫

The servant **squired** a woman to the front gate.

cede [siːd] *v.* 割让

support [səˈpɔːrt] *v./n.* 支持

mason [ˈmeɪsən] *v.* 用石加固 *n.* 石匠；泥水匠

corbel [ˈkɔːrbl] *v.* 给……装上托臂；支撑 *n.* 托臂；梁托

Finland has to **cede** some territories to another nation in exchange for **support**.

The **mason** worked on building **corbels**, a type of **support** bracket.

arcade [ɑːrˈkeɪd] *n.* 拱廊

The **arcade** was formed of a row of corbeled arches.

lapidary [ˈlæpɪderɪ] *n.* 宝石工艺匠；宝石雕琢术 *adj.* 宝石的；宝石雕琢术的

elaborately [ɪˈlæbəreɪtlɪ] *adv.* 精心地；精巧地

The **lapidary elaborately** controlled the angle of the facet on a gemstone.

I attend **lapidary** classes every Sunday.

His writing has a **lapidary** style.

Part 3 识记单词 / 词组

by/of one's own volition 出于本人意愿

accede to the throne/accede to power 即位；登基；任职

assume to the throne 即位

take sth. for granted 认为……是理所当然的

supplication [ˌsʌplɪˈkeɪʃn] *n.* 恳求

entreaty [enˈtrɪtɪ] *n.* 恳求

dainty [ˈdeɪntɪ] *adj.* 精致的；优雅的；美味的

discord [ˈdɪskɔːrd] *n.* 不和谐

adjourn to somewhere 到别处

quiescent [kwɪˈesənt, kwaɪ-] *adj.* 平静的；静止的

tacit [ˈtæsɪt] *adj.* 默许的

plea [pliː] *n.* 恳求；借口

supporter [səˈpɔːrtər] *n.* 支持者；扶养者

masonry [ˈmeɪsənrɪ] *n.* 石工行业

Lesson 25

Part 1 主力单词 / 词组

obey [əˈbeɪ] *v.* 服从；遵守

Soldiers **obey** orders implicitly.

It is much safer to **obey** than to rule. (from Thomas à Kempis, German monk and religious writer)

abide [əˈbaɪd] *v.* 遵守

Drivers have to **abide** by the traffic law.

comply [kəmˈplaɪ] *v.* 服从；符合

All the expenses spent must **comply** with regulations.

Most children are motivated to **comply** with their parents' expectations.

compliance [kəmˈplaɪəns] *n.* 顺从

His actions were in **compliance** with the edict.

九阴真经

compliant [kəm'plaɪənt] *adj.* 顺从的

These brats are not **compliant** with school regulations.

conform [kən'fɔːrm] *v.* 顺从

Law enforcement officers must **conform** to the law.

conformity [kən'fɔːrmətɪ] *n.* 遵从

Their business development is in **conformity** with governmental policies.

defer [dɪ'fɜːr] *v.* 推迟

defer to 顺从

Bill **defers to** his supervisors and dominates his subordinates. He can do these acts simultaneously without contradiction.

deferment [dɪ'fɜːrmənt] *n.* 推迟

The Lieutenant Governor agrees on military **deferment** for college study.

punctilious [pʌŋk'tɪlɪəs] *adj.* 一丝不苟的

The martinet's wooden and **punctilious** manner aggrieved all of us.

observance [əb'zɜːrvəns] *n.* 遵守；惯例

To hasten the Messiah's arrival, the pastor carried out the study and **observance** of God's commandments.

submit [səb'mɪt] *v.* 提交（文件、建议等）；屈服；顺从

You have to **submit** your assignment on Monday.

He is not a guy who will **submit** to threats.

• Words in sentences 句中单词 •

lieutenant [luː'tenənt] *n.* 副手

martinet [ˌmɑrtn'et] *n.* 严格执行规章制度的人

aggrieve [ə'griːv] *v.* 使委屈；使悲痛；侵害

pastor ['pæstə(r)] *n.* 牧师

commandment [kə'mændmənt] *n.* 命令；指示

Part 2 补充单词

implicit [ɪm'plɪsɪt] *adj.* 无疑问的；无保留的；含蓄的

explicitly [ɪk'splɪsɪtlɪ] *adv.* 清楚地；明确地

They watch each other's backs with **implicit** trust.

Implicit speech won't work. You have to say it **explicitly** for these obtuse members to understand.

perspicuous [pə'spɪkjʊrs] *adj.* 清楚明白的

His comment is direct, **perspicuous**, and not ambiguous at all.

rejoice [rɪ'dʒɔɪs] *v.* 非常高兴

fruition [frʊ'ɪʃən] *n.* 实现

She **rejoices** in empathy with her son's happiness at the **fruition** of a long-deferred hope.

fructify ['frʌktəˌfaɪ, 'frʊk-] *v.* 结果实；有结果

Their love will not **fructify** without candor and mutual respect.

I wonder how this scheme will **fructify**.

pastoral ['pæstərəl] *n.* 牧歌；田园景色 *adj.* 牧师的；描写乡村生活的

She seeks **pastoral** counseling.

He is a **pastoral** poet.

The old couple in their twilight enjoys their tranquil, **pastoral** life.

Part 3 识记单词 / 词组

first lieutenant 中尉

second lieutenant 少尉

captain ['kæptɪn] *n.* 上尉

major ['meɪdʒər] *v.* 主修 *n.* 少校 *adj.* 主要的

fiat ['fiːɑːt] *n.* 命令

fiat money 法定货币

superintendent [ˌsuːpərɪn'tendənt] *n.* 负责人；教育局局长；主管 *adj.* 主管的

superintend [ˌsjʊpərɪn'tend, ˌsʊprɪn-] *v.* 监督；主管

obedience [əʊ'biːdɪəns] *n.* 服从

obedient [ə'biːdiːənt] *adj.* 顺从的

九阴真经

Lesson 26

Part 1 主力单词

absolute [ˈæbsəluːt] *adj.* 绝对的；完全的

His hold on **absolute** power was unchallenged during the period of martial law.

The African king exercises power as an **absolute** dictator.

absolutely [ˈæbsəluːtlɪ] *adv.* 绝对地；完全地

The man who sees both sides of a question is a man who sees **absolutely** nothing at all. (from Oscar Wilde, Irish poet, playwright, and wit)

unadulterated [ˌʌnəˈdʌltəˌreɪtɪd] *adj.* 绝对的；不掺杂质的

He set you up with **unadulterated** jealousy.

She teaches her kids with **unadulterated** love.

Making the same mistake twice has made me look like an **unadulterated** fool.

categorical [ˌkætəˈgɔːrɪkl] *adj.* 绝对的；明确的

The businessman issued a **categorical** denial about his involvement in embezzlement.

You may be the most liberal Liberal Englishman, and yet you cannot fail to see the **categorical** difference between the responsible and the irresponsible classes. (from D. H. Lawrence, British writer)

uncontested [ˌʌnkənˈtestɪd] *adj.* 无须争论的

The guru utilized his influence over Ukraine which was **uncontested**.

• Words in sentences 句中单词 •

unchallenged [ʌnˈtʃælɪndʒd] *adj.* 未受挑战的

martial [ˈmɑːrʃl] *adj.* 军事的；战争的

Part 2 补充单词 / 词组

roseate [ˈrəʊzɪət] *adj.* 玫瑰色的；乐观的

It is a **roseate** finch.

The **roseate** sky of dawn is about to unveil a new day.

He envisions a **roseate** future of Uruguay.

ruddy [ˈrʌdɪ] *adj.* 红润的

I like to eat **ruddy** peaches.

weltschmerz [ˈveltʃmeəts] *n.* 悲观主义

He had a lingering **weltschmerz** in later life after he had abandoned his lover.

tropism [ˈtrəʊpɪzəm] *n.* 趋性

The plant has a **tropism** of growing toward the sun.

lesion [ˈlɪʒən] *n.* 损伤

skin lesion 皮肤病变

electrolyte [ɪˈlektrəˌlaɪt] *n.* 电解质；电解液

They suffer from **skin lesions** and **electrolyte** imbalance.

revolve [rɪˈvɑːlv] *v.* 转动；旋转；围绕（专注） *n.* 可以转的圆形舞台

aging [ˈeɪdʒɪŋ] *n.* 老化；陈化

commandant [ˈkɑməndænt] *n.* 指挥官；司令

The seasons **revolve**.

Birth, **aging**, illness, and death seem to endlessly **revolve** around themselves.

Mary's life **revolves** around her children.

Her beautified figure **revolved** in my mind, such a gorgeous creature.

The **commandant revolved** the attack plan day and night.

phial=vial [ˈfaɪəl] *n.* 小玻璃瓶；小药瓶

She purchased a **phial** of perfume.

Part 3 识记单词 / 词组

set up 设局；陷害

challenge [ˈtʃælɪndʒ] *v./n.* 挑战

九阴真经

Lesson 27

Part 1 主力单词

dormant [ˈdɔːrmənt] *adj.* 蛰伏的；沉睡的；休眠的

A volcanologist predicts the next eruption of an active or **dormant** volcano.

Seeds in the desert will remain **dormant** until rainfall.

Her picture reawakens his **dormant** emotions about her.

latent [ˈleɪtnt] *adj.* 潜在的；潜伏的

Her presence roused my **latent**, long-cherished aspiration.

She harbors **latent** sympathy toward separatists in Syria.

My **latent** talent has to be mined, refined, and annealed in the fire of competition.

fallow [ˈfæləʊ] *adj.* 休眠的

fallow deer 黇鹿（有白色斑点）

I did not allow my creative mind or talents to lie **fallow**.

Much of agricultural land had been lain **fallow** during the war period with few **fallow deer** on it.

underlying [ˌʌndərˈlaɪɪŋ] *adj.* 深层的；潜在的

The novelist structures the story around the **underlying** themes of the moral dilemma while featuring unique characters and settings.

lurk [lɜːrk] *v.* 潜伏

The Grim Reaper **lurks** within the gloomy shadows of human existence, spelling all sorts of accidents and adversities.

• Words in sentences 句中单词 / 词组 •

volcanologist [ˌvɒlkənˈɒlədʒɪst] *n.* 火山学者

separatist [ˈsepərətɪst] *n.* 分裂主义者

anneal [əˈniːl] *v.* 使其变得更强；使（金属、玻璃）退火

dilemma [dɪˈlemə] *n.* 左右为难；两难境地

reaper [ˈriːpər] *n.* 收割机；收获者

Grim Reaper 死神

Part 2 补充单词

chatter [ˈtʃætər] *v./n.* 吱吱叫；喋喋不休

surly [ˈsɜːrlɪ] *adj.* 脾气坏的；阴沉的

grin [ɡrɪn] *v./n.* 露齿笑

awkward [ˈɔːkwərd] *adj.* 笨拙的；棘手的；尴尬的

ghoulish [ˈɡʊlɪʃ] *adj.* 残忍的；恐怖的

hyena [haɪˈiːnə] *n.* 鬣狗

skulk [skʌlk] *v./n.* 潜伏

panther [ˈpænθər] *n.* 黑豹；美洲狮

In the forest, one may encounter **chattering** apes, **surly** bears, **grinning** monkeys, **awkward** tortoises, **ghoulish hyenas**, **skulking panthers**, furious lions, and man-eating tigers.

teeter [ˈtiːtər] *v.* 摇晃；摇摇欲坠；蹒跚行走

on the brink 濒临

Austrian Empire **teetered on the brink** of a civil war.

orangutan [ɔˈræŋətæn] *n.* 大猩猩

Orangutans are endangered animals **on the brink** of extinction.

sui generis [ˌsuːɪˈdʒenərɪs] *adj.* 独特的

His stupidity is **sui generis**.

comedian [kəˈmiːdɪən] *n.* 喜剧演员

ape [eɪp] *v.* 模仿 *n.* 大猩猩

The **comedian apes** the speech and behavior of a queen.

falter [ˈfɔːltər] *v.* 动摇；衰弱；蹒跚

lurch [lɜːrtʃ] *v./n.* 突然倾斜

brink [brɪŋk] *n.* 边缘

As the **faltering** economy **lurched** closer to the **brink** of chaos, the Austrian Empire teetered on the **brink** of a civil war.

九阴真经

totter ['tɑtər] *v.* 蹒跚；摇摇欲坠

The infant **tottered** across the room.

dodder ['dɑdər] *v.* 摇摆；蹒跚 *n.* 菟丝子属

I saw a **doddering** housekeeper with an atrophied left leg.

prate [preɪt] *v.* 唠叨

hobnob ['hɑbnɑb] *v.* 亲近

The young brag **prated** on about his weekend **hobnobbing** with the rich.

infantile ['ɪnfəntaɪl] *adj.* 幼稚的

He is more **infantile** in the aspect of love.

Part 3 识记单词 / 词组

go our separate ways 我们分道扬镳

in an undertone 轻声地

reap [riːp] *v.* 收割；收获

grin and bear it 默默忍受

Austria ['ɔːstrɪə] *n.* 奥地利

Australia [ɔː'streɪlɪə] *n.* 澳大利亚

disrupt [dɪs'rʌpt] *v.* 中断；扰乱

disruption [dɪs'rʌpʃn] *n.* 中断；扰乱；混乱

interrupt [ˌɪntə'rʌpt] *v.* 打断

interruption [ˌɪntə'rʌpʃn] *n.* 打扰；插嘴

erupt [ɪ'rʌpt] *v.* 爆发；突然发出

agriculture ['æɡrɪkʌltʃər] *n.* 农业；农艺

horticulture ['hɔːrtɪkʌltʃər] *n.* 园艺

horticultural [ˌhɔːrtɪ'kʌltʃərəl] *adj.* 园艺的

gibbon ['ɡɪbən] *n.* 长臂猿

unfaltering [ʌn'fɔːltərɪŋ] *adj.* 坚定的

ghoul [ɡuːl] *n.* 残忍的人；盗墓者

leopard ['lepərd] *n.* 豹

Lesson 28

Part 1 主力单词

compunction [kəmˈpʌŋkʃən] *n.* 内疚；自责；后悔

He has neither **compunction** nor shame for exacerbating the global economy and increasing deficit.

The brutal man shoots birds without **compunction**.

The butcher felt no **compunction** in killing livestock.

shame [ʃeɪm] *v.* 使羞愧 *n.* 羞耻；羞愧 *inter.* 可惜；遗憾

The adultery of his father has brought great **shame** and disgrace upon his family.

qualm [kwɑːm, kwɔːm] *n.* 不安；晕眩

After stealing from the poor, the **qualms** of conscience have prevailed over him.

The beggar asked passers-by for money without a **qualm**.

effrontery [ɪˈfrʌntərɪ] *n.* 厚颜无耻的行为

The young man has the **effrontery** to beg for money and ask for help.

nausea [ˈnɔːzɪə] *n.* 恶心；晕船

The contaminated food caused symptoms of **nausea** as well as abdominal and stomach cramps.

queasy [ˈkwiːzɪ] *adj.* 呕吐的；不安的

The boat ride doesn't make me **queasy** at all.

I try to avoid any **queasy** suspicion.

ignominy [ˈɪgnəˌmɪnɪ] *n.* 耻辱

The leader endured the **ignominy** of outright surrender.

ignominious [ˌɪgnəˈmɪnɪəs] *adj.* 可耻的

The humane king actually had an **ignominious** history in the past.

• Words in sentences 句中单词 •

deficit [ˈdefɪsɪt] *n.* 赤字；亏损

disgrace [dɪsˈgreɪs] *n.* 耻辱；丢脸 *v.* 使丢脸

九阴真经

九阴真经

Part 2 补充单词

beleaguered [bɪ'li:gərd] *adj.* 令人很烦的；被包围的

The trading of favors for cash is so prevalent in this nation. Actually, being a police officer is a **beleaguered** profession.

rodent ['rəʊdnt] *n.* 啮齿目动物

zoological [ˌzəʊə'lɑdʒɪkl] *adj.* 动物学的

malaria [mə'lerɪə] *n.* 疟疾

murine ['mjʊraɪn] *adj.* 鼠科的

typhus ['taɪfəs] *n.* 斑疹伤寒

amoebiasis [ˌæmə'baɪəsɪs] *n.* 阿米巴病（由变形虫引起的传染病）

hookworm ['hʊkwɜ:rm] *n.* 钩虫

dengue ['deŋgɪ] *n.* 登革热

plague [pleɪg] *v.* 使受灾祸；使染瘟疫 *n.* 瘟疫；鼠疫

poliomyelitis [ˌpəʊlɪəʊˌmaɪə'laɪtɪs] *n.* 小儿麻痹症

diarrhea [ˌdaɪə'rɪə] *n.* 腹泻

encephalitis [enˌsefə'laɪtɪs] *n.* 脑炎

Rodents, insects, and other **zoological** agents spread certain diseases which include **malaria**, **murine typhus** fever, **amoebiasis**, **hookworm**, **dengue** fever, **plague**, **poliomyelitis**, various **diarrheas**, dysenteries, and **encephalitis**.

Yugoslavia [ˌju:gəʊ'slɑ:vɪə] *n.* 南斯拉夫

malaise [mə'leɪz] *n.* 莫名的不适；难以捉摸的问题

The lady got sick and felt a little **malaise**.

Destitution generates an air of **malaise** in the region.

Yugoslavia had suffered an economic **malaise** for a decade.

ague ['eɪgju:] *n.* 疟疾；发冷

He died of **ague**.

equine [ˈiːkwaɪn] *n.* 马；马科动物 *adj.* 马的

encephalomyelitis [enˌsefələʊˌmaɪəˈlaɪtɪs] *n.* 脑脊髓炎

Equine encephalomyelitis can be treated.

endorphin [enˈdɔːrfɪn] *n.* 脑内啡

morphine [ˈmɔːrfiːn] *n.* 吗啡

Endorphins and enkephalins acting like **morphine** are both natural pain killers secreted by the brain and spinal cord.

trot [trɑːt] *v./n.* 小跑；快步；慢跑；急行

canter [ˈkæntər] *v./n.* 慢跑

The horse **trotted**, **cantered**, and then galloped.

lope [ləʊp] *v.* 轻步慢跑

The lions **lope** and follow their prey.

jockey [ˈdʒɑːkɪ] *v.* 欺骗 *n.* 骑士

caparison [kəˈpærəsən] *v.* 盛装打扮 *n.* 马衣；装饰品

The **jockey** mounted on a spirited horse richly **caparisoned**.

She attended her friend's birthday in the **caparison** of royal costume.

equestrian [ɪˈkwestrɪən] *n.* 骑师 *adj.* 骑术的

She took an **equestrian** course at Purdue University.

paddock [ˈpædək] *n.* 小牧场

Horses are saddled and mounted by jockeys in the **paddock** in full view of the spectators.

The shepherd led the sheep into the **paddock** before nightfall.

tether [ˈteðər] *v.* 拴住 *n.* 拴绳；能力所及

The riders **tethered** the horses and had dinner.

Genetic modification is far beyond my **tether**.

Part 3 识记单词 / 词组

Native American reservations 印第安人保护区

beleaguer [bɪˈliːgər] *v.* 使……烦恼；围攻

九阴真经

amoeba [əˈmiːbə] *n.* 变形虫；阿米巴

dysentery [ˈdɪsənterɪ] *n.* 痢疾

meningitis [ˌmenɪnˈdʒaɪtɪs] *n.* 脑膜炎

enkephalin [enˈsefəlɪn] *n.* 脑啡呔

Lesson 29

Part 1 主力单词

bustle [ˈbʌsl] *v.* 奔忙；使忙碌 *n.* 喧嚣

People would be **bustling** around buying gifts, making dinners, taking their family out on Christmas.

Pedestrians **bustle** along a narrow lane lined with signs in downtown Shanghai.

Do you like all the traffic, the **bustle**, and the excitement in the city?

hustle [ˈhʌsl] *v.* 推搡；（非法地）兜售 *n.* 用不诚实的手段赚

We were **hustled** as we went to the crowded square.

She **hustled** money from men she met by using ploys.

hectic [ˈhektɪk] *adj.* 繁忙的；发烧的

I enjoy **hectic** city life.

frenzy [ˈfrenzɪ] *n.* 精力充沛；疯狂

The workaholic works himself into a **frenzy** of excitement.

The government's action has caused a **frenzy** of rage.

frenzied [ˈfrenzɪd] *adj.* 狂热的

The cults grew more **frenzied** as the ritual progressed.

frenetic [frəˈnetɪk] *n.* 疯子 *adj.* 发狂似的；狂热的

Technology leads to the **frenetic** pace of contemporary life.

frantic [ˈfræntɪk] *adj.* 紧张忙乱的；发狂似的

Frantic trading on the market indicates the recovery of the economy.

frantically [ˈfræntɪklɪ] *adv.* 疯狂似地

A lifeguard tried to resuscitate her **frantically**.

brisk [brɪsk] *adj.* 忙碌的；敏捷的；凉爽的

Our trading business is **brisk** now.

• Words in sentences 句中单词 •

lifeguard [ˈlaɪfgɑːrd] *n.* 救生员

resuscitate [rɪˈsʌsɪteɪt] *v.* 使苏醒；使复活

Part 2 补充单词 / 词组

hustle and bustle 喧闹嘈杂

We walked through a night market of **hustle and bustle**.

fresco [ˈfreskəʊ] *n.* 壁画法；壁画

mural [ˈmjʊrəl] *n.* 壁画 *adj.* 墙壁的

A **fresco** is a **mural** painting.

on the go 忙碌

take some time off 休假一段时间

The manager is always **on the go**. Maybe she needs to **take some time off** to accompany her family.

stream [striːm] *v.* 涌入；流 *n.* 溪流；光线

I became completely frantic when I saw the blood **streaming** from the abdomen of my sister.

momentum [məʊˈmentəm] *n.* 动力

The global economy has gained **momentum**.

Part 3 识记单词 / 词组

street hustler 街上的骗子

九阴真经

resuscitation [rɪˌsʌsɪˈteɪʃn] *n.* 复活；复兴

resurrect [ˌrezəˈrekt] *v.* 使复活

resurrection [ˌrezəˈrekʃən] *n.* 复苏；复兴

mainstream [ˈmeɪnstriːm] *n.* 主流；（河的）主流

Lesson 30

Part 1 主力单词 / 词组

weird [wɪrd] *n.* 噩运 *adj.* 怪异的；不寻常的

The biography is full of **weird** and quaint anecdotes.

The religious statues are bathed in a **weird**, supernatural glow.

There is a limestone cave festooned with **weird** geologic protuberances.

bizarre [bɪˈzɑːr] *adj.* 怪诞的；罕见的

The diplomat conjured up the most **bizarre** reasons for not showing up at the international meeting. He claimed that he was "abducted by aliens."

eccentric [ɪkˈsentrɪk] *adj.* 怪异的

That **eccentric** old man rambles on mumbo jumbo.

extraordinary [ɪkˈstrɔːrdənerɪ] *adj.* 非凡的；特别的；令人惊奇的

An **extraordinary** parade of the military celebrates the birth of China.

outlandish [aʊtˈlændɪʃ] *adj.* 稀奇古怪的

The emperor's **outlandish** whim of fighting an extinct dragon might be realized if he travels back to ancient times.

whim [wɪm] *v.* 心血来潮 *n.* 突发的奇想

He joined the military on a **whim**.

whimsical [ˈhwɪmzɪkəl] *adj.* 离奇的

Fashionable sportswear shows a **whimsical** quality.

ordinary [ˈɔːrdnerɪ] *adj.* 普通的

out of ordinary 不寻常

Genre paintings deal with **ordinary** life with the realistic depiction of scenes.

The police questioned the victim's neighbors, asking, "Did you see anything **out of ordinary** on that day?"

uncanny [ʌnˈkænɪ] *adj.* 奇怪的；神秘的

His **uncanny** ability to mobilize public support for homosexual marriage in a short amount of time has confounded his political opponents.

The two strangers have an **uncanny** resemblance.

eerie [ˈɪrɪ] *adj.* 怪异的；令人恐惧的

The old sailor told us an **eerie** tale about a shipwreck and ghostly seamen.

preternatural [ˌpriːtərˈnætʃrəl] *adj.* 超自然的；不可思议的

There was a **preternatural** quiet in the witch forest.

Opium gives and takes away. It defeats the steady habit of exertion, but it creates spasms of irregular exertion! It ruins the natural power of life, but it develops **preternatural** paroxysms of intermitting power. (from Thomas De Quincey, British essayist and critic)

unearthly [ʌnˈɜːrθlɪ] *adj.* 超自然的；神秘的

We saw the most **unearthly** scene accompanied by the sound of howling in the distance.

• Words in sentences 句中单词 / 词组 •

quaint [kweɪnt] *adj.* 古雅的；奇怪的

anecdote [ˈænɪkdəʊt] *n.* 趣闻；轶事

limestone [ˈlaɪmstəʊn] *n.* 石灰岩

festoon [feˈstuːn] *v.* 以花彩装饰 *n.* 花彩

protuberance [prəʊˈtuːbərəns] *n.* 突起

abduct [æbˈdʌkt] *v.* 绑架

ramble [ˈræmbl] *v.* 信笔乱写；蔓延 *n.* 闲逛

mumbo jumbo 晦涩难懂的话；无用的宗教仪式；有魔力的物件

mobilize [ˈməʊbəlaɪz] *v.* 动员

confound [kənˈfaʊnd] *v.* 使困惑；使惊疑

shipwreck [ˈʃɪpˌrek] *v.* 沉船 *n.* 海难

paroxysm [ˈpærəkˌsɪzəm] *n.* 爆发

九阴真经

Part 2 补充单词 / 词组

janitor [ˈdʒænɪtər] *n.* 管理员；看护人

dormitory janitor 舍监

The **dormitory janitor** still picks up the detritus from the graduation party.

glower [ˈglaʊər] *v.* 怒视

Police **glowered** at the rapist.

maunder [ˈmɔːndər] *v.* 胡扯；无目的地闲晃

He doesn't know where to go and **maunder** in the town.

Time is precious. I have zero tolerance for your **maundering**.

The old man can **maunder** for an hour about how great his grandson is.

dilapidated [dɪˈlæpɪdeɪtɪd] *adj.* 破旧的

poltergeist [ˈpəʊltərgaɪst] *n.* 促狭鬼；吵闹鬼

When I pass by that **dilapidated** house, I always hear eerie noises like **poltergeists** moving things.

dilapidation [dəˌlæpəˈdeɪʃən] *n.* 破损；崩塌；荒废

The farm and its fences are in a state of **dilapidation**.

decrepit [dɪˈkrepɪt] *adj.* 衰老的

Don't mind him. He is just a **decrepit** old man.

The **decrepit** park has become a haven for the homeless.

decrepitude [dɪˈkrepɪtuːd] *n.* 衰老；破旧

The house that caught on fire has fallen into **decrepitude** and decay.

mangy [ˈmendʒɪ] *adj.* 污秽的

The **mangy** hotel is full of fleas.

debris [dəˈbriː] *n.* 碎片

I try to find something useful from the **debris** of the crashed airplane.

trachea [ˈtreɪkɪə] *n.* 气管

Plastic **debris** might choke sea turtles' **tracheas**.

seam [siːm] *v.* 缝合 *n.* 接缝

The clothes have strong **seams**, so they will last for years.

at the seams 完全

Their marriage fell apart **at the seams**.

burst at the seams 挤满

The vestibule **burst at the seams**, there being so many guests.

seamstress [ˈsiːmstrɪs] *n.* 女裁缝师

sew [səʊ] *v.* 缝合

The **seamstress** seamed the clothes by **sewing** machine.

polypropylene [ˌpɑlɪˈprəʊpəlɪn] *n.* 聚丙烯

polyvinyl chloride 聚氯乙烯（PVC）

extrude [ɪkˈstruːd] *v.* 挤出

Polypropylene and **polyvinyl chloride** are **extruded** into plastic bags and pipes.

Part 3 识记单词 / 词组

protuberant [prəʊˈtuːbərənt] *adj.* 隆起的

mobilization [ˌməʊbɪlaɪˈzeɪʃn] *n.* 动员；流通

mobile [ˈməʊbl] *n.* 汽车；活动部件 *adj.* 移动式的；机动的

immobile [ɪˈməʊbl] *adj.* 静止的

seaman [ˈsiːmən] *n.* 海员

mange [meɪndʒ] *n.* 兽疥癣

detritus [dɪˈtraɪtəs] *n.* 风化物；岩屑

stocking [ˈstɑːkɪŋ] *n.* 长袜

fall apart 破裂

propylene [ˈprəʊpəlɪn] *n.* 丙烯

lime [laɪm] *v.* 撒石灰 *n.* 石灰

Lesson 31

Part 1 主力单词

consistent [kənˈsɪstənt] *adj.* 一贯的；坚持的

His statement is **consistent** with the evidence.

九阴真经

Their attitudes aren't **consistent** with their behavior.

The batter's performance is quite **consistent**.

consist [kən'sɪst] *v.* 组成；一致

The meal **consisted** of milk, bread, and eggs.

Her wound **consists** with the murder weapon.

congruous ['kaŋgruəs] *adj.* 一致的；符合的

The observation from intelligent agents is **congruous** with his report.

congruity [kən'gruətɪ] *n.* 适合；一致

There's little **congruity** between your professed religious beliefs and your actual comportment.

congruent ['kaŋgruənt] *adj.* 相同的

U.S. interests were implicitly **congruent** with those of Russia in outer space.

congruence ['kaŋgruəns, kən'grʊ-] *n.* 一致

The **congruence** between what is taught and what is tested provides feedback for teachers.

Mania deforms all concepts and ideas, either they lose their **congruence**, or their representative value is falsified; in any case, the totality of thought is disturbed in its essential relation to truth. (Michel Foucault, French philosopher)

coherent [kəʊ'hɪrənt] *adj.* 连贯的；有条理的

There is an underlying **coherent** logic in every human race.

The strike in Syria was not **coherent** with U.N. policy.

coherence [kəʊ'hɪrəns] *n.* 连贯性；条理性

The points you make are fine, but the whole essay lacks **coherence**.

cohere [kəʊ'hɪr] *v.* 一致；协调

This view does not **cohere** with their other beliefs.

Part 2 补充单词 / 词组

incongruous [ɪn'kaːŋgruəs] *adj.* 不一致的；不连贯的；不合适的

His conduct is **incongruous** with the principle he avows.

incongruity [ˌɪnkaːn'gruːətɪ] *n.* 不协调

There was a sense of **incongruity** between his story and reality.

cognitive dissonance 认知失调

dissonance [ˈdɪsənəns] *n.* 不一致

They have experienced **cognitive dissonance** induced by post-war trauma.

Part 3 识记单词 / 词组

inconsistent [ˌɪnkənˈsɪstənt] *adj.* 不一致的

congruent triangles 全等三角形

Lesson 32

Part 1 主力单词

communicate [kəˈmjuːnɪkeɪt] *v.* 联络；沟通

The captain tries to **communicate** with the rest of his crew.

The deaf man with cochlear implants can effectively **communicate** with people.

Dhole **communicates** with a variety of sounds.

communication [kəˌmjuːnɪˈkeɪʃn] *n.* 表达

The function of pheromones in insect **communication** is extremely crucial.

commune [ˈkɑːmjuːn , kəˈmjuːn] *v.* 交流 *n.* 团体

I spent an entire afternoon **communing** with nature.

The sorcerer is invoking and **communing** with something from hell, much powerful than she can control.

I ate my breakfast in a **commune** in California.

liaison [ˈliːəzɑːn] *v.* 联络 *n.* 联络人

Lacking proper **liaison** with other nations, the president became ill-informed.

liaise [lɪˈeɪz] *v.* 联络

The official **liaised** with local communities concerning urban regeneration.

九阴真经

• Words in sentences 句中单词 / 词组 •

cochlear ['kɒklɪr] *n.* 耳蜗

cochlear implant 耳蜗植入器

dhole [dəʊl] *n.* 一种野狗

pheromones ['ferəʊməʊnz] *n.* 外激素；信息素

ill-informed [ɪl ɪn'fɔːrmd] *adj.* 消息闭塞的

urban regeneration 都市改造

Part 2 补充单词

gesticulate [dʒe'stɪkjəˌleɪt] *v.* 做手势

The traffic police **gesticulated** a driver to drive forward.

offspring ['ɔːfsprɪŋ] *n.* 后代；幼苗

The owners admitted to sexual liaisons with slaves, often taking financial responsibility for their mistresses and **offspring**.

Part 3 识记单词 / 词组

flour liaison 面粉变浓剂

gesticulation [dʒeˌstɪkjʊ'leɪʃn] *n.* 手势

posture ['pɑːstʃər] *n.* 姿势；情形

suburb ['sʌbɜːrb] *n.* 郊区

suburban [sə'bɜːrbən] *adj.* 郊区的

crew [kruː] *n.* 全体工作人员

Lesson 33

Part 1 主力单词

repent [rɪ'pent] *v.* 悔过；后悔 *adj.* 匍匐生根的

repentance [rɪˈpentəns] *n.* 后悔；悔过

He shows no signs of **repentance**.

repentant [rɪˈpentənt] *adj.* 后悔的；悔过的

I **repent** of my sins and will make all reparation in my power to those whom I have hurt.

The politician is more interested in power than in **repenting** the damages he has done to us.

Marry in haste and **repent** at leisure.

penitent [ˈpenɪtənt] *adj.* 悔过的

He seemed somewhat **penitent** in reference to his serious faux pas, but the feeling soon passed, like fleeting time.

contrite [kənˈtraɪt] *adj.* 悔恨的

The major who rehearses his **contrite** resignation with crocodile tears is a hypocrite.

remorse [rɪˈmɔːrs] *n.* 懊悔；自责

Her **remorse** practically disappears after her apology has been accepted.

regret [rɪˈgret] *v./n.* 惋惜

The thief sits in jail and begins to **regret** his chosen criminal path.

ruefully [ˈruːfəlɪ] *adv.* 悲伤地；懊悔地

The actor **ruefully** recalled his own difficulties in being taken seriously as Tom's understudy.

penance [ˈpenəns] *v.* 使悔过；使苦修 *n.* 补赎

Her divorced father gave her money as a **penance**.

• Words in sentences 句中单词 / 词组 •

reparation [ˌrepəˈreɪʃən] *n.* 赔偿；修补

reference [ˈrefrəns] *n.* 提到；参考

crocodile tears 鳄鱼的眼泪；假慈悲

understudy [ˈʌndərstʌdɪ] *v.* 做替角 *n.* 替角；候补演员

九阴真经

Part 2 补充单词 / 词组

at leisure 有空

I am seldom **at leisure**.

impenitent [ɪmˈpenɪtənt] *n.* 不知悔改的人 *adj.* 不知悔改的

He is an **impenitent** sinner who refuses to apologize.

The **impenitent** criminal said he would kill her again in hell.

restitution [ˌrestɪˈtuːʃn] *n.* 赔偿；归还

China didn't ask for Japan's **restitution** after World War Two.

He was sentenced to make **restitution** for the victims.

Russia refused the **restitution** of the four northern islands to Japan.

hypocrite [ˈhɪpəˌkrɪt] *n.* 伪君子

simper [ˈsɪmpər] *n.* 假笑 *v.* 假笑着说

The **hypocrite simpered** during the banquet. Nobody knew how he really felt.

The nanny always **simpers** at me.

hypocritical [ˌhɪpəˈkrɪtɪkəl] *adj.* 伪善的

The landlord was accused of being **hypocritical**.

apologize [əˈpɑːlədʒaɪz] *v.* 道歉；辩解

Why am I always the one who **apologizes**?

apologia [ˌæpəˈləʊdʒɪə] *n.* 辩护；自辩书

The defendant wrote the finest **apologia.**

accept [əkˈsept] *v.* 接受

alacrity [əˈlækrɪtɪ] *n.* 乐意；欣然；活泼

The businessman **accepts** the deal with **alacrity**.

Part 3 识记单词 / 词组

repent stems 匍匐生根的茎

restitution order 赔偿令

make restitution to 向……赔偿损失；归还

rehearsal [rɪˈhɜːrsl] *n.* 排演；重复

acceptance [əkˈseptəns] *n.* 接受；赞同

Lesson 34

Part 1 主力单词

divest [dɪˈvest] *v.* 剥夺；迫使放弃；卖出

Undeserved appellations and humiliating epithets **divested** him of his dignity and self-esteem.

The warlord was unlikely to be **divested** of power without a fight.

Most shareholders pressured the president to **divest** his Southeast Asian investments.

deprive [dɪˈpraɪv] *v.* 剥夺

He **deprived** him of life and ended his torment.

strip [strɪp] *v.* 剥夺；脱衣服 *n.* 队服

The general **stripped** him of rank.

dispossess [ˌdɪspəˈzes] *v.* 剥夺

The aboriginal inhabitants were **dispossessed** of land without reimbursement from the government.

denude [dɪˈnuːd] *v.* 剥夺；裸露

They **denuded** my birthright due to my crime.

The grassland was **denuded**.

The maple tree was **denuded** of bark.

• Words in sentences 句中单词 •

appellation [ˌæpəˈleɪʃən] *n.* 称号

epithet [ˈepəˌθet] *n.* 贬低的字眼；修饰语

self-esteem [ˌself ɪˈstiːm] 自尊

warlord [ˈwɔːrlɔːrd] *n.* 军阀

reimbursement [ˌriːɪmˈbɜːrsmənt] *n.* 偿还；补偿

birthright [ˈbɜːrθˌraɪt] *n.* 与生俱来的权利

九阴真经

Part 2 补充单词

tormentor [tɔːr'mentər] *n.* 折磨他人的人

The **tormentor** gave his slave a severe flagellation and deprived him of water and food.

languish ['læŋgwɪʃ] *v.* 受苦；未能取得进展

He **languished** in the penitentiary for fifteen years.

The plant was **languishing** under the scorching sun.

The minority has long been **languished** by the majority.

The bill has **languished** in the legislature for almost a year.

anguish ['æŋgwɪʃ] *v.* 受到剧痛 *n.* 剧痛；悲痛

He **anguished** over his failure in the China College Entrance Exam.

Part 3 识记单词 / 词组

divestment [də'vestmənt] *n.* 转让股份；撤销投资

divesture [də'vestʃə] *n.* 剥夺

deprivation [deprə'veɪʃən] *n.* 剥夺；匮乏

appellate [ə'pelɪt] *v.* 上诉的

appellate court 上诉的法院

appellative [ə'pelətɪv] *adj.* 名称的 *n.* 称呼

reimburse [ˌriːɪm'bɜːrs] *v.* 偿还；补偿

stratocracy [strə'tɑːkrəsɪ] *n.* 军阀政治

Lesson 35

Part 1 主力单词 / 词组

belie [bɪ'laɪ] *v.* 给人以假象；掩饰

A chimpanzee's strong physique **belies** its gentle heart.

Her young face **belies** her real age.

His nonchalance **belies** his past as a fringe politician who constantly fought for corruption.

The evidence **belies** his claim of innocence. He must be guilty.

His words **belie** his behavior. He is a dissembler.

disguise [dɪsˈgaɪz] *v./n.* 假扮

Men **disguised** in female attire and women dressed in the garb of men have done so under very trying circumstances against the backdrop of that conservative period.

The peace talk was being well-used by both sides to **disguise** their aggressive intentions.

mask [mæsk] *v.* 掩饰 *n.* 面具

They used stinky fish to **mask** the odor of a dead body.

Mask off the desk and chairs while you paint the ceiling.

masquerade [ˌmæskəˈreɪd] *v./n.* 伪装

A whore **masquerades** as a princess.

Idle gossip **masquerades** as genuine news.

pretend [prɪˈtend] *v.* 假装 *adj.* 想象的；假装的

She **pretends** to stumble and hugs me.

camouflage [ˈkæməflɑːʒ] *v./n.* 伪装

Grievances and grudges should be discussed, not **camouflaged**.

The banded coloration **camouflages** the moth.

veneer [vəˈnɪr] *v.* 虚饰 *n.* 掩饰物；薄板

I prefer a birch **veneer** desk.

a sea of 很多

Pranks and silly stunts veneered **a sea of** anxiety.

front [frʌnt] *v.* 朝向；面对 *n.* 前面；正面 *adj.* 前面的

Her smile is just a **front**. Do not lay down your weapon.

conceal [kənˈsiːl] *v.* 隐藏

The gambler **concealed** a card in his sleeve.

A wise man **conceals** his intelligence from the public leading a life of simplicity.

cover up 掩盖

The president gave a direct order to **cover up** the murder case of the navy colonel. No district attorney dares to investigate the case.

九阴真经

sham [ʃæm] *v.* 假装 *n.* 假象；骗子 *adj.* 假装的

The policeman always **shams** sickness if he hears a robber has a gun.

Free education is just a **sham**.

The man with probity dislikes **sham** and affectation.

dissemble [dɪ'sembl] *v.* 掩饰；假装；做假

She lay down and **dissembled** sleep to listen to what they were really up to.

He is a master of **dissembling** the facts.

Perhaps it was right to **dissemble** your love; but why did you kick me downstairs? (from Isaac Bickerstaffe, Irish dramatist)

Former president **dissembled** under the oath about his sex scandal.

dissimulate [dɪ'sɪmjʊleɪt] *v.* 掩盖；掩饰

To know how to **dissimulate** is the knowledge of kings. (from Cardinal Richelieu, French churchman and statesman)

• Words in sentences 句中单词 •

attire [ə'taɪər] *n.* 服装

garb [gɑːrb] *n.* 服装

stinky ['stɪŋkɪ] *adj.* 产生臭味的

stumble ['stʌmbl] *v./n.* 绊倒；跌跌撞撞地走；（不顺畅地）说、读、演奏

grievance ['griːvəns] *n.* 委屈；牢骚

grudge [grʌdʒ] *v./n.* 怨恨

banded ['bændɪd] *adj.* 一条一条的

coloration [ˌkʌlə'reɪʃən] *n.* 色彩

moth [mɔːθ] *n.* 蛾

birch [bɜːrtʃ] *n.* 桦树

sleeve [sliːv] *v.* 给……装袖子 *n.* 衣袖

Part 2 补充单词 / 词组

huddle ['hʌdl] *v.* 挤在一起 *n.* 挤在一起的人

She lies with her legs ungainly **huddled**.

The commander is in a **huddle**.

get/go into a huddle (with sb.) 凑近（某人）说悄悄话

She **got into a huddle with me** to speak ill of you.

marmoreal [mɑːrˈmɔːrɪəl] *adj.* 大理石的；像大理石的

She who is an apathetic, **marmoreal** being takes no heed of others' plights.

poker face 毫无表情的面孔

Do you think a **poker face** is better than a **marmoreal** face?

mantle [ˈmæntl] *v.* 覆盖；（脸）发红 *n.* 责任；衣钵；覆盖层；披风

The mist **mantled** the road.

The girl's face **mantled** in joy while he asked her to marry him.

His malicious intention of waging a war was **mantled** in the cloak of patriotism.

She took on the **mantle** of her father's company.

I have to clear up a thick **mantle** of snow after a blizzard.

welder [ˈweldər] *n.* 焊工

He assumed the **mantle** of his father as a **welder**.

craft [kræft] *v.* 精心制作 *n.* 手艺；船；手腕

She carefully **crafts** her story to avoid unnecessary suspicion.

tattler [ˈtætlər] *n.* 传流言的人

He is a **tattler** to perfection and a born dissembler who likes to share others' secrets.

Part 3 识记单词 / 词组

in disguise 伪装

a blessing in disguise 因祸得福

cover version 翻唱；转录

brigadier general 准将

a frontline worker/manager 第一线的工人 / 经理

weld [weld] *v./n.* 焊接

wield [wiːld] *v.* 施加影响力；挥舞

lapel [ləˈpel] *n.* 翻领

tattle [ˈtætl] *v.* 打小报告

九阴真经

gentleness [ˈdʒentlnɪs] *n.* 和蔼

conservatism [kənˈsɜːrvətɪzəm] *n.* 保守主义

stink [stɪŋk] *v.* 让人觉得很糟糕；令人厌恶 *n.* 恶臭；吵闹

chameleon [kəˈmiːlɪən] *n.* 变色龙；善变的人

aggression [əˈɡreʃn] *n.* 侵略

devastate [ˈdevəsteɪt] *v.* 毁灭

Lesson 36

Part 1 主力单词

falsify [ˈfɔːlsɪfaɪ] *v.* 做假；证明是假的

The company has notoriously **falsified** the test results of the rabies vaccine.

I learned that **falsifying** this one fact about my life made me feel phony, ridiculous, complicit, and worst of all, undermined by my own hand. (from Gloria Steinem, U.S. writer and feminist. Referring to a time when she lied about her age)

falsification [ˌfɔːlsɪfɪˈkeɪʃən] *n.* 伪造；曲解

The **falsification** of the medical certificate has riveted public attention.

rivet [ˈrɪvɪt] *v.* 吸引；集中 *n.* 铆钉

The kids **rivet** their eyes on the magician's trick.

The metal chair was **riveted** with silver and copper studs.

fake [feɪk] *v.* 伪造；冒充 *n.* 假货 *adj.* 假的；冒充的

The fox fur is **fake**.

forgery [ˈfɔːrdʒərɪ] *n.* 伪造品

He committed fraud and **forgery**.

forger [ˈfɔːrdʒər] *n.* 伪造者

He is an art **forger**.

counterfeit [ˈkaʊntərfɪt] *v.* 伪造 *n.* 仿制品 *adj.* 伪造的

One hundred dollar bill has been **counterfeited** mostly.

Do you know the alias on his **counterfeit** passport?

I don't need your **counterfeit** concern.

fabricate [ˈfæbrɪkeɪt] *v.* 捏造；建造

His account of being an orphan is **fabricated**.

Nonmetallic, as well as metallic materials, can be adopted and **fabricated**.

fabrication [ˌfæbrɪˈkeɪʃən] *n.* 虚构的事情；制造

These gossips may well have been the **fabrications** of political enemies.

plagiarize [ˈpleɪdʒəraɪz] *v.* 剽窃

The minister of education was accused of **plagiarizing** others' dissertations.

replicate [ˈreplɪkeɪt] *v.* 复制 *n.* 复制品

His success can't be **replicated**.

specious [ˈspiːʃəs] *adj.* 貌似有理的；华而不实的

We have to distinguish real or **specious** targets assigned by leaders before we execute them.

The quack doctor specialized in selling **specious** medicines and concocting exotic remedies.

spurious [ˈspjʊrɪəs] *adj.* 虚假的；假的

Absent-mindedness is **spurious** innocence.

The watch is a **spurious** counterfeit.

phony [ˈfəʊnɪ] *adj.* 不真实的；伪造的

The promise seems to be **phony** as he can't keep it.

embellish [ɪmˈbelɪʃ] *v.* 美化；装饰

The scientific magazine is **embellished** with illustrations.

A glass object may be **embellished** with different colors after annealing.

bogus [ˈbəʊgəs] *adj.* 假的；伪造的

The jewel turns out to be **bogus**.

The chief business of the nation, as a nation, is the setting up of heroes, mainly **bogus**. (H. L. Mencken, U.S. journalist, critic, and editor)

• Words in sentences 句中单词 •

rabies [ˈreɪbiːz] *n.* 狂犬病

undermine [ˌʌndərˈmaɪn] *v.* 暗中破坏；逐渐损害

九阴真经

alias [ˈeɪlɪəs] *n.* 化名
dissertation [ˌdɪsərˈteɪʃn] *n.* 学位论文
absent-mindedness [ˌæbsənt ˈmaɪdɪdnəs] *n.* 心不在焉

Part 2 补充单词

flagrant [ˈfleɪgrənt] *adj.* 明目张胆的；公然的

Slaughtering protesters with machine guns is a **flagrant** violation of human rights.

The president is often excused of breaking laws which is a **flagrant** abuse of human rights. He should be in jail serving his time.

conflagrant [kənˈfleɪgrənt] *adj.* 燃烧的

A lot of animals run out from the **conflagrant** forest.

conflagration [ˌkɑnfləˈgreɪʃn] *n.* 大火；战争

Amazon [ˈæməzɑːn] *n.* 南美洲之亚马逊河

The **conflagration** is heaving, surging, and rolling over the **Amazon** rainforest.

heave [hiːv] *v.* 举起；拖；拉；抛；(强烈而有节奏地)起伏；缓慢发出(声音)；恶心 *n.* 举起；起伏

I have to **heave** the heavy luggage into my car.

We **heaved** and **heaved**, but the truck remained firmly stuck in the mud.

The boat **heaved** beneath our feet and made me heave.

He is not dead yet. I see his chest **heaving.**

The old lady **heaved** a sigh of relief after being rescued.

I moved the broken car with one final **heave**.

nauseate [ˈnɔːzɪeɪt, -sɪ-] *v.* 作呕

The old lady got **nauseated** and **heaved** on the boat.

miniature [ˈmɪnətʃər, ˈmɪnətʃʊr] *adj.* 微型的

The cast formed is an extremely accurate replica of the **miniature** dinosaur.

microcosm [ˈmaɪkrəʊkɑzəm] *n.* 小宇宙；缩影

School is a **microcosm** of society.

The ragged beggar is a **microcosm** of the netherworld.

macrocosm [ˈmækrəʊkɑzəm] *n.* 大宇宙；复杂而系统的整体

There are infinite stars in the vast **macrocosm**.

inauthentic [ˌɪnɔːˈθentɪk] *adj.* 不真的

His autobiography about his personal life is more or less **inauthentic** and fraudulent.

Part 3 识记单词 / 词组

flagrant violence 公然违反

counterfeit U.S. dollars 假美元

counterfeit coin 假币

notorious [nəʊˈtɔːrɪəs] *adj.* 恶名昭著的

rabid [ˈræbɪd] *adj.* 极端的；激烈的；患狂犬病的

dissertate [ˈdɪsɜːrˌteɪt] *v.* 论述；讲演；写论文

Lesson 37

Part 1 主力单词

wary [ˈwerɪ] *adj.* 谨慎的

They might not tell the whole truth from their **wary** faces.

I am very **wary** of getting involved with that traitor.

Wary consumers held back on spending during the recession.

He is quite **wary** of becoming involved with criminals.

caution [ˈkɔːʃn] *v.* 告诫；警告 *n.* 谨慎

The caption proceeds on the mission with extra **caution**.

cautious [ˈkɔːʃəs] *adj.* 谨慎的；细心的

They are **cautious** adventurers.

circumspect [ˈsɜːrkəmspekt] *adj.* 小心谨慎的

Commercial banks remained **circumspect** in approving loans.

九阴真经

九阴真经

You should be more **circumspect** in choosing your universities.

circumspection [ˌsɜːrkəmˈspekʃən] *n.* 小心谨慎

The leader invariably handles foreign affairs with **circumspection**.

prudent [ˈpruːdnt] *adj.* 谨慎的；慎重的

The national leader didn't deem it **prudent** to curtail his power of appointing personnel at present.

prudence [ˈprudəns] *n.* 谨慎；慎重

He exercises old-fashioned **prudence** with new business partners.

leery [ˈlɪrɪ] *adj.* 猜疑的

I was **leery** of the butcher's impetuous, rash action. He asked me, "Do you want a piece of meat?"

The nation was **leery** of disappointing its allies again.

skeptic [ˈskeptɪk] *n.* 怀疑者

He is a **skeptic** about the existence of ghosts.

skeptical [ˈskeptɪkl] *adj.* 怀疑的

Of course, I remain **skeptical** about these paranormal events since I've never encountered a ghost before.

chary [ˈtʃerɪ] *adj.* 谨慎的

The king was **chary** of granting the autonomy of a village.

qui vive [kiːˈ viːv] *n.* 警觉

People were **qui vive** on whether or not to use a thermal power plant.

imprudent [ɪmˈpruːdnt] *adj.* 不谨慎的；不明智的

The boss replaced an **imprudent** former editor.

• Words in sentences 句中单词 •

curtail [kɜːrˈteɪl] *v.* 减少；缩减；限制

rash [ræʃ] *n.* 疹子；大量；许多 *adj.* 冲动的；鲁莽的

thermal [ˈθɜːrml] *n.* 热气流 *adj.* 热的；热量的

Part 2 补充单词

patronage [ˈpætrənɪdʒ] *n.* 赞助；惠顾

recruit [rɪˈkruːt] *v.* 招聘；征募 *n.* 新兵

Most presidents have **patronage** to **recruit** important staff.

numinous [ˈnuːmɪnəs] *adj.* 神圣的；精神上的

Numinous worship is about to begin.

The ancient ritual site always exudes a **numinous** aura.

Life itself is **numinous**.

atheist [ˈeɪθɪɪst] *n.* 无神论者

numinosity [ˌnuːmɪˈnɑːsɪtɪ] *n.* 神圣；超自然

The **atheist** takes on the **numinosity** of faith.

believer [bɪˈliːvər] *n.* 信徒

The new **believer** experiences the numinosity of God's presence.

Part 3 识记单词

weary [ˈwɪrɪ] *v.* 使疲劳 *adj.* 筋疲力尽的

stealthy [ˈstelθɪ] *adj.* 小心的；秘密的

numen [ˈnjʊmən] *n.* 住在某处的神灵

autonomous [ɔːˈtɑːnəməs] *adj.* 自治的；自主的

thermometer [θərˈmɑːmɪtər] *n.* 温度计

nonbeliever [ˌnɒnbəˈliːvə] *n.* 没有信仰的人

Lesson 38

Part 1 主力单词 / 词组

qualify [ˈkwɑːlɪfaɪ] *v.*（使）合格；（使）具有资格

Few essayists **qualified** for the final round subsequent to writing preliminary essays.

Repeated stalling doesn't **qualify** the car for mass production.

In today's highly complex society it takes years of training in rationalization, accommodation, and compromise to **qualify** for the good jobs with the really big payoffs you need to retain a first-rate psychiatrist in today's world. (from Russell Baker, U.S. journalist)

qualified [ˈkwɑːlɪfaɪd] *adj.* 具备必要条件的；合格的；有限度的

You are not **qualified** to apply if your GPA is too low.

This campaign is only a **qualified** success.

qualified support 有限的支持

The authorities didn't support me completely and only gave me **qualified support**.

qualification [ˌkwɑːlɪfɪˈkeɪʃn] *n.* 资格；学历；限定条件

Women have been liberated from the **qualifications** for suffrage.

eligible [ˈelɪdʒəbl] *adj.* 有资格的

Whoever is under the age of twenty is not **eligible** to vote.

authorized [ˈɔːθəraɪzd] *adj.* 授权的

Do you think his diplomatic immunity is **authorized**? He can shoot you. Surely it is.

authoritative [əˈθɔːrəteɪtɪv] *adj.* 权威性的；官方的

I'm not a theorist. I'm not an **authoritative** or reliable commentator on the dramatic scene, the social scene, any scene. I write plays, when I can manage it, and that's all. (from Harold Pinter, British playwright, theater director, and screenwriter)

sanction [ˈsæŋkʃn] *v.* 批准 *n.* 批准；制裁

The import of these weapons against pirates is **sanctioned** by the government.

The government imposes trade **sanctions**.

license [ˈlaɪsns] *v.* 许可；授权 *n.* 许可证；执照；牌照

The municipal government **licensed** a company to quarry sandstone.

accredit [əˈkredɪt] *v.* 授权；认可

The number of universities **accredited** for the training of interns has decreased.

imprimatur [ˌɪmprəˈmɑːtər] *n.* 正式批准；出版许可

You must get the president's **imprimatur** before invading the island.

• Words in sentences 句中单词 •

preliminary [prɪˈlɪmɪnerɪ] *n.* 预赛；初步行动 *adj.* 初步的；预备的

payoff [ˈpeɪˌɔːf] *n.* 收益；报复 *adj.* 支付的；决定性的

pirate [ˈpaɪrət] *n.* 海盗

quarry [ˈkwɑːrɪ] *v.* 开采 *n.* 采石场；猎物

sandstone [ˈsændstəʊn] *n.* 砂岩

intern [ˈɪntɜːrn] *v.* 实习 *n.* 实习医生；实习生

Part 2 补充单词 / 词组

under license 政府许可；领有执照

Commercial radio and television stations operate **under license** granted by National Broadcasting Bureau.

shrapnel [ˈʃræpnəl] *n.* 散弹；炸弹碎片

shotgun [ˈʃɑːtgʌn] *n.* 猎枪

Take care of **shrapnels** from the **shotgun**.

wax [wæks] *v.* 增加；月亮渐圆；给……打蜡 *n.* 月亮渐盈；蜡；蜂蜡

wane [weɪn] *v.* 减弱；衰败 *n.* 衰退期

wax and wane 兴衰荣枯；盛衰

The party **waxed and waned** with the mercurial minds of voters.

The moon **waxes** and then **wanes** monthly in an endless cycle.

cinematic [ˌsɪnəˈmætɪk] *adj.* 电影的

televisual [ˌtelɪˈvɪʒʊəl] *adj.* 电视的

household [ˈhaʊshəʊld] *n.* 家人；家庭 *adj.* 家庭的；为人所熟知的

Cinematic and **televisual** entertainment have been overloaded into almost every **household**.

dent [dent] *v.* 使下降 *n.* 凹陷

Tariffs **dent** the earnings of trading companies.

disqualify [dɪsˈkwɑːlɪfaɪ] *v.* 取消（某人）的资格；使不适合

You will be **disqualified** if they find you cheating.

Part 3 识记单词 / 词组

pay off 清偿；遣散

retention [rɪˈtenʃn] *n.* 保留；保持；聘请

piracy [ˈpaɪrəsɪ] *n.* 著作权侵害；盗版

Lesson 39

Part 1 主力单词

sponsor [ˈspɑːnsər] *v.* 赞助；支持 *n.* 赞助者；发起者；教父

The government **sponsors** the outer space project.

Mary is the biggest **sponsor** of this orphanage.

bankroll [ˈbæŋkrəʊl] *v.* 资助 *n.* 一卷钞票

The nation uses its export earnings to **bankroll** the drone project.

finance [ˈfaɪnæns] *v.* 向……提供资金 *n.* 金融；财力

The government **financed** state-owned enterprises on a large scale.

underwrite [ˌʌndərˈraɪt] *v.* 担保；为……提供财力

We need your government to **underwrite** this construction project.

endow [ɪnˈdaʊ] *v.* 捐款；赋予

He **endowed** the temple with lands.

The nation is richly **endowed** with agricultural and mining resources.

capitalize [ˈkæpɪtlaɪz] *v.* 利用；变卖资产；支助；用大写字母书写

capitalize on sth. 从……中获利

It is a good strategy to **capitalize on** an opponent's mistake.

The quickest way to gain cash is to **capitalize** your farmhouse.

Church members have to give a set percentage of their annual income to **capitalize** an orphanage.

• Words in sentences 句中单词 / 词组 •

outer space 太空

drone [drəʊn] *v.* 发出嗡嗡声 *n.* 无人机；雄蜂；混日子的人

Part 2 补充单词 / 词组

vouchsafe [vaʊtʃ'seɪf] *v.* 恩准；告知

The queen **vouchsafed** the pilgrims to stay in the palace for one night.

We were **vouchsafed** the meeting would be postponed.

Lucy **vouchsafed** me no reply as I asked where the students were.

wriggle ['rɪɡəl] *v./n.* 扭动

squirm [skwɜːrm] *v.* 蠕动；坐卧不宁 *n.* 局促不安

The patients **wriggled** and **squirmed** in their chairs.

The dog **wriggles** its tail when it is happy.

He **squirmed** about his impeachment.

a class action 共同起诉

The rich man underwrote **a class action** lawsuit.

generously ['dʒenərəslɪ] *adv.* 慷慨地；大地

benefit ['benɪfɪt] *v.* 义卖 *n.* 利益；优势；补助金

benefit concert 慈善音乐会

She **generously** patronized a **benefit concert**.

uncharted [ˌʌn'tʃɑːrtɪd] *adj.* 全新的；未知的

enterprise ['entərpraɪz] *n.* 企业；事业心

The team adventured into **uncharted** territory with an unsurpassed **enterprise**.

unanimously [jʊ'nænɪməslɪ] *adv.* 全体一致地

九阴真经

endorse [ɪn'dɔːrs] *v.* 赞同；签名

Foreign Affairs Committee **unanimously endorsed** the aid to refugees.

unanimity [ˌjuːnə'nɪmətɪ] *n.* 一致同意

Legislators agreed on the new provision with **unanimity**.

Part 3 识记单词 / 词组

sabotage ['sæbətɑːʒ] *v.* 破坏；妨害 *n.* 从事破坏活动

undermine [ˌʌndər'maɪn] *v.* 逐渐削弱；从根基处破坏

cosponsor [kəʊ'spɒnsə] *n.* 共同赞助者

the private sector 私营企业

unemployment benefit 失业救济金

benefactor ['benɪfæktər] *n.* 捐助人

wad [wɑːd] *v.* 使成一团；填塞 *n.* 一捆；一卷

banknote ['bæŋknəʊt] *n.* 钞票

wads of banknote 一叠叠的钞票

privacy ['praɪvəsɪ] *n.* 隐私权；独处

privateer [ˌpraɪvə'tɪr] *n.* 海盗

generosity [ˌdʒenə'rɑːsətɪ] *n.* 慷慨

anonymous [ə'nɑːnɪməs] *adj.* 匿名的；名字不公开的

anonymity [ˌænə'nɪmɪtɪ] *n.* 匿名；无特色

pilgrimage ['pɪlgrɪmɪdʒ] *n.* 朝圣；旅行

drone on 喋喋不休

Lesson 40

Part 1 主力单词

describe [dɪ'skraɪb] *v.* 描述；叙述

I despair in finding decent language to **describe** his low character.

Can you **describe** the suspect?

On the trail we talked to a handsome booted Brazilian who is a wanted killer—though it must be remembered that the term " killer" in these parts **describes** a fair percentage of the male population and lacks our pejorative connotation. (from Peter Matthiessen, U.S. novelist and travel writer)

recount [rɪˈkaʊnt] *v.* 讲述；重新清点 *n.* 重新计算

Indians **recounted** their experiences of hunting and gathering to their children.

narrate [nəˈreɪt] *v.* 叙述

The professor **narrates** the journey of the Hundred Years' War.

delineate [dɪˈlɪnɪeɪt] *v.* 详细的描述；画……的轮廓；划界限

Psychology **delineates** self-awareness, sins, and altruistic actions.

The blue outline **delineates** the border of the United States.

delineation [dɪˌlɪnɪˈeɪʃn] *n.* 描述；写生

A sociologist uses a photographic **delineation** of life.

The **delineation** of the territories is accurate.

• Words in sentences 句中单词 / 词组 •

connotation [ˌkɑːnəˈteɪʃn] *n.* 含义

Hundred Years' War 英法百年战争

Part 2 补充单词

rapporteur [ˌræpɔːrˈtɜːr] *n.* 记录员；书记

codification [ˌkəʊdɪfɪˈkeɪʃn] *n.* 法典编纂

The **rapporteur** works on the codification of the constitution.

cynical [ˈsɪnɪkl] *adj.* 愤世嫉俗的；挖苦的

pejorative [pɪˈdʒɔːrətɪv] *n.* 轻蔑语 *adj.* 轻蔑的；贬损的

He is very **cynical** with derogative and **pejorative** remarks about people.

九阴真经

The term "sick man of Asia" has a **pejorative** connotation or implication about someone who is weak.

gazillion [gəˈzɪljən] *n.* 极大量

behemoth [bɪˈhiːməθ] *n.* 巨兽；巨头

There are widespread suspicions about how the German car company becomes a **gazillion**-dollar global **behemoth** in America.

titan [ˈtaɪtn] *n.* 巨人

Those two guys are **titans** in the international business world.

leviathan [ləˈvaɪəθən] *n.* 巨大海兽

breadth [bredθ] *n.* 宽度；幅度

From the bite mark, unquestionably this is the **leviathan** of sharks.

There is a fish, called the **Leviathan**, many thousand li in size. This **leviathan** changes into a bird, called the Rukh, whose back is many thousand li in **breadth**. With a mighty effort it rises, and its wings obscure the sky like clouds. (from Zhuangzi, Chinese philosopher and teacher)

delimit [dɪˈlɪmɪt] *v.* 划定……的界限

The job description **delimits** your responsibilities.

The river **delimits** the boundary.

Part 3 识记单词 / 词组

gather speed/strength 迅速

momentum/courage [məʊˈmentəm] / [ˈkɜːrɪdʒ] *n.* 加快；增强力量；增强势头

derogatory connotations 贬义

codify [ˈkɑːdɪfaɪ] *v.* 法典编纂

pejoration [ˌpɪdʒəˈreɪʃən] *n.* 恶化

cynic [ˈsɪnɪk] *n.* 愤世嫉俗的人

titanium [taɪˈtenɪəm, tɪ-] *n.*【化】钛

titanate [ˈtaɪtəˌneɪt] *n.*【化】钛酸盐

Lesson 41

Part 1 主力单词 / 词组

endure [ɪn'dʊr] *v.* 忍耐；忍受

God has mercy on her and gives her the utmost strength and grace to **endure** all sorts of temptations. Someday you'll learn that lies; injustice, and hypocrisy are a part of every ordinary community. Most people achieve a sort of protective immunity, a kind of callousness, toward them. If they didn't, they couldn't **endure**. (from Nella Larsen, U.S. novelist, nurse, and librarian)

tolerate ['tɑːləreɪt] *v.* 忍耐；容忍

The government **tolerates** the black market and gives it some leeway.

forbear [fɔːr'ber] *v.* 克制；忍耐

She **forbore** wearing out her life on weaving and cooking.

brook [brʊk] *v.* 忍耐；忍受 *n.* 小溪

The dictator **brooks** no dissent and criticism.

put up with 忍受

She has to **put up with** the young politician's callow, maladroit way in which the matter has been handled.

stand for 容忍；支持；主张

We don't **stand for** any pretext and simply want our compensation.

Compassion is what we **stand for**.

endurance [ɪn'dʊrəns] *n.* 忍耐力；耐久力

He showed remarkable **endurance** throughout his illness.

• Words in sentences 句中单词 •

temptation [temp'teɪʃn] *n.* 引诱；诱惑

leeway ['liːweɪ] *n.* 空间；余地

callow ['kæləʊ] *adj.* 不谙世事的

pretext ['priːtekst] *n.* 借口

Part 2 补充单词

toothache [ˈtuːθeɪk] *n.* 牙痛

Toothaches are hard to endure.

skater [ˈskeɪtər] *n.* 溜冰者

make up the leeway 改善状况

The **skater** tried to **make up the leeway** in the second round.

legacy [ˈlegəsɪ] *n.* 遗产；遗留物

My father left us a **legacy** of 4 billion dollars.

Taoism is the **legacy** of ancient Chinese philosophers.

Japan's invasion left a **legacy** of pain and suffering in China.

maladroit [ˌmæləˈdrɔɪt] *adj.* 笨拙的

The government has been blamed for his **maladroit** handling of the coronavirus.

extenuate [ɪkˈstenjʊeɪt] *v.* 减轻；为……找借口

Mutual understanding and culture exchange can **extenuate** bigotry.

Nothing can **extenuate** the horrible crime you committed.

She lied for **extenuating** her misconduct.

extenuating circumstance 情有可原的状况

The teacher punished a student leniently due to **extenuating circumstances**.

intolerable [ɪnˈtɑːlərəbl] *adj.* 无法容忍的

The harsh conditions in deserts are **intolerable** for most plants and animals.

Lesson 42

Part 1 主力单词

epitome [ɪˈpɪtəmɪ] *n.* 典型；缩影；节录

The stellar dancer represents the **epitome** of glamour.

The story characterized by brisk assertive staccato, or crisp precise prose gave rise to the infamous myth of Copernicus as the **epitome** of machismo.

These architectural designers achieved the **epitome** of an exuberant palace.

epitomize [ɪˈpɪtəˌmaɪz] *v.* 象征；作为……的缩影；摘要

His story **epitomizes** the hardships that the poor might encounter.

paradigm [ˈpærədaɪm] *n.* 范例

Desertification in Loulan is a **paradigm** of land degradation.

quintessence [kwɪnˈtesns] *n.* 典型

The lightning of the sanctifying wand is the **quintessence** of witchcraft.

quintessential [ˌkwɪntəˈsenʃəl] *adj.* 典型的；标准的

This is a **quintessential** Chinese restaurant offering dumplings, noodles, and rice.

exemplary [ɪgˈzemplərɪ] *adj.* 典范的

We acknowledge he is a pious man with **exemplary** virtue, probity, and integrity.

Let's give this **exemplary** student a standing ovation.

exemplify [ɪgˈzemplɪfaɪ] *v.* 是……的典型；举例说明

He **exemplifies** his religious convictions by chanting and meditating.

symbolize [ˈsɪmbəlaɪz] *v.* 象征

Ragged clothing and bare feet **symbolized** his penury.

incarnate [ɪnˈkɑːrnət] *v.* 赋予……以形体；使具体代表 *adj.* 化身的；拟人化的

The general view **incarnates** the devil as a serpent.

No other culture can **incarnate** ancient Chinese traditions.

The potent leader **incarnates** extreme egotism.

He is a fiend **incarnate**, massacring people in town.

incarnation [ˌɪnkɑːrˈneɪʃn] *n.* 化身

Is he the **incarnation** of the devil himself?

embody [ɪmˈbɑːdɪ] *v.* 具体表现；代表；包括

Democracy **embodies** the principle of equity.

embodiment [ɪmˈbɑdɪmənt] *n.* 典型；具体化

Kangaroo court is the **embodiment** of farce.

personify [pərˈsɑnɪfaɪ] *v.* 代表；赋予人性

In the movie, the archdemon **personifies** the primordial chaos.

The giant rock has been **personified** and deified since the time I was born.

九阴真经

personification [pərˌsɑnɪfɪˈkeɪʃn] *n.* 完美的化身

Athena, the wise goddess, is a **personification** of a warrior.

characterize [ˈkærəktəraɪz] *v.* 描述有……的特征；描述成……

Historians **characterized** the period as the Dark Age.

archetype [ˈɑːrkɪtaɪp] *n.* 原型；典型

She is an **archetype** of a successful businesswoman.

archetypal [ˌɑːrkɪˈtaɪpl] *adj.* 典型的

The lawn is the **archetypal** enemy.

apotheosis [əˌpɑθɪˈəʊsɪs] *n.* 典范；(事业或人生的) 巅峰；神化

The brat is the **apotheosis** of pontification and boast.

She became the C.E.O. last year which seemed to be her **apotheosis** in her entire life.

The **apotheosis** of a Roman emperor was for the purpose of domination.

• Words in sentences 句中单词 / 词组 •

staccato [stəˈkɑtəʊ] *n.* 断奏 *adj.* 断奏的

Copernicus [kəˈpɜːrnəkəs] 哥白尼 (天文学家)

machismo [mɑːˈtʃiːzməʊ] *n.* 大男子气概

desertification [dɪˌzɜːrtɪfɪˈkeɪʃn] *n.* 沙漠化

degradation [ˌdegrəˈdeɪʃn] *n.* 恶化；屈辱

sanctify [ˈsæŋktəˌfaɪ] *v.* 使神圣化

wand [wɑːnd] *n.* 魔杖

ovation [əʊˈveɪʃn] *n.* 欢呼；热烈鼓掌

serpent [ˈsɜːrpənt] *n.* 蛇；狡猾的人；魔鬼

kangaroo court 袋鼠法庭

farce [fɑːrs] *n.* 闹剧

primordial [praɪˈmɔːrdɪəl] *adj.* 初生的；原始的

Part 2 补充单词

incarnadine [ɪnˈkɑːnədaɪn] *v.* 染红 *adj.* 粉红色；血红色的

nightingale [ˈnaɪtɪŋgeɪl] *n.* 夜莺

The fire **incarnadined** the **nightingales** and the trees.

offbeat [ˌɔːfˈbiːt] *n.*【音】弱拍 *adj.* 非传统的；特异的

macho [ˈmɑːtʃəʊ] *n.* 大男子气概的人 *adj.* 大男子气概的

He plays an **offbeat**, **macho** character in the movie.

Offbeat accents are common in both Jazz and Latin music.

anathema [əˈnæθəmə] *n.* 令人厌恶的人；被诅咒者

Peace to our neighbors, but **anathema** to the name of France. (from Jean-Jacques Dessalines, West African-born Haitian revolutionary and monarch)

acrobat [ˈækrəˌbæt] *n.* 杂技人员

acrobatics [ˌækrəˈbætɪks] *n.* 杂技

The professions of chef and **acrobat** were once considered to be socially degrading.

icon [ˈaɪkɑːn] *n.* 偶像；圣像

She is a dancer and fashion **icon**.

iconography [ˌaɪkəˈnɑgrəfɪ] *n.* 意象；象征；肖像研究，肖像学，图解；图示法

Buddhist [ˈbʊdɪst] *n.* 佛教徒 *adj.* 佛教的

The picture was an **iconography** of the 1960s.

The monk has studied the **iconography** of the **Buddhist** texts.

duality [duːˈælətɪ] *n.* 双重性

polarity [pəˈlærɪtɪ] *n.* 截然相反；极性

In Egyptian **iconography**, snakes and birds represent the **duality** or **polarity** of human nature.

deify [ˈdiːɪfaɪ] *v.* 神化

Several attempts to **deify** Confucius failed due to the impracticality of his doctrines in contemporary society.

proselytize [ˈprɑsələtaɪz] *v.* 使改变宗教信仰

The priest conducted church missions to **proselytize** non-Catholics in Africa.

九阴真经

proselyte [ˈprɑsəlaɪt] *v.* 使改变信仰；使变节 *n.* 改信仰者

He is a **proselyte** of Buddhism.

triple [ˈtrɪpl] *v.*（使）成三倍 *n.* 三倍 *adj.* 三部分的；发生三次的

Purchasing a house has become a pious hope for proletarians since the price has **tripled**.

Part 3 识记单词 / 词组

crispy cookie 酥脆的小甜饼

crispy [ˈkrɪspɪ] *adj.* 酥脆的

religious iconography 宗教意象

political iconography 政治意象

arch- [ɑːrtʃ] 第一的；主要的

archdemon [ˌɑːrtʃˈdiːmən] *n.* 大恶魔

degradation [ˌdegrəˈdeɪʃn] *n.* 环境恶化

degradable [dɪˈgreɪdəbəl] *adj.* 能够自然分解的；可降低的

degrade [dɪˈgreɪd] *v.* 使降级；【地】剥蚀

impracticability [ɪmˌpræktɪkəˈbɪlətɪ] *n.* 不能实行

meditate [ˈmedɪteɪt] *v.* 冥想；沉思

meditation [ˌmedɪˈteɪʃn] *n.* 冥想；沉思

personalize [ˈpɜːrsənəlaɪz] *v.* 使个性化；为个人特制

personalization [ˌpɜːrsənəlaɪˈzeɪʃn] *n.* 人格化；个性化

typify [ˈtɪpəˌfaɪ] *v.* 为……的典型；具有……的特点

typical [ˈtɪpɪkl] *adj.* 典型的；有代表性的

Lesson 43

Part 1 主力单词

silly [ˈsɪlɪ] *n.* 呆子 *adj.* 愚的；傻的；不重要的；不实际的

A **silly** remark can be made in Latin as well as in Spanish.

In melodrama, women seem either to be innately sentimental **sillies** or pious dissemblers.

A **silly** boy of my age worshiped her secretly.

inane [ɪˈneɪn] *adj.* 愚蠢的；无意义的

Inane words and tawdry music gave a semblance of inferiority.

fatuous [ˈfætʃʊəs] *adj.* 昏庸的；愚笨的

I won't participate in the **fatuous** discussions of diplomats.

Am I not intelligent? He only offers me several **fatuous** jobs to choose from.

folly [ˈfɑlɪ] *n.* 愚蠢；愚蠢的行为

His satire was meant to expose human **folly**.

idiot [ˈɪdɪət] *n.* 白痴

Don't treat me like an **idiot.**

idiotic [ˌɪdɪˈɑːtɪk] *adj.* 十分愚蠢的

An **idiotic** doctor and a vile miscreant performed a travesty of society, which is not only absurd but positively silly from lack of firm values.

idiocy [ˈɪdɪəsɪ] *n.* 蠢行；愚蠢

David feigned **idiocy** in order to escape.

moron [ˈmɔːrɑːn] *n.* 低能儿

A **moron** started to blame his inadequacies on others.

retard [rɪˈtɑːrd , ˈriːtɑːrd] *v.* 阻碍；减缓 *n.* 弱智

They used fire extinguishers to **retard** the spread of fire.

His dysfunctional family **retarded** his academic progress.

Are you a **retard**? You smoke in the gas station while I am fueling up my car.

retarded [rɪˈtɑːrdɪd] *adj.* 弱智的

The court upheld the custody of the mentally **retarded** boy to his single parent.

obtuse [əbˈtuːs] *adj.* 愚笨的；钝角的

He is not a **retard**, just deliberately **obtuse**.

lunacy [ˈluːnəsɪ] *n.* 愚蠢的行为

On the verge of **lunacy**, he almost hit the button of launching the atomic bomb.

dolt [dəʊlt] *n.* 笨蛋

How many times do I have to answer the three **dolts'** questions?

九阴真经

• Words in sentences 句中单词 •

melodrama [ˈmelədrɑːmə] *n.* 情节剧；耸人听闻的事件
dissembler [dɪˈsəmblə] *n.* 伪君子；伪善者
semblance [ˈsembləns] *n.* 一丝气息；意味
inferiority [ɪnˌfɪrɪˈɔːrətɪ] *n.* 低级别
custody [ˈkʌstədɪ] *n.* 监管；拘留；抚养权

Part 2 补充单词 / 词组

concerto [kənˈtʃertəʊ] *n.* 【音】协奏曲

fugue [fjuːg] *n.* 【音】赋格曲；【心】记忆丧失

There are **concertos** for violin, cello, and various wind instruments, preludes, and **fugues**.

multiple personality disorder 多重人格障碍

mental [ˈmentl] *adj.* 心理的

dissociative [dɪˈsəʊʃɪˌeɪtɪv] *adj.* 分裂的；反社会的

Multiple personality disorder was characterized by a chronic feeling of being detached from **mental** processes and by a **dissociative** fugue.

disorder [dɪsˈɔːrdər] *n.* 混乱；无秩序 *v.* 打乱

A person suffering from **dissociative** identity **disorder** alternates his behaviors with two or more distinct personalities.

right on the button 非常正确

scavenge [ˈskævəndʒ] *v.* 在……中搜寻有用之物；清除污物

scavenger [ˈskævɪndʒər] *n.* 食腐动物；清扫工

You are **right on the button**. Most **scavengers scavenge** at night.

vulture [ˈvʌltʃər] *n.* 秃鹰；贪心汉

condor [ˈkɑːndɔːr] *n.* 大秃鹰

Vultures and **condors** survive chiefly on carrion.

curator [kjʊˈreɪtər] *n.* 管理者（图书馆，博物馆）

He is the chief **curator** of the museum.

hover [ˈhʌvər] *v./n.* 盘旋；犹豫

The vulture is **hovering** in the sky waiting for the wounded man to die.

gaudy lies 花言巧语

Do you expect I will believe your **gaudy lies** after being cheated on by you twice?

neon signs 霓虹灯

The city's garish **neon signs** remind me of my hometown.

get off the ground 顺利开始；飞起

We celebrated after the project **getting off the ground**.

garish [ˈgerɪʃ] *adj.* 花哨的；炫目的

The prostitute wore a **garish** blonde wig.

Under the sunshine, the clothes appear to be **garish** yellow.

gaudy [ˈgɔːdɪ] *adj.* 俗艳的；花哨的

costume [ˈkɑːstuːm] *v.* 给……穿上服装；为……提供服装 *n.* 服装；戏装

The performers on the stage wear **gaudy costumes**.

tawdry [ˈtɔːdrɪ] *adj.* 下流的；俗艳而不值钱的

He conducted a **tawdry** love affair with the president's wife.

You wore those **tawdry** clothes like a beggar.

defenseless [dɪˈfensləs] *adj.* 无防备的

The female leadership adopts a **tawdry** attempt to smear her **defenseless** opponent.

bedizen [bɪˈdaɪzən] *v.* 俗艳地打扮或穿着

robe [rəʊb] *v.* 使穿上礼服 *n.* 浴衣；礼服

gilt [gɪlt] *n.* 镀金材料；炫目的外表 *adj.* 镀金的

aureole [ˈɔːrɪəʊl] *n.* 光环；光晕

The monkey was **bedizened** in kingly **robes** and a crown, and with diamonds on its breast, and a **gilt aureole** around his head.

shoddy [ˈʃɑːdɪ] *n.* 软再生毛（织物）；不值钱的东西；伪造品 *adj.* 劣等的

This **shoddy** merchandise made from Vietnam is very cheap.

The **shoddy** drug business in this small city was controlled by a gang.

prelude [ˈpreljuːd] *n.* 前奏

I have noticed again and again since I have been in the Church that lay interest in ecclesiastical matters is often a **prelude** to insanity. (Evelyn Waugh, British novelist)

dissociate [dɪˈsəʊʃɪeɪt] *v.* 使分离；将……分开；摆脱

A country's economy can't be **dissociated** from the ebbs and flows of international markets.

He came to the U.S. in an attempt to **dissociate** himself from the past with her.

miscreant [ˈmɪskrɪənt] *n.* 歹徒；无信仰的人 *adj.* 极恶的；无信仰的

pagan [ˈpeɪgən] *n.* 无宗教信仰的人，异教徒 *adj.* 无宗教信仰的；异教徒的

There is a **miscreant** gang in this small town.

Most people in this city are **miscreant pagans**.

trouser [ˈtraʊzər] *v.* 私吞；捞到 *n.* 裤子 *adj.* 裤子的

toga [ˈtəʊgə] *n.* 宽外袍；官服

The senator prefers to wear **trousers** rather than a Roman **toga**.

Part 3 识记单词 / 词组

one the verge of 接近于……；濒于

acute angle 锐角

obtuse angle 钝角

hard sell 硬行推销

resemblance [rɪˈzembləns] *n.* 相似；形似

satire [ˈsætaɪər] *n.* 讽刺；讽刺作品

inadequacy [ɪnˈædɪkwəsɪ] *n.* 不足；缺陷

molecule [ˈmɑːlɪkjuːl] *n.* 分子

tardy [ˈtɑːrdɪ] *adj.* 迟到的；行动迟缓的

imbecile [ˈɪmbəsl] *n.* 低能者

imbecility [ˌɪmbəˈsɪlətɪ] *n.* 痴愚；弱智

Lesson 44

Part 1 主力单词

flatter [ˈflætər] *v.* 奉承；讨好；使高兴；使感到满意

They create a string of pastiche to **flatter** someone in power.

The empress had been **flattered** all along the road by hearing herself praised.

fulsome [ˈfʊlsəm] *adj.* 过分恭维的；过多的；充分发展的

I despise the man with **fulsome** lies and nauseous flattery.

She has a **fulsome** body and a limpid voice.

pander [ˈpændər] *v.* 迎合；纵容 *n.* 拉皮条者；勾引者

According to a pundit review, movies have been **pandering** to the audience's low tastes to boost the box office's earnings.

Every TV program has to **pander** to popular taste.

The annoying **pander** tried to drag me into a brothel.

adulate [ˈædʒəleɪt] *v.* 赞扬；谄媚

Despite his conviction of drug abuse, he is still **adulated** by the press.

adulation [ˌædʒəˈleɪʃn] *n.* 谄媚

The superstar enjoys the **adulation** of his fans.

The young man lost his moral bearings in pursuit of money and public **adulation**.

obsequious [əbˈsiːkwɪəs] *adj.* 谄媚的

The traitor is so **obsequious** to the Japanese, kneeling down before them.

ingratiate [ɪnˈgreɪʃɪeɪt] *v.* 讨好；奉承

The thief **ingratiates** himself with guards for stealing merchandise in the department store.

ingrate [ɪnˈgreɪt] *n.* 忘恩负义的人 *adj.* 不知恩的；忘恩负义的

Indians didn't want to deal with the **ingrate** government which killed them all and took their lands.

curry favor with someone 奉承某人

The businessman attempts to **curry favor with** African leaders.

九阴真经

fawn [fɔːn] *v.* 奉承；讨好 *n.* 幼鹿 *adj.* 鹿毛色的

Legislators **fawned** over the president.

slimy [ˈslaɪmɪ] *adj.* 谄媚的；黏糊糊的

The **slimy** salesman cajoled an old lady into buying something unnecessary.

unctuous [ˈʌŋktʃʊəs] *adj.* 谄媚的；油滑的

The beautiful lady talked me into buying luxurious clothes in a mellow **unctuous** tone.

oleaginous [ˌəʊlɪˈædʒɪnəs] *adj.* 含油的；谄媚的

The corporate bigwig was greeted with an **oleaginous** welcome.

Olive oil is one of the **oleaginous** products.

blandishment [ˈblændɪʃmənt] *n.* 奉承；哄诱

He is calm and impervious to all **blandishments**.

The official succumbed to the **blandishments** of a rich man.

endear [ɪnˈdɪr] *v.* 使受喜爱

His diligence **endears** him to teachers.

Her bright smile **endeared** her to the public.

endearment [ɪnˈdɪrmənt] *n.* 有爱意的话或行为

The couple whispers **endearments** to each other.

• Words in sentences 句中单词 •

string [strɪŋ] *v.* 连成一串；排成一行前进 *n.* 线；成线索状

pastiche [pæˈstiːʃ] *n.* 混合的模仿作品；混成曲

empress [ˈemprɪs] *n.* 皇后

nauseous [ˈnɔːʃəs] *adj.* 令人恶心的；感到恶心的

flattery [ˈflætərɪ] *n.* 奉承；阿谀

limpid [ˈlɪmpɪd] *adj.* 表述清楚的；清澈的

boost [buːst] *v./n.* 提高；加强

bearing [ˈberɪŋ] *v.* 承受；不适于某事 *n.* 关系；影响；举止；方位

mellow [ˈmeləʊ] *adj.* 温和的；柔和的

bigwig [ˈbɪɡˌwɪɡ] *n.* 权贵之人；大亨

olive [ˈɑːlɪv] *n.* 橄榄；橄榄色 *adj.* 橄榄的；橄榄色的

Part 2 补充单词 / 词组

infallible [ɪnˈfæləbl] *n.* 永远正确的人或事物 *adj.* 绝对正确的；不会犯错的

They worship God as an **infallible** saint.

The private told us where he hid the treasure with his **infallible** memory.

fallible [ˈfæləbl] *adj.* 容易犯错的；不可靠的

Humans are **fallible** to temptation.

pundit [ˈpʌndɪt] *n.* 博学的人；行家；梵学家

Pundits have warned us of the impending epidemic crisis.

punditocracy [pʌndɪˈtɑːkrəsɪ] *n.* 一群有影响力的政治时事的评论员

The political **punditocracy** assumed that the former opposition leader couldn't possibly be a serious threat to the incumbent president.

string out 有间隔地成行展开

The police **strung out** across the field to search for the criminal.

The horse was **strung out** after 50 meters in the horserace.

Part 3 识记单词 / 词组

lose your bearings 迷失方向

get/find your bearings 发现确切位置

have a bearing on sth. 对……有影响

ingratiate oneself with someone 讨好某人

limpid pool 清澈的池塘

up-to-the-minute *adj.* 最新的；最近的

unctuous unguent 油滑的软膏

unguent [ˈʌŋgwənt] *n.* 药膏；软膏

obsequent [ˈɒbsɪkwənt] *n.* 逆向的；卑躬屈膝的

slug [slʌg] *n.* 蛞蝓

snail [sneɪl] *n.* 蜗牛

九阴真经

Lesson 45

Part 1 主力单词

eliminate [ɪ'lɪmɪneɪt] *v.* 消灭；排泄废物

The health bureau initiated a project to **eliminate** exposure to SARS.

The "sane" man is not the one who has **eliminated** all contradictions from himself so much as the one who uses these contradictions and involves them in his work. (from Maurice Merleau-Ponty, French existentialist philosopher)

The civil rights movement is to **eliminate** peonage, contract labor, and discrimination.

elimination [ɪˌlɪmə'neɪʃən] *n.* 消灭；排泄废物

The leader concurred on the **elimination** of aggressive ultranationalism.

annihilate [ə'naɪəleɪt] *v.* 消灭

Spiritual righteousness **annihilates** the questions of social classification and stratification.

eradicate [ɪ'rædɪkeɪt] *v.* 消灭；根除

No existing medical treatment can completely **eradicate** cross-species viruses.

eradication [ɪˌrædɪ'keɪʃn] *n.* 根除；消灭

The ointment has been found to be effective in the **eradication** of fleas.

extirpate ['ekstərpeɪt] *v.* 消灭；根除

Multitudes flocked to **extirpate** the oligarchy of Russia.

extirpation [ˌekstə'peɪʃn] *n.* 根除；拔除

The priest called for the **extirpation** of intemperance.

obliterate [ə'blɪtəˌreɪt] *v.* 彻底毁掉；抹去；覆盖

Plural religions in Europe have been **obliterated** by a single religion: Christianity.

extinct [ɪk'stɪŋkt] *adj.* 已灭绝的

Dinosaurs went **extinct** a long time ago.

extinction [ɪk'stɪŋkʃn] *n.* 灭绝；绝种

Large-scale **extinctions** are increasing at an alarming rate.

extinguish [ɪkˈstɪŋgwɪʃ] *v.* 使破灭；熄灭

Their hope was **extinguished** little by little due to his absence as a witness.

The firemen **extinguished** the fire in time.

decimate [ˈdesɪmeɪt] *v.* 大量毁灭

Tigers in this forest have been **decimated** by intensive hunting.

decimation [ˌdesəˈmeɪʃən] *n.* 大量毁灭

Brazil might carry out the **decimation** of rain forests necessitated by the heightened demand for crops.

• Words in sentences 句中单词 / 词组 •

bureau [ˈbjʊrəʊ] *n.* 局

health bureau 卫生局

peonage [ˈpɪənɪdʒ] *n.* 以劳役偿债的制度；服劳役的状态

stratification [ˌstrætɪfɪˈkeɪʃn] *n.* 分门别类

plural [ˈplʊrəl] *n.* 复数 *adj.* 多样的；多元的

large-scale [ˌlɑːrdʒˈskeɪl] *adj.* 大规模的

Part 2 补充单词

carbon monoxide 一氧化碳

hydrogen [ˈhaɪdrədʒən] *n.* 氢

Coal can be synthesized into liquid fuel and gas which is a mixture of **carbon monoxide**, **hydrogen**, and methane.

carbon [ˈkɑːrbən] *n.* 碳；复写纸

The two **carbons** are for the insurance company to file.

synthesis [ˈsɪnθəsɪs] *n.* 综合体；【化】合成

The **synthesis** of organic compounds and proteins is successful.

photosynthesis [ˌfəʊtəʊˈsɪnθəsɪs] *n.* 光合作用

Photosynthesis allows plants to convert light energy, water, and soil foods into a bodily structure.

chlorophyll [ˈklɔːrəfɪl] *n.* 叶绿素

chloro- 绿；氯

Photosynthesis can only be carried out by **chlorophyll**.

fusion [ˈfjuːʒn] *n.* 熔解；融合

The music is a **fusion** between western and eastern musical instruments.

lamination [ˌlæməˈneɪʃən] *n.* 制成薄板

conductivity [ˌkɑndʌkˈtɪvɪtɪ] *n.* 导电率；传导性

The **fusion** of the copper with the iron of the **laminations** will reduce the alloy's **conductivity**.

anodize [ˈænədaɪz] *v.* 对……作阳极氧化

He **anodizes** aluminum with gold.

oxide [ˈɑːksaɪd] *n.* 氧化物

Anodizing refers to coating metal with **oxide**.

electroform [ɪˈlektrəˌfɔːrm] *v.* 电铸

Electroforming coats metal with **oxide** thicker than anodizing does.

medley [ˈmedlɪ] *n.* 混合曲；混杂物

oxymoron [ˌɑːksɪˈmɔːrɑːn] *n.* 矛盾修辞法；逆喻

contradiction [ˌkɑːntrəˈdɪkʃn] *n.* 矛盾；反驳

Political news teeming with a **medley** of **oxymorons**, **contradictions**, and double standards is considered to be commonplace.

peon [ˈpiːɑːn] *n.* 劳工；苦力

The kid was sold as a **peon** bound to a master's bidding.

stratum [ˈstreɪtəm] *n.* 层；（生物的）组织层；社会阶层

The moisture can penetrate into the deep **stratum** of the skin.

The star is in a high **stratum** of society.

strata [ˈstreɪtə] *n.* 层；岩层；地层；阶层（stratum 单数）

The unraveling **strata** of human thought are intricate.

The earth's crust has several **strata**.

I can find different ancient species through the **strata**.

smallpox [ˈsmɔːlpɑks] *n.* 天花

Smallpox had almost decimated the entirety of the Indian tribes.

Part 3 识记单词 / 词组

fire extinguisher 灭火器

carbon dioxide 二氧化碳

methane [ˈmeθeɪn] *n.*【化】甲烷；沼气

ethane [ˈiːθeɪn] *n.* 乙烷

propane [ˈprəʊpeɪn] *n.* 丙烷

synthesize [ˈsɪnθəsaɪz] *v.* 合成；【化】(使) 合成

synthetic [sɪnˈθetɪk] *adj.* 合成的；虚伪的

synthetic smile 虚伪的笑容

methanol [ˈmeθənɔːl] *n.* 甲醇

ethanol [ˈeθənɔːl] *n.* 乙醇

nuclear fusion 核聚变

pox [pɑːks] *n.* 水痘；梅毒

Lesson 46

Part 1 主力单词 / 词组

hinder [ˈhɪndər] *v.* 阻碍；妨碍 *adj.* 后面的；后部的

Abuse might **hinder** children's development for affection.

Our journey had been **hindered** by a tropical storm.

Tax increase **hinders** the development of nascent industries.

Several politicians tried to **hinder** the progress of the ongoing investigation.

hamper [ˈhæmpər] *v.* 束缚；妨碍 *n.* 带盖的长方形大容器；洗衣篮

The work of the tribunal has been **hampered** by a lack of coordination from most governments.

foil [fɔɪl] *v.* 阻止；制止 *n.* 箔；衬托

The conspirator's scheme was **foiled** by a whistleblower.

The meat was wrapped in **foil** before roasting.

The two ugly girls serve as a **foil** beside this pretty woman.

obstruct [əbˈstrʌkt] *v.* 阻碍；堵塞

Prejudice **obstructs** human progress and rationality.

The fallen rock **obstructs** the pathway in the mountain.

obstruction [əbˈstrʌkʃn] *n.* 阻挡；阻碍

Scarlet was convicted on one count of **obstruction** of justice.

obstacle [ˈɑːbstəkl] *n.* 障碍；阻碍

I will carry out the mission in spite of various **obstacles**.

hurdle [ˈhɜːrdl] *v.* 跨栏 *n.* 障碍；难题；跨栏

Money is the main **hurdle** of the astronomical research project.

impede [ɪmˈpiːd] *v.* 妨碍；阻碍

The high tariff of the U.S. **impedes** the import of Chinese goods.

thwart [θwɔːrt] *v.* 反对；阻挠 *n.* 船上两边的座位 *adj.* 横放的；横着的

His mild stance against rebellion **thwarted** his political career.

encumber [ɪnˈkʌmbər] *v.* 使……负担沉重；阻碍

The freedom of speech was **encumbered** by bureaucratic restrictions.

encumbrance [ɪnˈkʌmbrəns] *n.* 累赘；妨碍者

These figures which include unliquidated **encumbrances** should be accurate.

The CEO's beautiful special assistant later proved an **encumbrance** rather than an aid to the CEO.

forestall [fɔːrˈstɔːl] *v.* 预先阻止

Both sides agree on negotiation, **forestalling** a showdown in the disputed territory.

preemptive [prɪˈemptɪv] *adj.* 预先阻止的；先发制人的

Israel carried out a **preemptive** strike against Palestine.

prevent [prɪˈvent] *v.* 阻止；预防

The government imposes a speed limit to **prevent** further car accidents.

The pouring rain **prevents** us from playing basketball outdoors.

deter [dɪˈtɜːr] *v.* 阻止；威慑

Neither threat nor coercion can **deter** me from the course I have set for myself.

preclude [prɪˈkluːd] *v.* 事先防止；禁止

The contract **precludes** me from discussion of the matter in public.

The political climate has **precluded** free expression.

derail [dɪˈreɪl] v. 阻挠；出轨

The president's efforts to reclaim the land for agriculture were **derailed** by a series of problems.

The train **derails**, killing at least dozens of civilians.

rule out 使……成为不可能；防止

The expert **rules out** the possibility that the aircraft can fly at light speed.

stymie [ˈstaɪmɪ] v. 妨碍；阻挠 n. 妨碍球；困难的处境

The blizzard **stymied** the rescuers' attempt to retrieve the stranded dogs.

The search for missing persons was **stymied** by the blizzard.

Lack of funding **stymies** the entire project.

get in the way 阻碍；妨碍

While I tried to study, my younger brother used to **get in the way**.

drag [dræg] v. 拖；拉；拽；扯 n. 累赘

They **dragged** the dead body to the roadside.

His scarf is **dragging** and is getting dirty.

This little kid is going to be a social **drag**.

These hippies think studying is **a drag**.

drag on 拖得太久

The civil lawsuit **dragged on** for two years.

militate [ˈmɪlɪteɪt] v. 妨碍；对……产生不利影响

militate against sth. 妨碍；对……产生不利影响

High tariffs **militate against** the international trading business.

Haze and coronavirus **militate against** outdoor activities.

vitiate [ˈvɪʃɪeɪt] v. 破坏；削弱；（使）堕落

His impartiality was **vitiated** by prejudice.

Fraud **vitiates** the agreement.

Several faults **vitiate** the letter of credit.

Greed and avarice **vitiate** her integrity.

incapacitate [ˌɪnkəˈpæsɪteɪt] v. 使不能；使无能力

He was **incapacitated** by a stroke.

The illness had **incapacitated** him to venture further.

九阴真经

• Words in sentences 句中单词 / 词组 •

tribunal [traɪ'bjuːnəl] *n.* 特别法庭；审理委员会

whistleblower ['wɪsəlˌbləʊr] *n.* 告发者；揭发者

astronomical [ˌæstrə'nɑːmɪkl] *adj.* 天文学的；天体的

stance [stæns] *n.* 观点；立场

bureaucratic [ˌbjʊrə'krætɪk] *adj.* 官僚政治的；官僚主义的

unliquidated [ʌn'lɪkwəˌdeɪtɪd] *adj.* 未清偿的

showdown ['ʃəʊdaʊn] *n.* 决定胜负的冲突；摊牌

hippies ['hɪpɪz] *n.* 嬉皮士

letter of credit 信用状

Part 2 补充单词

facilitate [fə'sɪlɪteɪt] *v.* 使容易；促进

The policy should **facilitate** the process of exportation.

repatriation [rɪˌpeɪtrɪ'eɪʃən] *n.* 遣送回国

Burma ['bɜːrmə] *n.* 缅甸

voluntary **repatriation** from **Burma** to China

capacitate [kə'pæsəˌteɪt] *v.* 使能够

His inspirational story **capacitates** his student to study assiduously.

tribute ['trɪbjuːt] *n.* 赞扬；礼物；证明；保护费

floral ['flɔːrəl] *adj.* 用花制作的

funeral ['fjuːnərəl] *n.* 葬礼

The president paid **tribute** to those who fought bravely.

I sent a **floral tribute** to the **funeral**.

cortege [kɔːr'teʒ] *n.* 送葬队伍；行列；随从

A military **cortege** escorted the demised leader to the graveyard.

mortician [mɔːr'tɪʃn] *n.* 殡葬业者

In recent years, **morticians** become more and more professional.

incumbent [ɪnˈkʌmbənt] *n.* 现任者 *adj.* 现任者的；有义务的

governor [ˈgʌvərnər] *n.* 统治者；总督；州长

He is the **incumbent governor**.

facility [fəˈsɪlətɪ] *n.* 能力；熟练；设备

He has a great **facility** in convincing people.

Our office **facilities** include telephones, computers, fax machines, and a printer.

This educational **facility** was shut down a long time ago.

amenity [əˈmenətɪ] *n.* 舒适；和谐；便利设施

basic [ˈbeɪsɪk] *n.* 基础；基本原理 *adj.* 基础的

With technological advances, people enjoy contemporary **amenities**.

Religions can maintain social **amenities** in some way.

This park is equipped with many **amenities,** such as a swimming pool, three tennis courts, and a baseball field.

Prisoners were provided with **basic amenities**.

fundamentally [ˌfʌndəˈmentlɪ] *adv.* 基础地；根本地

You can't train anybody to do anything that he or she doesn't **fundamentally** believe in. (Robert Haas, U.S. business executive)

rudiment [ˈrʊdəmənt] *n.* 基础；基本原理；发育未全的器官

She only teaches her students the **rudiments** of knowledge in physics.

rudimentary [ˌruːdɪˈmentrɪ] *adj.* 基本的；早期的；发展未完全的

Apes can attain a **rudimentary** form of language by imitating humans.

Soldiers learned a few **rudimentary** lessons about using tanks in military operations.

mimic [ˈmɪmɪk] *v.* 模仿；学……的样子 *n.* 善于模仿的人；滑稽剧演员 *adj.* 模仿的

She **mimicked** the British accent quite well.

The insects **mimic** small twigs in appearance, serving as camouflage.

She was a **mimic** before she became a singer.

I enjoyed the **mimic** fight of the pirates in Las Vegas.

mimicry [ˈmɪmɪkrɪ] *n.* 模仿；【生】拟态

She has a talent for **mimicry**.

He is a renowned politician deserving of **mimicry**.

Part 3 识记单词 / 词组

hindrance [ˈhɪndrəns] *n.* 造成妨碍的人（或事物）；阻挠

retard [rɪˈtɑːrd, ˈriːtɑːrd] *v.* 阻碍；减缓 *n.* 延迟；阻止

a nuclear deterrent 核威慑力

obstruction of justice 妨碍司法

preemptive rights 优先认股权

Cape of Good Hope 好望角

cape [keɪp] *n.* 岬；海角；披肩；斗篷

plastic wrap 保鲜膜

wrapping [ˈræpɪŋ] *n.* 包装材料；包装纸

wrapper [ˈræpər] *n.* 包装材料

sparring partner 陪练的人（练拳时的）；友好争辩的人

spar [spɑr] *v.* 拳斗；争论 *n.* 拳击赛；（船用）圆材；【矿】晶石

justice [ˈdʒʌstɪs] *n.* 公平；司法制度；法官

injustice [ɪnˈdʒʌstɪs] *n.* 不公正

detergent [dɪˈtɜːrdʒənt] *n.* 洗衣粉；清洁剂

bleach [bliːtʃ] *v.* 漂白；使褪色 *n.* 漂白剂

peninsula [pəˈnɪnsələ] *n.* 半岛

imitate [ˈɪmɪteɪt] *v.* 模仿

imitation [ˌɪmɪˈteɪʃn] *n.* 仿制品

correctional [kəˈrekʃənl] *adj.* 惩罚的；改造的

rapid transit 地铁；高速交通系统

Lesson 47

Part 1 主力单词

promote [prəˈməʊt] *v.* 提升；晋升；支持；鼓励；促销；推销

He just got **promoted** to manager.

This medical knowledge has **promoted** to an increased focus on the use of preventive measures for drug addiction.

The sales manager tried to **promote** his products to meet annual sales quota.

elevate [ˈelɪveɪt] *v.* 被晋升为；提高

No one knows but that some accidents may **elevate** the beggar to the position of the emperor.

elevation [ˌelɪˈveɪʃn] *n.* 提拔；晋级

elevator [ˈelɪveɪtər] *n.* 电梯；升降机

aggrandize [əˈgrændaɪz, ˈægrən-] *v.* 扩大（权势；名声；财富）；夸大

aggrandizement [əˈgrændɪzmənt] *n.* 增加；提高

To **aggrandize** his wealth, the captain decided to invade Africa.

Politicians are committed only to perpetuating and **aggrandizing** their own power.

exalt [ɪgˈzɔːlt] *v.* 晋升；提拔；赞扬

Going to war **exalts** the status and political popularity of the incumbent leader despite being devoid of reason.

The actress is inclined to unduly **exalt** herself as she is the prima donna.

exaltation [ˌegzɔːlˈteɪʃən] *n.* 兴高采烈；提高

• Words in sentences 句中单词 •

quota [ˈkwəʊtə] *n.* 限额；配额

devoid [dɪˈvɔɪd] *adj.* 缺乏；缺少

unduly [ˌʌnˈduːlɪ] *adv.* 过度地；不适当地

prima donna 首席女歌唱演员（歌剧团的）；妄自尊大的人

Part 2 补充单词

tinker [ˈtɪŋkər] *n.* 什么事情都会干一手的人；修补

dreamer [ˈdriːmər] *n.* 梦想家；不切实际的人

My father is a **tinker** and a **dreamer**.

九阴真经

hotbed ['hɑtbed] *n.*（培育植物的）温床；（滋生疾病和犯罪等的）温床

typhoid ['taɪˌfɔɪd] =typhoid fever=enteric fever *n.* 伤寒 *adj.* 伤寒的

A dirty environment provides a **hotbed** for **typhoid**.

whereof [weər'ʌv] *adv.*【书】关于那事；关于那物；关于那人

duly ['duːlɪ] *adj.* 合适的 *adv.* 按时地

Neither slavery nor involuntary servitude, except as a punishment for crime **whereof** the party shall have been **duly** convicted, shall exist within the United States, or any place subject to their jurisdiction. (from Constitution of the United States)

cellulose ['seljʊləʊs] *n.* 纤维素；细胞膜质

cellophane ['seləˌfeɪn] *n.* 玻璃纸

lignin ['lɪgnɪn] *n.* 木质素

pectin ['pektɪn] *n.* 果胶

Cellulose can be regenerated into rayon and **cellophane**.

Apples were highest in **cellulose**, strawberries highest in **lignin**, and oranges highest in **pectin**.

cellobiose [ˌselə'baɪˌəʊs] *n.* 纤维二糖

Synthetic **cellobiose** has been made from **cellulose**.

fructose ['frʌktəʊs] *n.* 果糖；左旋糖

galactose [gə'læktəʊs] *n.* 半乳糖

glacto=glact- 牛奶

-ose 充满；相似的；糖；碳水化合物；水解

Carbohydrates can be broken down into **fructose** and **galactose**.

lignicolous [lɪg'nɪkələs] *n.* 木栖的

lign- 木

Birds are **lignicolous** creatures.

arboreal [ɑːr'bɔːrɪəl] *n.* 树栖的

Monkeys are **arboreal** animals.

aquatic [ə'kwɑːtɪk] *n.* 水生生物；水上运动 *adj.* 水生的

Whales are **aquatic** mammals.

Part 3 识记单词 / 词组

sales promotion 促销

demote [ˌdɪ'məʊt] *v.* 使降职；使降级

demotion [ˌdɪ'məʊʃn] *n.* 降级

unduly concern 过度关心

congressman ['kɑːŋgrəsmən] *n.* 国会议员；（尤指美国）众议院议员

trample ['træmpl] *v.* 踩；侵犯；无视

grandiose ['grændɪəʊs] *adj.* 夸大的；不切实际的

grandiose idea/design 不切实际的想法 / 设计

sulfide ['sʌlˌfaɪd] *n* 硫化物

disulfide [daɪ'sʌlfaɪd] *n* 二硫化物

Lesson 48

Part 1 主力单词 / 词组

complimentary [ˌkɑːmplɪ'mentrɪ] *adj.* 免费赠送的；赞赏的；恭维的

The club owner gave us a **complimentary** bottle of wine.

The celebrity's well performance has received many **complimentary** remarks.

complimentary reviews 好评

The movie got **complimentary reviews**.

gratis ['grætɪs, 'grɑtɪs, 'greɪ-] *adv.* 免费地；无偿地

In some European countries, children were taught **gratis**.

gratuitous [grə'tuːɪtəs] *adj.* 不需要的；免费的

Frantic blasphemy and **gratuitous** swearing prove nothing, but his insanity.

on the house 免费

The philanthropist dedicated a portion of his time to pro bono work. The drink is **on the house**.

九阴真经

leave someone alone 不打扰某人

Why won't you people just **leave me alone**?

leave something alone 不管某事

The Central Bank **leaves the interest rates alone**.

freebie [ˈfriːbɪ] *n.* 免费之物

The news publisher doesn't allow its reporters to accept **freebies**.

largess [ˈlɑːrdʒes] *n.* 慷慨的赠予；慷慨

Bill Gates has distributed medical **largess** to the populace of Africa.

He has relied on the **largess** of friends since he was disabled.

We shouldn't rely on the **largess** of others.

Jobless Mexicans replied on the **largess** of the state.

compliment [ˈkɑːmplɪmənt, ˈkɑːmplɪment] *n.* 赞扬；免费赠送

uncomplimentary [ʌnˌkɑmplɪˈmentrɪ] *adj.* 无礼批评的；贬损的

• Words in sentences 句中单词 •

frantic [ˈfræntɪk] *adj.* 发狂似的；情绪失控的

blasphemy [ˈblæsfəmɪ] *n.* 亵渎；亵渎的言行

dedicate [ˈdedɪkeɪt] *v.* 奉献；献出全部精力

portion [ˈpɔːrʃn] *n.* 一部分；一份；一客

Part 2 补充单词 / 词组

inquiry [ɪnˈkwaɪərɪ] *n.* 疑问；问题；调查

inquire [ɪnˈkwaɪr] *v.* 讯问；打听 *n.* 调查

She **inquired** as to how I did it exceptionally well.

constituent [kənˈstɪtʃuənt] *n.* 选民；成分 *adj.* 选举的；组成的

Constituents are not so happy about the inquiry of the president's impeachment, which is horrific.

constituency [kənˈstɪtʃʊənsɪ] *n.* 选区；选区的选民

Maryland has a special **constituency**.

pro bono publico 【拉】为了公共利益；为了公共福利

The judge introduces the national constitution **pro bono publico** without recompense.

hypothesis [haɪˈpɑːθəsɪs] *n.* 假设

The theory is a **hypothesis** that needs more experiments to confirm.

hypothetical [ˌhaɪpəˈθetɪkəl] *adj.* 假设的

I don't answer **hypothetical** questions.

onychophagy(=onychophagia) [ɒnikəʊˈfeɪdʒ(ɪ)ə] *n.* 咬指甲癖

-phagy 吃

-phagia 吃

The kid has an **onychophagy**.

tamper [ˈtæmpər] *v.* 篡改；贿赂；影响

I don't want to **tamper** with the law.

He tried to **tamper** with juries.

glean [gliːn] *v.* 收集信息；收集材料；拾

You should **glean** more information before accusing him.

complement [ˈkɑːmplɪment, ˈkɑːmplɪmənt] *v.* 补充；补足；与……相配 *n.* 补充物；配对物

The movie **complements** English captions.

The silver necklace is a **complement** to her green outfit.

desecrate [ˈdesɪˌkreɪt] *v.* 把（神物）供俗用；亵渎

Iranians **desecrated** the American flag and burnt it.

Our temple has been **desecrated** and plundered.

sacrilege [ˈsækrəlɪdʒ] *n.* 亵渎圣物；悖理逆天的行为

Spitting in front of a god's image is nothing more nor less than a **sacrilege**.

You won't be criminally charged with **sacrilege** as long as you follow the instruction of the Bible.

sacrilegious [ˌsækrəˈlɪdʒəs] *adj.* 亵渎神明的；该受天谴的

It would be **sacrilegious** to put a name on a pillar of a church.

九阴真经

Part 3 识记单词 / 词组

javelin [ˈdʒævəlɪn] *n.* 标枪 [C]；掷标枪项目

manicure [ˈmænɪkjʊr] *v.* 修指甲 *n.* 手部指甲护理

cuticle [ˈkjʊtɪkəl] *n.* 表皮；皮质

hair cuticle 头发角质

freak [friːk] *n.* 怪诞的行动；畸形的人（或动植物） *adj.* 反常的；怪异的

freak out 暂时对自己失去控制；行为异常

mouthpiece [ˈmaʊθˌpiːs] *n.* 代言人；（电话机的）送话口；（拳击手的）护齿

Lesson 49

Part 1 主力单词

excessive [ɪkˈsesɪv] *adj.* 过多的；过度的

Excessive rains refill all the reservoirs but the flooding entails.

A man is never so on trial as in the moment of **excessive** good fortune. (from Lew Wallace, U.S. soldier and writer)

The chief of the agricultural bureau stabilizes the farming market by eliminating **excessive** surpluses of pineapple.

superfluous [suːˈpɜːrflʊəs] *adj.* 过多的；多余的

Her **superfluous** words in the speech have cluttered my mind.

He pared down the **superfluous** padding of a pillow.

superfluousness [suːˈpɜːrflʊəsnɪs] *n.* 过剩；多余

superfluity [ˌsjʊpərˈflʊɪtɪ] *n.* 过剩；奢侈品

A **superfluity** of good things makes him believe fortune is on his side.

Ryan felt bored at work with a **superfluity** of leisure.

Claire spends most of her money on clothing and other **superfluities**.

redundant [rɪˈdʌndənt] *adj.* 多余的；不需要的

We can make good use of this **redundant** church.

The **redundant** project will prove a wasteful expenditure of money and time.

inordinate [ɪn'ɔːrdɪnət] *adj.* 过度的

The minister experienced an **inordinate** degree of strife from farmers.

She is an **inordinate** smoker.

plethora ['pleθərə] *n.* 过多；过剩

A **plethora** of old books was in the library.

A **plethora** of company regulations has bewildered us.

The parliament has become a battleground for a **plethora** of power struggles of varying dimensions.

supernumerary [ˌsuːpər'nuːməreri] *n.* 临时雇员；跑龙套 *adj.* 多余的；编制外的；支援人力的

The **supernumerary** soldiers stepped in to reinforce the front-line military.

These **supernumerary** firefighters are composed of militias.

The **supernumerary** limbs might be caused by genetic deficiencies.

surfeit ['sɜːrfɪt] *v./n.* 过量；饮食过度

Our family **surfeited** themselves in the buffet.

The port was **surfeited** with food supply.

The queen received a **surfeit** of flatteries.

The fat guy died of a **surfeit**.

outré [uː'treɪ] *adj.* 过度的；夸张的；超出常规的

The **outré** drawing is kind of difficult for most people to appreciate.

The movie was full of **outré** events.

• Words in sentences 句中单词 •

entail [ɪn'teɪl] *v.* 紧跟着

on trial 受审；试验

farming ['fɑːrmɪŋ] *n.* 农业；养殖

clutter ['klʌtər] *v.* 塞满；乱堆 *n.* 杂乱；凌乱

pare [per] *v.* 削皮；削减

strife [straɪf] *n.* 冲突；争吵

militia [mə'lɪʃə] *n.* 民兵

九阴真经

Part 2 补充单词

specimen [ˈspesɪmən] *n.* 标本；样本

In every age, the vilest **specimens** of human nature are to be found among demagogues. (from Thomas Babington Macaulay, British politician, historian, and writer)

demagogue [ˈdeməgɑːg] *v.* 煽动 *n.* 煽动家

I would like to call Trump a **demagogue** in the light of his racist remark.

firebrand [ˈfaɪərbrænd] *n.* 挑动者；火把

agitator [ˈædʒɪˌteɪtər] *n.* 鼓动者；搅拌器

Russia has thrown a **firebrand** into our house. (from Theobald von Bethmann Hollweg, German chancellor)

Investigators were convinced that cooperation between **firebrand** 100 political **agitators** and dissidents were arrested in the building.

sedition [sɪˈdɪʃən] *n.* 煽动叛乱；煽动性的言论

The leader was imprisoned for assault and **sedition**.

He was deemed guilty of **sedition** and stirring racial hatred.

seditious [sɪˈdɪʃəs] *adj.* 煽动叛乱的；煽动性的

The **seditious** book should be censored.

redound [rɪˈdaʊnd] *v.* 起作用；带来

The surrender of the enemy **redounded** to the glory of the general.

The impeachment outcome **redounds** to the dishonor of the president.

International sanction has **redounded** to the disadvantages of North Korea.

These mutual tax-cut programs will **redound** to the benefits of China.

ensue [ɪnˈsuː] *v.* 接着发生；追求

Her sickness **ensued** from food poison.

The arrivals of the police car and fire truck **ensued** after violent clashes between protestors.

gangrene [ˈgæŋgriːn] *v.* 使生坏疽 *n.* 坏疽

supervene [ˌsuːpərˈviːn] *v.* 附带发生

commotion [kəˈmoʊʃn] *n.* 骚动；喧闹

Gangrene supervened a long period of hypoxemia.

Fatigue **supervenes** a night of study.

Dyspepsia may **supervene** overeating.

Political **commotion supervened** inflation.

otiose [ˈəʊʃɪəʊs] *adj.* 没有用处的；不必要的

In installment or insurance, the first payment is **otiose** if there was not to be a second one.

furor [ˈfjʊrɔːr] *n.* 骚动；狂怒

Her stellar interior design made her become the **furor** in the housing industry.

Furor surrounded while drawing the winning numbers of a lottery.

You should be afraid of the **furor** of God.

The president continues to deny the allegation amid the **furor**.

The scoundrel created a **furor** when he got elected.

husbandry [ˈhʌzbəndrɪ] *n.* 农牧业；节约

Her study of **husbandry** has made the soils more productive than they were naturally.

Part 3 识记单词 / 词组

moderate [ˈmɑːdəreɪt] *n.* 温和主义者；稳健 *adj.* 中等的；适度的；有节制的

a supernumerary teacher 代课老师

supervention [ˌsuːpəˈvenʃən] *n.* 添加；续发

pear [per] *n.* 梨；梨树

pillow [ˈpɪləʊ] *n.* 枕头

otiosity [ˌəʊʃɪˈɒsɪtɪ] *n.* 闲散；没有用

hypoxemia [ˌhaɪpɒkˈsiːmɪr] *n.* 血氧过少

animal husbandry 畜牧业

crop husbandry 种植业

Lesson 50

Part 1 主力单词

extortionate [ɪkˈstɔːrʃənət] *adj.* 过高的；过于昂贵的；敲诈的

Hostages were eventually released on the payment of **extortionate** ransoms.

九阴真经

The government's **extortionate** taxes infuriated the public.

New York is a disagreeable place with filthy streets and **extortionate** hackmen.

extort [ɪk'stɔːrt] *v.* 敲诈；侵占

People seem to get finagled, **extorted**, and misdirected in perpetuity as we watch the news.

A gangster **extorted** a wealthy family and got caught in the end.

extortion [ɪk'stɔːrʃən] *n.* 敲诈；勒索

Russia runs the whole show in the Ukraine **extortion** scheme.

pricey ['praɪsɪ] *adj.* 高价的；贵的

Metropolises may have runaway crime, **pricey** housing, and snarled freeway traffic.

exorbitant [ɪg'zɔːrbɪtənt] *adj.* 离谱的；奢侈的

In order to be sure against **exorbitant** charges, customers should compare the prices of goods from different vendors on the internet.

He has an **exorbitant** ambition of becoming the president.

The rent in Shanghai is **exorbitant**.

• Words in sentences 句中单词 •

disagreeable [ˌdɪsə'grɪəbəl] *adj.* 不愉快的；不合意的

filthy ['fɪlθɪ] *adj.* 肮脏的；污秽的

finagle [fɪ'neɪgl] *v.* 欺骗

metropolis [mə'trɑpəlɪs] *n.* 首都；大城市

runaway ['rʌnəˌweɪ] *n.* 出逃者 *n.* 逃跑的；失控的

snarl [snɑrl] *v.* 使……交缠 *n.* 咆哮（人）

Part 2 补充单词

indebted [ɪn'detɪd] *adj.* 感激的；负债的

The child felt **indebted** to his generosity.

beholden [bɪ'həʊldən] *adj.* 负有义务的；有所亏欠的

to be beholden to sb. 对某人负有义务

Not wanting **to be beholden to** anyone, she worked for two years and paid her college tuition on her own.

Elected officials **were beholden to** wealthy sponsors.

bedraggle [bɪ'drægəl] *v.* 弄脏；弄湿

The pig was **bedraggled** in slime.

His hat looked worn and **bedraggled**, like a thing left out too long in the rain.

With his broken heart, he was **bedraggled** in the rain.

Part 3 识记单词

exorbitance [ɪg'zɔːbətəns] *n.* 过度；不当

reasonable ['riːznəbl] *adj.* 合理的；公道的

agreeable [ə'griːəbl] *adj.* 令人愉快的；欣然赞同的

Imam [ɪ'mɑːm] *n.* 伊玛目（伊斯兰教宗教领域或学者的尊称）

metropolitan [ˌmetrə'pɑːlɪtən] *n.* 大都市人 *adj.* 大都市的

megapolis [mə'gæpəlɪs] *n.* 特大城市；本土的

Hackman ['hækˌmæn] *n.* 司机

diner ['daɪnər] *n.* 进餐者

dealer ['diːlər] *n.* 商人；商贩

Lesson 51

Part 1 主力单词

avoid [ə'vɔɪd] *v.* 避开；防止

You don't have to **avoid** me. I won't behave wickedly.

I **avoided** being accidentally shot by you twice.

The official committed suicide to **avoid** further investigation which might have involved other high-ranking officials.

evade [ɪ'veɪd] *v.* 逃避；逃脱

She **evaded** direct answers to his questions.

evasion [ɪ'veɪʒn] *n.* 逃避；逃脱

The government has decided to crack down on tax **evasion**.

九阴真经

avert [əˈvɜːrt] *v.* 防止；避免

Poverty can be **averted** in Africa by astute economic measures.

aversion [əˈvɜːrʒn] *n.* 厌恶

With a glance of cold **aversion**, she turned away from the window.

averse [əˈvɜːrs] *adj.* 反对的；嫌恶的

Most traditionalists are **averse** to homosexuality.

I am not **averse** to a couple of glasses of wine after dinner.

The richest man is **averse** to having publicity given his name.

elude [ɪˈluːd] *v.* 避开；逃避

The U.N.'s recognition continues to **elude** Palestine which now is considered a tribe, not a country.

The unlicensed driver tried to **elude** the police's blockade.

A foreign spy attempted to **elude** the officer assigned to tail her.

elusion [ɪˈluʒən] *n.* 逃避；回避

The chief officer often reveals himself as a master of **elusions** and sidesteps whenever he encounters inundating tricky questions from reporters.

circumvent [ˌsɜːrkəmˈvent] *v.* 逃避；规避

The unscrupulous lawyer attempted to **circumvent** the law to win the case.

shirk [ʃɜːrk] *v.* 逃避（尤指困难的工作）

The police officer will **shirk** his responsibility, feigning sick, if he hears that the robbers have a gun.

• Words in sentences 句中单词 / 词组 •

tax evasion 逃税

traditionalist [trəˈdɪʃənəlɪst] *n.* 传统主义者

unlicensed [ʌnˈlaɪsənst] *adj.* 无照的；无照经营的

blockade [blɑˈkeɪd] *n.* 封锁

sidestep [ˈsaɪdˌstep] *v.* 回避；侧步避让

tricky [ˈtrɪkɪ] *adj.* 难办的；难对付的

unscrupulous [ʌnˈskrʊpjələs] *adj.* 无道德原则的；不诚实的

Part 2 补充单词

confront [kən'frʌnt] *v.* 面对；遭遇

love rival 情敌

She **confronted** her **love rival** bravely and confessed her love to him.

mate [meɪt] *v.* 使配对；成伙伴 *n.* 同伴；伙伴

The boys went from best **mates** to rivals.

sprawl [sprɔːl] *v.* 伸开四肢躺；笨拙地爬行 *n.* 蔓延；无计划地扩展

Urban **sprawl** created serious ecological and traffic problems.

Houses **sprawled** out the suburban area.

She **sprawled** on the floor to regain her strength.

plantation [plæn'teɪʃn] *n.* 农园；殖民地

The slave worked on a **plantation** growing cotton.

litter ['lɪtər] *v.* 乱扔废弃物；散落 *n.* 干草等物；轿；担架

Littering trash randomly is unscrupulous.

scrupulous ['skruːpjələs] *adj.* 诚实的；严谨的

He took **scrupulous** notes, recording his observation.

It is not **scrupulous** to rip off workers.

scruple ['skruːpl] *n.* 顾忌

The leader absolutely doesn't have any **scruple** to bomb Syrians like slaughtering animals.

Part 3 识记单词 / 词组

no litter 禁止乱扔垃圾

mating season 交配的季节

bypass ['baɪpæs] *v.* 绕过 *n.* 旁道

crackdown ['krækdaʊn] *n.* 制裁；镇压

inundate ['ɪnʌndeɪt] *v.* 使应接不暇；淹没

inundation [ˌɪnʌn'deɪʃn] *n.* 洪水；泛滥

avoidance [ə'vɔɪdns] *n.* 避免；逃避

九阴真经

Lesson 52

Part 1 主力单词

behave [bɪ'heɪv] *v.* 表现；行为举止

The measles virus **behaves** more directly, spreading swiftly through the air.

The regnant law of the life of any businessman, like all other living organisms, is self-interest. He **behaves** in obedience to the principle of the greatest gain for the least effort.

behavior [bɪ'heɪvjər] *n.* 行为；举止

Necromancy involves ritualistic dancing and **behavior** performed by a shaman.

comport [kəm'pɔːrt] *v.* 相称；适合

Comforts **comported** with adequate necessities.

comportment [kəm'pɔːtmənt] *n.* 举止；态度；动作

Schizophrenic **comportment** represents a breakdown in communication.

deport [dɪ'pɔːrt] *v.* 举止；遣送出境

She **deports** herself with rodomontade as if she is someone important.

The charlatan has been **deported** to his own country since his specious medicine failed.

deportment [dɪ'pɔːrtmənt] *n.* 行为（风格）

She tries to be polite and punctual to maintain her good **deportment**.

deportation [ˌdiːpɔːr'teɪʃən] *n.* 驱逐；遣送出境

The officer insisted on the **deportation** of illegal workers.

• Words in sentences 句中单词 •

measles ['mizəlz] *n.* 麻疹

necromancy ['nekrəʊmænsɪ] *n.* 巫术；通灵术

ritualistic [ˌrɪtʃʊə'lɪstɪk] *adj.* 仪式的；例行公事的

shaman ['ʃɑːmən, 'ʃeɪ-] *n.* 巫师

breakdown ['breɪkdaʊn] *n.* 精神失常；故障；分类

rodomontade [ˌrɑdəmən'teɪd] *n.* 吹嘘；夸耀

charlatan [ˈʃɑːrlətən] *n.* 江湖医生；骗子
specious [ˈspiːʃəs] *adj.* 虚假的；似是而非的

Part 2 补充单词

regnant [ˈregnənt] *adj.* 广泛的；统治的

Superstition and religious activities are **regnant** in the Bali islands.

queen regnant 女王；掌权的皇后

Elizebeth is a **queen regnant**.

queen consort 王后；王妃

dignity [ˈdɪgnətɪ] *n.* 尊严；端庄

She comported herself with **dignity**.

Part 3 识记单词 / 词组

misbehave [ˌmɪsbɪˈheɪv] *v.* 行为不端；作弊

behave yourself 规矩点

vassal [ˈvæsəl] *n.* 下属；诸侯 *adj.* 附庸的；奴隶的

necromancer [ˈnekrəʊmænsər] *n.* 巫师

necro-=necr- [ˈnekrəʊ][ˈnekr] *pref.* 死；死人

ritual [ˈrɪtʃʊəl] *n.* 仪式；惯例

etiquette [ˈetɪket] *n.* 礼节

punctuality [ˌpʌŋktʃʊˈælətɪ] *n.* 严守时间

punctuate [ˈpʌŋktʃˌeɪt] *v.* 给……加标点；中断

Lesson 53

Part 1 主力单词

delight [dɪˈlaɪt] *v.* 使高兴；使满意 *n.* 高兴；很满足

The comedy **delights** people of all ages.

九阴真经

I felt **delighted** by your presence.

There is no guarantee of the imagined **delights** of Heaven after a terror attack.

By the presence of the clown, children squeal in **delight**.

Watching her sing and dance was a **delight**.

gratify [ˈgrætɪfaɪ] *v.* 使满足；使高兴

I am **gratified** by test results.

thrill [θrɪl] *v.* 使兴奋；使紧张 *n.* 兴奋；激动；恐怖

The real dragon **thrills** many people.

I am **thrilled** to see my old friends.

delectation [ˌdɪlekˈteɪʃən] *n.* 愉快；欢乐

The two gladiators fought to the **delectation** of spectators.

The clown played tricks for the **delectation** of the crowd.

delectable [dɪˈlektəbl] *adj.* 好吃的；令人愉快的

She seems to enjoy the **delectable** business of tearing lovers asunder.

gaiety [ˈgeɪətɪ] *n.* 高兴；快乐

His remark possesses a gallows humor and rueful **gaiety**.

The autobiography reveals the inner conflicts of a peripatetic vendor living in dark memories amid the **gaiety** of his childhood.

mirth [mɜːrθ] *n.* 欢笑；高兴

He was found rolling on the floor in a tempest of **mirth** after his mother bought him a new toy.

mirthful [ˈmɜːθfəl] *adj.* 愉快的；高兴的

My grandmother is genial and **mirthful**, fond of any visitors.

ecstatic [ekˈstætɪk] *n.* 入迷的人 *adj.* 狂喜的；着迷的

It isn't the **ecstatic** leap across that I deplore, it's the weary trudge home.

He is **ecstatic** about winning a lottery.

ecstasy [ˈekstəsɪ] *n.* 狂喜；入迷

Her singing sent the audience into **ecstasy**.

The investors are in **ecstasy** upon the soaring of the stock market.

She was in an **ecstasy** of grief over failing the entire team and made the valley echo with her screams.

• Words in sentences 句中单词 / 词组 •

squeal [skwi:l] *v.* 发出长而尖的叫声 *n.* 尖叫声

asunder [ə'sʌndər] *adv.* 散成碎片地；分开地

a gallows humor/ a macabre humor 黑色幽默

rueful ['ru:fəl] *adj.* 懊悔的；怜人的

peripatetic [ˌperəpə'tetɪk] *n.* 行商 *adj.* 流动的；漫游的

genial ['dʒi:nɪəl] *adj.* 友好的；和蔼的

fond [fɑ:nd] *adj.* 喜欢的；溺爱的；温柔的

trudge [trʌdʒ] *v.* 步履艰难地走 *n.* 费力地走

lottery ['lɑ:tərɪ] *n.* 彩券；奖券

Part 2 补充单词

sunder ['sʌndər] *v.* 使分离；切断

The ocean **sundered** my family from me.

The north and south regions were **sundered** ideologically toward slavery.

spectral ['spektrəl] *adj.*【光】光谱的；鬼怪的；幽灵的

The device can detect radiation in various **spectral** bands.

The old woman's face appeared **spectral** in a wash of moonlight.

possessive [pə'zesɪv] *adj.* 占有欲强的；所有格的 *n.* 所有格

Women are usually **possessive**.

geniality [ˌdʒɪnə'ælətɪ] *n.* 友好；和蔼

His warmth and **geniality** toward a fugitive were interpreted as asking for trouble.

winsome ['wɪnsəm] *adj.* 迷人的；令人愉悦的

I am so in love with that **winsome** gamine who looks like a boy.

I like to hear **winsome** music after dinner.

urchin ['ɜ:rtʃɪn] *n.* 小淘气；海胆

Thomas, who is seven years old, is an unruly **urchin**.

Part 3 识记单词 / 词组

displeasure [dɪs'pleʒər] *n.* 不舒适；悲伤

gallows ['gæləʊz] *n.* 绞刑架

macabre [mə'kɑːbrə] *adj.* 恐怖的；令人毛骨悚然的

a rueful laughter 苦笑

parade [pə'reɪd] *v.* 游行 *n.* 炫耀

on parade 接受检阅

extravagant [ɪk'strævəgənt] *adj.* 奢侈的；不切实际的

extravaganza [ɪkˌstrævə'gænzə] *n.* 铺张华丽的娱乐表演

specter=spectre ['spektər] *n.* 鬼魂；对于……的恐惧

possess [pə'zes] *v.* 拥有；影响；支配

possession [pə'zeʃn] *n.* 拥有；占有；财产

rue [ruː] *v.* 对……感到懊悔

ruefulness ['ruːfəlnɪs] *n.* 悲伤；可怜

gamine [gæ'miːn, 'gæmɪn] *n.* 男孩子气的女孩

unruly [ʌn'ruːlɪ] *adj.* 任性的；不守规矩的

sea cucumber 海参

cucumber ['kjuːkʌmbər] *n.* 黄瓜

pickle ['pɪkl] *v.* 腌制 *n.* 盐卤

Lesson 54

Part 1 主力单词

humorous ['hjuːmərəs] *adj.* 幽默的；滑稽的

The lecturer is very **humorous** in his speech in order to attract the young audience's attention.

His novel shifts dramatically from **humorous** tones to tragic ones.

Good humor is the seasoning of truth. (Johann Heinrich Pestalozzi, Swiss educational reformer)

jocosely [dʒə'kəʊsly] *adv.* 爱开玩笑地；幽默地

She told me about this matter **jocosely**. I didn't know if it was real or not.

jocularly [ˈdʒɑkjələ(r)lɪ] *adv.* 引人发笑地；爱开玩笑地

The couple always threatens to kill each other **jocularly**.

jocularity [ˌdʒɑkjəˈlærətɪ] *n.* 滑稽；幽默

facetiousness [fəˈsiːʃəsnəs] *n.* 滑稽；玩笑

Racial discrimination can evoke disgust, derision, **jocularity**, and **facetiousness.**

facetious [fəˈsiːʃəs] *adj.* 开玩笑的；滑稽的

You don’t have to answer that **facetious** question seriously.

hilarious [hɪˈlerɪəs] *adj.* 非常滑稽的；引人发笑的

The stunt is either terrifying or **hilarious**, depending on what view one takes.

I am now in the **hilarious** position of being a laughingstock to all concerned.

hilarity [hɪˈlærətɪ] *n.* 欢喜

Hilarity is the last thing you expect to find at a formal Japanese meeting.

wag [wæg] *v.* 摆动 *n.* 爱说笑打趣的人；能言善辩的人

waggish [ˈwægɪʃ] *adj.* 爱说笑打趣的

His **waggish** friend likes to make fun of politicians.

Mila’s **waggish** disposition gets her into trouble very often.

• Words in sentences 句中单词 •

dramatically [drəˈmætɪklɪ] *adv.* 显著地；剧烈地

seasoning [ˈsiːznɪŋ, ˈsiːzənɪŋ] *n.* 调味料；佐料

Part 2 补充单词

waggle [ˈwægəl] *v./n.* 摇动；摇摆

He **waggled** his ear as he heard something.

collectivization [kəˌlektɪvaɪˈzeɪʃn] *n.* 集体化

The northern kingdom is still constrained by the policy of **collectivization**.

histrionics [ˌhɪstrɪˈɑnɪks] *n.* 戏剧表演；装模作样

He imitated his girlfriend’s **histrionics**.

九阴真经

histrionic [ˌhɪstrɪˈɑnɪk] *adj.* 表演的；矫揉造作的

The actress seeks **histrionic** perfection by incessant practice.

The **histrionic** inclinations of reporters would supersede the wisdom of inquiries and the spirit of seeking the truth.

bloc [blɑːk] *n.* 阵营；集团

With the disintegration of the Soviet Union, some communist **blocs** disbanded as well.

hoary [ˈhɔːrɪ] *adj.* 古老的；陈腐的；灰白的

My grandmother told me several **hoary** legends.

The plant has **hoary** leaves.

She has a **hoary** air.

Part 3 识记单词 / 词组

laughing stock 笑柄；笑料

collectivism [kəˈlekɪvɪzəm] *n.* 集体主义；集产主义

collectivize [kəˈlektəvaɪz] *v.* 使集体化

disband [dɪsˈbænd] *v.* 解散；遣散

band [bænd] *v.* 用带绑扎；给……镶边 *n.* 带；细绳

hoary joke 老笑话

Lesson 55

Part 1 主力单词

rave [reɪv] *v.* 语无伦次；极力夸奖；咆哮 *n.* 狂欢派对 *adj.* 极力赞扬的

The professor **raves** about his student's scientific achievements.

He constantly **raves** about how beautiful his girlfriend is.

The hotel has received **rave** reviews for its hospitality and avant-garde design.

These dissenters were ranting and **raving** against the government.

The iced gusts **rave** through the plateau.

an open-air rave 露天狂欢派对

raving [ˈreɪvɪŋ] *adj.* 胡说的；疯狂的；非常的；非凡的 *n.* 胡说；怒吼

I like her very much because of her **raving** beauty.

compliment [ˈkɑːmplɪment, ˈkɑːmplɪmənt] *v.* 赞美；恭维 *n.* 问候

The teacher **complimented** a student on her excellent dancing performance.

The dictator receives a backhanded **compliment.**

accolade [ˈækəleɪd] *n.* 赞美；赞赏

Earning a Nobel Prize has won him international **accolades.**

fete [feɪt] *v.* 赞扬；隆重欢迎 *n.* 假日；宗教庆典

John McCain was **feted** nationally after he passed away.

The team was **feted** by local fans.

encomium [enˈkəʊmɪəm] *n.* 赞词；颂词

This entrepreneur's autobiography seems like an **encomium** of his acumen.

panegyric [ˌpænəˈdʒɪrɪk, -ˈdʒaɪrɪk] *n.* 赞颂；颂词

He delivered neither a **panegyric** nor a denunciation upon the civil-rights movement.

Paying **encomium** and **panegyric** to the monarch was apt in that period.

commend [kəˈmend] *v.* 赞扬；表彰

The principal **commended** this student for his probity.

• Words in sentences 句中单词 •

rant [rænt] *v.* 怒气冲冲地叫嚷 *n.* 大声责骂

gust [gʌst] *v.* 猛刮；劲吹 *n.* 强风

plateau [plæˈtəʊ] *v.* 稳定；停滞 *n.* 高原；平稳期

backhanded [ˈbækˌhændɪd] *adj.* 隐含批评的

denunciation [dɪˌnʌnsɪˈeɪʃən, -ʃɪ-] *n.* 谴责；公开批评

probity [ˈprəʊbətɪ] *n.* 诚实；正直

Part 2 补充单词 / 词组

expletive [ˈeksplətɪv] *n.* 咒骂语；脏话

brand-new [ˈbrændˈnuː, -ˈnjuː] *adj.* 新的

She quietly burst out a short string of **expletives** after her **brand-new** shoes were stepped on.

supply line 运输线

masterstroke [ˈmæstərstroʊk] *n.* 高招；杰作

The strategy of cutting the **supply line** is a **masterstroke**.

unbeknown [ˌʌnbɪˈnoʊn] *adj.* 不为……所知的

The Tokyo bombing was **unbeknown** to the Japanese.

turkey shoot 占尽优势（指敌人）

It was a **turkey shoot** for the Allies because Japan was lacking in airplanes and pilots.

full-fledged [ˌfʊl ˈfledʒd] *adj.* 充分发展的；羽毛生齐的

The wind will become a **full-fledged** storm.

taken aback 猝不及防

The president was **taken aback** when the reporter showed him the recording.

spur [spɜːr] *v.* 刺激；激励 *n.* 马刺；靴刺

It is hard to defend this **spur**-of-the-moment attack.

raven [ˈreɪvən] *v.* 狂吃；掠夺 *n.* 渡鸦

omen [ˈoʊmən] *n.* 预兆；征兆

I heard the dismal croaking of **ravens**. It is such a bad **omen**.

dogfight [ˈdɔːgfaɪt] *v.* 同……混战；空战

The pilot didn't win the **dogfight**.

Part 3 识记单词 / 词组

a Nobel laureate 诺贝尔奖获得者

unbeknownst [ˌʌnbɪˈnoʊnst] *adj.* 不为所知的 *adv.* 不知地

bitter pill to swallow 不得不忍受的苦事

aback [əˈbæk] *adv.* 猝不及防地；向后

spur of the moment 临时起意的

rant about 夸夸其谈

rant out 大叫大嚷地说

profanity [prəʊˈfænɪtɪ, prə-] *n.* 亵渎的语言；渎神

ravenous [ˈrævənəs] *adj.* 贪婪的；掠夺的

gusty [ˈɡʌstɪ] *adj.* 刮着阵风的

ominous [ˈɑːmɪnəs] *adj.* 恶兆的；不祥的

croak [krəʊk] *v.* 乌鸦叫 *n.* 蛙鸣低沉而嘶哑的声音

laureate [ˈlɔːrɪət] *n.* 获得桂冠的人；获得殊荣的人

apt [æpt] *adj.* 适当的；容易的

denunciate [dɪˈnʌnsɪˌeɪt] *v.* 谴责

acclaim [əˈkleɪm] *v.* 为……喝彩 *n.* 称赞；欢呼

tribute [ˈtrɪbjuːt] *n.* 礼物；颂词

encomiast [enˈkəʊmɪˌæst, -əst] *n.* 宣读；赞美者

Lesson 56

Part 1 主力单词

akin [əˈkɪn] *adj.* 同类的；有血亲关系的

Dog and wolf are closely **akin**.

Your interest in music is **akin** to mine.

All winning organizations are more **akin** to a pack of wolves than they are to a flock of sheep or wild ducks. (Gary Hamel, U.S. management writer)

parallel [ˈpærəlel] *n.* 平行线；对比 *v.* 使……与……平行 *adj.* 平行的

The boxer has a **parallel** career as a wrestler.

kindred [ˈkɪndrɪd] *adj.* 相似的；相关的

CNN and BBC are **kindred** media.

The two candidates seem to be **kindred** in some way.

The ties of **kindred** spirits can't be severed.

related [rɪˈleɪtɪd] *adj.* 相关的

The lawsuit is **related** to an environmental issue.

analogue [ˈænəlɔːɡ] *n.* 相似物 *adj.* 模拟的

Artificial meat is not real meat but an **analogue** source of protein.

九阴真经

correspond [ˌkɔːrəˈspɑːnd] *v.* 通信；符合

The American CIA **corresponds** to the Russian KGB.

I have been **corresponding** with a pen pal since last year.

correspondence [ˌkɔːrəˈspɑːndəns] *n.* 通信；一致

There is no **correspondence** between the two exam papers. Cheating doesn't take place.

homogeneous [ˌhəʊməˈdʒiːnɪəs] *adj.* 同类的；相似的

The majority of the population is **homogeneous**, not heterogeneous.

There are **homogeneous** mannequins inside the showcase.

homogeneity [ˌhɑːmədʒəˈniːətɪ] *n.* 同质；同种

People of South Korea claim they have strong ethnic **homogeneity** due to sparse immigration.

homogenize [həˈmɑdʒəˌnaɪz, həʊ-] *v.* 使均匀；使类同

The government prepares a special budget for rural areas in an attempt to **homogenize** education.

The factory uses equipment to **homogenize** milk.

liken [ˈlaɪkən] *v.* 把……比作；相像

Some Africans **liken** albinos to demons.

Racism is **likened** to a narrow-minded disease.

ilk [ɪlk] *n.* 同类；亲属

Fascists, racists, and others of that **ilk** all wish for war.

similar [ˈsɪmələr] *adj.* 相似的

similarity [ˌsɪməˈlærətɪ] *n.* 相似性

The report highlights the **similarity** between the two groups.

• Words in sentences 句中单词 •

sever [ˈsevər] *v.* 切断；分开

mannequin [ˈmænɪkɪn] *n.* 服装模特儿

showcase [ˈʃəʊkeɪs] *n.* 陈列柜；展示橱

Part 2 补充单词

Swiss [swɪs] *n.* 瑞士语；瑞士人

Swiss is extremely akin to English.

tarmac [ˈtɑːrmæk] *n.* 柏油碎石；沥青

The two airplanes collided on the **tarmac** of the airport.

parole [pəˈrəʊl] *v.* 假释；有条件的释放 *n.* 假释；言语

He can't commit any crime. He is on **parole**.

sparsely [spɑːrslɪ] *adv.* 稀疏地；稀少地

Alaska is **sparsely** populated in some regions.

heterogeneous [ˌhetərəˈdʒɪnɪəs, -ˈdʒɪnjəs] *adj.* 各种各样的；混杂的

Her singing attracts a diverse, **heterogeneous** audience.

kryptonite [ˈkrɪptənaɪt] *n.* 克星；氪星石

That pretty girl is my boss's **kryptonite.**

Superman is afraid of **kryptonite.**

Werewolves are the **kryptonite** of vampires.

pulp [pʌlp] *v.* 使稀烂；使成浆 *n.* 果泥；菜泥

The ancient paper was made of wood **pulp.**

They **pulped** the used papers for recycling.

Part 3 识记单词 / 词组

dissimilar [dɪˈsɪmɪlər] *adj.* 不同的；相异的

Switzerland [ˈswitsərˌlənd] *n.* 瑞士

analogue watch 指针式手表

werewolf [ˈwerwʊlf] *n.* 狼人；残忍狡诈的人

parolee [pəˌrəʊˈliː] *n.* 假释犯

krypton [ˈkrɪptɑn] *n.* 氪

reuse [riˈjuːz] *v.* 重新使用 *n.* 重复利用

trash recycling bin 垃圾回收桶

九阴真经

Lesson 57

Part 1 主力单词

admire [əd'maɪər] *v.* 欣赏；羡慕

admiration [ˌædmə'reɪʃn] *n.* 钦佩；赞赏

You **admire** celebrities, but who **admires** you?

As for the virtuous poor, one can pity them, of course, but one cannot possibly **admire** them. (Oscar Wilde Irish poet, playwright, and wit)

I have great **admiration** for her as a writer.

adore [ə'dɔːr] *v.* 崇拜；爱慕

worship ['wɜːrʃɪp] *n.* 崇拜 *v.* 敬奉

He is such a genius. I **adore** and **worship** him.

Confucianism taught people to respect their elderly and **worship** ancestors.

appreciate [ə'priːʃieɪt] *v.* 欣赏；感激

I **appreciated** the work you've done for me.

• Word in sentence 句中单词 •

Confucianism [kən'fjuːʃənɪzm] *n.* 儒学；儒教

Part 2 补充单词 / 词组

c'est la vie 【法】这就是生活；生活就是如此

The feast can't keep on forever, **c'est la vie**.

era ['ɪrə] *n.* 时代；历史时期

The World War Two **era** was an important epoch in his father's life.

Many babies were born in the post-World War Two **era**.

The longest intervals are eons. Each eon is made up of **eras**.

The U.S. entered the **era** of the space race.

subdivide [ˌsʌbdɪˈvaɪd, ˈsʌbdɪˌvaɪd] *v.* 把……再分

Each **era** is **subdivided** into periods, which are further divided into epochs.

deuterium [djuːˈtɪrɪəm] *n.* 重氢

epochal ['epəkəl] *adj.* 新纪元的；划时代的

Finding the resource of **deuterium** is an **epochal** discovery.

China is undergoing an **epochal** transformation.

dynamite [ˈdaɪnəˌmaɪt] *v.* 炸毁 *n.* 炸药；具有潜在危险的人 *adj.* 优质的；顶呱呱的

The inventions of **dynamite** and steam engines mark the history of the industrial revolution.

geologic [dʒɪə'lɑdʒɪk] *adj.* 地质学上的；地质的

The **geologic** time scale used today breaks the age of the earth into distinct intervals of varying lengths.

earthy ['ɜːrθɪ] *adj.* 土质的；土气的；粗俗的

The hick answered me with an **earthy** manner.

Gaining fortune and fame are **earthy** problems of daily life.

crude [kruːd] *adj.* 天然的；粗糙的；粗陋的

Don't mind his **crude** manner. He is just a farmer.

Extracting **crude** oil in Saudi Arabia is easier than in America.

Part 3 识记单词 / 词组

Confucius [kənˈfjuːʃəs] *n.* 孔子

a new era=a new epoch 新纪元；新时代

epoch [ˈepək] *n.* 时期；时代

eon=aeon [ˈiːən] *n.* 永世；万古

deutero [djʊ'tɪərəʊ] *pref.* 第二；第二的

geology [dʒɪ'ɑːlədʒɪ] *n.* 地质学上的；地质的

九阴真经

Lesson 58

Part 1 主力单词

foray [ˈfɔːreɪ] v. 袭击 n. 初次尝试

The government's first **foray** into the casino business came under close scrutiny.

The farmer **forayed** into European politics incidentally.

Germany **forayed** into Finland.

A North Korean **forays** into the American world of freedom.

Russia's garrison made a **foray** against German troops.

dabble [ˈdæbəl] v. 浅尝；嬉水；浸泡

I have **dabbled** in sketching for my own sheer delight.

The girl **dabbles** in fashion.

She **dabbled** her legs in a pool.

• Word in sentence 句中单词 •

scrutiny [ˈskruːtənɪ] n. 仔细审查

Part 2 补充单词

aphasia [əˈfeɪʒə] n. 失语症

agraphia [əˈgræfɪə] n. 失写症

These problems are known as **aphasia** and **agraphia.**

lobe [ləub] n.（脑、肺等的）叶；耳垂

The damage of the frontal **lobe** causes difficulty in speaking and writing.

garrison [ˈgærɪsən] v. 驻防 n. 守备部队；守军

Troops were **garrisoned** on the border.

Lesson 59

Part 1 主力单词

hone [həʊn] *v.* 磨炼；用磨刀 *n.* 石磨；磨刀石

They have to **hone** their skills before becoming a professional.

She **hones** her physique through yoga.

Hardship **hones** a man's will.

chasten [ˈtʃeɪsən] *v.* 惩罚（人）；抑制；使谦虚 *n.* 磨；磨快

The principal will **chasten** him by sending him to detention.

He was **chastened** after he failed the simple test.

His temper has been **chastened** by life experience.

temper [ˈtempər] *n.* 脾气 *v.*（使）缓和

Soldiers **temper** in battle.

The teacher **tempered** and reconciled the two students who were at loggerheads with each other.

• Word in sentence 句中单词 •

loggerhead [ˈlɒɡəˌhed] *n.* 笨蛋；铁头棒

Part 2 补充单词 / 词组

wrought [rɔːt] *v.* 造成

How much devastation has the human torpedo **wrought**?

lexicon [ˈleksɪˌkɑn] *n.* 词典

I bought a French **lexicon** to learn French.

Some Chinese words have been added to the English **lexicon**.

九阴真经

lexicography [ˌleksɪˈkɑgrəfɪ] *n.* 词典编纂

Lexicography means the editing or making of a dictionary.

lexicographer [ˌleksɪˈkɑːgrəfər] *n.* 词典编纂者

The **lexicographer** has found a large number of cognates between French and Spanish.

lexicology [ˌleksɪˈkɑlədʒɪ] *n.* 词汇学

Lexicology is a branch of linguistics and the study of the words which make up a language.

flotsam [ˈflɑtsəm] *n.* 零碎杂物

jetsam [ˈdʒetsəm] *n.* 船上投弃物

flotsam and jetsam 杂乱废物

The immense **flotsam and jetsam** were washed up by the tide.

He deletes files of **flotsam and jetsam** on his computer.

ambergris [ˈæmbəgrɪs] *n.* 龙涎香

Jetsam ambergris 龙涎香

Jetsam ambergris is worth thousands of dollars in the eyes of perfumers.

stoke [stəʊk] *v.* 添加（燃料）；煽动；激起

The worker **stoked** the coals in a stove.

The advertisement has helped **stoke** sales.

Offering a rebate might **stoke** the demand for this product.

captive [ˈkæptɪv] *n.* 俘虏 *adj.* 被监禁的

The pirates took these **captives** to a ship.

He is a **captive** to love.

captive breeding 人工饲养

Are these Chickens **captive breeding**?

captive audience 非自愿的观众

fed up 厌烦

A **captive audience** got **fed up** as she went on and on.

Part 3 识记单词 / 词组

scrutinize [ˈskruːtənaɪz] *v.* 细阅；详细检查

whetstone [ˈwetstəʊn] *n.* 磨刀石

in earnest 认真（地）；并非开玩笑（地）

earnest [ˈɜːrnɪst] *n.* 定金 *adj.* 认真的

skip class=cut class 逃课

at loggerheads with sb. 与……不和；与……相争

Lesson 60

Part 1 主力单词

tomb [tuːm] *n.* 坟墓

The excavation of the **tomb** was under the direction of a self-appointed emperor of the ninth century AD.

There is an untouched royal **tomb** in this forest.

A best-seller is the gilded **tomb** of a mediocre talent. (from Logan Pearsall Smith, U.S.-born British writer)

mausoleum [ˌmɔːsəˈliːəm] *n.* 陵墓

The **mausoleum** of the emperor was aggravated by periodic looting.

vault [vɔːlt] *v.* 跳跃；突然提升 *n.* 墓穴；穹顶（尤指教堂或公共建筑的）；保险库

His notoriety **vaulted** to sudden prominence after he tried to buy off a judge.

His father was buried in a family **vault.**

catacomb [ˈkætəˌkəʊm] *n.* 地下墓穴

The mummified bodies of the Apostles were stolen from the Vatican **catacombs** and reappears in a museum in the United Kingdom.

inter [ɪnˈtəːr] *v.* 埋葬（正式的）

interment [ɪnˈtɜːrmənt] *n.* 埋葬；安葬

Warriors of Rome were **interred** in burial chambers or **catacombs**.

sarcophagus [sɑːrˈkɑːfəgəs] *n.* 石棺

九阴真经

sarcophagi [sɑːrˈkɑːfəgaɪ] *n.*（复数）石棺

The king was **interred** in the granite **sarcophagus**.

crypt [krɪpt] *n.* 教堂地下室（用作墓穴的）

undercroft [ˈʌndəˌkrɒft] *n.* 地下室（用作墓穴的）

We threaded through the slum. Visiting the tower, **undercroft** and **crypt** will cost extra but concessionary admission remained unchanged at five dollars.

The route threads through mountains and terminates in the **crypt** of the Virgin Mary Church.

ossuary [ˈɒsjʊˌerɪ] *n.* 骨灰坛

My loved one didn't survive. I only received her **ossuary**.

reliquary [ˈrelɪkwerɪ] *n.* 圣骨盒；圣物箱

We commemorate the saint and worship his **reliquary**.

The large metal **reliquary** shrine takes the form of a diminutive church.

sepulcher [ˈsepəlkə] *n.* 石墓

Heretics fought for their holy **sepulchers** and altars against Christian knights.

coffin [ˈkɔːfɪn] *n.* 棺材

They put the body in the **coffin** with jewels around it.

mound [maʊnd] *v.* 形成一堆 *n.* 小丘；一堆；许多；投手的踏板

The table was **mounted** with food.

He was buried in a **mound**.

A **mound** of books is on the desk.

cemetery [ˈsemәterɪ] *n.* 公墓；墓地

She rests beside her husband in the local **cemetery**.

• Words in sentences 句中单词 / 词组 •

mediocre [ˌmiːdɪˈəʊkər] *adj.* 中等的；平庸的

periodic [ˌpɪrɪˈɑːdɪk] *adj.* 不时有的；周期（性）的

looting [ˈluːtɪŋ] *n.* 抢劫；洗劫

loot [luːt] *v.* 抢劫；洗劫 *n.* 战利品；赃物

burial chamber 埋葬室

burial [ˈberɪəl] *n.* 埋葬；葬礼

granite [ˈɡrænɪt] *n.* 花岗岩

slum [slʌm] *v.*（为猎奇或救济等）去贫民窟 *n.* 贫民区

concessionary [kənˈseʃənerɪ] *adj.* 价格优惠的；减价的（对学生、老少或失业人群的）

thread [θred] *v.* 使穿过；小心地走过 *n.* 线；除毛（用长细线给面部）；思路；帖子；螺纹

diminutive [dɪˈmɪnjətɪv] *n.* 极小的人（或物）；【语】表示小的语辞 *adj.* 微小的；昵称

altar [ˈɔltər] *n.* 圣坛；祭坛

knight [naɪt] *n.* 骑士；爵士；马（西洋棋）

Part 2 补充单词 / 词组

charnel [ˈtʃɑnəl] *adj.* 死亡的；坟墓的

The earth itself is a **charnel** house where fame and fortune will eventually turn into dust.

from time to time 有时候；偶尔

They lie at every man's door unexpectedly **from time to time**.

graveyard [ˈɡreɪvjɑːrd] *n.* 墓地；坟场

I had to leave the **graveyard**.

gild [ɡɪld] *v.* 镀金；修饰

threadbare [ˈθredber] *adj.* 破烂的；衣衫褴褛的

This age thinks better of a **gilded** fool than of a **threadbare** saint in wisdom's school. (Thomas Dekker, English dramatist)

clinquant [ˈklɪŋkənt] *n.* 仿金箔 *adj.* 装饰得金光闪闪的

The **clinquant** corselettes are beautiful and shining.

profusion [prəˈfjʊʒən, prəʊ-] *n.* 大量；慷慨

The purple flowers grow in **profusion**.

ormolu [ˈɔːrməluː] *n.* 金箔颜料；镀金物；华而不实之物

He is a billionaire as well as an androgynous sybarite who decorates his house with a **profusion** of **ormolu** ornamentation.

九阴真经

tinsel [ˈtɪnsəl] *v.* 用金属箔（或丝）装饰；粉饰 *n.* 浮华；金属箔（丝） *adj.* 华而不实的

Some actors are attracted to the **tinsel** and glitter of the movie industry.

Discerning others' true intentions is important in this **tinseled** world.

The **tinsel** of his fortune was built upon the groan of his bloody labors.

spangle [ˈspæŋgl] *v.* 用闪光饰物装饰；使闪烁发光 *n.* 闪烁发光之物

Dancers dressed in costumes with silver **spangles**.

The showgirl's dress was embellished with a profusion of small **spangles.**

lap [læp] *v.* 轻轻地拍击（波浪）；舔食；喝 *n.* 跑一圈（跑道的）；大腿部

We **lapped** up the Qingdao beer on a summer night.

primitive [ˈprɪmətɪv] *adj.* 原始的；简陋的

I lapped up the fresh air of the **primitive** and pristine forest.

illustrious [ɪˈlʌstrɪəs] *adj.* 卓越的；著名的

sigh [saɪ] *v.* 发出呜咽声（风穿过树林时） *n.* 叹息

downfall [ˈdaʊnˌfɔːl] *n.* 衰败；倒台

In the twilight of the empire, the **illustrious** literature scholar was adrift in a remote mountain **sighing** about the impending **downfall**.

profuse [prəˈfjuːs] *adj.* 十分慷慨的；充沛的

profuse sweating 汗流浃背

profuse tears 泪如雨下

Farmers worship gods for the **profuse** harvest this year.

homunculus [həʊˈmʌŋkjələs, hə-] *n.* 矮人；（产生第一个人类的）胎儿

homunculi=homuncules [həˈmʌŋkjəlɪ] *n.*（复数）小矮人

homunculi [həʊˈmʌŋkjʊlɪ] *adj.* 很小的

The **homunculi** were surrounded by wolves.

Part 3 识记单词 / 词组

corslet [ˈkɔːrslɪt] *n.* 甲胄；整姿用内衣

centenarian [ˌsentɪˈnerɪən] *n.* 百岁老人

periodical [ˌpɪrɪˈɑːdɪkl] *n.* 期刊（尤指学术） *adj.* 周期的；间歇的

mummify [ˈmʌməˌfaɪ] *v.* 制成木乃伊（尸体）

mummy [ˈmʌmɪ] *n.* 木乃伊；妈妈

slum it 过穷日子

ghetto [ˈgetəʊ] *n.* 贫民区（某种族或宗教信仰者聚居区）

adrift [əˈdrɪft] *adj.* 漂流的；漫无目的

bury [ˈberɪ] *v.* 埋葬；埋藏；隐藏

entomb [enˈtuːm] *v.* 埋葬

best-selling [best ˈselɪŋ] *adj.* 最畅销的

lap up 享受；喝；舔食；欣然接受

victory lap 绕场庆祝

grave [greɪv, grɑːv] *v.* 雕刻；铭记 *n.* 坟墓；墓穴 *adj.* 重大的

gravy [ˈgrevɪ] *n.* 肉汁

centenary [senˈtenərɪ] *adj.* 百年；百年的

bicentenary [ˌbaɪsenˈtenərɪ] *adj.* 二百年（的）

tercentenary [ˌtɜːrsenˈtenərɪ] *adj.* 三百年（的）

Lesson 61

Part 1 主力单词

whet [hwet, wet] *v.* 刺激；促进；磨块

The butcher **whetted** a knife.

Her honest answer **whetted** my curiosity about her intelligence, there being a fine line between being honest and being stupid.

The spice will **whet** my appetite.

increase [ɪnˈkriːs, ˈɪŋkriːs] *v./n.* 增加；加剧

Our project manager tries to **increase** our efficiency.

Populism is on the **increase**—a populism that rejects anything different, anyone with a different-colored skin, or a different race or religion. This is the real danger and unspoken

九阴真经

risk that threatens to pollute democracy. (from Jacques Delors, French statesman)

raise [reɪz] *v.* 提升；举起；提起 *n.* 高地；上升

A number of the same problems have been **raised** in congress.

increment [ˈɪŋkrəmənt] *n.* 增加；（一点点逐渐的）增长

He criticized the accuracy of the **increment** in the crime rate surveyed by a police station.

Although the strikers were granted wage **increments,** their pay could not meet their ends and they remained below the poverty line.

incremental [ˌɪŋkrəˈmentl] *adj.* 增加的；递增的

Incremental tax is intended to reduce the gap between the rich and the poor.

accretion [əˈkriːʃən] *n.* 增大；逐渐的增加

accrete [əˈkriːt] *v.* 生长附加；愈合

The **accretions** of sea sediments found in the mountain were believed to be over millions of years old.

surge [sɜːrdʒ] *v.* 涌现；（情感的）翻涌 *n.* 突然的增加

Several waves of people, mostly Libyans, **surged** into the coastal region of Italy.

The nurse felt a sudden **surge** of pity for his disabled friend who lay in bed.

upsurge [ˈʌpsɜːrdʒ] *n.* 急剧上升；猛增 *v.* 高涨

People denounced the government for its mismanagement in the **upsurge** of petroleum and electricity costs.

soar [sɔːr] *v.* 猛增；骤升 *n.* 高达；飞翔

Soaring prices for steel will strengthen China's export value.

intensify [ɪnˈtensɪfaɪ] *v.*（使）加强；增强

The cabinet reshuffle was intended to **intensify** the trade war and to crack down on foreign interference.

escalate [ˈeskəleɪt] *v.*（使）增强；（使）恶化

U.S. bombing serves nothing but to **escalate** hostility and animosity.

The conflict between the north and south regions almost **escalated** into a civil war.

proliferate [prəˈlɪfəreɪt] *v.* 激增

Counterfeit paintings, Nike knock-offs, and bootlegs on the Internet **proliferate**.

Lymphocytes trigger the cells to **proliferate** uncontrollably and invade various tissues.

expand [ɪk'spænd] *v.* 增加（尺寸、数量或重要性）；（使）膨胀

expand on sth. 对……详述

expansion [ɪk'spænʃn] *n.* 扩张；膨胀

The library purchased some foreign books to **expand** its service for potential users.

Manufacture and productivity increased moderately but **expansion** was greater in commodities than in capital investment and basic materials.

compound ['kɑːmpaʊnd] *v.* 使加重；使恶化 *n.*（围起来的）场地；楼群；院落 *adj.* 复合的

Her ignorance and arrogance will only **compound** the danger.

Stifling the spreading discontent only **compounded** student's discomfort.

augment [ɔːg'ment] *v.* 提高；加强

To **augment** the supply of silica from China, many expedients were taken.

boost [buːst] *v.* 使增长；偷窃 *n.* 帮助；激励；增长

A drastic devaluation of currency **boosts** overall exportation.

amplify ['æmplɪfaɪ] *v.* 扩大；增强

amplifier ['æmplɪfaɪər] *n.* 扩音器；扬声器

Bill was granted a patent on an apparatus for **amplifying** radio signals.

swell [swel] *v./n.* 增大（尺寸）；增加（数量；情感；程度）；调大声音 *adj.* 很愉快的；极有趣的

swollen ['swəʊlən] *adj.* 膨胀的；（河水）涨起的；自负的

The river **swells** during monsoon season.

Her heart was **swelling** with joy over knowing she won the singing contest.

enhance [ɪn'hæns] *v.* 提高；增强

enhancement [en'hænsmənt] *n.* 增强

Tributary rivers significantly **enhanced** the ability of flood control for the local government.

buildup ['bɪldˌʌp] *n.* 发展；空地盖满房子

Military **buildup** increased tensions in adjacent countries.

九阴真经

ramp [ræmp] *v.* 敲诈；使有斜面 *n.* 坡道；支路；逐渐增加

ramp up（公司）扩大；加快（速度）；增加（威力）；提高（费用）

The company announces to **ramp up** its production next year.

The U.K. **ramped up** Brexit.

accrue [əˈkruː] *v.*（透过自然增长）产生；（利息等的自然）滋生；增加

Wisdom and sagacity **accrue** with age.

Interest **accrues** on a monthly basis.

Sediment at the bottom of the sea **accrues** through the passage of time.

magnify [ˈmægnɪfaɪ] *v.* 扩大；夸大

The sense of guilt was **magnified**. It was my idea to get her into trouble.

distend [dɪˈstend] *v.* 使膨胀；使扩张（swell up）

distention=distension [dɪˈstenʃən] *n.* 膨胀；扩张

The abdomen of the queen of ants becomes **distended** with eggs.

The fat guy has a **distended** belly.

bloat [bləʊt] *v.* 膨胀；自大 *n.* 膨胀的东西；肿胀的人

bloated [ˈbləʊtɪd] *adj.* 膨胀的；过于庞大的；巨富的

The tissue becomes swollen and **bloated**. The abnormal **distention** has to be treated with immediate care.

I don't know which official I should file the petition to in this **bloated** bureaucracy.

The **bloated** capitalist said that he "has nothing left, but money."

bolster [ˈbəʊlstər] *v.* 增强；激励；支撑；加固；援助 *n.* 靠枕；垫子

The government lowered the income tax to **bolster** its economy.

The president's presence on the frontline **bolstered** soldiers' morale.

• Words in sentences 句中单词 / 词组 •

populism [ˈpɒpjəlɪzəm] *n.* 民粹主义；平民主义

sediment [ˈsedɪmənt] *n.* 沉积物

export value 可以出口的量

cabinet reshuffle 内阁改组

cabinet [ˈkæbɪnət] *n.* 内阁；贮藏柜 *adj.* 内阁的；私下的

reshuffle [ˈriːʃʌfl, ˌriːˈʃʌfl] *n.* 岗位调整 *v.* 改组

animosity [ˌænɪˈmɑsətɪ] *n.* 仇恨；憎恶

knock-off [ˌnɒkˌɒf] *n.* 仿制品（较粗糙的）

bootleg [ˈbuːtˌleg] *v.* 盗版 *n.* 盗版的东西（仿冒的酒；在影院偷拍的电影）

lymphocyte [ˈlɪmfəˌsaɪt] *n.* 淋巴细胞

silica [ˈsɪlɪkə] *n.* 二氧化硅；硅土

expedient [ɪkˈspiːdɪənt] *n.* 权宜之计；应急办法 *adj.* 权宜之计的；方便的

devaluation [ˌdɪˌvæljʊˈeɪʃn] *n.* 贬值；贬低

currency [ˈkɜːrənsɪ] *n.* 货币；广泛的流传

apparatus [ˌæpəˈrætəs] 设备；组织；机制（政治）

monsoon [ˌmɑːnˈsuːn] *n.* 雨季；季风季节

tributary [ˈtrɪbjəterɪ] *n.* 支流；进贡国 *adj.* 纳贡的；附庸的

adjacent [əˈdʒeɪsnt] *adj.* 邻近的；邻接的

Part 2 补充单词

capillarity [ˌkæpəˈlærətɪ] *n.* 毛细管作用

capillary [ˈkæpəlerɪ] *n.* 微血细管 *adj.* 毛状的

Capillarity is a **capillary** action in which elevation or depression of the surface of a liquid occurs by contact with a solid matter.

tsunami [tsuːˈnɑːmɪ] *n.* 海啸

jeopardy [ˈdʒepərdɪ] *n.* 危险；【律】（被告处于被判罪或受处罚的）危险境地

in jeopardy 处于危险之中

With the global financial **tsunami**, the sense of economic well-being and the steady accretion of paper wealth was put **in jeopardy**.

He didn't think his life was **in jeopardy** at all and went out.

skirmish [ˈskɜːrmɪʃ] *v.* 发生小争执 *n.* 小冲突；小规模战斗

throughout [θruːˈaʊt] *adv.* 遍及；遍布 *prep.* 始终

The intensifying **skirmish** menaced to spill over into other countries, causing instability **throughout** the region.

schism [ˈsɪzəm, ˈskɪz-] *n.* 分裂；派系

Buddhism has been divided into many **schisms**.

fissure [ˈfɪʃər] *v.* 分裂；分歧 *n.* 裂缝

There is an internal **fissure** inside the political party.

delta [ˈdeltə] *n.* 三角洲；三角形之物；希腊语的第四个字母 *adj.*【化】第四位的

The **deltas** of rivers are **alluvial** deposits formed by rivers or streams.

alluvial [əˈluːvɪəl] *n.* 冲积土；冲积层 *adj.* 冲积的

The **alluvial** soil must be very fertile.

bucolic [bjuːˈkɑlɪk] *n.* 田园诗；土包子 *adj.* 乡村的；牧人的

Mo Yan was awarded the Nobel Prize for **bucolic** literature.

plain [pleɪn] *n.* 平原；平针 *adj.* 朴素的；明显的 *adv.* 清楚地

The **plain** is particularly susceptible to floods caused by storm surges.

urbanization [ˌɜːbənaɪˈzeɪʃn] *n.* 城市化

rural [ˈrʊrəl] *adj.* 村的；农村的

Urbanization in **rural** area has caused an inflationary land price surge.

irrigation [ˌɪrəˈgeɪʃən] *n.* 灌溉

Farmers channel rivers to expand the area under **irrigation**.

protectionism [prəˈtekʃəˌnɪzəm] *n.* 贸易保护主义

contraction [kənˈtrækʃən] *n.* 收缩；痉挛；缩略形式（英语口语中的）

The trade war is a form of **protectionism** causing the **contraction** of imports by imposing higher tariffs.

estuarine [ˈestʃʊərɪn] *adj.* 入海的；在入海口形成的

We went fishing in an **estuarine** land.

abut [əˈbʌt] *v.* 邻接；毗连

The land **abuts** to the factory.

adjoin [əˈdʒɔɪn] *v.* 贴近；毗连

Washington **adjoins** Oregon.

contiguous [kənˈtɪgjʊəs] *adj.* 接触的；连续的

Gunshots were **contiguous** with the power outage.

feint [feɪnt] *v.* 做假动作 *n.* 假装；佯（攻）

He made a **feint** as if he were going to hit the boy.

The little boy **feinting** punches back at him.

Part 3 识记单词 / 词组

Brexit [ˈbregzɪt] *n.*（英国脱离欧盟）脱欧（British exit）

shuffle [ˈʃʌfl] *v.* 洗（牌）；把……移来移去 *n.* 坐立不安；曳足而行

menace [ˈmenəs] *v.* 威胁；勒索钱财 *n.* 造成威胁的事物

lymph [lɪmf] *n.* 淋巴液

irrigate [ˈɪrɪgeɪt] *v.* 灌溉；冲洗（伤口或身体部位）

multiply [ˈmʌltɪplaɪ] *v.* 大量增加；复制；使相乘；很多不同的方法

multification [ˌmʌltɪˌplɪˈkeɪʃn] *n.* 多重冲突

embark on 开始；着手做（新的或重要的事情）

embarkation [ˌembɑːrˈkeɪʃn] *n.* 登机；上船；开始

stifle [ˈstaɪfl] *v.* 阻止；扼杀；（使）窒息 *n.* 动物的关节

expedience [ɪkˈspiːdɪəns] *n.* 方便；权宜之计；私利

silicate [ˈsɪlɪˌkeɪt, -kɪt] *n.* 硅酸盐

silicon [ˈsɪlɪkən] *n.* 硅元素

devaluate(=devalue) [dɪˈvæljʊˌeɪt] *v.*（使）贬值；减少……的重要性

devalue [dɪˈvæljʊ] *v.* 贬值

estuary [ˈestʃʊerɪ] *n.* 河口；海口湾

alluvium [əˈluːvɪəm] *n.* 冲积层；冲积土

export value 可以出口的量

export volume 已出口的数量

compound interest 复利

simple interest 单利

on the rise 在上升；在增加

gap in the market 市场没有的东西

double jeopardy 重复控告

Lesson 62

Part 1 主力单词 / 词组

resort [rɪ'zɔːrt] *v.* 求助；诉诸；常去 *n.* 常去的度假之地；名胜；手段

Many students **resorted** to the congenial teacher for advice on complicated matters.

The beggar **resorted** to the movie theater asking for money.

Using a nuclear weapon is the last resort.

The Forbidden City in Beijing has been a famous **resort** for foreigners.

recourse ['riːkɔːrs] *n.* 求助；解决方案（办法）；要求付款的权力

The president promised that never have **recourse** to force against dissenters.

He started his business from scratch with **recourse** to his father.

They have no **recourse** but to retreat.

way out 出口；解决之道

No matter what you do there is no **way out**.

• Words in sentences 句中词组 •

last resort 最后的手段

from scratch 从头开始；从零开始

Part 2 补充单词 / 词组

scratch [skrætʃ] *v.* 擦；划；（使）退出比赛 *n.* 划痕，划伤 *adj.* 仓促拼凑的；无让步的

It's just a **scratch**. It won't hurt.

up to scratch 达到标准；准备好

The musical performance wasn't **up to scratch**. I was rather disappointed.

pedal [ˈpedl] *v.* 踩……的踏板；骑（脚踏车） *n.* 踏板；脚蹬 *adj.* 足的；踏板的

I **pedaled** my bike to a park.

bipedalism [ˈbaɪpedlɪzəm] *n.* 用两足运动

biped [ˈbaɪˌped] *n.* 两足动物 *adj.* 两足的

One of the earliest defining human traits was **bipedalism**, meaning to walk on two legs as the primary form of locomotion.

Bipedalism, a distinctive human trait, means walking on two legs.

quadruped [ˈkwɑdrʊped] *n.* 四足兽 *adj.* 有四足的；四足兽的

quadr-=quadri-=quadra- [ˈkwɒdrə] 四

scratch around for sth. 搜寻

onset [ˈɑːnset] *n.* 开始；开端；第一波攻击

At the **onset** of the novel coronavirus pandemic, most restaurants went bankrupt.

We have to withstand the **onset** of the enemy to buy more time for civilians to evacuate.

Lesson 63

Part 1 主力单词

reverse [rɪˈvɜːrs] *v.*（使）反向；（使）倒转；彻底改变；推翻；倒车 *n.* 倒车挡；相反的情况（或事物）；背面；失败；挫折

Italy **reversed** its position after being defeated.

The supreme court **reversed** the conviction of influence lobbying.

The spell is strong and can't be lifted or **reversed**.

The homicide case has been **reversed**. She is free to go.

We walked along in the valley at dusk recounting our various successes and **reverses**.

Write your name on the **reverse** of the photo.

opposite [ˈɑːpəzɪt] *n.* 对立面；反面 *adj.* 截然相反的；对面的 *adv.* 在对面；对过

The wind blows from the **opposite** direction as we advance on.

九阴真经

contrary [ˈkɑːntrerɪ, kənˈtrerɪ] *n.* 相反；对立面 *adj.* 相反的；对立的

He failed **contrary** to expectation.

Policemen have found ample evidence to the **contrary**.

She is a devoted church member unless an unlucky occurrence convinces her to the **contrary**.

converse [kənˈvɜːrs] *v.* 谈话 *n.* 相反的事物 *adj.* 相反的

The book reifies the **converse** theory attested by many scientific researchers.

The **converse** testimony might be true as well.

inverse [ˌɪnˈvɜːrs] *v.* 使倒转 *adj.* 相反的；反向的

Their munificence is in **inverse** proportion to their income.

inversely [ˌɪnˈvɜːrslɪ] *adv.* 相反地；反向地

Wealth seems to be **inversely** correlated with delinquency.

contrast [ˈkɑːntræst, kənˈtræst] *v.* 对照；对比 *n.* 差异

The gradation and **contrast** of tempo in this piece of music are distinctive.

He is diligent, in **contrast** to his lazy brother.

peel [piːl] *v.* 削去……的皮；脱皮 *n.*（水果；蔬菜等的）皮；（对虾等的）壳

peel back （使）反向；（使）倒转推翻

The president's plan was to **peel back** his predecessor's detente with another country.

reversal [rɪˈvɜːrsl] *n.* 颠倒；倒退；（位置或功能的）转换

• Words in sentences 句中单词 / 词组 •

influence lobbying 有影响力的游说

munificence [mjʊˈnɪfɪsns] *n.* 非常慷慨

delinquency [dɪˈlɪŋkwənsɪ, -ˈlɪn-] *n.* 违法行为；少年犯罪

tempo [ˈtempəʊ] *n.* 节奏；步调

Part 2 补充单词

slender [ˈslendər] *adj.* 苗条的；少量的

He is obese. By contrast, his sister is **slender**.

exfoliate [eks'fəʊlɪeɪt] *v.* 使（皮肤；树皮等）片状剥落；使呈鳞片状脱落

exfoliation [eksˌfəʊlɪ'eɪʃn] *n.* 表皮脱落（剥脱）；鳞片样脱皮；剥落

The grayish-brown bark like a rock **exfoliates** from time to time.

spat [spæt] *v.* 吐；唾 *n.* 争吵；口角

On the contrary, they love each other more and more after an inconsequential **spat**.

reify ['reɪɪfaɪ] *v.* 具体化（想法；概念）；使成真

Indians continue the tradition of **reifying** monkeys as objects of worship.

legend ['ledʒənd] *n.* 传说；图例

The **legend** was reified by historical findings.

munificent [mjuː'nɪfɪsnt] *adj.* 极慷慨的

The board decides to give him a **munificent** compensation.

buxom ['bʌksəm] *adj.* 体型丰满的

Do you like a slim girl or **buxom** one?

squadron ['skwɑːdrən] *n.*（空军的）中队；（陆军的）装甲营；（海军的）分遣舰队

One **squadron** peeled off to attack the enemy from behind.

distinctly [dɪ'stɪŋktlɪ] *adv.* 明显地；明显不同地

He is the boss which is **distinctly** different from an assistant manager.

Part 3 识记单词 / 词组

nightfall ['naɪtfɔːl] *n.* 黄昏

détente [deɪ'tɑːnt] *n.*（国家间关系的）缓和；缓解

a collect call 对方付费电话

a reverse charge call 对方付费电话

go into reverse 出现逆转

as distinct from 而不是（rather than）

peel off 离队转向一侧；去掉

九阴真经

Lesson 64

Part 1 主力单词 / 词组

method [ˈmeθəd] *n.* 方法

With the use of fertilizers to supplement soils and proper farming **methods**, the paddy has become fertile again.

In the traditional **method** the child must say something that he has merely learned. There is all the difference in the world between having something to say and having to say something. (from John Dewey, U.S. philosopher and educator)

Most people abhor the **method** the president delivered.

methodical [məˈθɑːdɪkl] *adj.* 有条理的；秩序井然的

He adopts a **methodical** approach toward his aim.

approach [əˈproʊtʃ] *v.*（在距离或时间上）靠近；接洽 *n.* 建议；要求；方法；态度

The evasion **approach** didn't work in a boxing match which was a straight knockout.

route [ruːt] *v.* 发送；运送 *n.* 途径；管道；公路；在计算机网路间发送信息

I've always believed that people's connections and specialty are the best **routes** to success.

device [dɪˈvaɪs] *n.* 装置；方法

His genteel manner is a **device** of insinuating himself into her affection.

modus operandi [ˌmoʊdəs ˌɑpəˈrændɪ] *n.* 方法；做法

Every criminal has his own **modus operandi** in terms of perpetration.

The scholar of mass communication stresses the necessity of acquiring knowledge about the social and economic **modus operandi** in the West to promote world understanding.

He has engineering rigor and **modus operandi**.

Each criminal seems to have his own **modus operandi** when committing a crime.

means [miːnz] *v.* 表示……的意思；有……的目的 *n.* 方式；财富（mean 的第三人称单数和复数）

• Words in sentences 句中单词 / 词组 •

fertilizer [ˈfɜːrtəlaɪzər] *n.* 肥料；促进发展者

fertile [ˈfɜːrtl] *adj.* 富饶的；受精的；想象力丰富的

knockout [ˈnɑːkaʊt] *n.* 淘汰赛；击败对手的一击；极有吸引力的

in terms of 就以……来说

rigor [ˈrɪgər] *n.* 严谨；（生活等的）艰苦；恶劣的天气

Part 2 补充单词 / 词组

pay dividends 产生效益；得到好处

All the hard work has begun to **pay dividends**.

forte [fɔːrt] *n.* 专长；强音记号 *adj.* 响的；强的 *adv.* 强有力

Bullying and ridiculing someone have been my **fortes**.

Accounting is my **forte**.

His **forte** is taking advantage of others.

métier [ˈmetjeɪ] *n.* 职业；专长

Swimming is her **métier** I can attest.

Being equivocal is one of his **métiers**.

Weaving clothes is her **métier**.

supplement [ˈsʌplɪment, ˈsʌplɪmənt] *v.* 增补；补充 *n.*（书籍的）补遗；附录

She works a part-time job to **supplement** her family income.

auxiliary [ɔːgˈzɪlɪərɪ] *n.* 助手；附属组织；外国援军；助动词 *adj.* 辅助的；附属的

auxiliary army 后备军队

diocesan [daɪˈɑsɪsən] *n.* 管区的主教 *adj.* 管区主教的

If the power plant fails, the **auxiliary** power plant will initiate.

An **auxiliary** bishop always assists the **diocesan**.

adjunct [ˈædʒʌŋkt] *n.* 助手；附属物；附加语 *adj.* 附属的；兼职的

The mechanic's **adjunct** worked as efficiently as the mechanic.

九阴真经

The reconnaissance aircraft is an important **adjunct** of the carrier.
What is the difference between associate and **adjunct** professors?
An associate professor teaches permanently but an **adjunct** professor teaches only part-time.

ancillary [ˈænsəlerɪ] *n.* 附属物；分公司；助手 *adj.* 辅助的；附加的

The main factory remains intact, but one of its **ancillary** plants caught on fire.
The **ancillary** advantage of this job is the proximity of the company.
The instructor prepares a wide range of **ancillary** curriculum materials.
Ancillaries help me to get the work done in time.

galleon [ˈgælɪən, ˈgæljən] *n.* 西班牙大帆船

Inca Empire 印加帝国

Three Spanish **galleons** laden with loots from the **Inca Empire** were bound for Spain.

galley [ˈgælɪ] *n.* 桨帆船；船上的厨房

oar [ɔːr] *v.* 划；划动 *n.* 桨；橹

The **galley** was propelled with **oars** and wind.

titular [ˈtɪtʃələ(r)] *n.* 只有名义或头衔的人 *adj.* 有名无实的；有头衔的

The **titular** leader has no real power.

nominal [ˈnɑːmɪnl] *n.* 名词性的词 *adj.* 名义上的；(金额等）微不足道的

The powerful subject made the king only a **nominal** figure.

one's strong suit 某人所擅长的强项

Commercial law is the lawyer's **strong suit**.

medium [ˈmiːdɪəm] *n.* 管道；手段；巫师；媒介物 *adj.* 中等熟度的；中等的

Teachers use television as a **medium** of education yielding rich dividends.

Part 3 识记单词 / 词组

fecundity [fɪˈkʌndətɪ] *n.* 富饶；生殖力；结实性

sailboat=(sailing ship) [ˈseɪlbəʊt] *n.* 帆船

Lesson 65

Part 1 主力单词

cookery [ˈkʊkərɪ] *n.* 烹饪

Broth is the foundation of **cookery**. (from Louis Eustache Ude, French chef)

Progress in civilization has been accompanied by progress in **cookery**. (from Fannie Farmer, U.S. cookbook writer)

Chinese **cookery** is diverse and quirky.

cuisine [kwɪˈziːn] *n.* 烹饪；菜肴

Do you prefer French **cuisines** or Italian ones?

culinary [ˈkʌlɪnerɪ] *adj.* 烹饪的

We invited a famous gourmet chef and a wine connoisseur to illustrate **culinary** skills and gastronomy.

My grandmother cultivates **culinary** herbs, medicinal herbs, and fragrant herbs.

• Words in sentences 句中单词 •

broth [brɑθ] *n.*（用肉、蔬菜等煮成的清淡的）汤

gourmet [ˈgʊrmeɪ] *n.* 美食家 *adj.* 提供美食的；高质量的

connoisseur [ˌkɑːnəˈsɜːr] *n.* 鉴赏家；（艺术品、食品、饮料等的）行家

gastronomy [gæˈstrɑnəmɪ] *n.* 美食学；烹饪学

Part 2 补充单词 / 词组

gustation [gʌˈsteɪʃən] *n.* 品尝；味觉

Spicy food might paralyze your **gustation** for a moment.

gustatory [ˈgʌstətɔːrɪ] *adj.* 味觉的

These dishes are distinguished by four **gustatory** qualities which are sweetness, sourness, spiciness, and bitterness.

tactile [ˈtæktl] *adj.* 触觉的；能触知的

Insects see only vague images, so they rely more on chemical and **tactile** messages.

Sexual signals can be visual, auditory, **tactile**, **gustatory**, or olfactory in both humans and animals.

cosset [ˈkɑsɪt] *v.* 宠爱 *n.* 宠畜

The princess had a **cosseted** childhood.

de jure(=by law) [ˌdeɪ ˈdʒʊərɪ] *adv.* 法律上地；权利上地 *adj.* 法律上的

The rich are indulged, protected, and **cosseted de jure**, while the poor are punished, humiliated, and cast into asperity.

ipso jure [ˈɪpsəʊ ˈdʒʊərɪ] *adv.* 照法律本身

No matter whether you agree or not, the law **ipso jure** will not be changed.

ipso facto [ˌɪpsəʊ ˈfæktəʊ] *adv.* 照其事实

Every decision the sagacious man makes is **ipso facto** wise.

All citizens are **ipso facto** constituents of our nation.

pharmaceutical [ˌfɑːrməˈsuːtɪkl] *adj.* 药的；制药的；配药学的

ipse dixit [ˈɪpseɪ ˈdɪksɪt] 武断之辞；片面之辞

I don't believe **pharmaceutical** companies' **ipse dixit** that their drugs are effective. They don't tell you how serious the side effects will be.

haute cuisine [ˌəʊt kwɪˈziːn] （法国）高级烹饪

foie gras [ˈfwɑː ˈgrɑː] *n.* 鹅（或鸭）肝；鹅（或鸭）肝酱

truffle [ˈtrʌfəl] *n.* 块菌（食用菌，生于地下，因稀有而昂贵）；巧克力软糖

vocal [ˈvəʊkl] *adj.* 直言不讳的；发声的

critic [ˈkrɪtɪk] *n.* 评论家；批评者

The chef made an **haute cuisine** with **foie gras** and **truffle** from his grandmother's recipe which was enjoyed by **vocal critics**.

quirk [kwɜːrk] *v.* 多变；扭曲 *n.* 怪癖

She was disappointed and **quirked** her eyebrows.

gourmand [ˈgʊrmand] *n.* 老饕；贪吃的人

The **gourmand** eats virtually everything.

He is a finicky **gourmand** who only eats at expensive restaurants.

cognoscente [ˌkɑnəˈʃentɪ] *n.* 鉴赏家；评鉴家（cognoscenti 复数）

He is a famous **cognoscente** of surreal painting.

She has tried many techniques to impress this art **cognoscente.**

centralize [ˈsentrəlaɪz] *v.* 集中；实行中央集权

The empire tried to **centralize** the government's power.

decentralize [diːˈsentrəlaɪz] *v.* 使分散；使分权

Democratic countries **decentralize** their political power to their people.

decentralization [ˌdiːˌsentrələˈzeɪʃn] *n.* 地方分权；分权制

The department coordination issues seem to be the downside of **decentralization**.

pharmacy [ˈfɑːrməsɪ] *n.* 药局；制药业；配药学

You can find various drugs in a **pharmacy**.

pharmacist [ˈfɑːrməsɪst] *n.* 药剂师；药商

I intend to major in **pharmacy** and become a **pharmacist** one day.

apothecary [əˈpɑθəkerɪ] *n.* 药剂师；药局

analgesic [ˌænəlˈdʒiːzɪk, -sɪk] *n.* 止痛剂 *adj.* 止痛的

The **apothecary** has been there for half a century selling **analgesics**.

caption [ˈkæpʃn] *v.* 加标题于 *n.* 图片说明；字幕

You can turn on the **captions** on the television to learn English.

snapshot [ˈsnæpʃɑːt] *v.* 给……拍快照 *n.* 简要印象

Captions were written under each **snapshot** in the graduation memorial book.

These photos will give us a **snapshot** of her life.

Part 3 识记单词 / 词组

epicure [ˈepɪkjʊr] *n.* 美食家；爱奢侈享受的人

epicurean [ˌepɪkjʊˈriːən] *n.* 享乐主义者 *adj.* 好美食的；爱奢侈享受的

slack [slæk] *v.* 松懈 *n.* 萧条的长裤（不属于套装的）；煤屑 *adj.* 松的；懈怠的

slacken [ˈslækən] *v.* 放松；减缓

slippage [ˈslɪpɪdʒ] *n.* 减少；未能按时发生或完成

eponymous [ɪˈpɑnɪməs] *adj.* 同名的（人物与作品标题）

eponym [ˈepənɪm] *n.* 名祖

couture [kʊˈtʊr] *n.* 时装设计；高级时装

cut me some slack 放我一马

pick up the slack 变得松懈

take up the cigarette 开始抽烟

pick up= take up 开始学；喜欢上；接受；继续

tactility [tækˈtɪlɪtɪ] *adj.* 触感

taste bud 味蕾

floater [ˈfləʊtər] *n.* 飞蚊症；漂浮物；无固定工作的人

haute couture [ˌəʊt kuːˈtʊr] *n.* 精品时装（业）

nouvelle cuisine [nuːˈvel kwɪˈziːn] *n.* 新式烹饪（注重保持食物原有风味，量少而精致的烹饪法）

Lesson 66

Part 1 主力单词

frankness [ˈfræŋknɪs] *n.* 直率；坦诚

No one in the world appreciates the qualities of **frankness** and sincerity.

The woman growing wild herbs aroused my interest for some unknown reason. Perhaps for her **frankness** or her composure. (from Huang Zongying, Chinese writer)

There was a simplicity and **frankness** about the student's love that was almost primitive but genuine.

forthrightness [ˈfɔːθˈraɪtnɪs] *n.* 坦率；直路

His contentious speech has won him both praise and criticism for his **forthrightness.**

outspokenness [ˌaʊtˈspəʊkənnɪs] *n.* 坦白；直率

His **outspokenness** about education reform led to an unprecedented rebuke from his teachers.

bluntness ['blʌntnəs] *n.* 直率；（不管他人感受的）坦诚

The **bluntness** of the boss foreshadowed his insensitivity.

blunt [blʌnt] *v.* 使变钝 *adj.* 直言不讳的；（铅笔、刀等）钝的

He was **blunt** during the political meeting which offended someone.

candor ['kændər] *n.* 坦白；直率

People from the past often spoke with **candor** and honesty. However, contemporary slickers frequent departure from formerly accepted canons of good taste.

candidness ['kændɪdnɪz] *n.* 坦率；自然；公正

She wrote a novel characteristic of **candidness**, self-examination, and soul-searching that has been translated into different versions to increase its global footprint.

• Words in sentences 句中单词 •

contentious [kən'tenʃəs] *adj.* 有争议的；引起争论的

rebuke [rɪ'bjuːk] *v.* 指责；训斥 *n.* 非难

foreshadow [fɔːr'ʃædəʊ] *v.* 预示；是……的预兆

canon ['kænən] *n.* 原则；准则；（某作家的）真作；大教堂教士

soul-searching ['səʊlˌsɜːrtʃɪŋ] *n.* 真挚的自我反省；深思

footprint ['fʊtprɪnt] *n.* 足迹；（办公设备、机器占的）面积

Part 2 补充单词

brunt [brʌnt] *n.* 冲击；最沉重（或强烈）的部分

to bear or take the brunt of 在……中首当其冲

China and Singapore **take the brunt of** the trade war.

shoplifter ['ʃɒplɪftə(r)] *n.* 商店行窃的人

precedent ['presɪdənt] *n.* 先例；判例 *adj.* 在前的（+to）

Forgiving this **shoplifter** might set a dangerous **precedent**.

cannon ['kænən] *v.* 炮轰；炮击；相撞 *n.* 大炮；火炮

They fired **cannons** all night long.

九阴真经

cannonade [ˌkænəˈneɪd] *v.* 炮轰 *n.* 连续炮轰

The enemy **cannonaded** the fort.

translate [trænzˈleɪt] *v.* 翻译

translate into 转化（尤指将计划变为现实）

Translate theories **into** practical uses.

Part 3 识记单词 / 词组

shoplifting [ˈʃɑːplɪftɪŋ] *n.* 商店行窃

forthrights and meanders 直路和弯路

self-examination [self ɪɡˌzæmɪˈneɪʃn] *n.* 反省；自省

Lesson 67

Part 1 主力单词

flexible [ˈfleksəbl] *adj.* 灵活的；有弹性的

The assignment deadline is not **flexible**.

The diplomate is very **flexible** in negotiations.

Rubber is **flexible**.

pliant [ˈplaɪənt] *adj.* 柔韧的；易受影响的

pliant=pliable [ˈplaɪəbl] *adj.* 绵软顺从的；柔顺的

The tree is slender and **pliant**.

We need a **pliant** strategy to cope with this trading stalemate.

supple [ˈsʌpl] *adj.* 柔韧的；适应能力强的

She has a strong physique, **supple** fingers, and a creative mind.

malleable [ˈmæliəbl] *adj.* 可塑的；易被影响的

Silver is a **malleable** metal.

Someone in power tends to redefine **malleable** concepts of altruism and materialism.

ductile [ˈdʌktaɪl] *adj.* (金属) 可延展的；易受影响的

Platinum is **ductile** and resists corrosion.

elastic [ɪˈlæstɪk] *adj.* 灵活的；易顺应（变化）的 *n.* 松紧带；橡皮带

A material usually returns to its original shape if the force does not exceed the material's **elastic** limit.

lithe [laɪð] *adj.* 柔韧而优雅的

The python is a **lithe** and sharp-fanged beast.

plastic [ˈplæstɪk] *adj.* 易受影响的；【医】整形的 *n.* 塑胶制品；信用卡

Clays are **plastic** which explains why we are able to mold them.

limber [ˈlɪmbər] *v.* 使柔软；接大炮的前车 *adj.* 柔软的；灵活的

limber up （运动前）做伸展运动；做准备活动

The basket was shaped by **limber** branches.

Elephants have **limber** trunks.

Warriors **limbered up** for the battle.

She **limbers up** every day for rejuvenation.

flexible [ˈfleksəbl] *adj.* 柔韧的，灵活的

Love is a **flexible** and elastic concept, incapable of a precise definition.

• Words in sentences 句中单词 •

stalemate [ˈsteɪlˌmeɪt] *v.* 使陷入僵局 *n.* 僵局；和棋

physique [fɪˈziːk] *n.* 体格

materialism [məˈtɪrɪəlɪzəm] *n.* 物质主义

platinum [ˈplætɪnəm] *n.* 白金

corrosion [kəˈrəʊʒən] *n.* 腐蚀；侵蚀

python [ˈpaɪθɑn] *n.* 蟒蛇

fang [fæŋ] *n.* 尖牙

Part 2 补充单词

disciplinarian [ˌdɪsəplɪˈnerɪən] *n.* 执行纪律者；严格的人

My father is a **disciplinarian** who plays by the rules.

definitive [dɪˈfɪnɪtɪv] *adj.* 决定性的；典型的；限定的；全面生长的（生物）

The doctor gave no **definitive** answer as to if she would survive.

Nothing is **definitive** at this point concerning his investment.

The **definitive** sentence was issued by the judge.

This book is a **definitive** version of macroeconomics.

Her demeanor seems to be a **definitive** bourgeois.

Part 3 识记单词 / 词组

corrode [kəˈrəʊd] *v.* 腐蚀；侵蚀

boa [ˈbəʊə] *n.* 蟒蛇（南美洲的一种）

plastic surgery 整形手术

plastic smile 不自然的笑容

elasticity [ˌiːlæˈstɪsətɪ] *n.* 弹性；弹力

plasticity [plæˈstɪsətɪ] *n.* 可塑性；柔软性

flexibility [ˌfleksəˈbɪlətɪ] *n.* 柔韧性；灵活性；适应性

play by the rules 依规矩来

Lesson 68

Part 1 主力单词

cut [kʌt] *v.* 切；割；砍；剪；削减 *n.* 伤口 *adj.* 缩减的；割下的

I fell off of a motorcycle. There were **cuts** and grazes on my legs.

The tragedy is if I **cut** my finger. Comedy is if I walk into an open sewer and die. (from Mel Brooks, U.S. film actor and director)

They disagreed to **cut** the military budget.

gash [gæʃ] *v.* 造成深长的伤口 *n.* 深长的伤口

The blood trickled down his face from the **gashes** in his forehead.

lacerate [ˈlæsəreɪt] *v.* 划伤；很苦恼 *adj.* 齿状的（叶子）

The captive's skin was **lacerated** by a whip.

slit [slɪt] *v.* 撕裂；切开 *n.* 狭长的切口；裂缝

Give me the money or I will **slit** your throat.

There are no **slits** in these garments.

slice [slaɪs] *v.* 把……切成薄片 *n.* 薄片；份额（钱等的）

She **sliced** a thin piece of cake.

She gave the boy a **slice** of cake.

You will receive an equal **slice** of profit, not the lion's share.

The ham was **sliced** by a knife.

cube [kjuːb] *v.* 把（食物）切成方块 *n.* 立方体；三次方

I helped the chef **cube** potatoes and meat.

chop [tʃɑːp] *v.* 砍；剁碎；削减（资金或生意） *n.* 排骨；裁员；演奏乐器技巧；（人或动物）嘴周围的地方

His income is negligible. He earns it by **chopping** wood.

hew [hjuː] *v.* 劈；开辟；坚持；遵守

I **hewed** a tree down and burnt the hewn logs to cook my dinner.

Outcasts **hewed** their cabins from the wilderness.

They **hewed** a path through the forest.

My parents **hewed** to tradition to celebrate Christmas.

Citizens should **hew** to the law.

mince [mɪns] *v.* 切碎；矫揉造作地迈着小步子走 *n.* 绞碎的肉

I would like to have a bowl of rice with **minced** beef in it.

mincing [ˈmɪnsɪŋ] *adj.* 切碎用的；矫揉造作的

She takes **mincing** steps on the stage.

His words seem to be extra polite and **mincing**.

hack [hæk] *v.* 砍；未经允许侵入他人的计算机系统；处理 *n.* 写手（指受雇为报刊撰写庸俗文章者）；（尤指无足轻重的）政客

hack sb. off 激怒（某人）

The sentinel **hacked** overgrown branches.

fell [fel] *v.* 砍伐；打倒 *n.*（衣服等的）褶缝 *adj.* 邪恶的；致命的

His father was **felled** by cancer.

九阴真经

His **fell** agenda has been interrupted by patriots.

He was stricken and **fell** ill with a rare disease.

sever [ˈsevər] *v.* 切断；把……隔开；断绝

His left arm was **severed** by a blade.

She wants to **sever** all ties with her family.

severance [ˈsevərəns, ˈsevrəns] *n.* 切断；分开

The **severance** of trade ties with the U.S. has taxed the nation greatly.

severance pay 离职金；遣散费

severance tax 采掘税；开采税

• Words in sentences 句中单词 / 词组 •

graze [greɪz] *v.* 擦伤；掠过；放牧；吃很多零食 *n.* 擦伤

trickle [ˈtrɪkl] *v.* 从……向下滴（或淌）；缓慢而零星地进入 / 离开 / 返回等 *n.* 零星；细流

the lion's share 大部分

sentinel [ˈsentənəl] *n.* 哨兵

Part 2 补充单词 / 词组

litotes [laɪˈtəutiːz] *n.* 间接肯定法；反叙法

She speaks in **litotes** by saying, "He is not that inexperienced."

slush [slʌʃ] *v.* 在融雪（或泥泞）中走；润滑 *n.* 泥泞融雪；泥泞

We **slush** along the river.

The car was trapped in a snow **slush**.

slushy [ˈslʌʃɪ] *adj.* 泥泞的

After the snow melted, roads became **slushy**.

slush fund 非法基金；（用于政治或商业目的的）行贿基金

The secret organization has stocked a huge amount of **slush funds**.

queer [kwɪr] *v.* 把……弄糟；使陷于不利地位（或窘境） *adj.* 奇怪的；【口】可疑的

The blunder won't send him to Hell but **queers** his chance for promotion.

guttural [ˈɡʌtərəl] *n.* 喉音 *adj.* 喉咙的

He uttered a **queer guttural** sound before passing away.

raiment [ˈreɪmənt] *n.* 衣饰；衣裳

The cults clothed themselves in white **raiment**.

tureen [tʊˈriːn, tjʊ-] *n.*（盛菜用的）盖碗；砂锅

The museum has an extensive collection of soup **tureens** and liquor vessels.

calorie(=calory) [ˈkælərɪ] *n.* 卡路里

Potatoes contain a lot of **calories**.

calorific [ˌkæləˈrɪfɪk] *adj.* 含卡路里的；含热量的

Potato chips are highly **calorific**.

Part 3 识记单词 / 词组

cut of somebody's jib 某人的风格

jib [dʒɪb] *v.* 后退 *n.* 船头的三角帆；（马等）逡巡不前

cut somebody dead 忽略某人

cut something or somebody short 提早结束；没说完就使其结束

chunk [tʃʌŋk] *n.*（肉、木材等的）大块；相当大的部分

timber trespass 盗伐

Lesson 69

Part 1 主力单词

deserve [dɪˈzɜːrv] *v.* 应得；应该；使合理

The professor studies eugenics and believes that precocious children **deserve** special advanced education.

The martyr **deserves** a slot on this hallowed list.

What she has done to **deserve** all this treatment she does not know.

九阴真经

warrant [ˈwɔːrənt] *v.* 使其有理由；应该 *n.* 理由（做事情的）；保证；搜查令

The small project does not **warrant** you to invest a lot of time and money.

Without a **warrant**, the police can't search the suspect's home.

warranty [ˈwɔːrəntɪ] *n.* 保修单；保修卡（商品的）

Is the car still under **warranty**?

justify [ˈdʒʌstɪfaɪ] *v.* 证明……正确；使每行排齐

Japan's invasion during World War Two was **justified** as upgrading China's culture in its history book.

• Words in sentences 句中单词 •

eugenics [jʊˈdʒenɪks] *n.* 优生学

precocious [prɪˈkəʊʃəs] *adj.*（尤指儿童）智力超常的；早熟的

martyr [ˈmaːrtər] *n.* 烈士；殉教者

slot [slaːt] *v.* 安排；投放；（被）塞进 *n.* 位置；狭缝

Part 2 补充单词 / 词组

file an accusation 提起诉讼；指控

Are you going to **file an accusation** against the government?

go overboard 做得过头；过分热衷

The movie stars **went overboard** with makeup.

holistic [həʊˈlɪstɪk] *adj.* 全面的；整体性的

If you take a **holistic** view of environment conservation, you will see the damage and consequence of overgrazing.

anaphora [əˈnæfərə] *n.* 首语重复法

"I came, I saw, I conquered" is an example of **anaphora**.

razor [ˈreɪzər] *v.* 剃；用剃刀刮 *n.* 刮胡刀；剃刀

raze [reɪz] *v.* 拆毁；【军】擦去；勾掉

The garden was **razed** to the ground by a bulldozer.

Part 3 识记单词 / 词组

bulldozer [ˈbʊldəʊzə(r)] *n.* 推土机；欺凌者

overgraze [ˌəʊvərˈɡreɪz] *v.* 过度放牧

come at sb. 向……逼近；扑向……

slot machine 自动售货机

Lesson 70

Part 1 主力单词

glib [ɡlɪb] *adj.* 花言巧语的；油嘴滑舌的

He is a **glib** and manipulative talker.

She is too **glib** and pretentious in front of you.

I have heard your **glib** promises too much.

The politician is notorious for his **glib** tongue.

slick [slɪk] *adj.* 油滑的；娴熟的；（表面）滑溜的

I never trust his **slick** sales talk.

The frozen road becomes rather **slick.**

His **slick** advertising work and bold portraiture have impressed me.

sleek [sliːk] *v.* 使（头发等）发油光；使平整光亮 *adj.* 光滑的；造型优美的；阔气的

His **sleek** smile and glossy facade have impressed many ladies.

suave [swɑv] *adj.* 迷人有礼貌的（但有点装）；打扮的很好的

He answered his fiancée's mother in his most **suave** manner.

The host welcomes us in a **suave** manner.

suavity [ˈswævətɪ] *n.* 温和；温文儒雅

The modesty and **suavity** of his initial statements were mistaken to be a sign of submission.

facile [ˈfæsl] *adj.* 未经深思熟虑的；随便说说的（言语或理论）

The ingenuity of his sculpting has been diluted by **facile** imitations.

九阴真经

The hypocrite preaches morality in a **facile** manner.

• Words in sentences 句中单词 •

manipulative [məˈnɪpjəleɪtɪv] *adj.* 有控制欲的

portraiture [ˈpɔːrtrətʃər] *n.* 肖像画；描述

glossy [ˈɡlɑːsɪ] *adj.* 平滑有光泽的

sculpting [skʌlptɪŋ] *n.* 雕刻法

dilute [daɪˈluːt] *v.* 稀释；淡化 *adj.* 低浓度的；经过稀释的

Part 2 补充单词

dump [dʌmp] *v.* 抛弃（恋人）；扔下 *n.* 垃圾场；废物堆

His girlfriend **dumped** him. On the outer facileness, he looked quite well, disregarding inner panic.

bundle [ˈbʌndl] *v.* 捆；把……乱堆乱塞；催促 *n.* 包裹；大量；神经束；一大笔钱

There is a **bundle** of contradictions in his political views.

A **bundle** of people waits in line.

The company received a lot of **bundles** during Valentine's Day.

The heavy motorcycle will cost me a **bundle**.

He **bundled** the old newspaper for sale.

A group of bodyguards came **bundling** from the front gate.

unceremoniously [ˌʌnˌserəˈməʊnɪəslɪ] *adv.* 无礼地

The mother **bundled** off her son to the church **unceremoniously**.

sheaf [ʃiːf] *n.* 捆；束；大量

The machine manufactures a **sheaf** of papers.

He has handled a **sheaf** of social problems quite well.

sheave [ʃiːv] *v.* 捆（谷物、纸等）；束 *n.* 滑车轮；绞缆轮

The farmer gathers vegetables in **sheaves**.

He **sheaved** the crops.

Part 3 识记单词

gloss [glɑːs] *v.* 在……上作注释 *n.* 光亮

sculpture [ˈskʌlptʃər] *v.* 雕刻 *n.* 雕刻品

sculptor [ˈskʌlptər] *n.* 雕刻家

Lesson 71

Part 1 主力单词

cliché [klɪˈʃeɪ] *n.* 陈词滥调；用过多的主意或表达

The architect tries to avoid the **clichés** of modern architecture.

"You reap what you sow" is a perfect specimen of **cliché**.

Forever poised between a **cliché** and an indiscretion. (from Harold Macmillan, British prime minister)

platitude [ˈplætɪtuːd] *n.* 陈词滥调；老生常谈

The quack is capable of speaking only in **platitudes** and non sequiturs.

hackneyed [ˈhækniːd] *adj.* 陈腐的；老套的（stale by overuse）

His lover being his foe's daughter is a **hackneyed**, copycat story.

The same old **hackneyed** movie scenario bores me to death.

trite [traɪt] *adj.* 陈腐的；用了过多的

The maxim is **trite** and ordinary but necessary to say that provident measures are essential when trying times come.

banal [bəˈnɑːl] *adj.* 平庸的；陈腐的

Songs with **banal** and repeated words bore the kids.

banality [bəˈnælɪtɪ] *n.* 平庸；平淡乏味

The fearsome words and thoughts defy the **banality** of evil.

banalize [ˈbænəlaɪz] *v.* 使平庸化

Psychoanalytic concepts, weakened and **banalized**, have lost their enigmas and furnish the themes of a new dogmatism.

corny [ˈkɔːrnɪ] *adj.* 老套的；用过多的

The director wants me to embellish the fictitious scenario with **corny** jokes to cater to the audience's taste.

harp [hɑːrp] *v.* 反复诉说；弹竖琴 *n.* 竖琴

My grandfather **harped** on the old story.

truism [ˈtruːɪzəm] *n.* 自明之理；陈词滥调

"Buy one get one free" seems to be a **truism** in business.

• Words in sentences 句中单词 / 词组 •

non sequitur [ˌnɑn ˈsekwɪtər] *n.* 前后不连贯的陈述；不合逻辑的推理
copycat [ˈkɑpɪkæt] *n.*（指缺乏主见的）模仿者；抄袭者 *adj.* 模仿的
fictitious [fɪkˈtɪʃəs] *adj.* 虚构的；虚假的
cater [ˈkeɪtər] *v.* 提供饮食；承办（宴席）
cater for/to 迎合；满足

Part 2 补充单词 / 词组

lingua franca 共同语言；通用语；意大利混杂语

English is used as a **lingua franca** among international elites.

Classical music is a **lingua franca** of the piano.

Great America has become a nation's **lingua franca.**

auxin [ˈɔːksɪn] *n.* 茁长素（助长植物的荷尔蒙之一种）

indoleacetic acid 吲哚乙酸

An axiom of plant growth has occurred in the presence of **auxin**, which is synonymous with **indoleacetic acid.**

Filipino [ˌfɪlɪˈpiːnəʊ] *n.* 菲律宾人 *adj.* 菲律宾（人）的

proverbially [ˈprəvɜːrbɪəlɪ] *adv.* 众所周知地

Most **Filipinos'** personalities are **proverbially** cheerful.

proverbial [prəˈvɜːrbɪəl] *adj.* 谚语的；出名的

Her greed is **proverbial.**

apothegm [ˈæpəˌθem] *n.* 格言；箴言

I like the **apothegm** “The biggest thing doesn’t have a boundary; the smallest thing doesn’t have a nucleus.”

axiom [ˈæksɪəm] *n.*【数】原理；格言

Ethical **axioms** are found and tested not very differently from the axioms of science. Truth is what stands the test of experience. (Albert Einstein, German-born U.S. physicist)

dictum [ˈdɪktəm] *n.* 名言；格言

celebrated [ˈselɪbreɪtɪd] *adj.* 著名的；驰名的

“Less is more” is a **celebrated dictum.**

byword [ˈbaɪwɜːrd] *n.* 代名词（代号）；谚语

Time Magazine becomes a **byword** for right wing.

These religious zealots become a **byword** for violence.

Part 3 识记单词

chestnut [ˈtʃesnʌt] *n.* 栗子；栗色；陈词滥调 *adj.* 栗色的

adage [ˈædɪdʒ] *n.* 格言

proverb [ˈprɑːvɜːrb] *v.* 说谚语 *n.* 谚语；常言

hackney [ˈhæknɪ] *v.* 役使；出租 *n.* 乘用马；出租汽车 *adj.* 供出租的

Lesson 72

Part 1 主力单词

solicitous [səˈlɪsɪtəs] *adj.* 关心的；热心的；非常仔细的

The mother is very **solicitous** about her son’s future.

He is well-prepared and **solicitous** to take the exam.

He is very **solicitous** to obtain the mayor's approval.

solicitude [səˈlɪsɪtuːd] *n.* 关心；担心的事情

His grandmother sat by and looked with tender **solicitude** on her grandson singing and dancing as he had never before in his life.

She urges her son to study with the deepest **solicitude**.

considerate [kənˈsɪdərət] *adj.* 体贴的；关心的

His unduly **considerate** if the poor impedes his own advancement.

Trump wasn't **considerate** to criticize journalists.

attentively [əˈtentɪvlɪ] *adv.* 关心地；专心地

attentive [əˈtentɪv] *adj.* 关心的；专心的

Sophy and John are very demure and **attentive** to their lucrative business. If a man looks sharply, and **attentively,** he shall see Fortune: for though she be blind, yet she is not invisible. (from Francis Bacon, English philosopher, statesman, and lawyer)

• Words in sentences 句中单词 •

demure [dɪˈmjʊr] *adj.* 端庄娴静的；矜持的

lucrative [ˈluːkrətɪv] *adj.* 赚钱的；盈利的（尤指生意、职位或活动）

Part 2 补充单词 / 词组

docket [ˈdɑkɪt] *n.* 议事日程；备忘录；标签

euphemize [ˈjʊfəmaɪz] *v.* 委婉地说

The first on the **docket** is to **euphemize** the serious event into a cartoon movie.

euphemism [ˈjʊfəmɪzəm] *n.* 委婉（词）语

" Career commitment" is a **euphemism** for " what if she has a baby?" ...If companies want stronger career commitment from women, they should hasten to correct pay inequities and create equal opportunities for promotion. (from Lawrence Perlman, U.S. business executive)

topsy-turvy [ˌtɑpsɪ ˈtɜːrvɪ] *v.* 使颠倒；使混乱　*n.* 颠倒；乱七八糟　*adj.* 颠倒的；乱七八糟的　*adv.* 颠倒地

Some media **euphemize** the riot as an unlawful congregation which is just another **topsy-**

turvy political stunt.

circumlocution [ˌsɜːrkəmləˈkjuʃn] *n.* 婉转曲折的说法

Using **circumlocutions** to avoid embarrassment is a common practice in China.

legal impediment 司法上的障碍

merger and acquisition case 并购案

There is no **legal impediment** in this **merger and acquisition case**.

admiral [ˈædmərəl] *n.* 海军上将；舰队司令；花蝶

demur [dɪˈmɜːr] *v.* 犹豫；表示反对 *n.* 反对

I recommended Jennifer to be the department head, but other professors **demurred.**

The **admiral demurred** at sending his navy to reinforce other armies.

cactus [ˈkæktəs] *n.* 仙人掌

arid [ˈærɪd] *adj.* 干燥的；无新意的；无结果的

Cactus grows in the **arid** desert.

apogamy [əˈpɒgəmɪ] *n.* 无性生殖

xeric [ˈzɪrɪk] *adj.* 干旱的；沙漠的

Apogamy is an adaptation that allows reproduction in a **xeric** desert.

song [sɔːŋ] *n.* 歌曲；（鸟的）鸣啭

morphology [mɔːrˈfɑːlədʒɪ] *n.* 有机体的结构；构词学；委婉化

rufous [ˈrʊfəs] *adj.* 红褐色的

In light of recent DNA analysis, and a reexamination of differences in **songs**, **morphology** and size, genetic researchers have split the **rufous**-sided sparrows into two populations.

demurrage [dɪˈmɜːrɪdʒ] *n.* 滞留费；（车、船、货等）停留过久

The trade war pushed cargo ships into **demurrage**.

The custom reduced the detention of cargos by implementing heavier **demurrage** fees.

desiccate [ˈdesɪˌkeɪt] *v.* 使干燥；变干

The land **desiccates** under the sun.

Do you like eating this **desiccated** fruit?

Part 3 识记单词 / 词组

acquisition [ˌækwɪˈzɪʃn] *n.* 收购；购置物；获得

morpho-=morph- [ˈmɔːfəʊ][mɔːrf] *pref.* 形状；结构

circumlocutory [ˌsɜːkəmləˈkjʊtərɪ] *adj.* 婉转的

typhoid [ˈtaɪˌfɔɪd] *n.* 伤寒症；伤寒的 *adj.* 患伤寒的

typhoid fever 伤寒

towhee [ˈtaʊhɪ] *n.* 北美雀科小鸟

mildly [ˈmaɪldlɪ] *adv.* 稍微地；和善地

Lesson 73

Part 1 主力单词

impromptu [ɪmˈprɑːmptuː] *n.* 即兴曲；即兴之作 *adj.* 即席的 *adv.* 无准备地

I attend an **impromptu** speech contest held by a university.

She doesn't welcome our **impromptu** visit.

The academic addressed in an **impromptu** biological meeting.

extemporize [ɪkˈstempəˌraɪz] *v.* 即席发言；即兴表演

The singer **extemporizes** at the piano, singing a song without any constraint of melody.

extempore [ɪkˈstempərɪ] *adj.* 即兴的 *adv.* 即席

spontaneous [spɑːnˈteɪnɪəs] *adj.* 自发的

The magician gave **extempore** performances. Painters have sought inspiration from the **spontaneous** impulses of desire.

extemporaneous [ɪkˌstempəˈreɪnɪəs] *adj.* 即席的；权宜之计的

We made an **extemporaneous** shelter with leaves and branches.

unrehearsed [ʌnrɪ'hɜːrst] *adj.* 没排练的；没排演的

His death seems to be instantaneous and **unrehearsed**.

spontaneity [ˌspɑntə'neɪətɪ] *n.* 自发性；自然

He had the **spontaneity** of a child.

• Word in sentence 句中单词 •

impulse ['ɪmpʌls] *n.* 冲动；突然的强烈欲望

Part 2 补充单词 / 词组

ash [æʃ] *n.* 灰烬；淡灰色；苍白；白蜡树

The volcano erupted, spewing **ashes** everywhere.

ashen ['æʃən] *adj.* 灰白色的；苍白的；由灰烬构成的

His face is **ashen**. He must have seen something scary in the old mansion at night.

stack [stæk] *v.* 把……叠成堆；堆放 *n.* 干草堆；大量；烟囱；书库

I washed and **stacked** the plates.

The magician **stacks** a deck of cards.

stack up to 加起来是

The figures **stack up to** three hundred.

stack against=stack up against 与……相比

We decided to venture on, although the odds were **stacked against** us.

Petty theft is nothing when **stacked against** a murder.

temporize ['tempəˌraɪz] *v.*（为了争取有利条件而）拖延时间；敷衍

The king negotiated with the enemy in order to **temporize** the invasion while waiting for reinforcement.

They were not negotiating in good faith but **temporizing**.

Luddite ['lʌdaɪt] *n.* 强烈反对机械化或自动化的人

Luddites rebelled and attacked machines in the factory.

The police arrested several **Luddites** who just tried to save their job.

九阴真经

Lesson 74

Part 1 主力单词

improve [ɪm'pru:v] *v.* 改进；改善

The capability of missiles has been **improved** greatly.

A loving wife will do anything for her husband except stop criticizing and trying to **improve** him. (from J. B. Priestley, British writer)

improvement [ɪm'pru:vmənt] *n.* 改善；改进

I have noticed an incremental **improvement** in the judiciary system.

ameliorate [ə'mi:lɪəreɪt] *v.* 改进；改善

The nouveau riche tried to **ameliorate** his academic record by attending Princeton University.

The general manager attempted to **ameliorate** the financial difficulties but met with little success.

enhance [ɪn'hæns] *v.* 提高；增强

The senator tried to **enhance** her political status during a largely quiescent year.

• Words in sentences 句中单词 / 词组 •

nouveau ['nu:vəʊ] *adj.* 最近的

nouveau riche　新贵；暴发户

Part 2 补充单词 / 词组

mitochondria [ˌmaɪtəʊ'kɑndrə] *n.* 线粒体

organelle [ˌɔ:gə'nel] *n.* 细胞器

eukaryotic [ˌju:kærɪ'ɑ:tɪk] *adj.* 真核状态的

convert [kən'vɜ:rt, 'kɑ:nvɜ:rt] *v.* 转变；使改变信仰；兑换（证券；货币等）；非法挪用 *n.* 改变信仰者；皈依者

adenosine triphosphate(ATP)　三磷酸腺苷（负责在制造或消耗能量的代谢反应中传递能量，是细胞共同的能量来源）

aerobic respiration 有氧呼吸；需氧呼吸；缺氧呼吸

Mitochondria are small cellular structures, or **organelles** existing in the cytoplasm of **eukaryotic** cells (cells with a nucleus). **Mitochondria** can **convert** nutrients into the energy-yielding molecule **adenosine triphosphate** to fuel the cell's activities by **aerobic respiration**.

Deoxyribonucleic Acid (DNA) [diːˈɑːksɪˌrɪbəʊˈnjuːkliːɪk ˈæsɪd] 脱氧核糖核酸

Ribonucleic Acid 核糖核酸

Deoxyribonucleic Acid and **Ribonucleic Acid** are genetic material of all cellular organisms and most viruses.

litmus paper 石蕊试纸

solvent [ˈsɑːlvənt] *n.* 溶媒；解决方法 *adj.* 有溶解力的；有偿付能力的

acidity [əˈsɪdətɪ] *n.* 酸性；酸度；酸味

alkalinity [ˌælkəˈlɪnɪtɪ] *n.*（含碱物质的）碱浓度；碱性

I used **litmus paper** to measure the **solvent's acidity** or **alkalinity**.

playa [ˈplaɪə] *n.*（沙漠中之）干盐湖

alkali [ˈælkəˌlaɪ] *n.* 强碱；碱金属

The **playa** contains an abundance of **alkalis**.

alkaloid [ˈælkəlɔɪd] *n.* 生物碱；配糖

glycoside [ˈglaɪkəˌsaɪd] *n.* 糖苷

Alkaloids and **glycosides** are toxic.

solvency [ˈsɑlvənsɪ] *n.* 偿付能力；溶解力

The bank will measure the borrowers, **solvency** before lending the money.

The boss addressed the **solvency** problems in a timely manner.

insolvency [ɪnˈsɑlvənsɪ] *n.* 无力偿还；破产

The company filed for bankruptcy because of **insolvency**.

countryside [ˈkʌntrɪsaɪd] *n.* 农村；郊外

These parvenu ladies from the **countryside** have no appreciation of art.

九阴真经

neurilemma [ˌnjʊrə'lemə] *n.* 神经膜；神经鞘

cytoplasmic [ˌsaɪtəʊ'plæzmɪk] *n.* 细胞质的

Neurilemma is the outermost nucleated **cytoplasmic** layer of Schwann cells.

Part 3 识记单词 / 词组

adenosine [ə'denəsɪn] *n.* 腺苷酸（核酸的一部分）

nuclei ['nuːklɪˌaɪ, 'njuː-] *n.* 细胞核

nucleic acid *n.* 核酸

acid ['æsɪd] *n.* 酸 *adj.* 酸的

litmus ['lɪtməs] *n.* 石蕊

nouveau roman 新小说

aerobic [e'rəʊbɪk] *adj.* 有氧的；（细菌）好氧性的

aerobics [e'rəʊbɪks] *n.* 增氧运动；增氧舞蹈

aerobic bacteria 糖核酸；喜氧性细菌

anaerobic [ˌænə'rəʊbɪk] *adj.* 厌氧的；【微】没有气而能生活的

anaerobic bacteria 厌氧性细菌

anaerobic respiration 无氧呼吸

saltwort ['sɔltˌwɜːrt] *n.* 羊栖菜属植物

alkaline ['ælkəlɪn, -ˌlaɪn] *adj.* 碱的；碱性的

alkalinize ['ælkəlɪnaɪz] *v.* 碱化

alkalinization [ˌælkəlɪnaɪ'zeɪʃn] *n.* 碱化

cytoplasm ['saɪtəʊplæzəm] *n.* 细胞质

bacteria [bæk'tɪrɪə] *n.* 细菌

bacterium [bæk'tɪrɪəm] *n.* 细菌（单数）

bacterial [bæk'tɪərɪəl] *adj.* 细菌的；细菌性的

mitochondrion [ˌmaɪtəʊ'kɑndrɪən] *n.* 线粒体（单数）

neurilemmal [ˌnjʊərɪ'leməl] *n.* 神经膜的；神经鞘的

neuro-(=neur-) [n'jʊərəʊ] *pref.* 神经；神经的

cell wall 细胞壁

eukaryote [jʊ'kærɪəʊt] *n.* 真核细胞

Lesson 75

Part 1 主力单词

erase [ɪˈreɪs] v. 删去；勾销

Jews sought to **erase** the stigma of the Holocaust through their political efforts in the U.S. on behalf of the Jewish diaspora. Now Jerusalem is the captain of Israel.

They intended to **erase** the memory of the Japanese execution ground by building a temple over it.

Myths and legends die hard in America. We love them for the extra dimension they provide, the illusion of near-infinite possibility to **erase** the narrow confines of most men's reality. (from Hunter S. Thompson, U.S. writer and journalist)

efface [ɪˈfeɪs] v. 抹去；消除

The yearning for freedom can never be **effaced**.

The murderer **effaced** his tracks in the sand.

expunge [ɪkˈspʌndʒ] v. 删去；勾销

I can **expunge** your criminal record only if you cooperate with me.

obliterate [əˈblɪtəˌreɪt] v. 彻底毁掉；抹去；忘却

The entire race was almost **obliterated** by barbarians.

The dark cloud has **obliterated** the sun.

expurgate [ˈekspərgeɪt] v. 删去；修订（不当的地方）

She **expurgated** her love letter before sending it out.

The editor has to **expurgate** the newspaper before publishing it.

Words in sentences 句中单词 / 词组

the Holocaust （第二次世界大战前及期间纳粹分子对犹太人的）大屠杀

execution ground 刑场

yearn [jɜːrn] v. 思念；向往；同情

九阴真经

Part 2 补充单词 / 词组

aggregate demand 总需求

When **aggregate demand** exceeds existing supplies, the commodities' prices will be forced to go up.

illimitable [ɪ'lɪmɪtəbəl] *adj.* 无限的；无边际的

The universe seems to be **illimitable**.

yen [jen] *v.* 渴望 *n.* 日元；渴望

He has a **yen** for a hot dog.

Part 3 识记单词 / 词组

eraser [ɪ'reɪsər] *n.* 擦除器（如黑板擦、橡皮擦等）

expurgation [ekspə'geɪʃn] *n.* 删除（书籍等中不健康或不当之处）；删改（以使文字等洁净）

aggregate ['ægrɪgeɪt, 'ægrɪgət] *v.* 使聚集；总计达 *n.* 聚集物；集合体 *adj.* 合计的；聚集的

efface yourself 保持低调；不露锋芒

self-effacing [ˌself ɪ'feɪsɪŋ] *adj.* 自我谦逊的

expurgated edition 精装本

diaspora [daɪ'æspərə] *n.* 流散；大移居；流落他乡的犹太人

Lesson 76

Part 1 主力单词

foible ['fɔɪbəl] *n.* 怪癖；小缺点

The child who can recognize his own **foibles** is precocious.

They ridicule local politicians by travesty and burlesque of their **foibles**.

If you are a hotel manager, you'll get used to customer's quirks and **foibles**.

quirk [kwɜːrk] *n.* 怪癖；古怪的事件；沟槽（模具中）

They install different character **quirks** on artificially intelligent robots to make them more human.

eccentricity [ˌeksenˈtrɪsətɪ] *n.* 古怪行为；反常

England is the paradise of individuality, **eccentricity**, heresy, anomalies, hobbies, and humors. (from George Santayana, Spanish-born U.S. philosopher, poet, and novelist)

idiosyncrasy [ˌɪdɪəˈsɪŋkrəsɪ] *n.* 癖好；怪癖；特征

If you love someone, you can bear his **idiosyncrasies** and imperfect traits.

More or less every individual has his own **idiosyncrasies**.

peculiarity [pɪˌkjʊlɪˈærɪtɪ] *n.* 怪异的性质（或习惯）；（人、物、地等的）个性

Another **peculiarity** of China's economy from this trade-war depression is the behavior of housing prices.

oddity [ˈɑdətɪ] *n.* 古怪；怪事

It was an **oddity** of Mrs. Lowder's that her face in speech was like a lighted window at night, but that silence immediately drew the curtain. (from Henry James, U.S.-born British writer and critic)

odd [ɑːd] *adj.* 奇特的；单数的；剩余的

Do you like this **odd** design of red and green mixed fabrics?

• Words in sentences 句中单词 / 词组 •

burlesque [bɜːrˈlesk] *v.* 模仿嘲弄 *n.* 滑稽讽刺作品（或表演）*adj.* 滑稽剧的

draw the curtain 拉上窗帘

Part 2 补充单词 / 词组

a glimmer of hope 一丝曙光

There is still **a glimmer of hope**. We can find the elephant, the last of its kind.

glimmer [ˈglɪmə] *v.* 发出微光；闪烁不定 *n.* 微光；少许

The flashlight **glimmers** at night.

九阴真经

Part 3 识记单词 / 词组

quirky [ˈkwɜːkɪ] *adj.* 奇特的；古怪的

idiosyncratic [ˌɪdɪəsɪŋˈkrætɪk] *adj.* 怪僻的；怪异的

twenty odd years 二十多年

recognizable [ˈrekəgnaɪzəbl] *adj.* 容易认出的

recognition [ˌrekəgˈnɪʃn] *n.* 认出；承认；赏识

Lesson 77

Part 1 主力单词

keen [kiːn] *v.* 恸哭 *n.* 热衷 *adj.* 热衷的；热心的；激烈的；敏锐的

I am very **keen** on bungee jumping and paragliding.

His **keen** eye has caught sight of the thief.

The family **keened** their sorrow at the funeral.

avid [ˈævɪd] *adj.* 酷爱的；渴求的

She is an **avid** supporter of international free trade.

ardent [ˈɑːrdnt] *adj.* 激情的；强烈的；发光的

No one except the **ardent** secessionists wanted an independent referendum.

My **ardent** admirer always follows me wherever I go.

fervent=fervid [ˈfɜːrvənt][ˈfɜːrvɪd] *adj.* 强烈的；热情的；光热的

The thinker's **fervent** mind penetrates into things with unequaled acuity.

I gaze at the **fervent**, fiery sun.

fervor [ˈfɜːrvər] *n.* 热烈；热情

She asked me to profess Christianity. Her religious **fervor** annoys me.

vehement [ˈviːəmənt] *adj.*（感情）强烈的；猛烈的

A multitude of people march in the street in **vehement** protest.

impassion [ɪmˈpæʃən] *v.* 激起……热情；使激动

Abstract paintings are **impassioned** expressions of inner feelings.

eager [ˈiːgər] *adj.* 热切的；渴望的

The class leader is **eager** to help other classmates.

enthusiastic [ɪnˌθuːzɪˈæstɪk] *adj.* 热心的；热衷的

I am **enthusiastic** about going swimming.

passionate [ˈpæʃənət] *adj.* 情绪激昂的；热情的

I was so **passionate** about singing.

zealous [ˈzeləs] *adj.* 热情的；狂热的

These **zealous** cults contorted the Apocrypha.

fanatic [fəˈnætɪk] *adj.* 入迷者；狂热者

People were outraged over the terrorist attack carried out by the fiend-like **fanatic**.

aficionado [əˌfɪʃəˈnɑːdəʊ] *n.* 酷爱者

She is an outdoor **aficionado**. Every day she goes out for a hike after remonstrating with her mother.

ebullient [ɪˈbʊljənt, ɪˈbʌl-] *adj.* 充满自信的；热情洋溢的

Students ran out of the classroom after school like **ebullient** fools.

effusive [ɪˈfjʊsɪv] *adj.* 热情的；奔放的

She remains **effusive** about her relationship with friends.

expansive [ɪkˈspænsɪv] *adj.* 友善健谈的；广阔的；自大幻想的（病人）

The celebrity was **expansive** on many topics at the press conference.

Every guest becomes **expansive** after a couple of drinks.

rhapsody [ˈræpsədɪ] *n.* 充满激情的演讲或发言；狂想曲

The painting of the rising sun, the moon, and the stars, which attempts to span all tastes, is a masterpiece of boredom, a **rhapsody** of mediocrity, and dull vistas—in short, a monument to drabness.

The long-neglected elderly who didn't talk to anyone all day long launched into a lengthy **rhapsody** about his life.

Being wrongly accused of theft left him in a **rhapsody** that lingered for the remainder of the evening.

rhapsodize [ˈræpsədaɪz] *v.* 热情洋溢地表达；狂热地吟诵

The old soldier **rhapsodizes** how brave he was in the battle.

He **rhapsodized** how much he loved her after he got drunk.

febrile [ˈfebrəl, ˈfɪbrəl] *adj.* 狂热的；想象力丰富的；发热引起的

The capital city has a dynamic, **febrile** atmosphere.

The toddler has a **febrile** imagination.

verve [vɜːrv] *n.* 热情；活力

She recounted the story with **verve**.

He initiated his business with entrepreneurial **verve**.

• Words in sentences 句中单词 / 词组 •

bungee jumping 蹦极跳；高空弹跳

bungee [ˈbʌndʒɪ] *n.* 弹力绳

paragliding [ˈpærəglaɪdɪŋ] *n.* 滑翔伞运动

unequaled [ʌnˈiːkwəld] *adj.* 无双的；出类拔萃的

fiery [ˈfaɪərɪ] *adj.* 火红的；（食物）辣的

contort [kənˈtɔːrt] *v.*（使）扭曲；（使）变形

Apocrypha [əˈpɑkrɪfə] *n.* 基督教早期的著作（不知真的或假的）

press conference 记者招待会

vista [ˈvɪstə] *n.* 美景；前景

Part 2 补充单词 / 词组

wend [wend] *v.* 行；走

plebeian [pləˈbiːən] *n.*（古罗马的）平民；庶民 *adj.* 平民的；普通的

The musician **wended** his way with his wife through the **plebeians** surrounding them.

apocryphal [əˈpɑkrɪfl] *adj.* 杜撰的；可疑的

It's purely an **apocryphal** story about the company's founder.

bush league 外行；无关紧要的人或机构

She jollies and jokes with baseball players who are in a **bush league**.

tularemia [ˌtʊləˈriːmɪə] *n.* 兔热病

Tularemia is an infectious febrile disease of animals.

voracious [vəˈreɪʃəs] *adj.* 热衷的；饥渴的

denizen [ˈdenɪzən] *n.*（特定地区的）居民；动物；植物

I am a **voracious** reader and **denizen** of the library.

dour [dʊr, daʊr] *adj.* 阴郁的

ideologue [ˈaɪdɪəlɔːg] *n.* 理论家；思想家（theorist）

The **dour ideologue** doesn't know how to run the country.

interpose [ˌɪntərˈpəʊz] *v.* 插（话）；干预

I have no wish to **interpose** myself between your father and mother.

remonstrate [rɪˈmɑːnstreɪt] *v.* 抗议；告诫

He is timid and dare not **interpose** a word, nor does he **remonstrate** with his mother.

bibliophagist [bɪblɪˈɒfədʒɪst] *n.* 喜欢读书的人（voracious reader）

The **bibliophagist** can take a break after the exams.

termite [ˈtɜːrmaɪt] *n.* 白蚁

xylo [ˈzaɪləʊ] *abbr.* 木

xylophagous [zaɪˈlɒfəgəs] *adj.* 食木的；蚀木的

Termites are **xylophagous**.

mite [maɪt] *n.* 螨；微小的东西；极少的钱；（可怜的）小孩

The annoying **mites** in the sheet sting my skin.

She bends the truth a **mite**.

I felt a **mite** prejudiced.

Part 3 识记单词 / 词组

plebs [plebz] *n.*（用作单数或复数）（古罗马）平民；（用作单数）老百姓

plebeian origin 平民出身

febrile convulsions 热痉挛

back and fill 出尔反尔；看风使帆

quiz [kwɪz] *v.* 测验；戏弄；提问 *n.*（电视等节目中的）智力竞赛；戏弄者

Mali [ˈmɑːlɪ] *n.* 马里共和国（西非国家）

bridal shower 新娘聚会（准新娘与一众姊妹在婚前的一个聚会）

parachute [ˈpærəʃuːt] *n.* 降落伞；跳伞

paratroops [ˈpærətruːps] *n.* 伞兵

remonstrance [rɪˈmɑnstrəns] *n.* 抗议；谏书

contortion [kənˈtɔːrʃn] *n.*（脸部或躯体的）扭曲；扭曲的动作（或姿势）

joyous [ˈdʒɔɪəs] *adj.* 高兴的

jovial [ˈdʒəʊvɪəl] *adj.* 快乐的

passion [ˈpæʃn] *n.* 激情；盛怒；强烈的爱（尤指两性间的）

zeal [ziːl] *n.* 热情；激情

zealot [ˈzelət] *n.* 狂热者；热心者

rhapsodic [ræpˈsɑdɪk] *adj.* 狂热的；吟诵史诗的

rhapsodist [ˈræpsədɪst] *n.* 狂文作者；吟诵史诗的人

fanatical [fəˈnætɪkl] *adj.* 入迷的

fanaticism [fəˈnætɪsɪzəm] *n.* 狂热

enthusiasm [ɪnˈθuːzɪæzəm] *n.* 热情；热忱

Lesson 78

Part 1 主力单词

nitpick [ˈnɪtpɪk] *v.* 挑剔；吹毛求疵

After being lectured by a client, the manager starts to micromanage and **nitpick** over the smallest things.

Nitpicking journalists exposed his love for Chanel purses.

My grandmother **nitpicks** about everything my mother does.

Do not **nitpick** on every simple thing. I try to get a project done in time.

cavil [ˈkævəl] *v.* 挑剔；吹毛求疵 *n.* 无端指摘

The spendthrift won't **cavil** about a penny.

Bluster, sputter, question, **cavil**, but be sure your argument is intricate enough to confound the court.

carp [kɑːrp] *v.* 挑剔；找茬 *n.* 鲤鱼

He keeps **carping** about how gullible the dupes are.

fastidious [fæˈstɪdɪəs] *adj.* 过分严谨的；有洁癖的

The five-star chef tried to meet the standard of a connoisseur who has a **fastidious** taste.

The highly cultivated and **fastidious** scholar of my acquaintance has conducted research with engineering rigor.

finicky [ˈfɪnɪkɪ] *adj.*（吃穿）过分讲究的；爱挑剔的

My French teacher is very **finicky** about pronunciation.

She is a **finicky** eater and will not eat instant noodles.

The boss was not **finicky** about the unscrupulous methods you used to guarantee your success.

persnickety [pərˈsnɪkətɪ] *adj.* 吹毛求疵的；要很精确小心的

Horses are not very **persnickety** about their fodder.

hypercritical [ˈhaɪpərˈkrɪtɪkl] *adj.* 吹毛求疵的；过分挑剔的

It is hard to deal with that **hypercritical** connoisseur.

captious [ˈkæpʃəs] *adj.* 吹毛求疵的；过分挑剔的

A reporter asked him a **captious** question. He became irritated and said, " You are a rude and terrible person. CNN shouldn't have hired you."

quibble [ˈkwɪbəl] *v.* 吹毛求疵；推托 *n.* 说模棱两可的话；双关话；俏皮话

The couple **quibbled** over trivial matters.

fault-picking [ˈfɔːltˈpɪkɪŋ] *adj.* 挑剔的

That authoritarian becomes very **fault-picking** to liberalists.

niggle [ˈnɪgəl] *v.* 挑剔；拘泥小节

The customer haggles and **niggles** wearing out the seller's patience.

The fashion designer **niggles** over her student's design.

九阴真经

• Words in sentences 句中单词 •

micromanage ['maɪkrəʊmænɪdʒ] *v.* 细节管理

spendthrift ['spendˌθrɪft] *n.* 挥霍者 *adj.* 花钱无度的

bluster ['blʌstər] *v.* 咆哮；气势汹汹地说（却通常作用不大） *n.*（风）呼啸

sputter ['spʌtər] *v.*（使）发出噼啪声；（活动）勉强进行；急切地说 *n.* 急切的言语；喷出食物或口水

gullible ['gʌləbəl] *adj.* 易轻信的；易受欺骗的

dupe [duːp] *v.* 诱骗；欺骗 *n.* 上当者；被欺骗的人

fodder ['fɑːdər] *v.* 用饲料喂 *n.* 饲料；秣；可利用的素材(人或物)

authoritarian [əˌθɔːrə'terɪən] *n.* 权力主义者 *adj.* 权力主义的

liberalist ['lɪbərəlɪst] *n.* 自由主义者 *adj.* 自由主义的

Part 2 补充单词

gull [gʌl] *v.* 欺骗 *n.* 海鸥；易受骗的人

We were **gulled** into believing that medicine could cure all illnesses.

kittiwake ['kɪtɪˌweɪk] *n.* 三趾鸥

herring ['herɪŋ] *n.* 鲱鱼

Kittiwakes feed on **herrings**.

provender ['prɑvəndə] *n.* 粮草；秣

He gathered dried grasses as **provender** for the goats and oxen.

lout [laʊt] *n.* 粗鲁的人

She is astute and knows how to deal with this kind of **lout**.

Part 3 识记单词

presumptuous [prɪ'zʌmptʃʊəs] *adj.* 冒昧的；专横的

penniless ['penɪləs] *adj.* 一贫如洗的

puffin ['pʌfɪn] *n.* 善知鸟（身体有黑色及白色的潜水鸟）

standardize [ˈstændərdaɪz] *v.* 使标准化；使符合标准（或规格）

Lesson 79

Part 1 主力单词/词组

abrogate [ˈæbrəgeɪt] *v.* 废除；撤销

The U.S. **abrogated** the nuclear treaty with Iran unilaterally.

British Cabinet **abrogated** all agreements between Britain and France.

All laws introduced by the former president were **abrogated**.

rescind [rɪˈsɪnd] *v.* 废除；撤销；取消

The martial law was **rescinded** for a decade.

The government was unwilling to **rescind** job protection for the minority.

repeal [rɪˈpiːl] *v.* 废除；撤销 *n.* 废止（法规）；废除；作废

The apartheid acts were **repealed** eventually.

The tax on public servants should be **repealed**.

roll back 使……还原；削减；回落

Once Brexit is made, it will be impossible to **roll back**.

annul [əˈnʌl] *v.* 废除；取消（法律、协议等）；宣布无效（婚姻、选举等）

The dictator dares to **annul** the election which might spark a revolt.

revoke [rɪˈvəʊk] *v.* 使无效 *n.* 正式废除；不跟（扑克牌）

The government may **revoke** the restaurant's license if it doesn't meet the sanitary standards.

If you didn't pay the fee, they will **revoke** your membership.

revocable [ˈrevəkəbəl] *adj.* 可废止的；可撤回的

A power of attorney which is **revocable** under normal circumstances becomes void on the death of the principal.

nullify [ˈnʌləfaɪ] *v.* 使（协议或决议）失去法律效力

The charter of the company was reviewed and **nullified** by the supreme court because it violates labor laws.

九阴真经

retract [rɪˈtrækt] *v.* 缩回；收回（声明、诺言等）

You can't **retract** your promise. I have been investing too much.

The cat tends to **retract** his claws while walking.

retraction [rɪˈtrækʃən] *n.* 收缩；撤回；收舌（音）

I saw the **retraction** of the plane's landing gear after it flew to the sky.

The plaintiff was forced to make a **retraction** due to his false accusation.

disuse [dɪsˈjuːs] *v.* 不用；废弃 *n.* 废弃

The Latin language eventually died out after centuries of **disuse**.

The drug with many side effects fell into **disuse**.

desuetude [ˈdeswɪtjʊd] *n.* 废止；不用

Many traditional industries had fallen to **desuetude** in the age of automation.

The treaty has fallen into **desuetude** after repeated violations.

The computer functions fine despite the long years of **desuetude**.

countermand [ˈkaʊntərmænd] *v.* 取消；撤回（命令或订单） *n.* 收回命令；取消订单

The general **countermanded** his attack order after knowing there would be an ambush.

• Words in sentences 句中单词 / 词组 •

unilaterally [ˌjuːnɪˈlætərəlɪ] *adv.* 单边地

public servant 公务员

spark [spɑːrk] *v.* 引起；导致 *n.* 触发导火线；火花

revolt [rɪˈvəʊlt] *v.* 使厌恶；使反感 *n.* 反抗；造反

sanitary [ˈsænətərɪ] *n.* 公共厕所 *adj.* 卫生的

a power of attorney 委任状；授权书

automation [ˌɔːtəˈmeɪʃn] *n.* 自动化

Part 2 补充单词 / 词组

irrevocable [ɪˈrevəkəbəl] *adj.* 不可撤回的；不可改变的

He made an **irrevocable** vow to a deity.

bloodline [ˈblʌdlaɪn] *n.* 血统

There is not enough magic in a **bloodline** to forge an instant, **irrevocable** bond. (James Earl Jones, U.S. actor)

death warrant 死刑执行令；致命打击

The unfair, **irrevocable** contract for the defeated is like a **death warrant** to me.

tax-rollback [ˈtæks ˈrəulbæk] *adj.* 减税的

People are welcoming this **tax-rollback** proposal.

concordat [kənˈkɔːrdæt] *n.* 协约；政教协定

The **concordat** was signed regulating relations between the Pope and the Italian government.

covenant [ˈkʌvənənt] *v.* 立约；立誓；订立盟约；订立契约 *n.* 承诺；合同；协约

The landlord **covenanted** to repair the house within a week.

Every member nation has to follow the international **covenant** of human rights.

The **covenants** of construction seem to be complicated.

pact [pækt] *n.* 协定；条约

Russia and Germany signed a non-aggression **pact** once.

act [ækt] *v.* 行动；起作用 *n.* 法案；演出

Your eleemosynary **act** will be highly appreciated.

minion [ˈmɪnjən] *n.* 奴才；仆从

The master opened the door and called for his **minions**.

charter [ˈtʃɑːrtər] *v.* 包租（交通工具；尤指飞机）；特许成立；建立 *n.* 特许状；许可证；豁免权

The economic zone was **chartered** in 2020.

Every eleemosynary institution needs to be **chartered** by the city government.

automaton [ɔːˈtɑːmətən] *n.* 机器人；自动机械装置

He only answered yes or no as he is an unfeeling **automaton**.

functionary [ˈfʌŋkʃənerɪ] *n.* 公务员；官员 *adj.* 职务上的；公务员的

I was interrogated by a drunken civil **functionary** all night.

The contractor always has dinner with high-ranking **functionaries**. What is he really up to?

Part 3 识记单词 / 词组

maid [meɪd] *n.* 女服务员；（家中的）女佣；少女

maiden [ˈmeɪdn] *n.* 女孩；少女 *adj.* 首次的；初次的

voyage [ˈvɔɪɪdʒ] *v.* 航海；航行 *n.* 旅行

maiden voyage 首航

charter school 特许（公立）学校

charter flight 包机

charter [ˈtʃɑːrtər] *n.* 宪法

Lesson 80

Part 1 主力单词

enigma [ɪˈnɪgmə] *n.* 难以理解的事物；难以捉摸的人

Brazilian aboriginals are something of an **enigma** to the outside world. Unfortunately, their future looked bleak.

I cannot forecast to you the action of Russia. It is a riddle wrapped in a mystery inside an **enigma**. (from Winston Churchill, British prime minister and writer)

Time travel continues to be an **enigma** nowadays.

sphinxlike [sfɪŋkslaɪk] *adj.* 谜一般的；神秘莫测的

Her **sphinxlike** smile at the funeral mystified all of us. Is she the sole heiress?

inscrutable [ɪnˈskruːtəbəl] *adj.* 无法理解的；无法知道的（没有展现任何表情或想法）

enigmatic [ˌenɪgˈmætɪk] *adj.* 神秘的；费解的

The damsel was almost drowning and rescued by an **enigmatic** and **inscrutable** stranger.

unfathomable [ʌnˈfæðəməbəl] *adj.* 无法理解的；难以理解的

I can't tell if she is happy or not from her **inscrutable** countenance. History itself is virtually indefinable, its scope unlimited, its depth **unfathomable**.

The clairvoyant has the ability to foresee future cataclysm that others would find

unfathomable.

incomprehensible [ɪnˌkɑmprɪˈhensəbl] *adj.* 不能理解的；极难懂的

The dialects of Guangdong are **incomprehensible**.

The gigantic coastal rock is erected perpendicularly like a queen's head with a crown on it which is made by God's **incomprehensible** mind.

impenetrable [ɪmˈpenɪtrəbl] *adj.* 无法理解的；不能穿过的

The medical jargon is **impenetrable**.

The dawning ray of hope is extinguished; there being nothing ahead but the **impenetrable** gloom of eternal imprisonment.

indecipherable [ˌɪndɪˈsaɪfərəbəl] *adj.* 难辨认的；难懂的

The ancient texts on the animal bones are **indecipherable**.

illegible [ɪˈledʒəbl] *adj.*（字迹或印刷）模糊的；难以辨认的

The Buddhistic manuscript which is **illegible** has been worn out and weathered since time immemorial.

inexplicable [ɪnˈeksplɪkəbəl, ˌɪnɪkˈsplɪkəbəl] *adj.* 无法解释的

She has an **inexplicable** aversion to curly-haired dogs.

The magician just vanished into thin air which was an **inexplicable** event.

• Words in sentences 句中单词 •

mystify [ˈmɪstɪfaɪ] *v.* 使迷惑不解；使困惑

sole [səʊl] *v.* 给（鞋等）装底 *n.* 鞋底；袜底；底面 *adj.* 唯一的；专用的

heiress [ˈerəs] *n.* 女继承人

damsel [ˈdæmzəl] *n.* 未婚少女

indefinable [ˌɪndɪˈfaɪnəbəl] *adj.* 无法界定的；难下定义的

clairvoyant [klerˈvɔɪənt] *n.* 有洞察力的人；千里眼 *adj.* 千里眼的

cataclysm [ˈkætəklɪzəm] *n.* 剧变；大灾难

perpendicularly [ˌpɜːpənˈdɪkjʊləlɪ] *adv.* 垂直地

jargon [ˈdʒɑːrgən] *n.* 行业术语

九阴真经

weather [ˈweðər] v.（使）风化；平安度过（困境） n. 天气
curly [ˈkɜːrlɪ] adj. 卷曲的；有卷发的

Part 2 补充单词

short-order [ˈʃɔːtˈɔːdər] adj. 快餐的

McDonald's is a **short-order** restaurant.

countenance [ˈkaʊntənəns] v. 允许；容忍 n. 面容；冷静

He won't **countenance** any change in his planning.

lineament [ˈlɪnɪrmənt] n. 容貌；特征

In the **lineaments** of her face, I saw a likeness to my ex-girlfriend.

I saw the wrath in the **lineaments** of her face after I broke her invaluable vase.

There are treacherous **lineaments** of this terrain.

The ghost story has **lineaments** of leeriness.

visage [ˈvɪzɪdʒ] n. 脸庞；外表

Her sanguine **visage** attracts many boys' attention.

I dare not see her angry **visage**.

The grimy **visage** of the ghost town made a perfect scene for a ghost movie.

dialectic [ˌdaɪəˈlektɪk] n. 辩证法 adj. 方言的；辩证的

They used logical **dialectic** in the debate.

parlance [ˈpɑːrləns] n. 专门用语；措辞

Medical and legal **parlance** is often difficult.

From his **parlance** and accent, I knew he must have been an English aristocrat.

patois [ˈpætwɑː] n. 方言；行话

The medical **patois** are hard to understand for non-medical staff.

Patois in the regions are hybrid languages developed from China and India.

argot [ˈɑːrgəʊ] n.（某一行业或团体惯用的）行话；（盗贼等所用的）黑话

The drug dealers communicate in their secret **argot**.

cant [kænt] v. 使用黑话 n.（下层社会的）黑话；倾斜 adj. 黑话的；有斜面的

You have to use the **cant** of thieves to get by the door.

glossary [ˈglɑːsərɪ] *n.* 词汇表；专门词典

There is a **glossary** in the last few pages.

Part 3 识记单词 / 词组

on the horizon 即将发生

broaden sb.'s horizons 开阔（某人）的眼界

horizontal [ˌhɔːrɪˈzɑːntl] *adj.* 水平的

detention [dɪˈtenʃn] *n.* 拘留；（作为惩罚）放学后留校

catalyst [ˈkætəlɪst] *n.* 催化剂；引发变化的事件或人

catalyze [ˈkætlaɪz] *v.* 催化

catalysis [kəˈtæləsɪs] *n.* 催化作用

vernacular [vərˈnækjələ(r)] *n.* 方言；很平常的建筑风格 *adj.* 本国语的；用方言的；本国的

lingo [ˈlɪŋgəʊ] *n.* 术语；外国语言

terminology [ˌtɜːrmɪˈnɑːlədʒɪ] *n.* 专有名词

patio [ˈpætɪəʊ] *n.* 天井；露台

fathomable [ˈfæðəməbəl] *adj.* 可以理解的

fathom [ˈfæðəm] *v.* 理解；测量水深 *n.* 英寻（测量水深单位；合 1.8 米或 6 英尺）

decipher [dɪˈsaɪfər] *v.* 辨认；破解

legible [ˈledʒəbəl] *adj.*（笔迹或字体）清晰的清楚的

explicable [ˈeksplɪkəbəl] *adj.* 可解释的；可说明的

explicate [ˈeksplɪkeɪt] *v.* 详细解释；详细分析（作品或思想）

Lesson 81

Part 1 主力单词

interpret [ɪnˈtɜːrprət] *v.* 理解；解释；口译

The action of expanding its territory into the Gulf of Mexico was widely **interpreted** as a challenge to America's authority.

九阴真经

Spain **interprets** the riot as a terrorist activity.

interpreter [ɪn'tɜːrprətər] *n.* 口译者；演奏者；[计] 解释程序

I appreciate teamwork. I don't like a one-man show. I'm an **interpreter**, a sort of tool—I don't mean an object. The right tool is quite essential. Try pounding a nail in with a screwdriver. (from Attributed to Gérard Depardieu)

construe [kən'struː] *v.* 解读

The propaganda was **construed** as subversive to the government.

• Words in sentences 句中单词 •

authority [ə'θɔːrətɪ] *n.* 威信；管辖权

subversive [səb'vɜːrsɪv] *adj.* 破坏的；动摇的；颠覆的

Part 2 补充单词 / 词组

misconstrue [ˌmɪskən'struː] *n.* 误会；误解

People often **misconstrue** that wealth can bring happiness.

incriminate [ɪn'krɪmɪneɪt] *v.* 使（某人）看似有罪；连累

categorically [ˌkætə'gɔːrɪklɪ] *adv.* 明确地（不会改变地）

She rejects the bribe **categorically** afraid of being **incriminated**.

The government condemned the initiator **categorically**.

genre ['ʒɑːnrə] *n.* （文艺作品的）类型；风俗画

The novel is a classic example of the gothic **genre**.

Do you like the **genre** of Beijing opera?

genre painting 风俗画（以日常生活为题材的写实画）

It is a **genre painting** of preceding generations.

Part 3 识记单词 / 词组

incrimination [ɪnˌkrɪmɪ'neɪʃn] *n.* 牵连；犯罪化

incriminatory [ɪn'krɪmɪnətərɪ] *adj.* 归罪（于某人）的；显示有罪的

subvert [səb'vɜːrt] *v.* 颠覆；使背叛

interpretation [ɪnˌtɜːrprə'teɪʃn] *n.* 解释

Lesson 82

Part 1 主力单词

insinuate [ɪn'sɪnjʊeɪt] *v.* 影射；使迂回地渗入

The private detective **insinuates** that she was a professional killer.

The press **insinuates** that he is behind the riot.

The agent **insinuates** himself into a terrorist organization.

The double-dealer **insinuated** doubts into a trusting mind.

allude [ə'luːd] *v.* 影射；间接提到

The movie is an adaptation of the novel **alluding** to the haunted French palace in the thirteenth century.

Tina **alluded** to someone who committed fratricide in a nearby neighborhood and suggested Eric not to become embroiled in it.

allusion [ə'luːʒn] *n.* 暗指；典故

He made an **allusion** to a secret plan in his speech.

innuendo [ˌɪnjʊ'endəʊ] *n.* 影射（的话）；暗讽（的话）

The report was based on rumours, speculation, and **innuendo**.

• Words in sentences 句中单词 •

double-dealer ['dʌbəl 'diːlər] *n.* 口是心非的人；两面派

embroil [ɪm'brɔɪl] *v.* 使卷入……纠纷（get involved）；使陷入（困境）

Part 2 补充单词

unfounded [ʌn'faʊndɪd] *adj.* 没有依据的

I never pay attention to **unfounded** rumors, gossip, and innuendos.

fluoride [ˈflʊraɪd, ˈflɔːr-] *n.* 氟化物

toothpaste [ˈtuːθpeɪst] *n.* 牙膏

caries [ˈkeriːz] *n.* 蛀牙；骨溃疡

The company adds some **fluorides** into **toothpaste** to prevent **caries**.

carrot [ˈkærət] *n.* 胡萝卜；酬报（用以引诱的）

carotene [ˈkærəˌtiːn] *n.* 胡萝卜素

carotenoid [kəˈrɑːtnɔɪd] *n.* 类胡萝卜素

Yellow and orange pigments of **carrots** contain **carotene** and certain other **carotenoids** which can be ingested by animal bodies converting them into vitamins.

entire [ɪnˈtaɪər] *n.* 全部；整体 *adj.* 全部的；完全的

spectrograph [ˈspektrəˌɡræf] *n.* 摄谱仪；光谱照片

The **entire** visible range of the Polaris's and Big Dipper's spectrum is being recorded on a special **spectrograph**.

mondial [ˈmɒndiəl] *adj.* 全世界的；影响全世界的

Beijing and Tokyo are important, **mondial** cities.

Lesson 83

Part 1 主力单词

novice [ˈnɑːvɪs] *n.* 新手；实习修士或修女

He was a political **novice** compared to his father.

Enter and sack the decadent civilization of this unhappy country, destroy its temples, finish off its gods, tear the veil from its **novices** and raise them up to be mothers to civilize the species...do not be stopped by altars nor by tombs...fight, kill, die. (from Alejandro Lerroux, Spanish political leader)

This country forbids religious instruction to lay people or **novices** inside pagodas.

neophyte [ˈnɪəˌfaɪt] *n.* 新手；新信徒

The experts gave the financial **neophyte** the range of commercial options available.

trainee [ˌtreɪˈniː] *n.* 受培训者；实习生

The senior policeman taught **trainees** how to deal with dangerous drug criminals in the street.

intern [ˈɪntɜːrn] *v.* 拘禁；扣押（指战时因政治或军事原因）*n.* 实习生；实习医生

She works as an **intern** in a bank which will provide her perquisite at the end of the year.

rookie [ˈrʊkɪ] *n.* 生手；新手（军队、运动）

The enemy's camouflage remains indiscernible for the untrained eyes of **rookies**.

beginner [bɪˈɡɪnər] *n.* 初学者；创始人

The books have **beginner**, intermediate, and advanced levels.

abecedarian [ˌeɪbɪsɪˈderɪən] *n.* 初学者；启蒙老师 *adj.* 初步的；字母的

She is an **abecedarian** in the stock market.

The math teacher was my **abecedarian**.

He gave me only **abecedarian** instructions about how to use the equipment.

These books are listed in the **abecedarian** sequence.

There are **abecedarian** pupils in the classroom.

tyro [ˈtaɪrəʊ] *n.* 初学者；新手

Theodore is a **tyro** at basketball.

• Words in sentences 句中单词 •

sack [sæk] *v.* 装……入袋；(在竞赛等中）胜过；解雇；劫掠 *n.* 麻袋

decadent [ˈdekədənt] *n.* 堕落者 *adj.* 堕落的

perquisite=perk [ˈpɜːrkwɪzɪt][pɜːrk] *n.* 补贴；(因工作而享有的）额外待遇

indiscernible [ˌɪndɪˈsɜːrnəbl] *adj.* 不可识别的；难以辨认的

intermediate [ˌɪntərˈmiːdɪət] *n.* 中级学生；好处 *adj.* 中间的

Part 2 补充单词

unveil [ˌʌnˈveɪl] *v.* 除去……的面纱（或覆盖物）；揭露

The mystery has been **unveiled**.

doyen [ˈdɔɪən] *n.* 地位最高，资格最老的男子

He is the **doyen** of the research department.

He is the **doyen** of jazz music.

doyenne [dɔɪˈen] *n.* 地位最高、资格最老的女子

The female diplomat is the **doyenne** of foreign affairs.

Part 3 识记单词 / 词组

old hand 老手；有经验者

opt [ɑːpt] *v.* 选择；挑选

opt in 主动选择加入

opt out 选择不参与

discernible [dɪˈsɜːrnəbl] *adj.* 能看出的；可辨别出的

Lesson 84

Part 1 主力单词

respect [rɪˈspekt] *v.* 尊重；问候 *n.* 关系；方面

sb.'s respects (某人的)敬意；问候；宿怨

I had to **respect** that the samurai was exacting his personal vendetta.

The plan is well-constructed in some **respects**.

I can't go to your house at this point. Please send my **respects** to your sister.

Relatives paid their **respects** to my father at his funeral.

revere [rɪˈvɪər] *v.* 尊敬；崇敬

He was the most **revered** leader at that time.

We should **revere** nature, ghosts, and gods.

venerate [ˈvenəreɪt] *v.* 尊敬；崇敬

We **venerate** the revolutionaries and martyrs who overthrew the Qing dynasty.

He always pretended to **venerate** his teacher.

homage [ˈhɑːmɪdʒ] *n.* 崇敬；庆典；从属者给贵族的钱或劳务

That vice paying **homage** to virtue is notorious, we call it hypocrisy.

We sang the national anthem to pay **homage** to deceased soldiers.

obeisance [əʊˈbiːsns] *n.* 鞠躬；敬礼

Two pilgrims made **obeisance** to Buddha three times before entering the temple.

I went to church whenever opportunity offered to tender Jesus Christ my most ceremonious **obeisance**, but he never favored me with any miracle.

deference [ˈdefərəns] *n.* 尊敬；服从

The natives show **deference** to their leader and intolerance toward outsiders.

deferential=deferent [ˌdefəˈrenʃl][ˈdefərənt] *adj.* 尊敬的

I listened to his lecture with synthetic **deferential** attention.

venerable [ˈvenərəbəl] *adj.*（因高龄、德行）令人肃然起敬的；（因历史、宗教的原因）神圣的；珍贵的

• Words in sentences 句中单词 •

samurai [ˈsæməˌraɪ] *n.*（日本11至19世纪的）武士

vendetta [venˈdetə] *n.* 世仇

revolutionary [ˌrevəˈluːʃənerɪ] *n.* 革命者（=revolutionist） *adj.* 革命的

Part 2 补充单词

irreverent [ɪˈrevərənt] *adj.* 不敬的

He spoke to the fortune teller in a carefree, **irreverent** manner.

irreverence [ɪˈrevərəns] *n.* 不敬

Impiety means **irreverence** toward a deity.

tryst [trɪst] *v.* 约会 *n.* 幽会地点

We **trysted** on Saturday night.

He turns a blind eye to his wife’s **tryst**.

Wind River Peak is a famous **trysting** place.

wail [weɪl] *v.* 恸哭；（风等）呼啸；（警笛等）尖啸 *n.* 号啕

The **Wailing** Wall is a venerable ruin.

tender [ˈtendər] *v.*（正式）提出；投标；使变柔软 *n.* 投标；供给船；鸡里脊肉 *adj.* 温柔的；柔软的；年幼的；疼痛的

九阴真经

He **tenders** his resignation to his manager.

The company **tenders** 10 million dollars for the hospital contract.

She nurses babies with **tender** care.

He went abroad to study at the **tender** age of eight.

belly [ˈbelɪ] *v.* 使鼓起；使胀满（+out） *n.* 勇气；欲望；胃

He didn't have the **belly** for a fight.

Part 3 识记单词 / 词组

hold in high esteem 尊敬；对……评价很高

in deference to 考虑到（= in consideration of）

reverence [ˈrevərəns] *n.* 尊敬；崇敬

reverent [ˈrevərənt] *adj.* 非常尊敬的

reverend [ˈrevərənd] *n.*（对基督教教士的尊称）牧师大人 *adj.* 被尊重的；牧师的

in respect of/ in respect to sth. 关于；至于

with (all due) respect （用于正式场合礼貌地表示异议）恕我直言

with respect to 至于；就……而言；在……方面

put sth. out to tender 对……招标

pay someone's respects （通常指参加葬礼）(向死者）表示敬意

feudal [ˈfjuːdl] *adj.* 封建的

feudalism [ˈfjʊdlˌɪzəm] *n.* 封建制度

lord [lɔːrd] *v.* 加封（某人）为贵族；作威作福（+over） *n.* 贵族

feud [fjuːd] *v.*（与……）长期斗争；结世仇 *n.* 夙怨；世仇

Lesson 85

Part 1 主力单词 / 词组

commonplace [ˈkɑːmənpleɪs] *n.* 司空见惯的事 *adj.* 平常的；普遍的

Animal migration is **commonplace** in Africa.

What a **commonplace** genius he has, or a genius for the **commonplace**, I don't know which. He doesn't rank so terribly high, really. But better than Bernard Shaw, even then. (from D. H. Lawrence, English novelist, poet, playwright, essayist, literary critic and painter)

Single parenting has become **commonplace** recently.

We remain suspicious about her disdain of **commonplace** propriety.

a dime a dozen 多的是；随处可见

Barbecue vendors of this sort are **a dime a dozen**.

pervasive [pərˈveɪsɪv] *adj.* 遍布的；充斥各处的

This **pervasive** poverty in the third world has promoted a widespread, officially tolerated trade in prostitution.

rampant [ˈræmpənt] *adj.* 泛滥的

Rampant unemployment and penurious families left their children at a tremendous disadvantage in terms of proper education and medical treatment.

run-of-the-mill [ˌrʌn əv ðə ˈmɪl] *adj.* 普普通通的；乏味的

A **run-of-the-mill** job bores me to death. How can humans do the machines' work?

prosaic [prəʊˈzeɪɪk] *adj.* 平淡无奇的；散文的

Her distinctive smile and dimple have set her apart from other actresses. The scenes in the movie were **prosaic**, even boring at times.

ubiquitous [juːˈbɪkwɪtəs] *adj.* 普遍存在的；似乎无处不在的

African actors paired with others from various cultures are **ubiquitous** in the movies.

ubiquity [juːˈbɪkwɪtɪ] *n.* 无所不在

The **ubiquity** of false news and misinformation on the internet provides ample evidence that the election has been swayed.

omnipresent [ˌɑːmnɪˈpreznt] *adj.* 无所不在的；遍及各处的

Do you think God is omniscient and **omnipresent**?

rife [raɪf] *adj.* 流行的；充满的

New York street is **rife** with violence.

Social media is **rife** with rumors.

Speculation about who would be the next presidential candidate ran **rife** for months.

The municipal officials are **rife** with malfeasance and corruption.

九阴真经

• Words in sentences 句中单词 / 词组 •

propriety [prəˈpraɪətɪ] *n.* 礼仪；合宜的行为 (rules of etiquette)

vendor [ˈvendər] *n.* 摊主；卖主

dimple [ˈdɪmpəl] *v.* 使现酒窝；使起涟漪 *n.* 酒窝；涟漪

misinformation [ˌmɪsɪnfəˈmeɪʃn] *n.* 错误的信息

omniscient [ɑmˈnɪsɪənt] *adj.* 无所不知的（all-knowing）

social media 社群媒体

malfeasance [mælˈfizəns] *n.* 违法行为；渎职

Part 2 补充单词

gastroscope [ˈgæstrəˌskəʊp] *n.* 胃镜

alimentary [ˌæləˈmentərɪ, -trɪ] *adj.* 营养的；给予扶助的

stomach [ˈstʌmək] *n.* 胃；腹部

The doctor used a **gastroscope** passing through his **alimentary** tract to examine his **stomach**.

fur [fɜːr] *v.* 用毛皮覆盖；除去（锅上的）水垢 *n.*（动物的）毛皮；水垢

The company held a monopoly on **fur** trading in the vast region of Iran.

calcium [ˈkælsɪəm] *n.*【化】钙

Calcium tends to **fur** the kettle.

digest [daɪˈdʒest, ˈdaɪdʒɪst] *v.* 消化；（知识等的）领悟 *n.* 文摘；摘要

Vegetables are easier to **digest** than meat.

His insult is hard to **digest**. I decide to exact revenge.

He published a **digest** of reports on the latest ground weaponry.

dyspepsia [dɪsˈpepʃə] *n.* 消化不良；胃弱

digestive [daɪˈdʒestɪv] *n.* 消化剂 *adj.* 消化的

The patient suffered from **dyspepsia** and had a problem in her **digestive** system.

dyspeptic [dɪsˈpeptɪk] *n.* 消化不良的人 *adj.* 消化不良的；爱抱怨的

Part 3 识记单词 / 词组

vending machine 自动贩卖机

proprietary cosmetic 专卖的化妆品

cosmetic [kɑːzˈmetɪk] *n.* 化妆品 *adj.* 化妆用的；表面的；虚饰的

misinform [ˌmɪsɪnˈfɔːrm] *v.* 误报

impropriety [ˌɪmprəˈpraɪətɪ] *n.* 不恰当的行为（state of being improper）

proprietary [prəˈpraɪəterɪ] *adj.* 所有权人的；专卖的

whore [hɔːr] *v.* 嫖妓 *n.* 妓女；卖淫

scenery [ˈsiːnərɪ] *n.* 风景；（剧院的）舞台布景

Lesson 86

Part 1 主力单词

short-sighted [ˌʃɔːrt ˈsaɪtɪd] *adj.* 近视的；目光短浅的

The party's **short-sighted**, diplomatic policy leads the whole nation into a state of marginalization.

If self-interest is the irreversible force behind the markets' opening, self-interest can also be **short-sighted**—clinging to small but immediate advantages and ignoring the long-term opportunities of a truly level playing field. (from Michael Armstrong, U.S. business executive)

Short-sighted businesses only care about their profit outsourcing everything without controlling its quality.

myopic [maɪˈɑpɪk] *adj.* 近视的；目光短浅的

The **myopic** president without foresight might make the stock exchange go from bad to worse.

ill-considered [ˈɪl kənˈsɪdəd] *adj.* 考虑欠周的

Silting and runoff from **ill-considered** and poorly executed irrigation projects contributed to catastrophic inundations throughout the nation.

ill-advised [ɪl ædˈvaɪzd] *adj.* 不明智的

It will be **ill-advised** to challenge your superior.

myopia [maɪˈəʊpɪə] *n.* 近视；目光短浅

九阴真经

• Words in sentences 句中单词 / 词组 •

marginalization [ˌmɑːrdʒɪnələˈzeɪʃn] *n.* 使边缘化；排斥

irreversible [ˌɪrɪˈvɜːrsəbl] *adj.* 不可逆转的

outsource [ˈaʊtsɔːrs] *v.* 外购；将……外包

foresight [ˈfɔːrsaɪt] *n.* 先见之明

stock exchange 股票（或证券）交易市场

silt [sɪlt] *v.* 淤积 *n.* 淤泥

runoff [ˈrʌnɔːf] *n.* 径流（不被土吸收的）；排出的污水；复选（选举、运动中）

Part 2 补充单词

margin [ˈmɑːrdʒɪn] *v.* 使……边缘 *n.* 边缘；利润；差数

She added her comments in the **margin**.

presbyopia [ˌprezbɪˈəʊpɪə] *n.* 老花眼

-opia [ˈəʊpɪr] *suff.* 眼睛有问题

presbycusis [ˌprezbəˈkjʊsɪs] *n.* 老年性耳聋

Presbyopia and **presbycusis** are common among the elderly.

ledge [ledʒ] *n.* 壁架；岩架；暗礁

It's very difficult for foxes to land on narrow **ledges** to steal eggs.

contribution [ˌkɑːntrɪˈbjuːʃn] *n.* 贡献；捐款

I remained grateful to my mother's **contribution** to my upbringing.

gelatin [ˈdʒelətn] *n.* 明胶；动物胶

brittle [ˈbrɪtl] *adj.* 易碎的；易生气的；尖锐的；短暂的

collagen [ˈkɑlədʒən] *n.* 胶原蛋白；成胶质

Gelatin is a transparent, **brittle** protein substance obtained by boiling animal bones and connective tissue.

Gelatin contains **collagen** and dissolves in hot water.

farsighted [ˈfɑːrˌsaɪtɪd] *adj.* 远视的；有远见的

The eagle is a **farsighted** bird.

Conservation of the forest is a **farsighted** plan.

Lesson 87

Part 1 主力单词 / 词组

confirm [kənˈfɜːrm] *v.* 确认；确定

The hypothesis has been **confirmed**.

Private opinion polls **confirmed** that most electors favor Democratic Party.

The identity of the body found along the riverbank on Saturday night still needs to be **confirmed**.

reconfirm [ˌriːkənˈfɜːrm] *v.* 再次确认

His pancreatic cancer has been **reconfirmed**.

affirm [əˈfɜːrm] *v.* 坚称；断言；证实

The president **affirmed** that all the slaves will enjoy the precious boon of freedom.

verify [ˈverɪfaɪ] *v.* 证明；证实（存在的事情）

The manager wants me to **verify** that the project has been running smoothly.

authenticity [ˌɔːθenˈtɪsətɪ] *n.* 真实性；确实性

The expert can **verify** the **authenticity** of this antique.

corroborate [kəˈrɑːbəreɪt] *v.* 证实；确证（有信息）

Alien's existence has been **corroborated** by many witnesses and abundant on-site evidence.

substantiate [səbˈstænʃɪeɪt] *v.* 证实；使实体化

Her claim of sexual harassment by her manager is hard to **substantiate** without a witness.

validate [ˈvælɪdeɪt] *v.*（尤指经检查后）批准；使生效

The baptism has been **validated** by an archpriest.

The Egyptian government **validates** passports and driver's licenses for its civilians.

authenticate [ɔːˈθentɪkeɪt] *v.* 证明……是真实的

How am I supposed to **authenticate** this illegible writing from my commander?

veracity [vəˈræsətɪ] *n.* 真实；可靠；诚实（truth）

The con artist makes lies sound like **veracities**.

The **veracity** of his alibi remains questionable.

veracious [vəˈreɪʃəs] *adj.*（指人）诚实的

I can learn many things from a **veracious** account of her life.

Being **veracious** to everyone sometimes means being stupid.

bear sb./sth. out 证明；证实

The scandal has been **borne out** by a muckraking reporter.

Don't worry. I will **bear you out**. I will have an alibi.

vindicate [ˈvɪndɪkeɪt] *v.* 证明……是对的；证明（某人）无辜

He desperately **vindicates** himself for the crime he did not commit to wining back her affection.

His concerns were **vindicated** at the sight of the approaching enemy behind the mountain.

• Words in sentences 句中单词 •

elector [ɪˈlektər] *n.* 选民

pancreatic [ˌpæŋkrɪˈætɪk] *adj.* 胰脏的

baptism [ˈbæpˌtɪzəm] *n.* 受洗

archpriest [ˈɑːrtʃprɪst] *n.* 高阶牧师

Egypt [ˈiːdʒəpt] *n.* 埃及

Egyptian [ɪˈdʒɪpʃn] *n.* 埃及人 *adj.* 埃及的；埃及人的

con artist [kɑn ˈɑrtɪst] *n.* 骗子

muckraking [ˈmʌkreɪkɪŋ] *n.* 搜集并揭露丑闻（尤指报纸和记者） *adj.* 专门揭发名人丑闻的

Part 2 补充单词

invalidate [ɪnˈvælɪdeɪt] *v.* 使无效；证明（观点、论点等）错误

The supreme court **invalidates** the provision when it conflicts with the constitution.

The theory of personality inheritance was **invalidated** by scientists.

affirmative [əˈfɜːrmətɪv] *n.* 肯定词；肯定语 *adj.* 肯定的；同意的

affirmative action （政府或机构招聘雇员时优先雇用常受到歧视的女性、黑人或其他群体的成员的）积极补偿行动；平权措施

constitute [ˈkɑːnstɪtuːt] *v.* 构成；形成

unity [ˈjuːnətɪ] *n.* 团结；一致

Affirmative action constitutes reverse discrimination and brings the strength of **unity** for the whole country.

Cyclops [ˈsaɪklɑːps] *n.* 独眼巨人（希腊神话中的）

ego [ˈiːɡəʊ] *n.* 自我中心；自尊心

ultimate [ˈʌltəmət] *n.* 最终的事物；顶点；基本原则 *adj.* 最后的；基本的；最初的；最大的

His audacious action of attacking **Cyclops** alone was triggered by his strong **ego** and **ultimate** narcissism.

penultimate [pɪˈnʌltɪmət] *n.* 倒数第二 *adj.* 倒数第二的；倒数第二音节的

The athlete dashed in the **penultimate** lap.

Please look at the **penultimate** page of chapter one.

precipitation [prɪˌsɪpɪˈteɪʃn] *n.* 降落；急躁

Precipitation is a boon to arid African deserts.

on-site [ɒn saɪt] *adj.* 在现场的 *adv.* 在现场

The company has two restaurants **on-site**.

admonition [ˌædməˈnɪʃən] *n.* 警告；告诫

euthanasia [ˌjuθəˈneɪʒə] *n.* 安乐死

The physician gives a strong **admonition** against abortion and **euthanasia**.

latch [lætʃ] *v.* 抓住；理解；闩上 *n.* 门闩；弹簧锁

calf [kæf] *n.* 小牛 [C]；（鲸、象等的）仔

calves [kævz] *n.* 小牛；牛犊（复数）

The lions **latch** on elephant **calves**.

We lifted the **latch** and went out.

Part 3 识记单词 / 词组

penult [ˈpɪnʌlt] *n.* 倒数第二个；倒数第二个音节

precipitate [prɪˈsɪpɪteɪt, prɪˈsɪpɪtət] *v.* 使……突然降临

site [saɪt] *v.* 为……选址；选……的场所 *n.*（建筑物的）地点；建筑工地

on site 在（工厂、办公楼等的）内部

euthanatize [juˈθænətaɪz] *v.* 使安乐死；对……施无痛致死术

reaffirm [ˌriːəˈfɜːrm] *v.* 重申；再次声明

manure [məˈnjʊr] *v.* 给……施肥 *n.* 粪肥（尤指马粪）

bail out 保释；跳伞；帮助（某人）脱离困境

bail [beɪl] *v.* 保释；托付（财物） *n.*（用来舀船里积水的）桶；戽斗；保释金

confirmation [ˌkɑːnfərˈmeɪʃn] *n.* 证实；确认书

valid [ˈvælɪd] *adj.* 有效的；有根据的；让人信服的

validity [vəˈlɪdətɪ] *n.*（法律上的）有效；合法性

authentic [ɔːˈθentɪk] *adj.* 真的；可靠的

Lesson 88

Part 1 主力单词

inexperienced [ˌɪnɪkˈspɪrɪənst] *adj.* 缺乏经验的

He was in many respects an **inexperienced** debater who couldn't respond to other politicians' fallacious sophistry.

I have got an infamous army, very weak and ill-equipped, and a very **inexperienced** staff. (Duke of Wellington, Irish-born British general and prime minister)

inexperience [ˌɪnɪkˈspɪərɪəns] *n.* 缺乏经验

I will not make age an issue of this campaign. I am not going to exploit for political purposes my opponent's youth and **inexperience**. (Ronald Reagan, U.S. president and actor)

unseasoned [ʌnˈsɪzənd] *adj.* 经验不丰富的

Are you sure we should send out these **unseasoned** soldiers?

ingenuous [ɪnˈdʒenjʊəs] *adj.* 天真的；真诚的

He is an **ingenuous**, naive kid.

naive [naɪˈiːv] *adj.* 天真的；轻信的

I am not that **naive** and superstitious to believe vitalism and teleology that should be banished in the era of contemporary science.

callow [ˈkæləʊ] *adj.* 不谙世事的；幼稚的（尤指年轻人）

I was a **callow** young man insensitive to love, thereby missing the once-in-a-lifetime opportunity of pursuing her.

ingenious [ɪnˈdʒiːnɪəs] *adj.* 灵巧的；制作精巧的

ingenuity [ˌɪndʒəˈnuːətɪ] *n.* 独创力；足智多谋；心灵手巧

innocent [ˈɪnəsnt] *n.* 无辜者；单纯的人 *adj.* 无辜的；清白的

• Words in sentences 句中单词 •

sophistry [ˈsɑfɪstrɪ] *n.* 诡辩术

crossover [ˈkrɔːsəʊvər] *n.* 转型；转变（活动或风格的）

vitalism [ˈvaɪtlɪzəm] *n.* 活力论（认为生命是由无形的物质所支配）

teleology [ˌtiːlɪˈɑlədʒɪ] *n.* 目的论（认为一切事物均为特定目的而安排）；起因学

banish [ˈbænɪʃ] *v.* 消除；赶走；放逐

insensitive [ɪnˈsensɪtɪv] *adj.* 未意识到（他人感受）的；不敏感的

Part 2 补充单词 / 词组

disingenuous [ˌdɪsɪnˈdʒenjʊəs] *adj.* 不真诚的；虚伪的

The waitress welcomes me with a **disingenuous**, formal smile.

waterhole [ˈwɔːtərhəʊl] *n.* 水坑

single out 挑出

Waterholes are perfect places to ambush. The lions **single out** a bull.

brazen it out 厚着脸皮干下去；（做错事以后）显出若无其事的样子

I have to **brazen it out** to complete the mission despite it being kind of embarrassing.

sophist [ˈsɑfɪst] *n.* 诡辩家

The **sophist** reputes this fallacy categorically.

Sophy is the most ingenious **sophist**.

casuist [ˈkæzjʊɪst] *n.* 诡辩家

The **casuist** can point out the subtle distinction between the two arguments.

九阴真经

omen [ˈəʊmən] *v.* 有……的征兆 *n.* 预兆；征兆

ominous [ˈɑːmɪnəs] *adj.* 噩兆的；不吉利的

foretaste [ˈfɔːrteɪst] *v.* 预示；预示什么会发生 *n.* 征象；未来景象

casuistry [ˈkæʒʊɪstrɪ] *n.* 诡辩

I have an **ominous foretaste** of how woefully the battle will be. The lax morality of the judge was evidenced in his **casuistry**.

He was gifted in **casuistry**.

laud [lɔːd] *v./n.* 赞美；赞扬

laudable [lɔːdəbl] *adj.* 应得表扬的；值得赞美的

He saved a drowning kid which was a **laudable** act.

laudatory [ˈlɔːdətɔːrɪ] *adj.* 赞美的

The competent leader received **laudatory** comments from his subordinates.

proscribe [prəʊˈskraɪb] *v.* 剥夺……的公权；放逐；排斥

The felon was **proscribed** to a remote area as a slave by a king.

Alcohol is **proscribed** by most Muslim restaurants.

The school **proscribes** smoking strictly.

rasp [ræsp] *v.* 发出刺耳声；使恼怒 *n.* 锉磨声；粗锉刀

Amelia **rasped**: "You stepped on my toes."

raspy [ˈræspɪ] *adj.* 刺耳的；粗糙的；易怒的

She scolded me with a **raspy** tone. Somehow, I felt my head was going to explode.

Part 3 识记单词 / 词组

seasoned [ˈsiːznd] *v.* 加调料调味；加作料 *adj.* 富有经验的；老于此道的

sophistic=sophistical [səˈfɪstɪk][səˈfɪstɪkəl] *adj.* 诡辩的；强词夺理的

casuistic [ˈkæʒʊˈɪstɪk] *adj.* 诡辩的

brass [bræs] *n.* 黄铜；铜器

brazen [ˈbreɪzən] *v.* 厚着脸皮做；使变得无耻 *adj.* 厚颜无耻的；黄铜（制）的；响而刺耳的

a callow youth 乳臭未干的年轻男子

Lesson 89

Part 1 主力单词

liking [ˈlaɪkɪŋ] *n.* 喜爱；喜欢

Most people formed a **liking** for this magnanimous female boss at the sight of her.

Why should a lobster be any more ridiculous than a dog...or any other animal one chooses to take for a walk? I have a **liking** for lobsters. They are peaceful, serious creatures. (from Gérard de Nerval, French symbolist writer)

I have never understood this **liking** for war. It panders to instincts already catered for within the scope of any respectable domestic establishment. (from Alan Bennett, British playwright, actor, and director)

affinity [əˈfɪnətɪ] *n.* 喜爱；类同；同血缘

I have a special **affinity** for literature.

The painting has an **affinity** to a surreal one.

predilection [ˌpredlˈekʃn] *n.* 偏爱；偏好

The epicure has a **predilection** for healthy food.

Chinese **predilection** for syncretism has made Buddhism and Taoism indistinguishable.

penchant [ˈpentʃənt] *n.* 偏好；嗜好

The sect has a **penchant** for worshipping their gods in a solitary forest.

The superstar has a **penchant** for ostentatious living.

infatuate [ɪnˈfætʃʊˌeɪt] *v.* 使迷恋；使冲昏头脑

infatuated [ɪnˈfætʃʊˌeɪtɪd] *adj.* 迷恋的；热恋的

I may not here omit those two main plagues, and common dotages of humankind, wine, and women, which have **infatuated** and **besotted** myriads of people. They go commonly together. (from Robert Burton, English scholar and churchman)

He becomes **infatuated** with the enchantress under her spell.

besotted [bɪˈsɑtɪd] *v.* 使醉；使糊涂　*adj.* 爱得发狂的；痴迷的

He seems **besotted** with his wife and jealous of everyone who talks to her.

infatuation [ɪnˌfætʃʊˈeɪʃn] *n.* 热恋；痴迷

I have a brief **infatuation** with her.

九阴真经

fetish [ˈfetɪʃ, ˈfitɪʃ] *n.* 迷恋（物）；迷信（物）

• Words in sentences 句中单词 •

syncretism [ˈsɪŋkrɪˌtɪzəm, ˈsɪn-] *n.* 混合；融合（宗教、信仰）

Taoism [ˈdaʊɪzəm] *n.* 道教

sect [sekt] *n.* 派别；宗派

solitary [ˈsɑːləterɪ] *n.* 独居者；单独监禁 *adj.* 与世隔绝的；唯一的

ostentatious [ˌɑstenˈteɪʃəs] *adj.* 铺张的；炫耀的

Part 2 补充单词 / 词组

parishioner [pəˈrɪʃənər] *n.* 教区居民

The **parishioners** ended the shooting in six seconds.

livid [ˈlɪvɪd] *adj.*（打伤后呈现的）青紫色的；青灰色的；红色的；非常生气的

Do you fight with someone? I can see the **livid** bruises on your arms.

He was quite **livid** at her passivity.

blush [blʌʃ] *v.* 使变红 *n.* 脸红；羞愧

He was **blushed** lividly with shame. There was no such university.

magnanimous [mægˈnænəməs] *adj.* 宽宏大量的；情操高尚的

She was too **magnanimous** to hold grudges against people who hurt her in the past.

philanthropist [fɪˈlænθrəpɪst] *n.* 慈善家

The **philanthropist** made a **magnanimous** donation to an animal shelter.

value-laden [ˈvæljʊ ˈleɪdn] *adj.* 主观的

Stock market analyses and risk assessments are **value-laden.**

anthropocentric [ˌænθrəpəˈsentrɪk] *adj.* 以人类为宇宙中心的；以人类观点解释宇宙万物的

The **anthropocentric** view of " superior to nature " is patently **value-laden** and should immediately evoke ecological concerns.

sectarian [sekˈterɪən] *adj.* 宗派的；派别的；偏执的 *n.* 宗派成员；闹宗派的人

For the unification of the nation, we have to move beyond **sectarian** allegiances.

in days of yore 昔日

Various religious, **sectarian** battles had made **in days of yore**.

dotage [ˈdəʊtɪdʒ] *n.* 年迈糊涂

He aged into **dotage** and couldn't remember things correctly.

Lack of exercise makes him fall into premature **dotage**.

dote [dəʊt] *v.* 溺爱

The grandfather **dotes** on his only grandson.

anthropology [ˌænθrəˈpɑːlədʒɪ] *n.* 人类学

anthropo- [ˈænθrəpəʊ] *comb.* 人类

She majors in **anthropology** and minors in archaeology.

misanthropy [mɪsˈænθrəpɪ, mɪz-] *n.* 厌恶人类；厌世

He was reduced to **misanthropy** by the betrayal of his family and friends.

Misanthropy is the hatred of mankind who endanger all the species on the planet.

misanthrope [ˈmɪsənθrəʊp] *n.* 厌恶人类的人；厌世者

The remote cabin is admirably fitted for a recluse and a **misanthrope**.

Part 3 识记单词 / 词组

parish [ˈpærɪʃ] *n.* 教区

magnanimity [ˌmægnəˈnɪmɪtɪ] *n.* 宽宏大量

to dote on sb./sth. 溺爱某人 / 酷爱某物

yore [jɔːr] *n.* 昔时；往昔

paleoanthropology [ˌpeɪlɪəʊˌænθrəˈpɒlədʒɪ] *n.* 古生人类学

Lesson 90

Part 1 主力单词

filthy [ˈfɪlθɪ] *adj.* 肮脏的 *adv.* 极其肮脏地；富得流油地

Can you clean this **filthy** sewer for me?

I won't transact this **filthy**, tax-evasion business.

A certain versifier, a false one, said, " Just as England has been **filthy** with the defiler John, so now the filth of Hell is fouled by his foul presence", but it is dangerous to write against a man who can easily do you wrong. (from Matthew Paris, English chronicler and monk)

grubby [ˈgrʌbɪ] *adj.* 肮脏的；可鄙的

Don't touch my impeccable and immaculate tuxedo with your **grubby** hands.

Forgery selling might be a **grubby** business.

soil [sɔɪl] *v.* 弄脏 *n.* 土壤；国土

The diaper was **soiled** by the baby's excretion.

sully [ˈsʌlɪ] *v.* 弄脏；玷污；败坏

Don't **sully** the carpet. We have an important guest coming.

squalid [ˈskwɑlɪd] *adj.* 肮脏的；卑鄙的

He was in the throes of penury living in a **squalid** place with a sooty chimney.

slovenly [ˈslʌvnlɪ] *adj.* 邋遢的；不整洁的

Your **slovenly** place looks like a pigsty.

dishevel [dɪˈʃevəl] *v.* 使蓬乱；使头发凌乱

She disguised herself as a witch and ran a hand through her hair **disheveling** it during Halloween.

Slovenly and **disheveled** as always, he rarely combs his hair.

stain [steɪn] *v.* 染污；留下污迹；给……染色 *n.* 玷污（名声等）；污渍；着色剂

His blood **stained** the floor.

defile [dɪˈfaɪl] *v.* 弄脏；玷污 *n.* 山中狭径

The sacred temple has been **defiled** by profane philistines.

smudge [smʌdʒ] *v.*（墨迹、画作等）被弄脏；被弄模糊 *n.*（擦拭后留下的）污迹；污痕

The inimitable oil painting was **smudged** by water.

smear [smɪr] *v.* 涂抹（黏腻的东西）；污蔑；击败 *n.*（将某种液体或稠厚物质涂在表面上形成的）污点

The glamorous model's face was **smeared** with mud after falling down in a pit.

The candidates jump on the bandwagon launching a **smear** campaign as the election approaches.

unkempt [ʌn'kempt] *adj.* 不整洁的；没有打理的

Americans would rather live next to a pervert heroin addict than a person with an **unkempt** lawn.

bedraggled [bɪ'drægəld] *adj.* 又湿又脏的

His quilt looked worn and **bedraggled**, like a thing left out too long in the rain.

• Words in sentences 句中单词 / 词组 •

transact [træn'zækt] *v.* 做（生意）；办理（业务）

versifier ['vɜːrsɪfaɪər] *n.* 将……改成韵文的人；拙劣诗人

defiler [dɪ'faɪlər] *n.* 玷污者；亵渎者

impeccable [ɪm'pekəbl] *adj.* 完美的；无可挑剔的

tuxedo [tʌk'siːdəʊ] *n.*（指男式）晚礼服

sooty ['sʊtɪ] *adj.* 满煤烟子的；煤烟子一样黑的

profane [prə'feɪn] *v.* 亵渎（圣物）；玷污；滥用 *adj.* 亵渎的；渎神的

philistine ['fɪlɪstiːn] *n.* 对文化艺术无知的人；文化修养低的人 *adj.* 市侩的；庸俗的；低级的

glamorous ['glæmərəs] *adj.* 有魅力的；令人向往的

pit [pɪt] *v.* 使成凹；使留下疤痕；储藏于地窖中；使掉入陷阱 *n.* 麻子；痘瘢

jump on a bandwagon 顺应潮；跟风

bandwagon ['bændwægən] *n.* 流行；时尚

Part 2 补充单词 / 词组

purl [pɜːrl] *v.* 潺潺地流动；用金银线绣 *n.* 潺潺声；有潺潺流水的小溪；金银线

unsullied [ʌn'sʌlɪd] *adj.* 无污点的；无瑕的

The **unsullied** stream **purls** along the small village.

The green jewel was bright and **unsullied**.

Her reputation is **unsullied**.

in the throes of 处于……的困境之中；处于……的动荡时期

China was **in the throes of** civil war in the wake of Japan's surrender.

transactive memory 交互记忆

Groups encode, store, and retrieve knowledge collectively. **Transactive memory** permits an individual to learn things in a more efficient way.

swap [swɑːp] *v.* 交换；交易 *n.* 交换物；被掉换者

We **swap** business cards with other people in the meeting.

May I **swap** my pen for your book?

After we are done reading, we should **swap** our magazines.

hallow [ˈhæləʊ] *v.* 尊敬（或崇敬）；把……封为神圣之物 *n.* 圣徒

The ritual has been **hallowed** for centuries.

hick [hɪk] *n.* 乡下人 *adj.* 乡巴佬似的；乡下的

The **hick** has a philistine attitude toward literature and opera.

yokel [ˈjəʊkl] *n.* 乡下佬；粗野之人

A country **yokel** is sometimes hard to deal with.

inimitable [ɪˈnɪmɪtəbəl] *adj.* 无双的；无法模仿的

I was beguiled by her **inimitable** beauty.

mossy [ˈmɔːsɪ] *adj.* 生苔的；苔状的

sward [swɔːrd] *v.* 给……铺上草皮 *n.* 草地；草皮

Sheep trod on a **mossy sward**.

Part 3 识记单词 / 词组

throe [θrəʊ] *n.* 一阵剧痛

pang [pæŋ] *v.* 使极度痛苦；折磨 *n.*（肉体上）剧痛；（精神上）一阵极度的痛苦

stainless steel 不锈钢

a bandwagon effect 从众效应

hallowed ground 圣地

imitable [ˈɪmətəbəl] *adj.* 可模仿的

moss [mɔːs] *n.* 苔藓 *v.* 以苔覆盖

grub [grʌb] *v.* 翻掘；搜寻 *n.*（昆虫的）幼虫；蛆

sloven [ˈslʌvən] *n.* 懒散的人；散漫的人

stainless [ˈsteɪnləs] *adj.* 没有污迹的；道德高尚的

dowdy [ˈdaʊdɪ] *n.* 过时的；邋遢的（old-fashioned 过时的；slovenly 邋遢的）

Lesson 91

Part 1 主力单词 / 词组

speed up 加速

May you **speed up** the civilian evacuation? I can't hold off the enemy any longer.

speedup [ˈspiːdˌʌp] *n.* 加速

I would like to see some **speedup** in your progress.

accelerate [əkˈseləreɪt] *v.* 加速

Inflation has been **accelerated** to record highs.

The racecar can be **accelerated** to 300 miles per hour.

expedite [ˈekspədaɪt] *v.* 迅速完成；促进

The product manager tries to **expedite** his production.

If you pay extra, the delivery can be **expedited**.

expedition [ˌekspəˈdɪʃn] *n.* 远征；考察迅速；动作敏捷

He acted with all possible **expedition**.

He led an **expedition** to Egypt.

hurry [ˈhɜːrɪ] *v.*（使）加快；催促 *n.* 急忙

We are going to be late and had better **hurry** to catch the plane.

hasten [ˈheɪsn] *v.* 加快；加紧

A district attorney told me an inferior lawyer only **hastens** the client's imprisonment.

haste [heɪst] *v.* 匆忙；仓促 *n.* 急速

The meal was done in **haste**.

九阴真经

hasty [ˈheɪstɪ] *adj.* 仓促的；轻率的

Your headlong, **hasty** decision in foreign exchange investment has cost me dearly.

rush [rʌʃ] *v.*（使）急速行进；催赶；猛攻 *n.* 匆忙；仓促

The king **rushed** to the battlefield to fight alongside his soldiers.

I will win the chess match if you don't **rush** me.

The entourages of the president have to leave immediately before an influx/inflow of the mob **rush** in.

charrette(=charette) [ʃeˈret] *v.* 赶工 *n.* 专家研讨会议

The construction workers have been having weekly **charrettes** for three months to finish the building project.

expeditious [ˌekspəˈdɪʃəs] *adj.* 迅速完成的；迅速的

Customers are satisfied with her **expeditious** handling of their complaints.

What's the best; the most **expeditious** path to get on the CEO ladder?

celerity [səˈlerɪtɪ] *n.* 迅速；敏捷

He fired the pistol with **celerity** and accuracy.

Celerity of movement is essential in battle.

• Words in sentences 句中单词 •

headlong [ˈhedlɔːŋ] *adj.* 头朝前的 *adv.* 速度很快地；轻率地

entourage [ɑːntʊˈrɑːʒ] *n.*（要人或名人的）随行人员；环境

influx [ˈɪnflʌks] *n.* 汇集；流入

inflow [ˈɪnfləʊ] *n.* 汇集；流入

mob [mɑːb] *v.* 围攻；蜂拥进入 *n.* 暴民；乱民

Part 2 补充单词

alongside [əˌlɔːŋˈsaɪd] *adv.* 在……旁边 *prep.* 与……一起

elite [eɪ'liːt, ɪ'liːt] *n.* 精英 *adj.* 精锐的

You will work **alongside** the **elite** professor.

socialite ['səʊʃəlaɪt] *n.* 社交名流

The rich man knows many **socialites**.

pickpocket ['pɪkpɑkɪt] *n.* 扒手

The **pickpocket** was caught and punished with celerity.

Part 3 识记单词 / 词组

slow down （使）放慢；（使）身心松弛

impede [ɪm'piːd] *v.* 阻碍；阻止

kitchenette [ˌkɪtʃə'net] *n.* 小厨房

usherette [ˌʌʃə'ret] *n.* 女引座员；女服务员

coquette [kəʊ'ket] *n.* 卖弄风情的女人

coquet [kəʊ'ket] *v.* 卖弄风情；调情 *n.* 卖弄风情的女人 *adj.* 卖弄风情的

coquettish [kɒ'ketɪʃ] *adj.* 卖弄风情的

grisette [grɪ'zet] *n.*（法国的）女工

-ette [et] *suff.* 微小的；女性

diskette [dɪ'sket] *n.*【计算机】磁盘；软盘

velocity [və'lɑːsətɪ] *n.* 速度；速率

Lesson 92

Part 1 主力单词

acquit [ə'kwɪt] *v.* 宣判……无罪；表现

He was **acquitted** of all charges by the senior judge for lack of sufficient evidence.

He **acquitted** himself well in an international conference.

absolve [əb'zɑːlv] *v.*（尤指宗教或法律上）赦免（某人）的罪；免除（某人）的责任

The law can't **absolve** the reckless driver from all responsibilities. However, the judge gave

九阴真经

him a lenient sentence due to his genuine remorse.

He needs to be **absolved** from work for a month to recover his health.

exonerate [ɪɡˈzɑːnəreɪt] *v.* 证明……无罪；使免受责备

The two guards accused of larceny and arson were completely **exonerated** by the court and restored to their post.

The brave general accused of treason had been **exonerated** posthumously by the army.

The district attorney persuades a gangster to be a stain witness against his own gang and promised to **exonerate** all of his crimes.

exculpate [ˈekskəlpeɪt] *v.* 为……开脱；证明……无罪

The democracy fighter made no attempts to **exculpate** himself, although he was commiserated by a throng. Some sympathizers contrive an escape plan for him.

amnesty [ˈæmnɪstɪ] *v.* 对……实行大赦 *n.* 大赦；特赦

The law came into effect providing **amnesty** for illegal immigrants already in California.

The Philippine president grants **amnesty** to drug dealers if they turn themselves in and promise never to sell drugs again.

• Words in sentences 句中单词 / 词组 •

larceny [ˈlɑːrsənɪ] *n.* 盗窃罪；（尤指美国的非入室）盗窃

stain witness 污点证人

commiserate [kəˈmɪzəˌreɪt] *v.* 表示同情（或惋惜）

throng [θrɔːŋ] *v.* 蜂拥；群集 *n.* 人群；群众

contrive [kənˈtraɪv] *v.* 设计；巧妙安排；策划

Part 2 补充单词

lemur [ˈliːmər] *n.* 狐猴

ungainly [ʌnˈɡeɪnlɪ] *adj.* 难看的；笨拙的

The ugliest **lemur** has an **ungainly** appearance.

The old man moved his **ungainly**, clumsy hands.

seminar [ˈsemɪnɑːr] *n.* 专题讨论会；研讨班课程

The professor conducted a series of environmental **seminars** for students.

conclave [ˈkɑŋkleɪv] *n.* 秘密会议；主教选举会议（secret meeting）

He represented Sri Lanka at an international **conclave**.

van [væn] *n.* 有盖小货车；用车搬运

careen [kəˈriːn] *v.* 倾侧；疾驶；向前猛冲 *n.* 倾侧；（车等）摇晃着行驶

The **van careened** as it rounded the corner.

Part 3 识记单词 / 词组

acquittal [əˈkwɪtl] *n.* 宣判无罪

exoneration [ɪɡˌzɒnəˈreɪʃn] *n.* 免罪；免除

exculpation [ˌekskʌlˈpeɪʃən] *n.* 使无罪，辩解

convict [kənˈvɪkt, ˈkɑːnvɪkt] *v.* 定罪；宣判……有罪 *n.* 已决犯；服刑囚犯

acquit yourself 表现（在困难的情况下表现出色）

ungainly contrivance 难看的装置

seminary [ˈsemɪnerɪ] *n.* 神学院；（女子）学校

forum [ˈfɔːrəm] *n.*（尤指讨论与公共利益相关的问题的）论坛；（互联网上的）讨论会；市场

contrivance [kənˈtraɪvəns] *n.* 计谋；设计；发明物；装置

Lesson 93

Part 1 主力单词

warlike [ˈwɔːrlaɪk] *adj.* 好战的；尚武的

These native Indians were docile and affable instead of **warlike** and valiant.

I should be judged as a captain who went from Spain to the Indies to conquer a people numerous and **warlike**, whose manners and religion are very different from ours, who live in sierras and mountains, without fixed settlements. (from Christopher Columbus, Italian explorer and colonialist)

The special forces have intensive and ruthless training under the most realistic **warlike** conditions.

九阴真经

belligerent [bəˈlɪdʒərənt] *n.* 交战国；交战团体 *adj.* 好斗的；交战的

The nation took a **belligerent** attitude in the Middle West crisis.

The **belligerents** were embargoed by the U.S. for safety concerns.

bellicose [ˈbelɪkəʊs] *adj.* 挑衅的；希望发动战争的

The tone of the nation's pronouncements continues to be **bellicose**, but nothing has happened so far.

Your **bellicose** statement and insolent and impudent attitude to the monarch has provoked his determination to wipe out your country.

pugnacious [pʌgˈneɪʃəs] *adj.* 好斗的；挑衅的

Falcons are **pugnacious** and must be kept separate in order not to kill each other.

The **pugnacious** right-wingers declined the peace talks.

militant [ˈmɪlɪtənt] *n.* 好斗者；激进分子 *adj.* 好战的；激进的

The tribal leader engaged in conversation with a **militant** attitude.

The **militants** stormed and seized control of the foreign embassy in Libya.

truculent [ˈtrʌkjələnt] *adj.* 凶狠的；好战的

Parker is robust and has a **truculent** personality.

The Russian diplomat spoke with a **truculent** manner.

belligerence [bəˈlɪdʒərəns] *n.* 交战；好战

Her increasing **belligerence** alienated her from her old friends.

bellicosity [ˌbelɪˈkɒsətɪ] *n.* 好战；好打架

Most players of chess play just for diversion. Chess has so many enthusiasts only because it suits man's **bellicosity**.

• Words in sentences 句中单词 / 词组 •

docile [ˈdɑːsl] *adj.* 温驯的；好控制的

valiant [ˈvælɪənt] *adj.* 英勇的；勇猛的

sierra [sɪˈerə] *n.* 齿状山脉

special forces 特种部队

embargo [ɪmˈbɑːrgəʊ] *v.* 禁止（船只）出入港口；禁止（或限制）买卖 *n.* 禁运

right-winger [raɪt ˈwɪŋgər] *n.* 右翼分子；保守派人士

Part 2 补充单词 / 词组

jolly [ˈdʒɑːlɪ] *adj.* 快乐的；愉悦的 *adv.* 开玩笑；逗乐

She is a **jolly** girl and has a jolly time at the party.

tease [tiːz] *v.* 戏弄；逗弄 *n.* 爱戏弄人的人；卖弄风骚的女孩；挑逗者

banter [ˈbæntər] *v.* 逗弄；开玩笑 *n.* (善意地) 取笑

She always **teases** her students in a **bantering** tone.

The bridal shower was filled with joy and risqué **banter**.

tantalize [ˈtæntəlaɪz] *v.* 撩拨；惹弄；逗引

Do not **tantalize** animals.

The soldier had **tantalized** a captive in every possible way to humiliate him.

tantalization [ˌtæntəlaɪˈzeɪʃən] *n.* 逗弄；使干着急；难熬

Carol is gifted with an infinite capacity for **tantalization**.

unused [ˌʌnˈjʊst] *adj.* 不习惯的

badinage [ˌbædənˈɑːʒ] *v.* 开玩笑 *n.* 玩笑；揶揄

She is shy and **unused** to others' **badinage**.

persiflage [ˈpɜːrsɪflɑːʒ] *n.* 戏弄；挖苦

Both parties signed the agreement after the usual backing and filling, crossfire of interrogatories, and legal **persiflage** in the business meeting.

She mistook his **persiflage** as an insult.

quizzical [ˈkwɪzɪkəl] *adj.* 嘲笑的；揶揄的；怀疑的

He plays a cynical, **quizzical** old man.

She gave me a **quizzical** look as I said I was the best student.

Part 3 识记单词 / 词组

a news embargo 停止新闻报道的禁令

announcement [əˈnaʊnsmənt] *n.* 公告；声明

announce [əˈnaʊns] *v.* 宣布；宣告

九阴真经

Lesson 94

Part 1 主力单词

grouch [graʊtʃ] *v.* 发牢骚；抱怨 *n.* 好抱怨的人

The service is consummate, there being nothing to be **grouched** about.

He has been **grouching** on for an hour after the difficult test.

My aunt is a **grouch** when she is sick.

grouchy [ˈgraʊtʃɪ] *adj.* 牢骚满腹的；生闷气的

I stepped on his toes accidentally and he gave me a **grouchy** look.

grumble [ˈgrʌmbl] *v.* 发牢骚；抱怨 *n.* 嘟囔；（通常因为饿而）肚子咕咕叫

Some **grumble** about there not being enough time to finish the exam.

These construction companies **grumbled** at the tight fiscal policy.

If you are foolish enough to be contented, don't show it, but **grumble** with the rest.

These port labors always **grumble** about excessive overtime.

cantankerous [kænˈtæŋkərəs] *adj.* 抱怨不休且爱争吵的

The octogenarian is a law professor who writes his autobiography in his final **cantankerous** days.

His **cantankerous** rantings have made him unapproachable.

quarrel [ˈkwɑːrəl] *v.* 争吵；吵嘴 *n.* 口角；争吵

The gambler had fallen into dissipated habits and **quarreled** with his wife constantly.

quarrelsome [ˈkwɔːrəlsəm] *adj.* 争吵的；不和的

I have no intention to talk to a peevish and **quarrelsome** old man.

querulous [ˈkwerələs, ˈkwerjə-] *adj.* 爱发牢骚的；爱抱怨的

As a perverse, **querulous** old man, he asked the politician many strange questions.

Querulous passengers spoiled my bus trip.

remonstrate [rɪˈmɑːnstreɪt] *v.* 抗议；抱怨

He had **remonstrated** with his friend strongly upon the legal impropriety he had made in their business.

gripe [graɪp] *n.* 发牢骚；肠胃绞痛

She ignored and disengaged herself from her grandmother's **gripe** totally.

wrangle [ˈræŋɡəl] *v.* 争吵；放牧 *n.* 争论

People **wrangle** over unemployment.

wrangler [ˈræŋɡlər] *n.* 争吵者；牧马者

Two cowboys and a **wrangler** take care of horses.

grumbler [ˈɡrʌmblər] *n.* 牢骚满腹的人

• Words in sentences 句中单词 / 词组 •

consummate [ˈkɑnsəmeɪt] *v.* 使完美；圆房 *adj.* 完美的；技艺高超的

overtime [ˈəʊvərtaɪm] *v.* 加班 *n.* 加班费；加时赛 *adv.* 加班地

octogenarian [ˌɑktədʒəˈnerɪən] *n.* 80 多岁的人

dissipated habits 浪费的习惯

disengage [ˌdɪsenˈɡeɪdʒ] *v.* 使无关；不管；停战

Part 2 补充单词

locomotion [ˌləʊkəˈməʊʃn] *n.* 运动；转位；旅行

brachiate [ˈbreɪkɪeɪt] *v.* 在树枝间吊来荡去 *adj.*【植】有交互对枝的；【动】有臂的

Monkeys swing from tree to tree. This **locomotion** is called **brachiating**.

solo [ˈsəʊləʊ] *v.* 独唱；独奏 *n.* 独奏 *adj.* 独奏（曲）的；独唱（曲）的 *adv.* 单独地

duet [dʊˈet] *n.* 二重唱；双人舞

cantata [kənˈtɑːtə] *n.*【音】清唱剧

oratorio [ˌɔːrəˈtɔːrɪəʊ] *n.*（通常为宗教题材的）清唱剧

Aria is a melody sung **solo** or as a **duet** in an opera, **cantata**, or **oratorio**.

murmur [ˈmɜːrmər] *v.* 私下的抱怨；低声说 *n.* 低语声；细语；咕哝

Soldiers were **murmuring** about when they could come home.

九阴真经

Part 3 识记单词

brachium ['breɪkiəm] *n.* 臂；（鸟兽）相当于此部分的翅膀或肢

podiatrist [pə'daɪətrɪst] *n.* 足病医生

pod- [pɒd] *pref.* 表示“足”之义（用于元音之前）

murmuration [ˌmɜːrmə'reɪʃn] *n.* 椋鸟群在空中盘旋时发出吵闹的叫声；鸟叽叽喳喳的声

sob story （意在博取同情的）伤感故事

Lesson 95

Part 1 主力单词

weep [wiːp] *v.* 流（泪） *n.* 哭泣

She **wept** for his demise.

Laugh and the world laughs with you, **weep** and you **weep** alone.

If you wish me to **weep**, you yourself must first feel grief. (from Horace, Roman poet)

sob [sɑːb] *v.* 啜泣的哭 *n.* 抽噎（声）

I tried to grasp her arm but she flinched away, **sobbing** harder.

sober ['səʊbər] *v.* 使清醒（+up）；使严肃 *adj.* 严肃的；冷静的；清醒的；（衣物）简朴的

A cup of tea or coffee might **sober** me up.

A **sober** assessment of a situation in war is crucial for a commander.

snivel ['snɪvəl] *v.* 抽噎 *n.* 哭鼻子

I suggest you never be seen **sniveling**. Women like strong men.

sniffle ['snɪfəl] *v.* 安静地哭（抽噎） *n.*（通常指因哭泣或感冒）抽鼻子

Don't **sniffle**. You can just blow your nose.

mewl [mjʊl] *v.* 轻声地哭 *n.* 呜咽

When I passed by the dilapidated haunted house, I heard a faint **mewling** of a female inside. I felt rather spooky.

squall [skwɔːl] *v.*（尤指婴儿）大声啼哭 *n.* 突发的脾气；飑（指突起的狂风或短时的风暴）

The baby **squalled** at night for no reason.

The hot air balloon was caught by **squalls**.

whimper [ˈhwɪmpər, ˈwɪm-] *v.* 呜咽；不耐烦的报怨 *n.* 抽泣

She **whimpered** and pouted after being punished.

The serial killer received a death sentence without a **whimper**.

howl [haʊl] *v.*（狼、狗）长嚎 *n.* 号叫声；呼啸声

Wolves **howl** to the blue cold moon.

bawl [bɔːl] *v.* 放声痛哭 *n.* 咆哮

The patient **bawled** from physical discomfort.

After learning of his father's death, he **bawled** unbearably.

blubber [ˈblʌbə] *v.* 哇哇地哭；孩子似地大哭 *n.* 海兽脂；鲸脂；人身上的赘肉

Don't **blubber** incoherently like a child.

ululate [ˈʌljʊleɪt] *v.*（狼、猫头鹰等）嗥；悲鸣；高兴地叫

The protestors **ululated** for attention.

The bereft person was **ululating** cries.

Some guests **ululated** in celebration of the new year.

ululation [ˈʌljʊleɪʃn] *n.* 嗥声；嚎叫

trill [trɪl] *v.* 用颤音唱（或奏）；（鸟）啼啭 *n.* 颤音；（鸟等的）啼啭声

I knew the distaff master went out with her high-pitched **trills** and **ululations**.

• Words in sentences 句中单词 / 词组 •

flinch [flɪntʃ] *v.*（因疼痛或恐惧）猛地一颤；退缩

blow your nose 擤鼻子

spooky [ˈspuːkɪ] *adj.* 诡异的；阴森可怕的

hot air balloon 热气球

pout [paʊt] *v.*（生气或性感地）噘嘴 *n.* 生气；不高兴

incoherently [ˌɪnkəʊˈhɪrəntɪ] *adv.* 言语不清地；不连贯地

九阴真经

Part 2 补充单词 / 词组

to and fro 往复（的）；来回（的）

pueblo [ˈpwebləu] *n.* 普魏布勒印第安人的村庄

Winds of the **pueblo** whimpers **to and fro**.

wince [wɪns] *v.* 脸部肌肉的抽搐 *n.* 畏缩；退缩

The defendant **winced** at the verdict.

hogan [ˈhəugən] *n.* 泥盖木屋

octagonal [ɑkˈtægənəl] *adj.* 八边形的；八角形的

Some native Americans lived in **hogans** of **octagonal** shape.

notch [nɑtʃ] *v.* 在……上刻凹痕；赢得（+up） *n.* 刻痕；峡谷

He **notched** the tree randomly.

Lesson 96

Part 1 主力单词 / 词组

deal with 处理

The situation is so complicated more than you can **deal with**.

The author has to **deal with** the problem of piracy.

Let me finish my job first. I will **deal with** him later.

cope with 对付

Housing projects have been carried on to **cope with** the increasing population.

contend with 处理（困境或不愉快的事）

I have some difficulties to **contend with**.

I don't need another blunder of yours to **contend with**.

handle [ˈhændl] *v.* 处理；应付 *n.* 把手；柄

Insurance companies often **handle** special cases with extra premiums.

tackle ['tækl] *v.* 处理；阻截；铲球（尤指足球或曲棍球中） *n.* 用具；装备

Countries must **tackle** the root causes of social injustice and inequity.

juggle ['dʒʌgəl] *v.* 尽力同时应付（两种或两种以上不同的活动或人）；（用……）玩杂耍；歪曲

I **juggled** several jobs day and night.

She **juggles** her career with her personal life.

The vote has been **juggled** with. The figure doesn't seem right.

sort out 把……分类；整理

Silencing a complaint is a common practice for the local police who suggest to people that all their private matters should be **sorted out** by themselves.

surmount [sər'maʊnt] *v.* 解决（问题）；耸立于……之上

It took us several years to **surmount** these technical problems appearing in submarine construction.

One inch of joy **surmounts** a span of grief.

surmountable [sə'maʊntəbəl] *adj.* 可以被克服的

• Words in sentences 句中单词 •

inequity [ɪn'ekwɪtɪ] *n.* 不公正；不公平

equity ['ekwətɪ] *n.* 公平；公正

span [spæn] *v.*（桥、拱等）横跨；在……架桥 *n.* 长度；宽度；（时间）持续

Part 2 补充单词

mediator ['miːdɪeɪtər] *n.* 调解者；中介物

equitable ['ekwɪtəbl] *adj.* 公平的；公正的

The **mediator** tries to find an **equitable** solution for the dispute.

zucchetto [zʊ'ketəʊ] *n.*（神父戴的）室内圆形小便帽

The **zucchetto** is a small, round skullcap worn by Roman Catholic clergies.

九阴真经

intermediary [ˌɪntərˈmiːdɪerɪ] *n.* 仲裁者；媒介物 *adj.* 中间的；媒介的

The United States serves as an **intermediary** over border disputes.

He served as an **intermediary** for the negotiation.

I don't want to play an **intermediary** role in their heated argument.

mediate [ˈmiːdɪeɪt] *v.* 调解 *adj.* 间接的；居间的

We need a powerful person to **mediate** the disputes.

Courts serve as **mediate** institutions.

Part 3 识记单词 / 词组

fishing tackle 钓鱼装备

equities [ˈekwɪtɪz] *n.* 股票；资产净值

go between 居间调停

Lesson 97

Part 1 主力单词 / 词组

join [dʒɔɪn] *v.* 参加；联结 *n.* 结合；接连处

He would like to **join** this political party.

Join us. We will bring you victory.

The master blamed the servant and asked her to be more careful in future. The master's elder brother **joined** with zest in the censures.

participate [pɑːrˈtɪsɪpeɪt] *v.* 参加；参与

I **participate** in the chess club.

partake [pɑːrˈteɪk] *v.* 参加；吃；享用；有……特质

He didn't **partake** in racketeering.

The farmers **partake** of their well-earned repast.

The clothes with maple leaves on them **partake** of autumnal quality.

on board （尤指为了特殊目的而）参与

We have to get the mayor **on board** seeing that he is one of few people who know which district will be developed.

take part 参加

I will not **take part** in this meeting unless you pay me the fare.

on-board [ɑn bɔːrd] *adj.* 装在（车辆上）的；装载的

• Words in sentences 句中单词 •

zest [zest] *n.* 狂热；（用于调味的）橘皮；柠檬皮

censure [ˈsenʃər] *v./n.*（公开地）严厉斥责；谴责

repast [rɪˈpæst] *v.* 就餐 *n.* 食物

Part 2 补充单词 / 词组

conjoin [kənˈdʒɔɪn] *v.* 结合；联合

The musician **conjoined** western and eastern music together.

Your comments have earned the **conjoined** disapproval of the entire community.

The two rivers eventually **conjoin** into a lake.

The philosopher **conjoins** the two concepts.

hold out 向外伸；坚持；寄予（希望）；抵制

I **hold out** my hand for her.

We are under attack and can't **hold out** any longer.

I don't **hold out** much hope. They will come to rescue us.

I never could have **held out** against all my friends, had it not been for you.

gusto [ˈɡʌstəʊ] *n.* 热情；爱好；艺术的风格

Their enthusiasm couldn't match the **gusto** of their competitors.

She described the fantastic movie with great **gusto**.

I don't have the **gusto** to climb a mountain.

Each painting has its own **gusto**.

boisterous [ˈbɔɪstərəs] *adj.* 喧闹的；狂暴的

The **boisterous** storm almost blew me down the hill.

party [ˈpɑːrtɪ] *v.* 寻欢作乐 *n.* 派对；政党；（契约等的）当事人一方；（共同工作或活动的）一团人

There were **boisterous** young men at the **party**.

九阴真经

bacchanalian [ˌbækəˈneljən] *adj.* 纵酒狂欢的

hedonist [ˈhiːdnɪst] *n.* 快乐主义者

He is a **bacchanalian hedonist** who drinks liquor every day at the pub.

bacchanalia [ˌbækəˈneɪljə] *n.*（古罗马）酒神节

revelry [ˈrevəlrɪ] *n.* 狂欢；宴会

The lawyer enjoyed the **bacchanalia revelry** last night.

roisterer [ˈrɔɪstərər] *n.* 喝酒喧闹的人；摆架子的人

carousal [kəˈraʊzəl] *n.* 喧闹的酒宴；狂欢；快乐主义

The **roisterers** will strike fear into the bravest guests in the **carousal** on Halloween night.

rowdy [ˈraʊdɪ] *n.* 吵嚷者 *adj.* 闹哄哄的；捣乱的

There are some **rowdy** local bars.

roister [ˈrɔɪstər] *v.* 喝酒喧闹；摆架子

He went to a club for a **roistering** night in town.

sibling [ˈsɪblɪŋ] *n.* 兄弟姊妹（人类学用）；民族成员

His **siblings** contended for their inheritance.

wimp [wɪmp] *n.* 软弱（或无能）者；糊涂的人

smirk [smɜːrk] *v.* 自鸣得意地笑 *n.* 假笑；傻笑；得意的笑

The **wimp smirked** after negotiation as if he had triumphed.

snick [snɪk] *v.* 刻；使劲打击；切割 *n.* 使咔哒作声；细刻痕

The briefcase was **snicked** shut.

snicker [ˈsnɪkər] *v./n.* 窃笑

She **snickered** and nudged me by his sanctimonious acting.

The lecturer heard **snickers** in the crowd after his foolish statement.

titter [ˈtɪtər] *v.* 窃笑；傻笑 *n.* 短促而神经质的笑

The teacher heard a few **titters** from the students and asked them to stand up.

Part 3 识记单词

disengage [ˌdɪsɪnˈgeɪdʒ] *v.*（使）脱离；解脱；（使）停止交战

hedonism [ˈhiːdənɪzəm] *n.* 享乐主义

bacchanal [ˈbækənəl] *n.* 纵酒狂欢的派对

bacchant [ˈbækənt] *n.* 纵酒狂欢的人 *adj.* 酒神的

Lesson 98

Part 1 主力单词 / 词组

argue [ˈɑːrgjuː] *v.* 争论；争辩

Whenever two people **argue** over principles, they are both right. (from Marie von Ebner-Eschenbach, Austrian novelist and poet)

Ultimately a hero is a man who would **argue** with Gods and awakens devils to contest his vision. (from Norman Mailer, U.S. novelist and journalist)

The lawyer **argues** that nobody is above the law.

contend [kənˈtend] *v.* 争论；断言；主张；竞争

Both parties **contended** over Italy's low levels of immigration and high levels of emigration issues. Accepting refugees to replenish its population seemed to be the only way.

squabble [ˈskwɑːbl] *v.* (为琐事的) 争吵 *n.* 口角

Icy relations with the nation thawed somewhat after a long territorial **squabble** over maritime boundaries.

tussle [ˈtʌsəl] *v.* 争吵；争执；努力理解 *n.* 争吵；争执

The diplomatic **tussle** with the mighty nation is so unwise which is like poking a beehive.

The demonstrators **tussle** with the police over curtailing government pension.

The boxers **tussle** in a ring.

altercate [ˈɔːltərˌkeɪt] *v.* 争论；争吵

The general still **altercated** on the budgets of national defense.

altercation [ˌɔːltərˈkeɪʃn] *n.* 争辩；争吵

There are a number of international **altercations** over coronavirus.

He got stabbed during an **altercation**.

bicker [ˈbɪkər] *v.* (为小事) 争吵；斗嘴 *n.* 小的口角；(水的) 潺潺声

They settled down the issue after almost a decade of **bickering**.

bandy [ˈbændɪ] *v.* 议论；吵嘴；来回传递 *adj.*（腿）向外弯曲的；膝内翻的 *n.* 早期曲棍球

They **bandied** compliments to each other.

bandy words/blows with sb. 跟某人斗嘴 / 打架

The legislator **bandied words with** a reporter.

argument [ˈɑːrgjʊmənt] *n.* 争论；论据

She had a big **argument** with her boss and resigned.

dispute [dɪˈspjuːt] *v.* 对……提出质询；争论 *n.* 争论；辩论

He played a key role in the **dispute**.

• Words in sentences 句中单词 •

immigration [ˌɪmɪˈgreɪʃn] *n.* 移民（移入国内的）

emigration [ˌemɪˈgreɪʃən] *n.* 移民（移出国外的）；移民出境

somewhat [ˈsʌmwʌt] *adv.* 有点；稍微有些

Part 2 补充单词

angular [ˈæŋgjələr] *adj.* 消瘦的；角的；生硬的；笨拙的

anemia [əˈnɪmɪə] *n.* 贫血

He has an **angular** body and suffers from **anemia**.

ordinance [ˈɔːrdɪnəns] *n.* 法令；传统的风俗习惯；（神或命运）注定的事

A city **ordinance** forbids construction work after midnight.

The religious **ordinance** of this temple is strict.

Upon God's decision, the **ordinance** comes and goes without hindrance.

visionary [ˈvɪʒənerɪ] *n.* 出现宗教幻觉的人；有远见卓识的人 *adj.* 有远见的；想象的

We need a **visionary** leader.

His **visionary** brother will help him when he is in dire need.

She is a **visionary** in renewable energy.

immigrate [ˈɪmɪgreɪt] *v.*（从外地）移居；移民

She **immigrated** to the United States without consent from her father.

emigrate [ˈemɪgreɪt] *v.* 移居国外；移民

She **emigrated** from Japan to Canada.

migrate [ˈmaɪgreɪt] *v.* 迁移；移居

Some workers **migrate** to this region.

salmon [ˈsæmən] *n.* 鲑鱼；鲑肉色；浅橙色 *adj.* 浅橙色的；鲑鱼的

anadromous [əˈnædrəʊməs] *adj.* 由海移栖淡水河产卵的

Salmon, which **migrate** to their birthplace, are **anadromous**.

replenish [rɪˈplenɪʃ] *n.* 装满；给……添加燃料

Lucy **replenished** the fire with wood.

diagonal [daɪˈægənəl] *n.* 对角线；斜线；斜纹布 *adj.* 对角线的；斜的

grain [greɪn] *v.* 使成粒状；把……漆成纹状；使深深渗入；对（皮革）的粒面进行处理 *n.* 纹理；谷物；一点儿；气质；本质

The wood has a **diagonal grain**.

The **grain** output in Brazil was expected to hit a record.

go against the grain 违反常理；与……格格不入

indolent [ˈɪndələnt] *adj.* 懒惰的

It **goes against the grain** for this **indolent** person to work on the weekend.

granary [ˈgrænərɪ] *n.* 谷仓；盛产粮食的地区

America is the "**Granary** of the World."

Part 3 识记单词 / 词组

angle [ˈæŋgl] *v.* 使成角度移动（或转向）；歪曲 *n.* 角度；立场；突出部分

bandy legs 罗圈腿；O 型腿

hive [haɪv] *v.* 使（蜂）入蜂巢；贮备 *n.* 蜂巢；蜂群；热闹的场所；熙攘喧闹的人群

trigon [ˈtraɪgɒn] *n.* 三角形；三角琴

triangle [ˈtraɪæŋgl] *n.* 三角形

quadrilateral [ˌkwɑdrɪˈlætərəl] *n.* 四边形 *adj.* 四边形的

九阴真经

parallelogram [ˌpærəˈleləˌɡræm] *n.*（几何）平行四边形

Lesson 99

Part 1 主力单词

bossy [ˈbɔːsɪ] *adj.* 爱指挥人的；跋扈的

A **bossy** classmate asked me to buy that emerald green headscarf disregarding my colorblindness.

domineer [ˌdɒməˈnɪər] *v.* 跋扈；作威作福

She has to comply with her **domineering** husband.

A **domineering**, overprotective mother exerted a great influence over her son and daughters.

assertive [əˈsɜːrtɪv] *adj.* 独断的；坚定自信的

The female leader who always tells people what to do is **assertive** and **domineering**.

overbear [ˈəʊvəˌber] *v.*（在精神上或以武力）压倒；否决

In his memoir, he described he was browbeaten by an **overbearing** irascible father.

Overbearing monarchs and aristocrats usually show little interest in listening to others' advice.

The basketball team **overbore** their opponents.

officious [əˈfɪʃəs] *adj.* 喜欢管闲事的；非正式的

This loquacious old woman is unduly nosy and **officious**.

officiousness [əˈfɪʃəsnəs] *n.* 好管闲事

To defend society from **officiousness** is the duty of every candidate who tries to get elected by dredging up their competitor's embarrassing past.

• Words in sentences 句中单词 •

emerald [ˈemərəld] *n.* 翡翠；绿宝石 *adj.* 翡翠的；祖母绿的

headscarf [ˈhedskɑːrf] *n.*（妇女戴的）头巾

colorblindness [ˈkʌlərblaɪndnəs] *n.* 色盲

overprotective [ˌəʊvərprəˈtektɪv] *adj.* 溺爱子女的；袒护的

memoir [ˈmemwɑːr] *n.* 回忆录；专题论文；备忘录
browbeat [ˈbraʊbiːt] *v.* 恫吓
irascible [ɪˈræsəbəl, aɪˈræs-] *adj.* 易怒的；暴躁的

Part 2 补充单词

irate [aɪˈreɪt, ˈaɪreɪt] *adj.* 发怒的；生气的

We have received some **irate** phone calls from customers.

meek [miːk] *adj.* 温顺的；柔顺的

lamb [læm] *v.* 产羊羔 *n.* 小羊；羔羊肉；羔羊皮

She is as **meek** as a **lamb**.

grumpy [ˈgrʌmpɪ] *adj.* 性情乖戾的

curmudgeon [kɜːrˈmʌdʒən] *n.* 坏脾气的人

ill-tempered [ˈɪlˈtempəd] *adj.* 坏脾气的；易怒的

Her grandmother is a **grumpy** old **curmudgeon** who is **ill-tempered**.

petulant [ˈpetʃələnt] *adj.* 任性的；脾气坏的

The rich young lady talked to me in a **petulant** manner.

peevish [ˈpiːvɪʃ] *adj.* 易怒的；脾气坏的

The **petulant** child does whatever he wants with no concern for others' feelings.

The **peevish** child falls into **petulant** anger easily.

splenetic [splɪˈnetɪk] *n.* 易怒的人；脾气坏的人 *adj.* 容易发怒的；脾脏的

The **splenetic** tyrant struck fear into his subjects.

tantrum [ˈtæntrəm] *n.* 耍（孩子）脾气

My girlfriend threw a **tantrum** at me.

rink [rɪŋk] *v.* 溜冰 *n.* 溜冰场

I heard a gunshot in an ice-skating **rink**.

ablution [əˈbluʃən] *n.* 沐浴（仪式）；洗澡

The ritual of **ablution** requires a person totally immersing in the river.

Some Americans have a morning **ablution** routine.

baptize [ˈbæpˌtaɪz] *v.* 行浸礼或洗礼；（施洗时）授……以教名

She was **baptized** as a Christian.

The priest **baptized** Steven.

nosy [ˈnəʊzɪ] *adj.* 爱打听闲事的

quidnunc [ˈkwɪdˌnʌŋk] *n.* 爱打听（或传播）小道新闻的人；爱搬弄是非的人

He is **nosy** and gossipy, definitely a **quidnunc**.

overpower [ˌəʊvərˈpaʊər] *v.* 击败；使无法忍受；供给……过强的动力

The killer was **overpowered** by the police.

The smell of decomposition **overpowered** a forensic doctor.

quorum [ˈkwɔːrəm] *n.* 法定最低人数；被选出来的一群人

The law will be passed by a **quorum**.

The **quorum** of passing this law is two hundred thousand people.

ire [aɪr] *n.* 愤怒

Seeing her escorted by a male stranger only rouses my **ire**.

Part 3 识记单词 / 词组

dredge [dredʒ] *v.* 挖掘；采捞 *n.* 疏浚机；挖泥船

dredge up 【贬】重提旧事（尤指不愉快或令人难堪者）

dreg [dreg] *n.* 渣滓；沉淀物

coffee dregs 咖啡渣

dregs of society 社会的人渣

Lesson 100

Part 1 主力单词

trick [trɪk] *v.* 欺骗；欺诈 *n.* 骗局；恶作剧；装饰；习惯；手法 *adj.* 特技的；魔术的

The whole thing is a **trick** according to the evidence.

I learned that love was only the dirty **trick** played on us to achieve continuation of the species. (from Somerset Maugham, British writer)

He tried to **trick** me and foisted his misconception on me.

She **tricked** herself up for the party.

My grandmother has a **trick** of murmuring.

Good study habit is the **trick** of acquiring a foreign language.

hoax [həʊks] *v.* 欺骗 *n.* 骗局

The initial landing on the moon was an elaborate government **hoax**. The purpose was to bankrupt a hostile nation by the outer space race.

ploy [plɔɪ] *n.* 计谋；手法

The general dismissed the military adviser's surrender proposal as a **ploy** to buy time.

subterfuge [ˈsʌbtərfjʊdʒ] *n.* 花招；伎俩

He got his position by **subterfuge** and perversion of conscience and had no concern for others. All things are subsidiary to its well-being.

machination [ˌmækəˈneɪʃən] *n.* 阴谋；诡计

Selfish motivations and **machinations** of each other in the palace led to the downfall of the empire.

artifice [ˈɑrtɪfɪs] *n.* 奸计；欺骗（虚伪的）；巧妙办法

He feigned injury to get her attention for her fortune. The **artifice** was indubitable.

contrivance [kənˈtraɪvəns] *n.* 计谋；才能；发明物；器械

The utmost caution and severity of warden are sometimes insufficient to repress the cunning **contrivances** of the inmates.

ruse [ruːz] *n.* 诡计；计策

All your **ruses** proved unavailing due to his cleverness.

decoy [dɪˈkɔɪ, ˈdiːkɔɪ] *v.* 诱饵；圈套 *n.* 用作诱饵的人

The pork was a **decoy** to catch wolves.

foist [fɔɪst] *v.* 采用欺骗手段出售；强迫接受；使混入

At all ages, children are driven to figure out what it takes to succeed among their peers and to give these strategies precedence over anything their parents **foist** on them. (Steven Pinker, U.S. cognitive scientist and author)

chicanery [ʃɪˈkeɪnərɪ] *n.* 欺诈；诈骗

九阴真经

• Words in sentences 句中单词 •

perversion [pərˈvɜːrʒn] *n.* 歪曲；性变态
subsidiary [səbˈsɪdɪerɪ] *n.* 子公司 *adj.* 次要的；辅助的
indubitable [ɪnˈdjʊbɪtəbəl] *adj.* 无疑的；明白的
warden [ˈwɔːrdn] *n.* 典狱长；（学院的）院长
inmate [ˈɪnmeɪt] *n.* （监狱中的）囚犯；（精神病院中的）病人
unavailing [ˌʌnəˈveɪlɪŋ] *adj.* 徒劳的；无成果的

Part 2 补充单词 / 词组

bait and switch （先用低价吸引，再让客人买更多商品）诱导转向法

The salesman uses a **bait and switch** tactic to promote his sales.

guileful [ˈgaɪlfəl] *adj.* 狡猾的

cunning [ˈkʌnɪŋ] *n.* 狡猾；熟练 *adj.* 狡猾的；熟练的

The **guileful** politician is smart like a **cunning** fox.

guile [gaɪl] *n.* 奸诈；狡猾

The war calls for **guile** and weaponry.

guileless [ˈgaɪlləs] *adj.* 不狡猾的；诚实的

How could you be so **guileless** when you pursue her?

wily [ˈwaɪlɪ] *adj.* 诡计多端的；狡猾的

The unassuming man turns out to be a **wily** businessman.

Machiavellian [ˌmækɪrˈvelɪrn] *n.* 权谋政治家 *adj.* 狡猾的；诡计多端的

Indigenous people were not good at dealing with the **Machiavellian** government.

artisan [ˈɑːrtəzn] *n.* 工匠；技工（skilled craftsperson）

fuss [fʌs] *v.* 使烦恼；抱怨；争论 *n.* 大惊小怪

fussy [ˈfʌsɪ] *adj.* 挑剔的；大惊小怪的；过于讲究的

A skilled **artisan** is not **fussy** about the material. (Anonymous Japanese proverb)

turnkey [ˈtɜːrnkɪ] *n.* 狱吏；监狱的看守 *adj.*（设备）即可使用的；可立刻交锁匙的

The engineer installed a **turnkey** computer system.

Turnkey vendors are very convenient.

He bypassed **turnkeys** and escaped from prison.

precedence [ˈpresɪdəns, prɪˈsiːdns] *n.* 优先（+over）；优先权；先前或现在正发生

My daughter's safety takes **precedence** over money. Why don't you just let me pay the ransom?

Most people struggle for power and **precedence** among men.

communitarian [kəˌmjʊnɪ'terɪən] *n.* 共产主义社会的成员 *adj.* 提倡公有社会的

Asians are in little doubt that a society with **communitarian** values where the interests of society take **precedence** over that of the individual, suits them better than the individualism of Americans. Asians see Japanese achievement standards as higher. (from Kuan Yew Lee, Singaporean statesman)

detach [dɪ'tætʃ] *v.* 分开；拆卸；派遣

The trailer was **detached** from the speeding car at the curve in the road.

A smart native contrived an artifice to lure the U.S. soldiers into **detaching** a portion of his force.

detached [dɪ'tætʃt] *adj.* 分离的；公平的

There is a house with a **detached** garage.

From his view on this matter, I know he is a **detached** observer.

vocabulary [və'kæbjəlerɪ] *n.* 字汇；单字集；字典

etymology [ˌetɪ'mɑlədʒɪ] *n.* 词源学

He learned some **vocabularies** from **etymology**.

Part 3 识记单词 / 词组

bait [beɪt] *v.* 把饵装到……上；激怒；放狗袭击（动物） *n.* 饵；诱饵

trick photography 特技摄影

a trick box 魔术箱

etymon [ˈetɪmɑːn] *n.* 词源

九阴真经

pervert the course of justices 妨碍司法公正

detachment [dɪ'tætʃmənt] *n.* 分离；派遣；超脱；公平无私

Lesson 101

Part 1 主力单词 / 词组

tiny ['taɪnɪ] *adj.* 极小的；微小的

Kiwi fruit and ripe grapes have **tiny** purplish seeds.

There are many **tiny** craters in the isle.

He knew now what this thing was—hysteria, a snake whose scales are **tiny** mirrors in which the dead world takes on a semblance of life. (from Nathanael West, U.S. novelist and screenwriter)

minute ['mɪnɪt, maɪ'nju:t] *v.* 把……写进会议记录 *n.* 会议记录（机构中的）；正式通告；分钟 *adj.* 微小的；微不足道的

She is very fastidious about decoration, paying attention to **minute** details.

minutiae [mɪ'nu:ʃɪi:, mɪ'nu:ʃɪaɪ] *n.* 细节

He starts micromanagement and gets into the **minutiae** of operations.

minutia [mɪ'nu:ʃɪə, -ʃə, -'njʊ-] *n.*（复数）细节；小事

They discussed the **minutia** of the contract.

minuscule ['mɪnəskju:l] *n.* 小写字 *adj.* 微小的；小写字的

Bacteria themselves are **minuscule** enemies.

The debut of the movie occupied only a **minuscule** portion of public attention.

miniature ['mɪnətʃər, 'mɪnətʃʊr] *n.* 袖珍画；小瓶装的酒 *adj.* 微型的；微小的

We jovially took a picture together with a **miniature** camera.

The archeologists have discovered an ancient tome with a variety of **miniature** objects inside.

in miniature ……的缩影；小型；小规模

All the buildings, bridges, and trees **in miniature** were constructed by a model company.

diminutive [dɪˈmɪnjətɪv] *n.* 极小的人（或物）；爱称 *adj.* 微小的；矮小的

He is ambitious despite his **diminutive** figure.

Some dogs are naturally **diminutive** such as the Chihuahua.

microscopic [ˌmaɪkrəˈskɑpɪk] *adj.* 极小的；需要用显微镜才可看见的

Pathogens are **microscopic** organisms.

The bearing and gears are lubricated with a **microscopic** drop of fine oil.

exiguous [ɪgˈzɪgjʊəs, ɪkˈsɪg-] *adj.* 稀少的；细小的

They got disoriented in a dense forest barely surviving on their **exiguous** supplies.

Medical resources are too **exiguous** to support the entire city.

scanty [ˈskæntɪ] *adj.* 不足的；狭窄的；紧的；吝啬的

I will still thank you for your **scanty** support.

finite [ˈfaɪnaɪt] *adj.* 有限的；【语】限定的

We have to use these **finite** resources carefully.

Lilliput [ˈlɪlɪpʌt] *n.* 小人国

Lilliputian [ˌlɪlɪˈpjuːʃn] *n.* 小人国的人；侏儒 *adj.* 小人国的；极小的

The model company specializes in creating *Lilliputian* figures and miniature landscapes.

infinitesimal [ˌɪnfɪnɪˈtesəməl] *n.* 极微之量；无限小 *adj.* 极微小的；接近零的（微积分中）

The income of Africans comparing to that of Europeans is **infinitesimal**.

• Words in sentences 句中单词 •

ripe [raɪp] *adj.*（果实或庄稼）成熟的；口味浓郁的；难闻的

purplish [ˈpɜːrpəlɪʃ] *adj.* 略带紫色的

crater [ˈkreɪtər] *v.* 在……上形成坑；取消 *n.* 天坑；火山口

debut [deɪˈbjuː] *v.* 首演 *n.* 首次亮相

jovially [ˈdʒəʊvɪəlɪ] *adv.* 令人愉快地

pathogen [ˈpæθədʒən] *n.* 病原体

lubricate [ˈluːbrɪkeɪt] *v.* 加润滑油

九阴真经

Part 2 补充单词 / 词组

take on 接受（工作）；承担（责任）；呈现；动怒

The chameleon **takes on** the colors of its surroundings.

compass [ˈkʌmpəs] *n.* 指南针；圆规；范围

Without a **compass**, it is very easy to lose your bearings in a jungle.

dropping [ˈdrɑːpɪŋ] *n.* 滴下物；鸟兽的粪便

drop [drɑːp] *v.* 滴下；（价格、温度等）下降；（声音、风等）变弱 *n.* 滴；微量；丢放东西之处；空投；（滴入的）药水

The temperature is **dropping**.

Just add few **drops** of poison in his beverage. He will die.

Part 3 识记单词

infinite [ˈɪnfɪnət] *n.* 无限的事物；上帝 *adj.* 极大的；无限的

lavender [ˈlævəndə] *n.* 淡紫色；薰衣草 *v.* 用薰衣草薰香 *adj.* 淡紫色的

lubricant [ˈluːbrɪkənt] *n.* 润滑油

Lesson 102

Part 1 主力单词 / 词组

raise [reɪz] *v.* 养育；种植；增加；提高；举起；筹募；征集；引起；提及；唤起；使复活；撤除（包围、封锁等） *n.* 增加；提高；举起；加薪

I was **raised** in a traditional family with orthodox views of religion.

If you have any questions, please **raise** your hand.

They **raise** funding for the charity.

Their misconduct **raised** a problem.

The report **raised** doubts about how fair the contest would be.

His spell **raises** a pale ghost vanishing into thin air.

The king decided to **raise** a siege and an embargo to allow goods to go in and out of the harbor.

My boss will give me a **raise** due to my excellent performance.

foster [ˈfɑːstər] *v.* 收养；抚育；培养 *adj.* 收养的

The militia, which has carried out violence and subversion in the Middle East, was initially **fostered** by the nation.

The little girl who dressed resplendently in a golden-shining robe inherited the splendid villa from her **foster** parents.

nurture [ˈnɜːrtʃər] *v.* 养育；培养；（长期）怀有 *n.* 养育；培养

Nurturing the values of integrity, tolerance and mutual respect to children is our aim.

How incompetently have you **nurtured** these so-called financial experts?

bring up 抚养；提出；呕吐；咳出

She was **brought up** by her grandparents.

• Words in sentences 句中单词 •

orthodox [ˈɔːrθədɑːks] *n.* 传统观念的人 *adj.* 正统的；普遍接受的（信仰、观点或活动）

robe [rəʊb] *n.*（尤指特别正式场合穿的）袍服；礼袍

villa [ˈvɪlə] *n.* 别墅；花园住宅

Part 2 补充单词 / 词组

take up the baton 从某人手中接下指挥

Maybe I should **take the baton** from you now.

heterodox [ˈhetərədɑːks] *adj.*（信仰、想法或活动）非正统的；异端的

The area is home to a variety of **heterodox** religions.

resplendent [rɪˈsplendənt] *adj.* 华丽的；灿烂的

The **resplendent** windows in the church were made around the 11th century.

gallant [ˈɡælənt, ɡəˈlænt] *v.* 向……求爱 *n.* 对女子殷勤的男士；时髦男士；豪侠 *adj.* 英勇的；华丽的；（对女子）殷勤的

I **gallanted**/courted/wooed her in high school.

九阴真经

These were fearless, **gallant** Indian warriors.

tulip [ˈtuːlɪp] *n.* 郁金香

There are a vast expanse of **tulips** in the **gallant** garden.

nonsense [ˈnɑːnsens] *n.* 愚蠢的想法；谬论

puerile [ˈpjʊrəl] *adj.* 幼稚的；像小孩般的

puerility [ˌpjʊəˈrɪlətɪ] *n.* 天真；幼稚

Not only do they talk about **nonsense** but also **puerile** proposals to tackle the exigency of the international trading crisis.

Your idiocy and **puerile** suggestions have enraged the queen.

There was always, in her conversation, the same odd mixture of audacity and **puerility**.

Part 3 识记单词

baton [bəˈtɑːn, bæ-, ˈbætn] *n.*（乐队指挥用的）指挥棒；接力棒；警棍

heterodoxy [ˈhetərəˌdɑksɪ] *n.* 非正统；异端

unorthodox [ʌnˈɔːrθədɑːks] *adj.* 非正统的；非传统的

Lesson 103

Part 1 主力单词

itinerant [aɪˈtɪnərənt] *n.* 巡回的人 *adj.* 巡回的；流动的

The **itinerant** preacher juxtaposes his cross, holy water, and the Bible before performing an exorcism.

Many of these tinkers were **itinerants** who went from one place to another.

itinerate [aɪˈtɪnəˌreɪt] *v.* 巡回

The priest **itinerates** between villages and cities.

itinerary [aɪˈtɪnərerɪ] *n.* 旅行计划；旅行纪录 *adj.* 旅行用的

Her **itinerary** in France includes visiting the Eiffel Tower.

The president's **itinerary** included a refugee camp in Syria.

peripatetic [ˌperəpəˈtetɪk] *adj.* 巡回工作的；流动的

The **peripatetic** chef considered the meteor a stroke of bad luck.

This was a unique gig performed by this world's most **peripatetic** rock band.

roam [rəʊm] *v.* 徜徉；闲逛；漫步

Alice crepitated in breathing and **roamed** to the kitchen over the well-worn living room floorboards.

• Words in sentences 句中单词 / 词组 •

juxtapose [ˌdʒʌkstəˈpəʊz] *v.* 把（不同的事物）并置；把……并列

exorcism [ˈeksɔːrsɪzəm] *n.* 驱魔；消除

the Eiffel Tower 巴黎铁塔

meteor [ˈmiːtɪər] *n.* 流星

gig [ɡɪɡ] *v.*（尤指演奏现代或流行乐）在演奏会上表演；做乐师 *n.* 双轮小马车；突出的矛；现场演出

crepitate [ˈkrepəˌteɪt] *v.* 噼啪作响

well-worn [ˈwelˈwɔːrn] *adj.* 经常使用的；老旧的

floorboard [ˈflɔːrbɔːrd] *n.* 木质地板条

Part 2 补充单词

finale [fɪˈnælɪ] *n.* 终曲；结尾

She performed a Latin dance and sang a descant for the **finale**.

denouement [ˌdeɪnuːˈmɑŋ] *n.* 结局；（小说、戏剧等的）收场

The **denouement** of this movie was unexpected.

The poor young man has worked his way to the top and becomes a CEO which is a perfect **denouement**.

comet [ˈkɑːmɪt] *n.* 彗星

broomstick [ˈbruːmˌstɪk, ˈbrʊm-] *n.* 帚柄

A **comet** looks like a **broomstick** bringing bad luck.

九阴真经

crepitation [ˌkrepɪˈteɪʃn] *n.* 噼啪声

Every time I stretch my body, I can hear the **crepitation** of my bones.

Part 3 识记单词 / 词组

grand finale 结局；大团圆

meteor shower 流星雨

broom [bruːm] *v.* 用扫帚扫；扫除 *n.* 扫帚；长柄刷；金雀花

meteorite [ˈmiːtiəraɪt] *n.* 陨石

cometary [ˈkɑːmɪtərɪ] *adj.* 彗星的；彗星似的

Lesson 104

Part 1 主力单词

select [sɪˈlekt] *v.* 选择；挑选

He was **selected** by the human resources manager in the first round.

selection [sɪˈlekʃn] *n.* 选择；入选者

The theory of natural **selection** took hold in the contemporary textbook.

selective [sɪˈlektɪv] *adj.* 选择性的；严格筛选的

Harvard University is highly **selective**.

choose [tʃuːz] *v.* 选择；决定

Katherine **chose** movie icon Tom Cruise as her company cofounder.

opt [ɑːpt] *v.* 选择；挑选

Fewer people than ever **opt** to study Latin.

Many corrupted officials **opt** for early retirement or fleeing the country.

cull [kʌl] *v.* 选择；宰杀 *n.* 选择性剔除

This report was **culled** from environmental journals and time magazines.

Certain traits of butterflies are **culled** by natural selection.

Seals have been **culled** traditionally owing to perceived competition with human fisheries.

winnow [ˈwɪnəʊ] *v.* 簸；精选；除去；吹拂

Harvesters **winnowed** the chaff from the rice.

The autumn zephyr **winnows** her white hair.

screen [skriːn] *v.* 审查；选拔；上银幕；包庇；给……装帘 *n.* 掩蔽物；纱窗；过滤器；荧幕

They will **screen** all their candidates.

• Words in sentences 句中单词 / 词组 •

cofounder [kəʊˈfaʊndə] *n.* 一起创办的人

flee the country 逃出国

perceive [pərˈsiːv] *v.* 察觉；意识到；认为

fishery [ˈfɪʃərɪ] *n.* 渔业；渔场

Part 2 补充单词 / 词组

install [ɪnˈstɔːl] *v.* 正式任命；安装；安顿

minister of the interior 内政部长

empower [ɪmˈpaʊər] *v.* 给予权力；使自主

reinstate [ˌriːɪnˈsteɪt] *v.* 使恢复原状；使恢复原职

The president has **installed** Grace as the **Minister of the Interior** and **empowered** her to **reinstate** original European polytheism.

seal [siːl] *v.* 正式批准（协议）；密封 *n.* 海豹；印章；封条

His fate was **sealed** from the moment he joined the underworld. There was no way back.

cordon [ˈkɔːrdn] *v.* 包围隔离（某地区） *n.* 封锁线；饰带；绶章；飞檐层（建筑）

The police **cordoned** off the crime scene.

A **cordon** of police pushed protestors backward.

admissions committee 大学招生评估委员会

The **admissions committee** winnowed out the least qualified students from the initial pool.

take hold 控制；扎根；爆发；产生影响

unmanned [ʌnˈmænd] *adj.* 无人的；怯懦的；被阉割的

A new commercial pattern begins to **take hold** in this A.I. era, such as an **unmanned** convenient store.

calibrate [ˈkælɪbreɪt] *v.* 使……标准化；测定……的口径；校准

calibration [ˌkæləˈbreɪʃən] *n.* 标定；校准

Everything can be done in a **calibrated** way.

hydrometer [haɪˈdrɒmɪtə] *n.* 液体比重计；浮秤

The **hydrometer** needs to be **calibrated** every year.

caliber [ˈkæləbər] *n.* 口径；才干；程度

I believe his **caliber** is sufficient to carry out this task.

Part 3 识记单词 / 词组

ministry [ˈmɪnɪstrɪ] *n.*（政府的）部

seal sb.'s fate 注定某人的命运

opt in 选择加入

opt out 选择不参与

walrus [ˈwɔːlrəs] *n.* 海象

manatee [ˈmænətiː] *n.* 海牛

savvy [ˈsævɪ] *v.* 了解 *n.* 实际知识和能力 *adj.* 了解的

polytheism [ˈpɑlɪθɪɪzəm] *n.* 多神信仰；多神论

monotheism [ˈmɑnəʊθɪɪzəm] *n.* 一神论

zephyr [ˈzefər] *n.* 微风

Lesson 105

Part 1 主力单词

declare [dɪˈkler] *v.* 宣布；声明；申报（纳税品等）

The spokesman of the Ministry of Defense **declares** the military promotion is based on seniority instead of ability.

The way to get out of Vietnam is to **declare** victory and leave. (from George Aiken, U.S. politician)

If your money exceeds ten thousand dollars, you have to **declare** it at customs.

proclaim [prəˈkleɪm] *v.* 公开；正式的宣布；表明

Many colonists refused to **proclaim** loyalty to the deposed king.

The heavy, dark clouds **proclaim** the impending rain.

announce [əˈnaʊns] *v.* 公开地的宣布；作为……的迹象；显示

The government **announced** Mark as the traffic bureau chief who will take the helm next month in solving traffic congestion.

pronounce [prəˈnaʊns] *v.* 正式宣布；发音

When she was **pronounced** the winner of the wrestling contest by the umpire, it was the happiest moment of her month.

promulgate [ˈprɑːmlgeɪt] *v.* 传播；颁布

A decree of mobilization was **promulgated** while foreign invasion took place.

Darwin had devoted his life to **promulgating** the Theory of Evolution.

The idea of anarchism shouldn't be **promulgated**.

blazon [ˈbleɪzən] *v.* 宣布；装饰；绘制（纹章） *n.* 点缀；纹章

Their public canoodling has **blazoned** the fact that they are more than friends.

The trees on both sides of the street have been **blazoned** with LED bulbs glittering at night.

• Words in sentences 句中单词 / 词组 •

seniority [ˌsiːnɪˈɔːrətɪ] *n.* 资历；高的级别

depose [dɪˈpəʊz] *v.* 罢免；沉淀

take the helm 开始掌管

at the helm 掌管

helm [helm] *v.* 指挥；给……掌舵 *n.* 舵柄；头盔；领导位置

umpire [ˈʌmpaɪər] *n.* 裁判（体育比赛中的）

decree [dɪˈkriː] *v.* 颁布法令 *n.* 法令

Theory of Evolution 进化论

九阴真经

anarchism [ˈænərkɪzəm] *n.* 无政府主义
canoodle [kəˈnuːdl] *v.* 卿卿我我；吻；搂颈亲热
LED= light emitting diode 发光二极管

Part 2 补充单词 / 词组

evolve [ɪˈvɑːlv] *v.* 逐步演变；逐步发展

There is some evidence that birds **evolved** from dinosaurs.

bottom line 底线；盈亏结算线

I can accept your offer, but the **bottom line** is that you have to remit 2 million dollars immediately.

punch line 妙语；妙句

She didn't get the joke because the politician delivered the **punch line** wrong.

retrograde [ˈretrəˌɡreɪd] *v.* 倒退；逆行 *adj.* 后退的；逆行的 *adv.* 退化

giddy [ˈɡɪdɪ] *v.* 使晕眩 *adj.* 晕眩的；轻浮的

(up) to the hilt 完全地

These **retrograde,** outworn politicians played a **giddy** exercise in freewheeling nihilism **to the hilt**.

emblazon [ɪmˈbleɪzn] *v.* 醒目地展示；颂扬；刻记

insignia [ɪnˈsɪɡnɪə] *n.* 佩章；衣饰（表示阶级或团体成员身份等）

The jacket was **emblazoned** with the school's **insignia** on the front.

His heroic feat was **emblazoned** by a poet.

Zoroastrianism [ˌzɔːrəʊˈæstrɪənɪzəm] *n.* 拜火教

manifesto [ˌmænɪˈfestəʊ] *n.* 宣言；告示

nihilistic [ˌnaɪɪˈlɪstɪk] *adj.* 虚无主义者的；虚无主义的；恐怖分子的；恐怖主义的

tenet [ˈtenɪt] *n.* 教义；宗旨

The founding father of **Zoroastrianism** wrote the religion's first **manifestos**, describing its **nihilistic tenets**.

nihilist [ˈnaɪɪlɪst] *n.* 虚无主义者；恐怖主义者

tenement [ˈtenəmənt] *n.* 套间；廉价公寓；【律】保有物

The **nihilists** say it is the end, the fundamentalists, the beginning, when in reality it is no more than a single tenant or family moving out of a **tenement** or a town. (William Faulkner, U.S. novelist)

retroactive [ˌretrəʊˈæktɪv] *adj.* 有追溯效力的；溯及既往的

You had better pay the **retroactive** tax on time.

The welfare was **retroactive** to January first, 2010.

cuddle up 依偎着睡

Kittens **cuddle up** to each other.

concrete [ˈkɑːŋkriːt] *adj.* 具体的；确实的 *n.* 混凝土

deposition [ˌdepəˈzɪʃən] *n.* 罢免；证言

The judge required me to give a **concrete deposition** before accusing the defendant of slander.

enunciate [ɪˈnʌnsɪeɪt] *v.* 清楚阐述；清楚地说

gist [dʒɪst] *n.* 要点；诉讼的要点

The diplomatic spokesman **enunciated** the **gist** of the new radical policies toward the west.

Part 3 识记单词 / 词组

hilt [hɪlt] *n.*（刀剑工具等的）柄

helmet [ˈhelmɪt] *n.* 头盔；安全帽

an election manifesto 竞选宣言最有力的一句

a giddy life 放荡生活

Zoroastrian [ˌzɔːrəʊˈæstrɪən] *n.* 拜火教徒 *adj.* 拜火教的

nihilism [ˈnaɪəˌlɪzəm] *n.* 虚无主义；无政府主义；恐怖行为

cuddle [ˈkʌdl] *v.* 拥抱；偎依；舒服地贴着身睡 *n.* 拥抱

diode [ˈdaɪəʊd] *n.* 二极管

enunciation [ɪˌnʌnsɪˈeɪʃən] *n.* 阐明；宣言

declaration [ˌdekləˈreɪʃn] *n.* 公告；宣告

proclamation [ˌprɑːklə'meɪʃn] *n.* 宣言；公告

pronunciation [prəˌnʌnsɪ'eɪʃn] *n.* 发音；读音

pronounce on/upon sth. 发表对……的看法

announcement [ə'naʊnsmənt] *n.* 公告；布告

Lesson 106

Part 1 主力单词

deluge ['deljuʤ] *v.* 淹没 *n.* 暴雨；洪水

The evil pursuers were swept away by the **deluge**, there being good riddance.

The government received a **deluge** of complaints and invectives for trying to frame the dead driver for the accident.

flood [flʌd] *v.*（使）灌满水；淹没；大量涌入 *n.* 洪水；大批

The allied problems of **floods** and run-off are commonplace in Southeast Asia.

inundate ['ɪnʌndeɪt, 'ɪnən-] *v.* 使不胜负荷；淹没

The village was **inundated** by the flood after the heavy precipitation of the storm.

The half-island is **inundated** by a tidal wave.

His desk was **inundated** by complaint letters.

• Words in sentences 句中单词 / 词组 •

riddance ['rɪdns] *n.* 移除或毁坏不好的部分

good riddance 总算摆脱了；终于走了

invective [ɪn'vektɪv] *n.* 辱骂 *adj.* 辱骂的

allied [ə'laɪd, 'ælaɪd] *adj.* 同盟的；相似的；相关的

Part 2 补充单词

sebum ['siːbəm] *n.* 皮脂

Hormones can stimulate the glands to secrete more **sebum**.

sebaceous [sɪˈbeɪʃəs] *adj.* 脂肪的；分泌脂肪的

The sebum is produced by **sebaceous** glands.

tallow [ˈtæləʊ] *v.* 涂兽脂油于 *n.* 牛（羊）油；兽脂

lard [lɑːrd] *v.* 涂猪油于；点缀 *n.* 猪油；肥猪肉片嵌于（牛肉或禽肉）中

The consumption of **tallow** and **lard** has increased this year.

grease [ɡriːs] *v.* 涂油脂于；贿赂；加速 *n.* 动物脂；润滑脂

She **greased** the pan before frying a fish.

spatula [ˈspætʃələ] *n.* 炒菜铲；（调和、涂抹用）抹刀

utensil [juːˈtensl] *n.* 器皿；用具

A **spatula** is a kitchen **utensil**.

Part 3 识记单词 / 词组

admit of sth. 容许；有……的可能

admit defeat 认输

frame of mind 心态；心境

frame of reference 参照标准；观念体系

ally [ˈælaɪ, əˈlaɪ] *v.* 联合；（在起源或性质上）与……相关联 *n.* 同盟；支持者

alliance [əˈlaɪəns] *n.* 结盟国家（或团体）；联盟

Lesson 107

Part 1 主力单词

spacious [ˈspeɪʃəs] *adj.* 宽敞的；无边无际的

There is a **spacious** terrace in the theater.

The rich man's living room is usually **spacious**.

九阴真经

There are **spacious** avenues in California.

commodious [kəˈməʊdɪəs] *adj.* 宽敞的；空间大的

capacious [kəˈpeɪʃəs] *adj.* 宽敞的；可装很多的

The genesis of this castle is still unknown. The room inside of it is **commodious** and tidy.

I enjoy the summer breeze in this **capacious** harbor.

The fat guy has a **capacious** stomach and intestine.

voluminous [vəˈlʊmənəs] *adj.* 冗长的；很大的；宽松的

The woman with obesity tends to dress in **voluminous** garments to cover her flab.

extensive [ɪkˈstensɪv] *adj.* 覆盖范围广的；大面积的

High explosives will cause **extensive** damage.

vast [væst] *adj.* 辽阔的；大量的

- Words in sentences 句中单词 -

genesis [ˈdʒenɪsɪs] *n.* 形成；创始

intestine [ɪnˈtestɪn] *n.* 肠

flab [flæb] *n.* 赘肉

Part 2 补充单词

cramp [kræmp] *v.* 阻碍；阻止 *n.* 抽筋；(腹部) 绞痛

cramped [kræmpt] *adj.* 狭小的；难认的；抽筋的

Japanese houses are usually **cramped** like a rabbit nest.

incommodious [ˌɪnkəˈməʊdɪəs] *adj.* 狭窄的；不便的

The poorest people in Hong Kong could sleep in the most **incommodious** places.

déjà vu [ˌdeɪʒɑː ˈvuː] *n.* 似曾相识的感觉；似曾经历

I had a sense of **déjà vu** when I met her.

I experience **déjà vu** while I saw the ancient monuments.

venue [ˈvenjuː] *n.* 场地；场景；场所；犯罪现场；发生地点

The municipal government decided to provide the **venue** for her concert.

The **venue** of the murder was the park.

They changed the **venue** to be inside the building due to the rain.

The protest was about the iniquity that African Americans faced in employment and social **venues**.

The movie used the **venue** of Chinatown.

nave [neɪv] *n.* 中殿（教堂的）；中间广场（火车站等建筑物的）

The cathedral's **nave** was covered by a wooden roof.

monument [ˈmɑːnjumənt] *n.* 遗址；纪念馆；不朽的作品

Statues and **monuments** line the magnificent **nave** of the train station.

disarray [ˌdɪsəˈreɪ] *v.* 使混乱 *n.* 混乱；衣冠不整

The warehouse was in **disarray**.

The organization was thrown into **disarray** after the general manager's demise.

These kids **disarrayed** the toy room.

tidy [ˈtaɪdɪ] *v.* 收拾 *n.*（椅背；扶手的）罩布；装零星东西的容器 *adj.* 整齐的；有条理的

Tidy up. Your clothes are in **disarray**.

shroud [ʃraʊd] *v.* 覆盖；给（尸体）穿上寿衣 *n.* 遮蔽物；幕

I lead a most dyspeptic, solitary, self-**shrouded** life: consuming, if possible, in silence, my considerable daily allotment of pain. (from Thomas Carlyle, Scottish historian and essayist)

monumental [ˌmɑːnjʊˈmentl] *adj.* 作为纪念碑的；巨大的；不朽的

Compiling a dictionary is a **monumental** task.

monumentally [ˌmɑnjʊˈmentəlɪ] *adv.*（用于表述负面性质）极端地；极度地

I flashed back to my childhood which was **monumentally** sweet.

Part 3 识记单词 / 词组

immaculate [ɪˈmækjələt] *adj.* 洁净的；完美无瑕的

immaculate suit 完美无瑕的西装

immaculate reputation 完美无瑕的名誉

terraced fields 梯田

digestive tract [daɪˈdʒestɪv trækt] 消化道

flash back （指某人的思想）回溯；闪现

flashback [ˈflæʃbæk] *n.*（电影、故事或戏剧的）闪回；倒叙

deja lu *n.* 似曾读过之感

deja entendu *n.* 似曾听过之感

indigestion [ˌɪndɪˈdʒestʃən] *n.* 消化不良；不理解

maculate [ˈmækjəˌleɪt] *v.* 加斑点；弄污 *adj.* 有污点的

enteric [enˈterɪk] *n.* 肠的

myiasis [ˈmaɪəsɪs] *n.* 蝇蛆病

oral myiasis 口腔蝇蛆病

enteric myiasis 肠的蝇蛆病

alimentary canal [ˌæləˈmentərɪ kəˈnæl] 消化道（alimentary tract）

canal [kəˈnæl] *v.* 灌溉水渠；在……开凿运河（或水渠） *n.* 运河；（动植物体内的）管

Panama Canal 巴拿马运河

Lesson 108

Part 1 主力单词

ambiguous [æmˈbɪgjʊəs] *adj.* 含混不清的；引起歧义的

The **ambiguous** foreign relationship has complicated the situation in the northeastern region of Asia.

His **ambiguous** stance worried us all.

Freedom is the most-used word of our time. What it is seems obvious to all...Yet there is nothing more obscure, more **ambiguous,** more abused. (from Karl Jaspers, German philosopher)

ambiguity [ˌæmbɪˈgjuːətɪ] *n.* 歧义；模棱两可

The priest expounds dogma without **ambiguity**.

nebula [ˈnebjələ] *n.* 星云

nebulous [ˈnebjələs] *adj.* 模糊不清的（尤指想法）；像星云的

The philosopher tried to grapple with the **nebulous** concept of human feeling.

tenuous [ˈtenjuəs] *adj.* 不确定的；易碎的

Both nations strove to maintain a **tenuous** peace.

The island has remained in a **tenuous** state.

equivocal [ɪˈkwɪvəkl] *adj.* 含糊的；模棱两可的

We should boycott the referendum of **equivocal** independence.

The president's **equivocal** answer has puzzled all of us.

equivocate [ɪˈkwɪvəkeɪt] *v.* 说话模棱两可；推诿

Some congressmen **equivocated** on the issue of whether or not to reintroduce the previous insurance policy.

I am in earnest—I will not **equivocate**—I will not excuse—I will not retreat a single inch, and I will be heard! (William Lloyd Garrison, U.S. abolitionist)

prevaricate [prɪˈværɪˌkeɪt] *v.* 支吾其词；撒谎

Contractors **prevaricate** about the real cost of the wind power project.

The lawyer **prevaricated** a little in order to protect his client.

indefinite [ɪnˈdefɪnət] *adj.* 不确定的；无限期的

The truce remains for an **indefinite** period of time.

uncertain [ʌnˈsɜːrtn] *adj.* 不确定的

I am **uncertain** that the personable, urbane, and genteel scholar will take the principal's wry remark seriously or not.

ambivalent [æmˈbɪvələnt] *adj.* 矛盾的（心情）

I felt **ambivalent** about the job which was well-paid but arduous.

dicey [ˈdaɪsɪ] *adj.* 有风险的；不确定的

We will certainly win, so do not create a **dicey** situation.

wishy-washy [ˈwɪʃɪ wɒʃɪ] *adj.* 不坚定的；颜色浅的；无特色的

Make up your mind. Don't be that **wishy-washy**.

equivocation [ɪˌkwɪvəˈkeɪʃən] *n.* 含糊其词；搪塞

prevarication [prɪˌværɪˈkeɪʃn] *n.* 搪塞；支支吾吾

九阴真经

• Words in sentences 句中单词 / 词组 •

dogma [ˈdɔːgmə] *n.* 教义；教条

grapple with 尽力解决；设法克服；扭打

grapple [ˈgræpl] *v.* 扭打；搏斗

personable [ˈpɜːrsənəbl] *adj.* 讨人喜欢的；有魅力的

genteel [dʒenˈtiːl] *adj.* 彬彬有礼的；上流社会的

wry [raɪ] *adj.* 讽刺的；扭曲的

arduous [ˈɑːrdʒuəs] *adj.* 艰难的；费力的

Part 2 补充单词

unequivocal [ˌʌnɪˈkwɪvəkəl] *adj.* 表达明确的；完全的

China is **unequivocal** in its sovereignty over South China Sea islands.

awry [əˈraɪ] *adj.* 扭曲的；错误的 *adv.* 歪斜地；错误地

The rescue plan went **awry**.

His wig was put on all **awry**, with the tail straggling about his neck. (from Charles Dickens)

askew [əˈskjuː] *adj.* 歪的 *adv.* 斜

The picture was hung slightly **askew**.

The arrest plan went **askew**. The suspect didn't show up.

oblique [əʊˈbliːk, əˈblːk] *v.* 倾斜 *n.* 斜角；斜线 *adj.* 倾斜的；躲躲闪闪的

Three **oblique** lines constitute an **oblique** triangle.

She made an accusation against him including an **oblique** reference to the scandal.

I have no interest in your **oblique** drug dealing.

obliquity [əˈblɪkwɪtɪ] *n.* 倾斜；拐弯抹角

Politicians are usually masters of **obliquity**.

His characteristic **obliquity** and slyness made him appear more sophisticated in the movie.

sly [slaɪ] *adj.* 狡猾的；悄悄的；会心的；恶作剧的

They exchange **sly** looks and smiles as I ask where my chair is.

A **sly** cat hid my coins.

askance [əˈskæns] *adv.* 斜着眼睛地；怀疑地

I looked **askance** at my watch during the meeting.

He eyed the stranger **askance** as if he were a thief.

The experts have looked **askance** at the outlandish project tracing gods' whereabouts.

straggle [ˈstrægəl] *v.* 四散；散落；蔓生

The kids and senile people **straggled** behind during the evacuation.

credo [ˈkriːdəʊ] *n.*（宗教）信条

The pope was in the process of developing a **credo**.

creed [kriːd] *n.* 教义；信念；纲领

Most people who have religious **creed** live better.

gentility [dʒenˈtɪlətɪ] *n.* 上流社会；出身高贵的人；优美

Gentility and grace mark his well-educated students.

The princess is the quintessence of European charm and **gentility**.

gentry [ˈdʒentrɪ] *n.* 上流社会的人；（某地或从事某职业的）人士

Too many poor tenant farmers working for landed **gentry** might cause social problems because wealth is distributed unevenly.

The life of entertaining **gentry** seems to be more complicated.

Part 3 识记单词 / 词组

slyness [slaɪnəs] *n.* 狡猾；诡秘

political creed 政治信念

a wry sense of humor 讽刺的幽默感

to make a wry face 扮鬼脸

a wry neck 歪脖子

to go awry 出岔子

with one's clothing awry 衣冠不整地

newspaper gentry 报界人士

straddle [ˈstrædl] *v.* 对……持观望态度；横跨；融合（不同风格或主题）

dogmatic [dɔːgˈmætɪk] *adj.* 教条的；意见武断的

九阴真经

Lesson 109

Part 1 主力单词

peak [piːk] *v.* 达到高峰；达到最高值 *n.* 山峰；最高点 *adj.* 最高的；高峰的

It took us four hours to reach the **peak**.

Birth rates have reached their **peak** after the restriction on birth was lifted.

The travelers **peaked** in summer.

Traffic always becomes sluggish in **peak** hours.

Winning a Nobel Prize is his **peak** achievement.

summit [ˈsʌmɪt] *n.* 巅峰；山顶

Climate change has been discussed at the global **summit**.

The **summit** is freezing cold.

zenith [ˈziːnɪθ] *n.* 顶峰；（与天文观测者的）直线距离

China porcelain had reached its **zenith** in the Song dynasty.

pinnacle [ˈpɪnəkəl] *n.* 极点；顶峰；小尖塔

She was assassinated at the **pinnacle** of her political career.

culmination [ˌkʌlmɪˈneɪʃn] *n.* 顶点；高潮；巅峰；终点；最高或最低的海拔

The **culmination** of my life was to travel with you.

culminate [ˈkʌlmɪneɪt] *v.* 达到顶点；使……达到高潮

All the dissatisfaction **culminated** in his departure.

climax [ˈklaɪmæks] *v.* 达成极点 *n.* 高潮；顶点

A rising crescendo of earth tremors **climaxed** on September ninth through the eruption of a volcano.

climactic [klaɪˈmæktɪk] *adj.* 高潮的；顶点的

The film is boring and ordinary without any **climactic** scene.

apex [ˈeɪpeks] *n.* 顶点；全盛时期

Real power and fortune are concentrated at the **apex** of politics and economics.

That invention represents the **apex** of his achievement.

acme [ˈækmɪ] *n.* 顶峰；顶点

His dancing represents the **acme** of ballet.

The credulity of yours has reached the **acme** of preposterousness.

apogee [ˈæpədʒiː] *n.*（成功、流行、权力等的）最高点；离地球最远的轨道

The power of the Qin emperor has reached its **apogee** by subjugating neighboring states.

vertex [ˈvɜːrteks] *n.* 顶点；天顶

It took four hours for us to reach the **vertex** of the mountain.

crest [krest] *v.* 达到顶点；在……上加顶饰 *n.* 顶点；（鸟；禽的）冠

He **crested** a small mountain.

Waves **crest** in a storm.

The church **crests** the hill.

I reached the **crest** of the mountain.

Words in sentences 句中单词

tremor [ˈtremər] *n.* 小地震；颤抖

credulity [krɪˈduːlətɪ] *n.* 轻信（易被骗的）

preposterousness [prɪˈpɑːstərəsnɪs] *n.* 荒谬；愚蠢

Part 2 补充单词

well-founded [ˈwelˈfaʊndɪd] *adj.* 有充分依据的；理由充足的

His incredulity about the emperor's demise was **well-founded**.

crestfallen [ˈkrest.fɔːlən] *adj.* 垂头丧气的

He was **crestfallen** by her mother's absence.

nadir [ˈneɪdɪr] *n.* 最糟糕的时刻；最低点

Average income has hit a **nadir** due to the recession.

At the **nadir** of a desperate moment, the hero came and rescued her.

crescendo [krəˈʃendəʊ] *v.* 逐渐增强 *n.* 声音渐强；顶点 *adj.* 渐强的 *adv.* 渐强地

The rising **crescendo** of the nation's offensive actions in all theaters of war had alarmed the United States.

九阴真经

credulous [ˈkredʒələs] *adj.* 轻信的；易受骗的

Kids are usually **credulous** to believe fairy tales.

incredulity [ˌɪnkrəˈduːlətɪ] *n.* 不相信；怀疑

I smiled in **incredulity** about her kindness.

She received **incredulity** and dismay as she announced her desire to go to college to her parents.

incredulous [ɪnˈkredʒələs] *adj.* 不相信的；怀疑的

I was **incredulous** of that gossip.

She gave me an **incredulous** stare as I told her that I loved her.

subjugate [ˈsʌbdʒəˌgeɪt] *v.* 征服；使屈服；克制

The monarch's massive armies **subjugated** the Persian barbarians.

We won't be **subjugated** to violence.

subjugation [ˌsʌbdʒʊˈgeɪʃn] *n.* 征服；克制

The dogma of women's complete historical **subjugation** to men must be rated as one of the most fantastic myths ever created by the human mind. (Mary Ritter Beard, U.S. historian)

civet [ˈsɪvɪt] *n.* 麝猫；麝猫香料

feline [ˈfiːˌlaɪn] *n.* 猫科动物 *adj.* 猫科的；狡猾的

Civets are **felines**.

canine [ˈkeɪnaɪn] *n.* 犬；犬科动物 *adj.* 似犬的；犬科的

Wolves are **canines**.

Part 3 识记单词

anticlimax [ˌæntɪˈklaɪˌmæks, ˌæntaɪ-] *n.* 扫兴；扫兴的结局

preposterous [prɪˈpɑːstərəs] *adj.* 荒谬的；反常的

Lesson 110

Part 1 主力单词

defunct [dɪˈfʌŋkt] *adj.* 不复存在的；失灵的

The Soviet Union is a **defunct** empire.

The temple is **defunct**, there being no figurines of God inside.

Practical men, who believe themselves to be quite exempt from any intellectual influences, are usually the slaves of some **defunct** economist. Madmen in authority, who hear voices in the air, are distilling their frenzy from some academic scribbler of a few years back. (from John Maynard Keynes, British economist)

obsolete [ˌɑːbsəˈliːt] *adj.* 废弃的；过时的

I saw some **obsolete** tanks and aircraft in a military museum.

inoperative [ɪnˈɑpərətɪv] *adj.*（法律、规章等）无效力的；（机器、系统等）不工作的

The religious canons of thousands of years virtually become **inoperative** in contemporary society.

moribund [ˈmɔːrɪbʌnd] *adj.* 行将灭亡的；濒于崩溃的

Reviving the **moribund** economy became his main concern.

obsolescence [ˌɑbsəˈlesns] *n.* 过时；陈旧

The aircraft was nearing **obsolescence** by early 1942.

• Words in sentences 句中单词 •

soviet [ˈsəʊvɪet] *n.* 苏维埃（指共产主义国家代表会议）；苏联人

figurine [ˌfɪgjəˈrɪn] *n.* 小雕像；小塑像（陶瓷）

scribbler [ˈskrɪblə] *n.* 潦草书写的人；三流作家

virtually [ˈvɜːrtʃʊəlɪ] *adv.* 几乎；实际上

Part 2 补充单词 / 词组

parietal [pəˈraɪətəl] *n.* 顶骨 *adj.* 顶骨的；腔壁的（身体部分）

pineal [ˈpɪnɪəl, ˈpaɪnɪ-] *adj.* 松果的

pineal gland 松果腺

Scientists have learned that the green iguana and other reptiles have a **parietal** eye and **pineal gland** on the top of their heads.

coniferous [kəˈnɪfərəs] *adj.* 结球果的；松类的

The desertification has increased after most **coniferous** boreal forests were cut off.

九阴真经

reptile poikilotherm=ectotherm [ˈektəˌθəːrm] *n.* 冷血动物；变温动物

Reptiles, insects, and frogs are **ectotherms**.

homeotherm [ˈhəʊmɪəˌθəːrm] *n.* 恒温动物

Most mammals and birds are **homeotherms**.

endotherm [ˈendəʊˌθəːrm] *n.* 恒温动物

Bears are **endotherms**.

Part 3 识记单词 / 词组

gland [glænd] *n.* 腺

endocrine [ˈendəkrɪn] *adj.* 内分泌的

endocrine gland 内分泌腺

endothermic=endothermal [ˌendəʊˈθɜːrmɪk] [endəʊˈθɜːrməl] *adj.* 温血的；【化】吸热的

conifer [ˈkɑnɪfə(r)] *n.* 针叶树；松柏科植物

ectothermic [ˈektəʊθəːrmɪk] *adj.* 变温的

ecto- [ˈektəʊ] *pref.* 外部的

homeothermic [həʊmɪəʊˈθɜːrmɪk] *adj.* 恒温的

Lesson 111

Part 1 主力单词

stagnant [ˈstægnənt] *adj.* 停滞的；污浊的（水或空气）

The project manager isn't satisfied with this **stagnant** progress.

Mosquitoes like to lay their eggs in **stagnant** ponds.

A **stagnant** economy and tight budgets continue to plague the state.

stagnate [ˈstægneɪt] *v.* 使停滞；使淤塞

Tourist revenues **stagnated** and contracted due to the worldwide pandemic.

The empire of the Qing dynasty gradually **stagnated** and declined after implementing a self-seclusion policy.

inert [ɪ'nɜːrt] *adj.* 呆滞的；无生命的；惰性的

He stood **inert** in the rain after she broke his heart.

Stones are **inert** objects.

I was so exhausted that I just lay **inert** on my bed.

inertia [ɪ'nɜːrʃə] *n.*【物】惯性；惰性；迟钝

People dislike bureaucratic passivity and **inertia**.

I overcame my **inertia** and got back to work.

inactive [ɪn'æktɪv] *adj.* 不活动的；不活跃的

Most viruses remain **inactive** in the glacial area.

torpid ['tɔːrpɪd] *adj.* 迟钝的；呆滞的（尤指因懒惰或困倦）

The agricultural society remains **torpid, inactive**, and monotonous.

Amphibians become **torpid** in cold temperatures.

Minnows become **torpid** and stop feeding in the winter.

sluggard ['slʌgərd] *n.* 游手好闲的人；懒鬼

He is quite a **sluggard** in action.

sluggish ['slʌgɪʃ] *adj.* 行动缓慢的；迟缓的

Garnering needed foreign exchange centered on a gold mine, albeit in a **sluggish** domestic economy.

ponderous ['pɑːndərəs] *adj.* 行动迟缓的（moving heavily）；乏味的（dull）

I watched the turning of the **ponderous** wheel of the mill.

I tried to stay awake during a **ponderous** lecture.

I fell asleep during **ponderous** TV commercials.

quiescent [kwɪ'esənt, kwaɪ-] *adj.*（暂时）平静的；静止的

The opposition party has been **quiescent** for years.

doldrums ['dəʊldrəmz] *n.* 萧条时期；忧郁；（赤道）无风带

The influential politician intends to help the Iranians out of their economic **doldrums** by purchasing Iran's oil.

House sales are in the **doldrums** due to a declining birthrate.

There are equatorial **doldrums** at the equator.

九阴真经

despondency [dɪˈspɑndənsɪ] *n.* 沮丧；失去勇气

She sinks into **despondency** after dropping out of high school.

The princess's sweet, encouraging voice would dispel any feeling of **despondency**.

He was in a state of **despondency** and stupefaction after hearing about his beloved commander's untimely death.

cumbersome [ˈkʌmbərsəm] *adj.* 笨重的；累赘的

There is a **cumbersome** box that is difficult to move.

There will be a lot of **cumbersome** papers for me to fill out when I ask for a loan.

immobility [ˌɪməʊˈbɪlətɪ] *n.* 固定性；静止

Judicial **immobility** has evoked public outrage.

The colonel's **immobility** permitted the invaders to regroup their army.

quiescence [kwɪˈesns] *n.* 不活跃状态；静止

The Eurasian seismic belt still remained in **quiescence**.

• Words in sentences 句中单词 •

passivity [pæˈsɪvɪtɪ] *n.* 被动

glacial [ˈgleɪʃl] *adj.* 由冰河形成的；极冷的

amphibian [æmˈfɪbɪən] *n.* 两栖动物

minnow [ˈmɪnəʊ] *n.* 小鱼；鲤科淡水小鱼

albeit [ˌɔːlˈbiːɪt] *conj.* 虽然；尽管（=even though）

equator [ɪˈkweɪtər] *n.* 赤道

stupefaction [ˌstjʊpɪˈfækʃn] *n.* 惊愕

Part 2 补充单词 / 词组

argon [ˈɑːrgɑːn] *n.* 氩

helium [ˈhiːlɪəm] *n.* 氦

inert gas 惰性气体

Argon and **helium** are **inert gases**.

out of hand 失去控制；马上

The virus has gotten **out of hand**.

mobility [məʊˈbɪlətɪ] *n.* 流动性；移动性

Motorcycles were valued for their speed and **mobility** in battle.

pantheon [ˈpænθɪɑːn] *n.* 万神殿；诸神；名流

There is more upward social **mobility** than at any time in our history, including the movement into the **pantheon** of business elites.

moraine [məˈreɪn] *n.* 冰碛石

glacier [ˈgleɪʃər] *n.* 冰川；冰河

Moraines including mud, sand, gravel, and boulders appear after a **glacier** melted.

A serac is a ridge or pinnacle on the slope of a **glacier**.

ogive [ˈəʊdʒaɪv] *n.* 冰川污线带；尖拱形；卵形线

Different rates of flow in summer and winter create **ogives** that indicate annual ice movement to some extent.

alpine [ˈælˌpaɪn] *n.* 高山植物 *adj.* 高山的；高山生长的

Alpine [ˈælˌpaɪn] *adj.* 阿尔卑斯山的；阿尔卑斯山区居民的

piedmont [ˈpiːdmɑnt] *n.* 山麓地带 *adj.* 山麓的

Scientists research the **alpine** and **piedmont** glaciers.

crevasse [krɪˈvæs] *n.*（地球表面的）裂缝；裂隙

A **crevasse** induced by a huge earthquake engulfs the horse.

crevice [ˈkrevɪs] *n.* 裂缝；裂隙

Solitary by day, spiders remain in **crevices** or under rocks.

slalom [ˈslɑləm] *v.* 回旋曲折地前进 *n.* 回旋赛；障碍滑雪赛

The ski contest consisted of **slalom** and downhill racing.

centigrade [ˈsentɪgreɪd] *n.* 摄氏度 *adj.* 摄氏的；百分度的

Water starts to freeze at zero degrees **centigrade**.

Celsius [ˈselsɪəs] *n.* 摄氏温标 *adj.* 摄氏的

Fahrenheit [ˈfærənhaɪt] *n.* 华氏温度计 *adj.* 华氏温度计的

In the **Celsius** scale, the boiling point of water is 100℃ , and the freezing point is 0℃ , while in the **Fahrenheit** scale, the boiling point of water is measured to be 212℉ and freezing point is 32℉.

九阴真经

Part 3 识记单词 / 词组

glaciate ['gleɪʃɪeɪt] *v.* 冰（或冰川）覆盖；使受冰川作用

glaciation [ˌgleɪsɪ'eɪʃn] *n.* 冰川作用；被冰覆盖

sérac [sə'ræk] *n.* 冰塔

interglacial [ˌɪntə'gleɪʃəl] *adj.* 形成于两个冰期间的

Alps [ælps] *n.* 阿尔卑斯山脉

garner ['gɑːrnər] *v.* 收集；积累 *n.* 储藏室；谷仓

skittish ['skɪtɪʃ] *adj.* 怯懦的；易受惊吓的

Indonesia [ɪndə'niːʒə] *n.* 印尼

alchemist ['ælkəmɪst] *n.* 炼金术士；神通广大似有魔力者

ground moraine 底碛（冰川中夹杂搬运的物质在冰川融化后留在地面上的冰碛丘或冰迹物）

Lesson 112

Part 1 主力单词

assist [ə'sɪst] *v.* 帮助；支持

Russia has **assisted** Syria to rebuild its country.

Can you **assist** me on that matter?

assistant [ə'sɪstənt] *n.* 助理；店员 *adj.* 助理的；有帮助的

The boss has many female **assistants**.

assistance [ə'sɪstəns] *n.* 帮助；援助

The U.S. refuses financial **assistance** for South Korea in procuring arms.

succor ['sʌkər] *v.* 给予帮助 *n.* 帮助；救助

The mayor refuses to give any **succor** to the refugees.

The church **succors** wretches as usual.

abet [ə'bet] *v.* 帮助；唆使

He was charged with aiding and **abetting** a murderer.

The soldier was accused of **abetting** rebellion.

Part 2 补充单词 / 词组

beyond the grave 死后（after death）

Most people in Asia believe reincarnation will take place **beyond the grave**.

stew [stuː] *v.*（用文火）煮；使极度不安 *n.* 炖煮的食物；混杂物；热水浴（室）

She **stewed** beef for an hour.

dystopian [dɪs'tɒpɪən] *adj.* 反面乌托邦的

flotilla [fləʊ'tɪlə] *n.*（小）船队；（小）舰队

Published in 1798, the **dystopian** novel details a **flotilla** of immigrants reaching the eastern coast to invade the country.

continent ['kɑːntɪnənt] *n.* 大陆

The coast patrol officials fail to respond to the influx, and the **continent** is overrun.

transcribe [træn'skraɪb] *v.* 抄写；译写；录制；改编

He **transcribed** all the letters inside the Egyptian pyramid.

The president's speech was **transcribed**.

The oral tale was **transcribed** by a historian.

transcription [træn'skrɪpʃn] *n.* 抄写；打印；标音；（乐曲的）改编；转录

He made many **transcriptions** for the piano.

He knows the techniques of television **transcription**.

transliterate [træns'lɪtəreɪt] *v.* 翻译

The name is also **transliterated** in braille.

The native emperor's name has been **transliterated** in English with various spellings.

backstreet ['bækstriːt] *n.*（城镇中的）旧区；贫民区

overrun ['əʊvərʌn, ˌəʊvə'rʌn] *v.* 泛滥；溢出 *n.* 泛滥成灾；超越限度

The **backstreet** was **overrun** with rats.

effigy ['efədʒɪ] *n.* 肖像；模拟像

They torched the **effigy** of a corrupted politician.

九阴真经

doorway [ˈdɔːrweɪ] *n.* 出入口；途径；门路

solstice [ˈsɑlstɪs] *n.*【天】至；至点（最长或最短的一天）

equinox [ˈekwɪnɑːks, ˈiː-] *n.* 昼夜平分时

The **doorways** align in direction with the solar **solstices** and **equinox**.

Part 3 识记单词 / 词组

pangaea continent 原始大陆

stew in one's own juice 【口】自作自受

flight attendant [flaɪt əˈtendənt] 空服人员

stewardess [ˈstuːərdəs] *n.* 女乘务员；女干事；女管家

steward [ˈstuːərd] *n.* 男乘务员；男干事；男管家

summer solstice 夏至

winter solstice 冬至

vernal equinox 春分

autumnal equinox 秋分

braille [breɪl] *v.* 用布莱叶点字法印刷 *n.* 布莱叶点字法

dystopia [dɪsˈtəʊpɪə] *n.* 反面乌托邦

Lesson 113

Part 1 主力单词

defray [dɪˈfreɪ] *v.* 支付（尤指由某组织）

The company will **defray** all the expenses during a business trip.

The costs of the expedition have been **defrayed** partly by the Canadian government.

The title sponsor will assume and **defray** the charges for this preservation project.

disburse [dɪsˈbɜːrs] *v.* 拨（款）；支付

The central government has decided to **disburse** relief funds for victims exploited by usurious companies.

reimburse [ˌriːɪm'bɜːrs] *v.* 偿还；补偿

All the entrants were **reimbursed** for transportation expenses.

compensate ['kɑːmpenseɪt] *v.* 赔偿；补偿

I gave her some gifts to **compensate** for her wasted time teaching me how to do my homework.

Do you think a pittance can **compensate** for my troubled youth?

remuneration [rɪˌmjuːnə'reɪʃn] *n.* 酬报；所给的酬劳

The benign old lady gave us a generous **remuneration** of 1 000 RMB per day.

remunerate [rɪ'mjʊnəˌreɪt] *v.* 付酬劳

The consulting service must be **remunerated** according to its value.

disbursement [dɪs'bɜːrsmənt] *n.*（尤指从一笔资金中的）支付；付出

reimbursement [ˌriːɪm'bɜːrsmənt] *n.* 补偿；赔偿

compensation [ˌkɑːmpen'seɪʃn] *n.*（尤指）赔偿金；使坏的情况变好的事物

• Words in sentences 句中单词 / 词组 •

title sponsor 冠名赞助商；主要赞助商

usurious [jʊ'ʒʊrɪəs] *adj.* 放高利贷的

pittance ['pɪtns] *n.* 小数额的钱；微薄的工资

benign [bɪ'naɪn] *adj.* 慈祥的；良性的；好的

Part 2 补充单词

trip [trɪp] *v.* 跌倒；绊倒 *n.* 旅行；出游

There is no way you can **trip** me twice.

peregrinate ['perəgrɪˌneɪt] *v.*（尤指徒步的）旅行；游历

They decide to **peregrinate** in California during their summer vacation.

peregrination [ˌperɪgrɪˈneɪʃən] *n.* 旅行；游记；（人的）一生

These scientists have several **peregrinations** in the primitive jungle.

usury [ˈjuʒərɪ] *n.* 放高利贷

The government prohibits **usury**.

Part 3 识记单词 / 词组

a peregrine priest 四处游历的牧师

a peregrine spirit 游魂

a peregrine falcon 游隼

peregrine [ˈperɪgrɪn] *adj.* 旅行的；漫游的

entrant [ˈentrənt] *n.* 参赛者；新成员

Lesson 114

Part 1 主力单词

taciturn [ˈtæsɪtɜːrn] *adj.* 沉默寡言的

His elder sister is very talkative, whereas he is very **taciturn**.

The salesman tries to talk the gruff, **taciturn** man into buying insurance.

taciturnity [ˌtæsɪˈtɜːrnətɪ] *n.* 沉默寡言；默示

The natural New England **taciturnity** reaches its glorious perfection at breakfast...An early morning waitress in New England leads a lonely life. (from John Steinbeck, U.S. novelist)

reticent [ˈretɪsənt] *adj.* 沉默寡言的；不愿谈及的

People are more **reticent** about political issues, particularly in a country of dictatorship.

She was **reticent** about her affairs.

Some umpires were **reticent** in admitting they cheated in the soccer World Cup.

reticence [ˈretɪsəns] *n.* 沉默；含蓄

He is a shy boy whose **reticence** was misdiagnosed as schizophrenia once.

• Words in sentences 句中单词 •

dictatorship [ˌdɪkˈteɪtərʃɪp] *n.* 独裁统治国家

misdiagnose [mɪsˈdaɪəgnəʊz] *v.* 误诊；错误地判断

Part 2 补充单词

sheath [ʃiːθ] *v.* 包；盖 *n.*（刀、剑等的）鞘；护层

The electrical wire was covered with a plastic **sheath**.

sword [sɔːrd] *n.* 剑；刀；武力

The **sheath** of a **sword** seems antique.

sheathe [ʃiːð] *v.* 把……插入鞘内；覆盖；包装

The cat's retractile claws are **sheathed** while moving.

The marble **sheathed** the interior walls.

swordsman [ˈsɔːrdzmən] *n.* 剑客；军人；击剑运动员

The **swordsman sheathes** his dagger after a fight.

lunge [lʌndʒ] *v.* 用（刀剑等）刺；冲；扑 *n.* 冲；扑；突然向前的动作

The two **swordsmen** quicken with each **lunge**, parry, and riposte.

riposte [rɪˈpəust] *v.* 机敏地回答；（击剑）挡后还击 *n.* 机敏的回答；回应；反驳

The deadline for the discussion of denuclearization passed without any major **riposte** from the president.

The official's unreliable denials and **ripostes** signaled the escalation of the coronavirus outbreak.

Part 3 识记单词

gruff [grʌf] *adj.* 板着脸的；粗鲁的

misdiagnosis [ˌmɪsdaɪəgˈnəʊsɪs] *n.* 误诊；错误的判断

九阴真经

Lesson 115

Part 1 主力单词

introverted [ˈɪntrəvɜːrtɪd] *adj.* 性格内向的

The **introverted** son often delays his emotional response.

Jack is an **introverted** person whose social life revolves around his dreary job in a factory.

An **introverted** person is usually uncommunicative.

reserved [rɪˈzɜːrvd] *adj.* 含蓄的；缄默的；预订的；储备的；保留的

I really can't see his emotion from his **reserved** expression.

The front row is **reserved** for high-ranking officers.

reserve [rɪˈzɜːrv] *v.* 储备；预订；暂时不作；保留 *n.* 储备（物）；保护区；含蓄；预备役军人

Can you **reserve** a room for me?

The judge has to **reserve** her judgment until the full investigation is complete.

I **reserved** rights to file a lawsuit in this incident.

Emily **reserved** money for future investment.

He always speaks with **reserve**.

introvert [ˈɪntrəvɜːrt] *v.* 使内向；使内倾 *n.* 性格内向者；内翻（内弯）的东西 *adj.* 性格内向的

Are you an **introvert** or an extrovert?

• Word in sentence 句中单词 •

row [rəʊ, raʊ] *v.* 争吵；划船 *n.*（一）列；（一）排

Part 2 补充单词

tout [taʊt] *v.* 宣传；吹捧 *n.* 票贩子；告密者

blast [blæst] *v.* 猛烈的批评；炸开；使击毙（+down） *n.* 爆炸

The prime minister **touts** his economic performance and **blasts** impeachment as nonsense.

Part 3 识记单词

extraverted ['ekstrəvɜːrtɪd] *adj.* 性格外向的

extravert ['ekstrəˌvɜːrt] *n.* 性格外向的人 *adj.* 性格外向的

Lesson 116

Part 1 主力单词

perfunctory [pər'fʌŋktərɪ] *adj.* 草率的；敷衍的；例行公事的

The haggard, gaunt beggar gave me a **perfunctory** nod, asking for money.

The **perfunctory** writing of yours is uncompelling.

Much of the judges' work became **perfunctory** due to too many lawsuits. They didn't have time to look at each case thoroughly.

cursory ['kɜːrsərɪ] *adj.* 仓促的；粗略的

He took a **cursory** glance at the event, then harangued military officials viciously at the conference room.

Environmental issues receive only **cursory** attention from The Environmental Bureau.

cursorily ['kɜːrsərəlɪ] *adv.* 粗糙地；马虎地

The doctor took a **cursory** examination on his patient and **cursorily** checked it off on the sheet because he was about to be late for a date.

Words in sentences 句中单词

haggard ['hægərd] *adj.* 憔悴的

gaunt [gɔːnt] *adj.* 憔悴的；枯瘦的；荒凉的

beggar ['begər] *n.* 乞丐

uncompelling [ˌʌnkəm'pelɪŋ] *adj.* 没有说服力的；不扣人心弦的

九阴真经

Part 2 补充单词

lank [læŋk] *adj.* 瘦的；（头发）平直的

Lank cattle can't be sold for a good price.

She is pretty with long, **lank** hair.

wizened [ˈwɪzənd] *adj.* 干枯的；干瘪的

emaciate [ɪˈmeɪʃɪˌeɪt] *v.* 使消瘦；使憔悴

The **wizened**, **emaciated** saint has been held captive for so long.

The old person was **emaciated** by illness.

sheet [ʃiːt] *v.* 盖上；覆盖；大片落下 *n.* 单子；床单；印刷品；(一) 张(纸)；大层；大片

May I borrow a **sheet** of your paper?

Polar bears stood on a **sheet** of ice.

A **sheet** of flame comes toward me.

The rain came down in **sheets**.

The rain **sheeted** against the glass roof.

The ancient city was **sheeted** with dust.

herbalist [ˈɜːrbəlɪst] *n.* 草本植物学家；草本植物；草药商

The **herbalist** has an herbarium of 600 sheets.

hyperboloid [haɪˈpɜːrbəˌlɔɪd] *n.* 双曲面

Take a look at the **hyperboloid** of two sheets.

Part 3 识记单词 / 词组

check off 在……上打钩(表示正确或已处理)；查讫

herbarium [ɜːrˈberɪəm] *n.* 植物标本集；植物标本室

hyperboloidal [haɪˌpɜːbəˈlɔɪdəl] *adj.* 双曲面的；北极的

hyper- [ˈhaɪpər] *pref.* 超过；在上

emaciation [ɪˌmeɪʃɪˈeɪʃən] *n.* 消（瘠）瘦；恶病质

wizen [ˈwɪzən] *v.* (使) 起皱；干瘪

panhandler [ˈpænˌhændlər] *v.* 乞讨 *n.* 乞丐；狭长区域(与较大区域相连的)

compelling [kəmˈpelɪŋ] *adj.* 有说服力的；扣人心弦的

worksheet [ˈwɜːrkʃiːt] *n.* 工作单；备忘录

cursor [ˈkɜːrsər] *n.*（计算机的）游标

Lesson 117

Part 1 主力单词

concise [kənˈsaɪs] *adj.*（语言）简洁的；言简意赅的

I assume the difficult task of writing a **concise** chronicle.

Many requested a **concise** illustration.

I gave him a **concise** report.

pithy [ˈpɪθɪ] *adj.*（讲话或写作）言简意赅的；简洁有力的

He is good at making **pithy** epigrams.

succinct [səkˈsɪŋkt] *adj.* 简明的；言简意赅的

He gave me a **succinct** account of her story.

laconic [ləˈkɑnɪk] *adj.*（语言）简洁的；言简意赅的

He gave a **laconic** understatement about his exploitation in Africa.

terse [tɜːrs] *adj.* 简要的（或不友善的）

trenchant [ˈtrentʃənt] *adj.*（批评或意见）尖锐的；一针见血的

His eloquence is matchless. I enjoy his **terse**, **trenchant** saying.

condense [kənˈdens] *v.*（由气体）冷凝；压缩（文字、信息等）

She **condensed** the story into one sentence.

summarize [ˈsʌməraɪz] *v.* 总结；概括

The professor is able to **summarize** the quantum theory succinctly.

I have to **summarize** his incisive tirade for the editorial.

recap [riːˈkæp] *v.* 概括；扼要重述；简要回顾 *n.* 重述要点；简明新闻；胎面翻新的轮胎

She **recapped** the incident to me.

九阴真经

Have you read the **recap** of the news yet?

recapitulate [ˌriːkəˈpɪtʃʊleɪt] v. 总结；生出（同样的功能或结构）

The teacher **recapitulates** the main points before five minutes of class recess.

The stem cells can **recapitulate** lung tissues.

encapsulate [ɪnˈkæpsjʊleɪt] v. 扼要表述；包含

The teacher wants him to **encapsulate** the whole article into a few sentences.

brevity [ˈbrevɪtɪ] n. 简短；短暂

The CEO only discussed essential issues with becoming **brevity**.

restate [riːˈsteɪt] v. 重述；重申

The lawyer **restated** his points before the closing argument.

precis [preɪˈsiː] v. 为……写摘要 n. 大意；摘录

He gave a **precis** of the discussion to his boss.

The secretary presented a **precis** of the situation to her manager.

compendious [kəmˈpendɪəs] adj. 简明扼要的

The author compiles a **compendious** dictionary that can be put in a pocket.

The scientist gave his sponsor a **compendious** summary of his discovery.

I know the **compendious** history of China but not in detail.

compendium [kəmˈpendɪəm] n. 概要；汇编（尤指以书的形式出现的关于特定主题的）

The report included a **compendium** of information concerning chemistry.

The book contains a **compendium** of various philosophies.

The books have a **compendium** of folk tales.

pith [pɪθ] v. 去杀死 n. 木髓；精髓

recapitulation [ˈriːkəˌpɪtʃəˈleɪʃən] n. 概括；摘要重述

• Words in sentences 句中单词 / 词组 •

chronicle [ˈkrɑːnɪkl] v. 把……载入编年史 n. 编年史；记述

epigram [ˈepɪˌgræm] n. 警句；隽语；诙谐短诗

understatement [ˈʌndərsteɪtmənt] n. 轻描淡写；保守的陈述

eloquence [ˈeləkwəns] *n.* 口才；说服力

matchless [ˈmætʃləs] *adj.* 无敌的；无比的

quantum [ˈkwɑntəm] *n.* 量子

incisive [ɪnˈsaɪsɪv] *adj.* 锐利的；深刻的；表达明确的

tirade [ˈtaɪreɪd] *n.* 长篇抨击性演说

editorial [ˌedɪˈtɔːriəl] *n.* 社论 *adj.* 主编的；编辑的

stem cell 干细胞

lung [lʌŋ] *n.* 肺

becoming [bɪˈkʌmɪŋ] *adj.* 合适的；得体的；好看的

Part 2 补充单词

infuse [ɪnˈfjuːz] *v.* 使具有（某特性）；使充满；输注（药物等）；泡（茶）；泡制（草药）

He **infuses** his art with love affairs in an effort to challenge audiences' ideas about momentary blissfulness and constant ruefulness.

Global political propaganda and misinformation **infuse** all aspects of our lives.

The surgeon has decided to **infuse** stem cells into the patient.

Don't **infuse** tea leaves in hot water too long.

Some Chinese doctors **infuse** herbs as traditional medicine.

understate [ˌʌndərˈsteɪt] *v.* 低估；保守地陈述

It is unwise to **understate** the size of the dissidents.

grandiloquent [grænˈdɪləkwənt] *adj.* 卖弄辞藻的；浮夸的

He uses **grandiloquent** language to praise the feats of the incompetent king.

recrimination [rɪˌkrɪməˈneɪʃən] *n.* 指责；反诉

The negotiation of international issues broke down and ended in mutual **recriminations**.

oppugn [əˈpjʊn] *v.* 质疑；抨击

I **oppugned** his integrity.

He had the temerity to **oppugn** the king's decision.

rejoinder [rɪˈdʒɔɪndər] *n.* 回答；答辩

I prayed to God, but he made no **rejoinder** as he used to.

九阴真经

His **rejoinder** to Trump was immediately recorded.

The local government remains silent without any **rejoinder** to my plea.

comic [ˈkɑːmɪk] *n.* 喜剧演员；滑稽人物 *adj.* 喜剧的；滑稽的

repartee [ˌrepɑːrˈtiː] *n.* 机敏的应答；回应

I enjoyed the **comic repartee** in the talk show.

Violence is the **repartee** of the illiterate. (Alan Brien, British critic and journalist)

alveoli [ælˈvɪəlaɪ] *n.*（alveolus 的复数）肺泡；齿槽

The oxygen diffuses from the **alveoli** to the capillaries and blood vessels.

compilation [ˌkɑmpɪˈleɪʃn] *n.* 收集；选编；编写

musical [ˈmjuːzɪkl] *v.* 音乐般的；悦耳的 *n.* 音乐剧

He has a **compilation** of western **musicals**.

Part 3 识记单词 / 词组

verbose [vɜːrˈbəʊs] *adj.* 啰唆的；冗长的

a becoming dress 合适的衣服

crunch [krʌntʃ] *v.* 嘎吱作响地嚼 *n.* 碎裂声；紧要关头；困境 *adj.* 至关重要的

crunch vegetable 鲜脆的蔬菜

closing argument 结案陈词

rejoin [ˌriːˈdʒɔɪn] *v.* 回答；反驳；重返

chronology [krəˈnɑlədʒɪ] *n.* 按事件发生的年代排列的顺序；（大事）年表

chronologist [krəˈnɑlədʒɪst] *n.* 年代学者

chronometer [krəˈnɑmɪtər] *n.* 精密计时器

dendri-=dendro- “树”的意思

dendrochronology [ˌdendrəʊkrəˈnɑlədʒɪ] *n.* 利用树木年轮；定年的科学

recriminate [rɪˈkrɪməˌneɪt] *v.* 反诉；相互指责

oppugnant [əˈpʌgnənt] *adj.* 反对的；敌对的

parry [ˈpærɪ] *v.* 躲避；回避 *n.* 挡开；避开

smart response 智能响应；英特尔智能响应技术

alveolus [ælˈvɪələs] *n.* 肺泡；齿槽；（蜂窝状的）小窝

Lesson 118

Part 1 主力单词

droll [drəʊl] *adj.* 滑稽可笑的；古怪离奇的

The **droll** performance of that clown actually depicts a vignette of his early life.

He is very easy-going with his **droll** and humorous nature.

drollery [ˈdrəʊlərɪ] *n.* 古怪有趣的言行；笑话

That fatal **drollery** is called a representative government. (from Benjamin Disraeli, British prime minister and writer)

quaint [kweɪnt] *adj.* 奇怪有趣的；古雅的

He enjoys his newfound talent in telepathy and conjures up the **quaint** idea of sifting through all the papers from the police chief to see whether or not he can uncover the identity of the snatcher in the street.

I was waiting for her at the **quaint** rustic gate.

There are many **quaint** towns and villages in China.

• Words in sentences 句中单词 •

vignette [vɪnˈjet] *v.* 模糊（图、照片）的边界；简洁地描述 *n.* 书籍头尾的小图案；花絮；邮票图案

newfound [ˈnuːˌfaʊnd, ˈnjuː-] *adj.*（素质或能力）新获得的

telepathy [təˈlepəθɪ] *n.* 心灵感应（术）；通灵（术）

sift [sɪft] *v.* 过滤；洒上；仔细检查

snatcher [ˈsnætʃər] *n.* 抢夺者

rustic [ˈrʌstɪk] *n.* 乡村的人；对石头或砖头粗面的抛光 *adj.* 乡村的；质朴的

Part 2 补充单词

teamster [ˈtiːmstər] *n.* 卡车驾驶员；（一组骡、牛、马等的）驾驭者

Teamsters and maritime workers continue to strike due to long-hour work with low pay.

九阴真经

neuron ['nʊraːn] *n.* 神经元；神经细胞

A progressive loss of **neurons** or nerve cells in the aging brain can be prevented by a new medicine.

neurite ['njʊəraɪt] *n.* 轴突

assay ['æseɪ, ə'seɪ] *v.* 分析；检验 *n.* 化验报告

reagents [ri'eɪdʒənts] *n.* 试剂；试药

Optimized cell-based **neurite** outgrowth **assays** and **reagents** to study neuron function and development.

vectorial [vek'tɔːrɪəl] *adj.* 矢量的；媒介物的

Neurite extension is a **vectorial** phenomenon, involving both direction and distance.

tutor ['tuːtər] *v.* 辅导；指导 *n.* 家庭教师；监护人

undivided attention 全部的注意力

The **tutor** gives his students **undivided attention**.

rusticate ['rʌstɪˌkeɪt] *v.* 去乡下；退学（英国）；用粗石做墙面

A clergy **rusticated** for his sexual adventure with a female parishioner.

tutelage ['tuːtəlɪdʒ] *n.* 监护；指导

He has become a successful businessman under the **tutelage** of his father.

She grew up largely under the **tutelage** of her grandmother.

tutelary ['tjuːtɪlərɪ] *adj.* 守护的；监护的

The priest is a **tutelary** saint to the villagers.

The lieutenant is a **tutelary** figure for dozens of soldiers.

preceptor [prɪ'septə] *n.* 教师；训诫者；圣殿骑士团的院长

She is a **preceptor** at a rural boarding school.

cicerone [ˌtʃɪtʃə'rəʊnɪ] *n.* 导游；精神导师

The Pope is our **cicerone**.

She follows the **cicerone** to tour the Persian palace.

Part 3 识记单词

undivided [ˌʌndɪ'vaɪdɪd] *adj.* 专心的；全部的

neural ['nʊrəl] *adj.* 神经的；背侧的

neurography [njʊə'rɒgrəfɪ] *n.* 神经论

myelin ['maɪəlɪn] *n.* 髓磷脂

myelinated ['maɪəlɪˌneɪtɪd] *adj.* 有髓鞘的

unmyelinated [ʌn'maɪəlɪˌneɪtɪd] *adj.* 没有髓鞘的

myelo=myel- ['maɪləʊ]['maɪl] *pref.* 骨髓的；脊髓的

axon ['æksɑn] *n.* （神经细胞的）轴索

vector ['vektər] *v.* 用无线电引导 *n.* 矢量；航向；引导；动力

snatch [snætʃ] *v.* 抢劫；快速做；抓紧时间做 *n.* 片段；抢夺

Lesson 119

Part 1 主力单词

obscure [əb'skjʊr] *v.* 使模糊；使难理解 *adj.* 模糊的；无名的

A cloud of dust **obscures** the view when the horses gallop.

Some experience of popular lecturing had convinced me that the necessity of making things plain to uninstructed people was one of the very best means of clearing up the **obscure** corners in one's own mind. (from T. H. Huxley, British biologist)

obfuscate ['ɑbfʌskeɪt] *v.* 使模糊；使困惑

The official **obfuscates** the issue which he can't deal with.

Political propaganda **obfuscates** people rather than enlightening them.

He replaced his urine with red tea to **obfuscate** the drug test. I saw some critters across the beltway at night.

obscurity [əb'skjʊrətɪ] *n.* 默默无闻；晦涩

After retirement, the celebrity lives in relative **obscurity**.

obfuscation [ˌɑbfʌs'keɪʃən] *n.* 模糊；迷惑

九阴真经

• Words in sentences 句中单词 •

uninstructed [ˌʌnɪn'strʌktɪd] *adj.* 未受教育的；没学过东西的

critter ['krɪtər] *n.* 动物；生物；家畜

beltway ['beltˌweɪ] *n.* 环城高速公路

Part 2 补充单词

penguin ['peŋgwɪn] *n.* 企鹅

tundra ['tʌndrə] *n.* 苔原；冻原

Some **penguins** live in the Arctic **tundra**.

Lesson 120

Part 1 主力单词

drunk [drʌŋk] *n.* 醉汉；酒鬼；【口】酒宴（drink 的过去分词） *adj.* 喝醉的；陶醉的

She got **drunk** last night.

I was not that bibulous then. I got **drunk** once in a blue moon.

The boss is **drunk** with his recent success.

drunken ['drʌŋkən] *adj.* 酒醉的；东倒西歪的（喝醉般）

A **drunken** sailor fell off the deck.

I had a **drunken** debauch last night.

intoxicate [ɪn'tɑːksɪkeɪt] *v.* 使（某人）喝醉；使（某人）陶醉

The **intoxicated** taxi driver swerved into a lake.

He was **intoxicated** by his own success with the greatest felicity.

inebriate [ɪ'niːbriət] *v.* 使喝醉；使陶醉 *n.* 喝醉的人 *adj.* 喝醉的

The alcohol was designed to **inebriate** the customers rather than to please their palate.

Someone hit the **inebriate** in the alley and ran away without a trace.

inebriated [ɪ'ni:brɪeɪtɪd] *adj.* 酒醉的；陶醉的

The superstar is welcomed by a massive number of **inebriated** fans.

A sophistical rhetorician **inebriated** with the exuberance of his own verbosity. (from Benjamin Disraeli, British prime minister and writer)

There is something terribly wrong with a culture **inebriated** by noise and gregariousness. (from George Steiner, U.S. scholar and critic)

These cunning politicians are **inebriated** with avarice.

inebriety [ˌɪnɪ'braɪətɪ] *n.* 喝醉

No one takes him seriously due to his constant **inebriety**.

• Words in sentences 句中单词 / 词组 •

once in a blue moon 很久才出现一次

verbosity [və'bɒsətɪ] *n.* 啰唆；冗长（用字）

gregariousness [grɪ'gerɪəsnəs] *n.* 爱交际；（动物）群居

Part 2 补充单词 / 词组

quaff [kwæf] *v.* 一口气喝干；大口地喝 *n.* 狂饮；痛饮

Boys **quaffed** at the party.

verbigerate [və'bɪdʒəˌreɪt] *v.* 不断重复无意义的字词

in the face of 面对；尽管；不顾

corybantic [ˌkɔːrə'bæntɪc] *adj.* 狂欢作乐的；大吵大闹的

carnival ['kɑːrnɪvl] *n.* 狂欢节；嘉年华会（在四旬斋前举行）

The insane pedantic teacher who never varied his ideas went on **verbigerating in the face of** patriotism. The **corybantic** Latin dancing in the **carnival** has fascinated me.

gyrate ['dʒaɪreɪt] *v.* 回旋；旋转；（价格）波动 *adj.* 旋涡状的

The Turkey dancer **gyrates** on the floor.

The investors lost their confidence as the stock market **gyrated**.

九阴真经

gyration [dʒaɪˈreɪʃən] *n.* 回旋；旋转

rotor [ˈrəʊtər] *n.* 转片；旋转轮

The **gyration** of the **rotor** is getting faster.

wobble [ˈwɑːbl] *v.* 摇晃；摇摆 *n.* 不定；松动

She **wobbles** as if she is drunk.

He **wobbled** about whether to attack the enemy or retreat at once.

bibulous [ˈbɪbjələs] *adj.* 爱喝酒的；喝醉的；吸水的

desiccant [ˈdesəkənt] *n.* 干燥剂 *adj.* 使干燥的；去湿的

He used **bibulous desiccant** to remove water and preserve food long.

gregarious [ɡrɪˈɡeriəs] *adj.* 爱社交的；群居的

His girlfriend is very **gregarious** and likes to make friends.

epistemology [ɪˌpɪstəˈmɑlədʒɪ] *n.*【哲】认识论

epi- *pref.* 在……之上；附近；额外

Epistemology is a philosophy that is the study of how we comprehend things.

epistemic [ˌepɪˈstiːmɪk] *adj.* 知识的；认识的

His **epistemic** approach by switching monkeys' heads is totally unacceptable.

Epistemic misleading causes people to overestimate vitamins' effect.

polarization [ˌpəʊlərɪˈzeɪʃən] *n.* 对立；两极分化

The **epistemic polarization** of the Bible almost split the religion.

The monopoly creates a greater **polarization** of wealth within German society.

Political **polarization** has made the situation worse.

polarize [ˈpəʊləraɪz] *v.*（使）两极化；（使）偏振

Unfair law enforcement **polarizes** the nation.

The magnetic field **polarizes** the light waves.

Part 3 识记单词 / 词组

sober [ˈsəʊbər] *v.*（使）变得持重；变得冷静 *adj.* 冷静的；未醉的

drunken driving 酒醉后开车

druken quarrel 酒后的争吵

drunkard [ˈdrʌŋkərd] *n.* 酒鬼

booze [buːz] *v.* 喝酒 *n.* 酒

scamper [ˈskæmpər] *v.* 嬉闹着快跑 *n.* 落荒而逃（儿童或小动物）

stampede [stæmˈpiːd] *v.* 狂；奔逃 *n.* 蜂拥（尤指兽群或人群因恐惧引发的）

inebriation [ɪˌniːbrɪˈeɪʃn] *n.* 醉；陶醉

tipsy [ˈtɪpsɪ] *adj.* 喝醉的；微醉的；不稳的

Lesson 121

Part 1 主力单词

emphasize [ˈemfəsaɪz] *v.* 强调；使明显

The ruler **emphasized** the importance of allegiance which had been deeply rooted in the Japanese samurai code of behavior.

emphasis [ˈemfəsɪs] *n.* 强调；重视

Most Chinese clung to communism which notably puts its **emphasis** on equality of rural incomes.

accentuate [əkˈsentʃueɪt] *v.* 使明显；强调

The dark cloud **accentuates** the lightning.

The crisis was **accentuated** by a severe drought, ill-prepared agrarian reform, and political turmoil.

foreground [ˈfɔːrgraʊnd] *v.* 强调；突出（某事物的重要性） *n.* 瞩目地位；（图片或照片的）前景

The country's prosperity **foregrounds** an important question. Does the embargo really work?

His corruption **foregrounds** a dichotomy between what he says, and what he actually does.

The haze issue has occupied the news **foreground** in recent years.

A celebrity agent has brought her to the **foreground** of stardom.

There is a hermit in the rear entrance in that picture's **foreground**.

九阴真经

underline [ˌʌndər'laɪn] *v.* 强调；突出在（词语） *n.* 下划线

A protracted civil war in Africa **underlined** the difficulty of restoring lasting peace in a nation that has endured four coups since founded.

underscore [ˌʌndər'skɔːr] *v.* 在……下面画线；强调 *n.* 下划线；底线

Breaching the charitable contract unilaterally serves no purpose but to **underscore** his hypocrisy.

• Words in sentences 句中单词 •

allegiance [ə'liːdʒəns] *n.* 忠诚；（对统治者、国家、群体或信仰的）忠贞

agrarian [ə'grerɪən] *n.* 平均地权论者 *adj.* 农业的；耕地的；土地所有制的

dichotomy [daɪ'kɑtəmɪ] *n.* 不一样的东西；对立；弦月

stardom ['stɑːrdəm] *n.* 名演员的身份；明星界

hermit ['hɜːrmɪt] *n.* 隐士；（尤指）隐居修道者

coup [kuː] *n.* 政变；意想不到的成功

Part 2 补充单词

pledge [pledʒ] *v.* 保证；誓言；抵押 *n.* 抵押品；（友情等的）信物；立誓加入秘密社团的人；祝酒

The judge **pledged** himself into impartiality.

fraternity [frə'tɜːrnətɪ] *n.* 大学的兄弟会；（总称）同行朋友

He almost lost the qualification of becoming a **pledge** in the **fraternity**.

hermitage ['hɜːrmɪtɪdʒ] *n.* 隐士住处；僻静住所

We dined at the **hermitage** and wandered in the woods the next day.

incognito [ˌɪnkɑːg'niːtəʊ] *n.* 隐姓埋名的人 *adj.* 隐姓埋名的 *adv.* 伪装地；隐姓埋名地

The retired gangster lives in that village **incognito**.

It is better to send these coercing letters **incognito**.

She has been courting for a month **incognito**.

astral [ˈæstrəl] *adj.* 星的；超自然的；地位很高的

Astral travel will be costly.

The king can do whatever he wants to do with his **astral** position.

anthroposophy [ˌænθrəˈpɑsəfi] *n.* 人智学

faculty [ˈfækltɪ] *n.* 全体教职员；科；能力

Anthroposophy is a philosophy aiming to develop mental **faculties** of spiritual discovery.

astringent [əˈstrɪndʒənt] *n.* 止血药；收敛剂 *adj.* 收敛的；止血的；辛辣的；尖刻的

He can't take the **astringent** criticism from his boss.

styptic [ˈstɪptɪk] *n.* 止血药 *adj.* 止血的；收敛性的

The cream has **astringent**, **styptic** property.

Part 3 识记单词 / 词组

understate [ˌʌndərˈsteɪt] *v.* 轻描淡写；避重就轻地说

pledge allegiance to the king 对国王宣誓效忠

cling [klɪŋ] *v.* 依附；附着；抓紧 *n.* 依恋

recluse [ˈrekluːs] *n.* 隐居者；喜欢独处的人

Lesson 122

Part 1 主力单词 / 词组

transform [trænsˈfɔːrm] *v.* 使彻底改观；使大变样

The movement of the tectonic plate has **transformed** the sea into fertile paddies.

The need for us to take up arms will never **transform** us into prisoners of the idea of violence. (from Oliver Tambo, South African nationalist leader)

convertible [kənˈvɜːrtəbl] *n.* 折篷轿车 *adj.*（货币）可兑换的；可改变的

The currency is **convertible**.

I wish to buy a **convertible**.

九阴真经

transformation [ˌtrænsfər'meɪʃn] *n.* 变化；改观

Archaeologists continue to debate the reasons for **transformation** into matrilineal succession.

transmute [træns'mjuːt, trænz-] *v.* 彻底改变（尤指变成更好的他物，本质上的）；转变金属成金

Transmuting inedible substances into edible ones is a great scientific wonder.

The valor of aboriginal warriors has been **transmuted** into silent passive resentment under the British colony.

convert [kən'vɜːrt, 'kɑːnvɜːrt] *v.* 转变；（使）皈依 *n.* 改变宗教（或信仰、观点）的人

The incinerator **converted** heat into electricity.

reshape [riː'ʃeɪp] *v.* 改变；改变……的形状

The president **reshapes** its foreign policies and immigration laws.

transfigure [træns'fɪgjər] *v.* 使变样；使改观（变得漂亮，变得有活力）

The girl was **transfigured**—lovely and animated after she turned eighteen.

The ordinary sail was **transfigured** into a transmundane voyage, teeming with bizarre sea creatures in his novel.

transmogrify [ˌtrænz'mɑgrɪfaɪ] *v.* 变形；使改观

The toad has been **transmogrified** into a prince.

One of my agnostic friends has been **transmogrified** into a godfather. Isn't it ironic?

transmogrification [ˌtrænsˌmɒgrɪfɪ'keɪʃn] *n.* 变形

The **transmogrification** of silkworm pupas in the cocoon is induced by chemical substances.

metamorphose [ˌmetə'mɔːrfəʊz] *v.* 彻底改变；脱胎换骨（物理、外观、岩石结构上的转变，个性、特征上的转变）

A caterpillar takes a long time to **metamorphose** into a butterfly.

They have to **metamorphose** their home into a bed and breakfast overnight for 1 000 visitors.

metamorphosis [ˌmetə'mɔːrfəsɪs] *n.* 变形；质变

She has undergone a **metamorphosis** since she turned eighteen.

The **metamorphosis** from a tadpole to a frog is wondrous.

China has undergone a process of **metamorphosis**.

sea change 巨变；重大变化

Trade war has brought a **sea change** in the global economy.

Words in sentences 句中单词

tectonic [tek'tɑnɪk] *adj.* 地壳构造的

tectonic plate 构造板块

paddy ['pædɪ] *n.* 稻田；水稻

matrilineal [ˌmætrə'lɪnɪəl] *adj.* 母系的

inedible [ɪn'edəbəl] *adj.* 不可食用的

edible ['edəbl] *adj.* 可食用的

valor ['vælər] *n.* 勇猛；勇敢

resentment [rɪ'zentmənt] *n.* 愤恨；怨恨

incinerator [ɪn'sɪnəˌreɪtər] *n.*（废弃物的）焚化炉

transmundane [træns'mʌndeɪn] *adj.* 不属于这个世界的

toad [təʊd] *n.* 蟾蜍，癞蛤蟆

wondrous ['wʌndrəs] *adj.* 令人惊奇的；不可思议的 *adv.* 极其

Part 2 补充单词

patriarch ['peɪtrɪɑːrk] *n.* 家长；族长；（宗教、企业等的）创始人

The **patriarch** of the family refuses this marriage.

He is a respectful **patriarch** of this company.

The leading elephant is the **patriarch** of this herd.

patriarchal [ˌpeɪtrɪ'ɑːrkl] *adj.* 家长的；族长的

matriarchal [ˌmeɪtrɪ'ɑːrkl] *adj.* 女家长的；母系氏族的

The archaeological dissertation deals with the emergence of a **patriarchal** society from a **matriarchal** one.

patrimony ['pætrɪməʊnɪ] *n.* 祖产；教会的财产；继承的事物（如特征等）

The musical instrument, horsehead fiddle, was perceived as the incontrovertible **patrimony** of the northern nomadic tribe.

bequeath [bɪ'kwiːð] *v.* 遗赠给；将（工作成果、知识等）流传（给后世等）

He did not make the **patrimony** that his father **bequeathed** him greater than it was.

matriarch ['meɪtrɪɑːrk] *n.* 女家长；女统治者；女负责人

My grandmother, Ava, is the **matriarch** of my family.

potable ['pəʊtəbl] *n.*（常复数）饮料 *adj.* 适于饮用的

Solar distillation of sea or brackish waters to produce **potable** water has been practiced by many scientists.

comestible [kə'mestəbəl] *n.* 食物；食品 *adj.* 可食的

gill [gɪl, dʒɪl] *v.* 用刺网捕；除去（鱼的）内脏 *n.* 菌褶；鱼鳃

Mushrooms with white **gills** are often poisonous which are not **comestible**.

esculent ['eskjələnt] *n.* 食用品 *adj.* 适于食用的

These vegetables and meats are **esculent**.

doughty ['daʊtɪ] *adj.* 勇敢的

old-timer 老居民；老资格的职员（或会员等）；守旧的人

These **doughty old-timers** in town weren't afraid of wild wolves.

pillar ['pɪlər] *v.* 用柱支持 *n.* 柱子；栋梁

buttress ['bʌtrɪs] *v.* 以扶壁加固；扶持 *n.* 支撑（物）

The temple was **buttressed** with eight **pillars**.

His statement is lacking in **buttress** and evidence.

Part 3 识记单词 / 词组

plate tectonics 板块构造学

tectonic change 具有重大影响的改变

patrilineal [ˌpætrə'lɪnɪəl] *adj.* 父系的

patrilineal society 男系社会

incinerate [ɪn'sɪnəreɪt] *v.* 焚化

fluorescent [flʊ'resənt] *adj.* 荧光的

fluorescence [flʊ'resəns] *n.* 荧光性；荧光

bequest [bɪ'kwest] *n.* 遗产；遗赠

Lesson 123

Part 1 主力单词

modify [ˈmɑːdɪfaɪ] v.（稍作）修改；改变；修饰（语言学）

Biologists attempt to **modify** the heredity of the plants to resist insects.

The government had made efforts to **modify** the written language from traditional characters to simplified ones.

Incompetent government has **modified** traffic rules to make people drive slower, congesting more traffic.

amend [əˈmend] v. 修订；修改（法律等）

The constitution was **amended** to allow the government to recruit more soldiers into the army.

amendment [əˈmendmənt] n. 修正案；修改

There is no ground to oppose an equal rights **amendment**.

emend [ɪˈmend] v. 校订；修改

Every magazine needs to be **emended** and vetted prior to publication.

He **emended** the article.

The programmer **emended** the outdated computer program.

emendation [ˌiːmenˈdeɪʃən] n. 校订的内容；修改的意见

The keyboard is still in widespread use after subsequent **emendations**.

collate [kəˈleɪt] v. 核对；校勘

The editor **collated** the date and figures for publication.

collation [kəˈleɪʃn] n. 校对；零食

The writer made the **collation** of his manuscript.

On fast days, they are allowed to have some **collations**.

adjust [əˈdʒʌst] v. 调整；习惯；整理

Free trade is an effective mechanism for **adjusting** the demand and supply.

revise [rɪˈvaɪz] v. 修订；校订 n. 修改；修正

Modern advanced technologies have caused many companies to **revise** their operating methods.

The author has to **revise** the manuscript before publication.

revision [rɪˈvɪʒn] *n.* 修订；修正版；复习（英国用法）

The **revision** of the homosexual law had been voted down three years earlier.

modification [ˌmɑːdɪfɪˈkeɪʃn] *n.* 修改；改进

It might be necessary to make a few slight **modifications** to the design.

• Words in sentences 句中单词 •

heredity [həˈredətɪ] *n.* 遗传

vet [vet] *v.* 审查；检查 *n.* 兽医

vote down 投票否决；罢免

Part 2 补充单词

accommodate [əˈkɑːmədeɪt] *v.* 接纳；给……方便；能提供……膳宿；使适应；调和；照顾到

Your request can't be **accommodated**. It's too difficult for me.

White supremacy can't be **accommodated** in Africa.

They rebuilt the ship to **accommodate** more passengers.

trim [trɪm] *v.* 修剪；布置；调整 *n.*（船、飞机等）获得平衡；持观望态度 *adj.* 整齐的；端正的；苗条的

He **trimmed** his long hair.

The boat is hard to **trim** with fluctuating waves.

Many congressmen remain **trimming**.

prune [pruːn] *v.* 修剪；削减 *n.* 梅干

The military official still **prunes** his roses regardless of approaching enemies.

The politician **pruned** the budget as revenge.

Lesson 124

Part 1 主力单词 / 词组

habituate [həˈbɪtʃʊˌeɪt] *v.* 习惯于

The slaves were **habituated** to their imprisonment.

Metropolitans are **habituated** to crowds and heavy traffic.

Rural old people are so **habituated** to agriculture.

get used to 开始习惯于

These southerners don't **get used to** harsh winters in the Arctic.

acclimatize=acclimate [ə'klaɪmətaɪz] ['ækləmeɪt] *v.*（使）习惯于；（使）适应

Let your body **acclimatize** to the thin air before you clamber up the bluff.

Cattle from Thailand are **acclimatized** to humid and sultry conditions.

inure [ɪ'njʊr] *v.* 使习惯于（令人不快的事物）(get used to)

The slaves were **inured** to hardships.

Learn to **inure** yourself to drudgery in science. Learn, compare, and collect the facts.

The orphan has been **inured** to poverty.

adapt [ə'dæpt] *v.* 使适应；改编

Resilient cockroaches can **adapt** to changing environmental conditions perfectly and sustain themselves with little food.

attune [ə'tʊn, ə'tjʊn] *v.*（使）适应习惯于；适应

The explorers in African villages were **attuned** to a traditional way of life that revolves around subsistence agriculture, hunting, and fishing.

• Words in sentences 句中单词 / 词组 •

clamber ['klæmbər] *v.* 攀登；（手脚并用费劲地）爬 *n.* 攀登

clamber up 攀爬上

bluff [blʌf] *v.* 虚张声势 *n.* 断崖；陡岸 *adj.* 坦率的

cockroach ['kɑkrəʊtʃ] *n.* 蟑螂

Part 2 补充单词

congregate ['kɑːŋgrɪgeɪt] *v.* 聚集；集合

The political fanatics and angry mob **congregated** in front of the presidential palace.

dank [dæŋk] *adj.* 潮湿的；阴冷的

cellar [ˈselər] *v.* 把……藏入地窖或酒窖 *n.* 地下室；酒窖

She was locked up in a **dank cellar**.

muggy [ˈmʌɡɪ] *adj.* 闷热潮湿的

The weather of Southeast Asia is **muggy**, uncomfortably warm.

demureness [dɪ'mjʊrnɪs] *n.* 含蓄；文静

School yourself to **demureness** and patience.

subsistence [səbˈsɪstəns] *n.* 赖以维生；生计

The local women have to do **subsistence** work, such as gardening and tending livestock.

bromance [ˈbrəʊmæns] *n.* 兄弟情

Brokeback Mountain is an adaptation from a novel that describes love and **bromance** between two men.

Part 3 识记单词 / 词组

to bluff sb. (into doing sth.) 靠吹牛骗某人（做某事）

to bluff it out 蒙混过关

demure [dɪˈmjʊr] *adj.* 娴静的；端庄的

subsistence job 赖以维生的工作

paleontologist [pælɪɒn'tɒlədʒɪst] *n.* 古生物学者

veterinarian [ˌvetərɪˈnerɪən] *n.* 兽医

Lesson 125

Part 1 主力单词

numb [nʌm] *v.* 使麻木；使迟钝 *adj.* 麻木的

The freezing cold has **numbed** my fingers and toes.

He came across his wife's adultery and **numbed** himself with alcohol.

Viewers in the U.S. sometimes are **numbed** by an onslaught of terrorist activities in the news.

benumb [bɪ'nʌm] *v.* 使僵冷；使麻木；使呆滞

My limbs are **benumbed** by the cold.

paralyze ['pærəlaɪz] *v.* 使麻痹；使瘫痪；使全面停顿

To teach how to live without certainty and yet without being **paralyzed** by hesitation is perhaps the chief thing that philosophy, in our age, can do for those who study it.

The banded krait's venom **paralyzed** the rabbit.

desensitize [dɪ'sensɪtaɪz] *v.* 使变得不敏感；使麻木

Too much violence on television **desensitizes** the audience to be indifferent towards brutality.

inanimate [ɪn'ænəmɪt] *adj.* 无生命的；无生气的（not living）

Some people believe animate and **inanimate** objects have souls.

insensate [ɪn'senseɪt, -sɪt] *adj.* 无知觉的；无感情的；迟钝的

Stones are **insensate** objects which can't have any feelings.

Her **insensate** boss refuses her request for time off for a wedding.

His **insensate** foot developed ulcers.

stolid ['stɑlɪd] *adj.* 不动感情的；神经麻木的（unemotional）

The defendant remained **stolid** during the trial.

The duke responds to the duchess's demand with **stolid** indifference.

insensitive [ɪn'sensɪtɪv] *adj.* 不敏感的；麻木不仁的

He is very **insensitive** about my problem.

• Words in sentences 句中单词 / 词组 •

come across sth. 偶然发现；无意中发现

limb [lɪm] *v.* 给……截肢，从（砍倒的树上）截去树枝 *n.* 肢；翼；大树枝；（建筑物等的）突出部

banded krait 金环蛇

krait [kraɪt] *n.* 环蛇（一种毒蛇）

venom [ˈvenəm] v. 放毒 n.（蛇、昆虫等叮咬时分泌的）毒液；痛恨

animated [ˈænəmeɪtɪd] adj. 活跃的；模拟有生命物体的；卡通（片）的

animate [ˈænɪmeɪt, ˈænɪmət] v. 赋予生命；激励；驱动；使生动；绘制（卡通影片） adj. 有生命的；活的（living）

duke [duːk] v. 战斗 n. 公爵；（公国的）君主；【植】公爵樱桃

duchess [ˈdʌtʃəs] n. 公爵夫人；女公爵

indifference [ɪnˈdɪfrəns] n. 不感兴趣的；冷淡的

Part 2 补充单词

nugatory [ˈnuːgətɔːrɪ] adj. 无价值的；无效的

There are too many **nugatory** comments.

Don't waste your time and money on **nugatory** matters.

The law violating the constitution was rendered **nugatory**.

unenforced [ˌʌnɪn'fɔːst] adj. 未执行的；（尤指）法律或警察未强制执行的

The **unenforced** law is **nugatory**.

onslaught [ˈɑːnslɔːt] n. 很大量（不好处理的）；猛烈打击

His room was overwhelmed by an **onslaught** of useless stuff and trash.

grisly [ˈgrɪzlɪ] adj. 恐怖的；严重的

They burn houses wantonly in the **grisly** demonstration to the whole nation of the moral degeneracy upon which racial discrimination rests.

Under the blank, cold sky, the house appeared dark and **grisly**.

ulcer [ˈʌlsər] n. 溃疡；腐烂物

The **ulcer** of envy made her poison her love rival.

Part 3 识记单词 / 词组

sensate [ˈsenseɪt] adj. 感觉的

anima [ˈænɪmə] n. 生命；灵魂

Lesson 126

Part 1 主力单词

vacuum [ˈvækjuːm] *v.* 用真空吸尘器清扫 *n.* 真空；(心灵的) 空白

A **vacuum** is impervious to light.

The prime minister's resignation left a political **vacuum** in the cabinet.

The recluse leads a **vacuum** life.

A philosopher of imposing stature doesn't think in a **vacuum**. Even his most abstract ideas are, to some extent, conditioned by what is or what is not known in the time when he lives. (from A. N. Whitehead, British philosopher and mathematician)

vacuity [væˈkjʊɪtɪ, və-] *n.* 空洞；空旷的空间或地方；没有意义的对话或东西

The dictatorial government spreads fear and represses domestic media and pluralism to the very edge of **vacuity**.

There is an infinite **vacuity** while I look down the chasm.

I am bored by the frivolity and **vacuity** of these candidates' debates on TV.

vacuous [ˈvækjʊəs] *adj.* 空洞的；没有意义的

The avaricious rich man kept on fulfilling his **vacuous** dreams.

She stared at me with a **vacuous** expression.

The content of your speech is too **vacuous**. You have to work on it more.

void [vɔɪd] *v.* 使无效；使空出；退出 *n.* 空洞；缺乏；失落感 *adj.* 没法定效力的

Such a life is **void** and mundane without passion.

Without the government's endorsement, the contract is null and **void**.

I have felt **void** since my girlfriend transferred to another university.

vacant [ˈveɪkənt] *adj.* 空的；未被占用的；茫然的

The toilet is **vacant**, not occupied.

The position of vice manager is still **vacant**. You might want to apply for it.

I felt **vacant** after my grandfather's demise.

vacancy [ˈveɪkənsɪ] *n.* 空白；空地；空缺；空职；(心灵的) 空虚

The language school is trying to fill **vacancies** before the class begins.

九阴真经

There were no **vacancies** at the hotel. You should have booked earlier.

There was a long **vacancy** in his position.

• Words in sentences 句中单词 •

stature [ˈstætʃər] *n.* 高度境界；身高（物体的）高度

frivolity [frɪˈvɑlətɪ] *n.* 轻率；无关痛痒的事物

transfer [ˈtrænsfɜːr, trænsˈfɜːr] *n.* 搬；转移 *v.*（使）调动转让（财产）

Part 2 补充单词

frenemy [ˈfrenəmɪ] *n.* 假装是朋友的朋友（实际是敌人）

Her **frenemy** always praises her in front of her but speaks ill of her behind her back.

sequel [ˈsiːkwəl] *n.* 续集；继续；随之而来的事

There is a **sequel** to that story.

acerbic [əˈsɜːrbɪk] *adj.* 苦涩的；辛辣的；尖刻的；尖酸的（语言或态度）

The little girl appeared in the **acerbic sequel** selling matches in the harsh winter.

mordant [ˈmɔːrdnt] *v.* 用媒染剂处理 *n.* 金属腐蚀剂；金箔黏着剂 *adj.* 尖酸的；有腐蚀性的

Her **mordant** comment renders her husband speechless.

I felt a **mordant** pain after I was bitten by a bee.

poignant [ˈpɔɪnjənt] *adj.* 辛酸的；惨痛的；尖刻的；（气味）浓烈的

The orphan losing his best friend is a **poignant** sight.

She was hurt by her father's **poignant** remark.

poignancy [ˈpɔɪnjənsɪ] *n.* 辛酸；惨痛

Her **poignancy** was understood by no one.

vitriol [ˈvɪtrɪəl] *v.* 用硫酸烧伤；用硫酸处理 *n.* 硫酸（盐）；矾；尖刻的话

Jaxon who can withstand this level of **vitriol** is optimistic.

vitriolic [ˌvɪtrɪˈɑːlɪk] *adj.* 硫酸的；刻薄的

Everyone gets used to her **vitriolic** remarks and no one takes her seriously.

recuse [rɪˈkjuːz] *v.* 要求撤换（disqualifying someone）

The judge **recused** herself because she knew the plaintiff's lawyer very well.

For failing to contain the virus, the mayor is asked to **recuse** himself by the masses.

devolve [dɪˈvɑːlv] *v.* 移交；转移；【律】（财产等）转让；由……而来；恶化

The preservation of natural resources is being **devolved** to rural communities.

Decentralization **devolves** power to the provinces.

His estate **devolved** on a distant relative.

The stream **devolves** from the Rocky Mountains.

The philosophy **devolved** from Taoism.

The situation **devolves** into chaos.

breadwinning [ˈbredˌwɪnɪŋ] *n.* 糊口；挣钱养家

The responsibility for **breadwinning** has **devolved** upon her son since her husband died.

simile [ˈsɪməlɪ] *n.*（修辞）直喻

metaphor [ˈmetəfər] *n.* 隐喻

A **simile** is the opposite of a **metaphor**.

Part 3 识记单词 / 词组

disqualify [dɪsˈkwɑlɪfaɪ] *v.* 使不合格；取消……的资格

acerbity [əˈsɜːrbətɪ] *n.* 辛辣尖刻的幽默

devolvement *n.* 移交；退化

breadwinner [ˈbredˌwɪnər] *n.* 负担生计的人

frivolous [ˈfrɪvələs] *adj.* 轻率；无聊的；不重要的

Lesson 127

Part 1 主力单词

warn [wɔːrn] *v.* 警告

The white marshal **warned** Indians to leave the region immediately.

九阴真经

I have **warned** him not to approach the forbidden ground, but he took no heed of this warning.

forewarn [fɔːrˈwɔːrn] *v.* 预先警告

You have been **forewarned** about the southern states' secession.

alert [əˈlɜːrt] *v.* 使警觉；使意识到；通知（军队，船只等）待命 *n.* 通知；警报 *adj.* 警觉的；机敏的

The parent **alerted** the school board of a possible teacher strike.

The military adviser **alerted** the government of potential conflicts in the region.

Border soldiers are constantly on the **alert**.

The baboons sound **alerts** at the sight of a python.

She was **alert** to every word her jealous husband said.

The interviewee is **alert** in answering all sorts of questions the interviewer poses.

admonish [ədˈmɑːnɪʃ] *v.* 告诫；责备

A leader **admonished** his comrades to use persuasion rather than coercion to win public support.

admonition [ˌædməˈnɪʃən] *n.* 警告；告诫

Twilight combined with the scenery of Egdon Heath to evolve a thing majestic without severity, impressive without showiness, emphatic in its **admonitions**, grand in its simplicity.

The priest delivered a strong **admonition** against abortion and euthanasia with his sonorous voice.

• Words in sentences 句中单词 / 词组 •

marshal [ˈmɑːrʃl] *v.* 安排；整理；引领（+into）；统帅（军队）；将（列车）编组 *n.* 警官局长；消防队长；市司法官；联邦法院执行官；司仪；元帅；高级将官；典礼官

heed [hiːd] *v.* 留意；注意 *n.* 留心

school board （地方上的）教育委员会

baboon [bæˈbuːn] *n.* 狒狒

comrade [ˈkɑmræd] *n.*（共产党或社会主义政党的）同志；朋友；同事

majestic [məˈdʒestɪk] *adj.* 雄伟的；壮丽的；威严的

euthanasia [ˌjuːθəˈneɪʒə] *n.* 安乐死

sonorous [ˈsɑnərəs] *adj.* 浑厚的（声音）

Part 2 补充单词 / 词组

square the circle 做不可能的事

It is very difficult to **square the circle**. Demands from two sides are so different.

intercalate [ɪn'tekəleɪt] *v.* 设置（闰日、闰月等）；把……插入

A month in some years had to be **intercalated** to reconcile lunar months with the solar year.

The author **intercalates** the reminiscences of his childhood in his novel.

stentorian [sten'tɔːrɪən] *n.* 声音洪亮的

The master spoke to his servants with a **stentorian** voice.

stentor ['stentər] *n.* 声音洪亮的人；喇叭虫

A **stentor** asked for a fight outside the castle.

heedless ['hiːdləs] *adj.* 不注意的；掉以轻心的

The **heedless**, unbridled youth stepped upon her precious antique.

wrack [ræk] *v.* 使痛苦；严重伤害 *n.* 毁坏；遇难；折磨

The victim has broken down into **wracking** sobs.

mnemonics [nɪ'mɑnɪks] *n.* 记忆法

The **mnemonics** increases memory but has the drawback of decreasing creativity.

mnemonic [nɪ'mɑnɪk] *n.* 说明记忆的符号；助记顺口溜 *adj.* 帮助记忆的

The Maya people used knots for **mnemonic** purposes.

sibilant ['sɪbələnt] *n.*【语】咝咝音 *adj.* 发咝音的；咝咝作响的

The **sibilant** snake looks very aggressive.

affricate ['æfrɪkɪt] *n.* 破擦音

They pronounce the **sibilant affricate**.

Part 3 识记单词 / 词组

brass [bræs] *n.* 黄铜；高度自信；厚脸皮

a sonorous brass bell 浑厚的铜钟

九阴真经

Lesson 128

Part 1 主力单词

tear [ter, tɪr] v.（被）撕开；打出洞；狂奔 n. 眼泪；裂口；很出色的成功

He **tore** off the wrapping of his birthday present.

The tailor mends a **tear** in a pair of pants.

These ethnic perennial problems appeared capable of **tearing** the nation asunder.

rip [rɪp] v. 撕裂；批评；拷贝（至计算机） n. 裂口；浪荡子

The package had already been **ripped** open when I arrived.

rend [rend] v. 用力撕碎；发出刺耳声（rent=rended 过去式）

Pollution and deforestation are **rending** the blue planet.

The ruling party **rent** the nuclear deal with the country unilaterally that has been hailed as the progress of denuclearization in the Middle East. Such a move will throw the credibility and intentions of the party into question.

shred [ʃred] v. 把……切（或撕）成细条 n. 极少量；细条

Not a **shred** of evidence relates her to the murder.

The ambassador **shredded** the classified documents before evacuating from the war-torn country.

rupture [ˈrʌptʃər] v.（使）裂开；（使）断裂 n. 关系破裂

The wrestler's tremendous force **ruptured** his opponent's neck vertebrae. Isn't it supposed just to be a show?

The territorial dispute has caused a **rupture** in the bilateral relationship.

bifurcate [ˈbaɪfərkeɪt] v. 分歧；（道路、河流等）分岔

The party's political road map is **bifurcated** over the issue of unification and independence.

The river **bifurcates** into two tributaries.

bifurcation [ˌbaɪfəˈkeɪʃn] n. 分歧（点）；分岔

We have reached another **bifuration** point in history.

• Words in sentences 句中单词 / 词组 •

tailor [ˈteɪlər] *v.* 专门制作；使适应特定需要 *n.* 裁缝师

hail sb./sth. as sth. 把……赞誉为……

hail [heɪl] *v.* 下冰雹；跟……打招呼 *n.* 冰雹；赞扬

throw sth. into question 使……受到质疑

classified [ˈklæsɪfaɪd] *adj.* 机密的；保密的

war-torn [ˈwɔːr tɔːrn] *adj.* 饱经战乱的；受战争蹂躏的

vertebra [ˈvɜːrtɪbrə] *n.* 椎骨（复数为 vertebrae 或 vertebras）

Part 2 补充单词

juncture [ˈdʒʌŋktʃər] *n.* 交会点；关键时刻

At the **juncture** of two mountains, the two tectonic plates crashed into each other.

Junctures in the bridge are relatively weak points that have to be reinforced.

We are about to make a deal. At this **juncture**, don't create any dicey situation.

inveterate [ɪnˈvetərɪt] *adj.* 积习难改的；有……瘾的

poseur [pəʊˈzɜːr] *n.* 装腔作势的人；装模作样的人

She is an **inveterate** gambler, smoker, and **poseur**.

navigator [ˈnævɪgeɪtər] *n.* 领航员；导航装置

cartographer [kɑːrˈtɑːgrəfər] *n.* 地图绘制员

He is a **navigator** and **cartographer**.

sprain [spreɪn] *v.* 扭伤（关节） *n.* 扭伤

I stumbled and wrenched my knee. I thought I had a **sprain**.

interdependence [ˌɪntərdɪˈpendəns] *n.* 互相依赖

The contemporary world has a high degree of economic **interdependence**.

九阴真经

九阴真经

Part 3 识记单词/词组

convergence [kən'vɜːrdʒəns] *n.* 融合；会合

junction ['dʒʌŋkʃn] *n.* 联结点；枢纽

confluence ['kɑnfluəns] *n.*（河流）汇合处；汇流点

culture confluence 文化汇合

converge [kən'vɜːrdʒ] *v.* 汇集；相同

invertebrate [ɪn'vɜːrtɪbrət] *n.* 无脊椎动物 *adj.* 无脊椎的

tear your hair out （为……）焦虑

tear sb.'s heart out 使（某人）心如刀绞

tear sth. apart 把……撕开；使……分裂；摧毁

tear sb. away （使某人）依依不舍地离开；把（某人）拽走

tear sth. down 拆毁

tear into sth. 开始做某事（带着热情和能量地）

tear sth. off 迅速脱掉（衣服）

tear sth. up 撕碎（纸张）；撕毁（协议等）

an adjustable wrench 活动扳手

hail from somewhere 来自……；出生于某地

throw a (monkey) wrench in the works 从中捣乱；破坏计划

tear at 造成忧虑；苦恼（Grief tears at his heart）

rip off 讹诈（某人）；敲竹杠

in shreds 破碎的；严重受损的

cartography [kɑːr'tɑːgrəfɪ] *n.* 制图；地图制作

a mind torn with doubts 疑神疑鬼

lacrimal gland 泪腺

lacrimal ['lækrɪml] *adj.* 泪的

sartorial [sɑːr'tɔːrɪəl] *adj.* 缝纫的

shredder ['ʃredər] *n.* 粉纸机

spine [spaɪn] *n.* 脊椎骨

Lesson 129

Part 1 主力单词

clog [klɑːg] *v.* 阻塞；堵塞 *n.* 阻碍物；水槽盖；木屐

Consuming too much fat might **clog** up your arteries.

The street of Taipei often **clogs** with motorcycles in rush hour.

She unplugs the **clog** in the kitchen sink to let the water flow out.

clutter [ˈklʌtər] *v.* 塞满；乱堆 *n.* 杂乱的东西

Her room was **cluttered** with dirty clothes.

Getting rid of the unnecessary **clutter** on your desk will definitely increase your efficiency.

occlude [əˈkluːd] *v.* 使……阻塞；遮蔽；咬合（牙齿）

A brain thrombus **occluding** a coronary artery might induce a severe stroke.

She applies cosmetics to **occlude** her tiny facial scar.

After treatment, his teeth can **occlude** properly.

block [blɑːk] *v.* 堵塞；阻挡

They dug trenches in an attempt to **block** the enemy's offense.

• Words in sentences 句中单词 •

thrombus [ˈθrɒmbəs] *n.* 血栓

coronary [ˈkɔːrənerɪ] *adj.* 冠状动脉的 *n.* 冠状动脉血栓；冠心病

stroke [strəʊk] *v.* 轻抚；抚摩 *n.* 中风；一笔；斜杠；击球；钟声

Part 2 补充单词

platform [ˈplætfɔːrm] *n.* 平台；戏台；站台；党纲

The couple stepped off the train onto the **platform**.

The stock market is dominating the public conversation on every single social media **platform**.

rostrum [ˈrɑːstrəm] *n.* 演讲台；讲坛；演讲者

Hitler stood on a **rostrum**, delivering his speech to the huge crowd.

brandish [ˈbrændɪʃ] *v.* 挥舞 *n.* 炫耀

revolver [rɪˈvɑlvər] *n.* 左轮手枪；旋转器

hoodlum [ˈhʊdləm] *n.* 无赖；流氓

The police **brandished a revolver** on a **rostrum** to intimidate **hoodlums** in the audience.

dais [ˈdeɪɪs] *n.* 高台；讲台

High-ranking officials took their place at the front of the **dais**.

ruffian [ˈrʌfiən] *n.* 恶棍；流氓 *adj.* 残暴的；凶恶的

The kid was seized by **ruffians** who asked for a huge ransom.

slough [slaʊ] *v.* 蜕（皮）；使脱落；丢弃 *n.* 蛇蜕下的皮；丢弃的事物

Snakes **slough off** their skins in various hideouts.

Scads will **slough off** in four or five days.

Part 3 识记单词 / 词组

occlusion [əˈkluːʒn] *n.* 包藏；闭塞

blockage [ˈblɑkɪdʒ] *n.* 障碍物；堵塞

congest [kənˈdʒest] *v.* 使充血；充塞

unblock [ˌʌnˈblɑk] *v.* 疏通；（电话；网站等）解锁

a bold stroke 果断之举

by a stroke of luck 幸运的是

different strokes for different folks 适合某人的；不一定适合其他人（强调每个人都不一样）

a block of ice/wood 一大块（直边的硬物）

the block （罪犯被斩首时的）垫头木

a block of tickets/shares/seats 一沓票；大宗股份；一排座位

clot [klɑːt] *v.* 凝结成块 *n.* 凝块；笨蛋，傻瓜

scab [skæb] *v.* 结痂；疥癣（动物） *n.* 斑点病（植物）；罢工时上班（的人）

Lesson 130

Part 1 主力单词

extraneous [ɪk'streɪnɪəs] *adj.* 不太相关的；从外面来的

The tyrant tried to expand his territory. There was always some **extraneous** reason given.

Sugar bagasse may seem an **extraneous** material. However, it is like a briquette that can be burned for heat or power.

The library is so quiet that any **extraneous** noise can be heard.

Let's call a spade a spade. I didn't do it. Can you ignore the **extraneous** message you have just heard?

peripheral [pə'rɪfərəl] *n.* 计算机的外围设备（如打印机） *adj.* 次要的；边缘的

I've spent too much time on this **peripheral** issue.

At moments when our attention is painfully acute, we notice **peripheral** things...as if to reaffirm to ourselves our basic irresponsibility. (from E. L. Doctorow, U.S. novelist)

I saw her smiling at me from my **peripheral** vision.

gratuitous [grə'tuːɪtəs] *adj.*（不良行为等）不必要的；无理由的；无偿的

Gratuitous gossip included sexual abuse, adultery, theft, and robbery.

The charity organization provided **gratuitous** food and shelter for homeless people.

The solicitor offered **gratuitous** legal advice every Wednesday in this office.

• Words in sentences 句中单词 / 词组 •

bagasse [bə'gæs] *n.* 残渣

briquette [brɪ'ket] *n.* 煤砖；碳砖

call a spade a spade 实话实说；直言不讳

spade [speɪd] *v.* 铲；锹 *n.*（扑克牌中的）黑桃

九阴真经

solicitor [səˈlɪsɪtər] *n.*（英国和澳大利亚的）初级律师；（城镇负责法律事务的）法务官

Part 2 补充单词

panorama [ˌpænəˈræmə] *n.*（不断变化的）一连串的景象（或事件）；全景

The Pope is very powerful, as seen through a **panorama** of European history.

The president faces a **panorama** of diplomatic problems.

The hotel on Bailey Island provides a **panorama** of the entire bay.

perimeter [pəˈrɪmɪtər] *n.* 周长；周界；【物】视野计

He asked his bodyguards to patrol the **perimeter** of the building again.

He is good at **perimeter** shooting in basketball.

symmetry [ˈsɪmətrɪ] *n.* 对称（性）；整齐

The principle of **symmetry** seems to govern the biological revolution.

The edifice has perfect **symmetry**.

symmetric [sɪˈmetrɪk] *adj.* 对称的；匀称的

These are **symmetric** poems.

Most creatures have **symmetric** bodies.

kleptomania [ˌkleptəˈmeɪnɪə] *n.* 偷窃癖

She suffered from **kleptomania** and was sent to a correctional facility.

Part 3 识记单词

irrelevant [ɪˈreləvənt] *adj.* 无关紧要的；不相关的

minor [ˈmaɪnər] *v.* 辅修 *n.* 未成年人；辅修科目 *adj.* 次要的；轻微的

redundancy [rɪˈdʌndənsɪ] *n.* 多余；累赘

pertinent [ˈpɜːrtnənt] *adj.* 有关的；恰当的

pertinence [ˈpɜːtɪnəns] *n.* 相关性；针对性

kleptomaniac [ˌkleptəˈmeɪnɪæk] *n.* 有偷窃癖的人

sugarcane [ˈʃʊgərkeɪn] *n.* 甘蔗

Lesson 131

Part 1 主力单词 / 词组

obviate [ˈɑbvɪeɪt] *v.* 消除；排除

A misalignment of the bones in a human body can be treated by chiropractic services which **obviate** the need for surgery.

Reservoir construction **obviates** the risks of water shortage.

Only through a resolute commitment to the realization of European unification can we **obviate** a relapse into the destructive nationalism of the past. (from Helmut Kohl, German statesman)

To **obviate** chemical hazards, all the water discharging from the factory has to be inspected by environmental staff.

stave off 避免；延缓

The government requisitions numerous villagers to **stave off** a wildfire.

prevent [prɪˈvent] *v.* 阻止；阻碍

We are taking steps to **prevent** pollution.

• Words in sentences 句中单词 •

misalignment [ˌmɪsəˈlaɪnmənt] *n.* 错位；不一致

chiropractic [ˌkaɪərəʊˈpræktɪk] *n.* 手疗法；脊椎指压疗法

relapse [ˈriːlæps, rɪˈlæps] *n.* 旧病复发 *v.*（病好转后）复发；重新堕落

requisition [ˌrekwɪˈzɪʃən] *v./n.* 征用；调用

Part 2 补充单词

spiral [ˈspaɪrəl] *v.* 螺旋式上升（或下降）；急剧增长 *n.* 螺旋 *adj.* 螺旋的

Corporate costs **spiraled** upward in the trade war.

The eagle flies in a wide **spiral**.

九阴真经

staircase [ˈsterkeɪs] *n.*（建筑物内通常带有扶手的）楼梯

The **spiral staircase** takes us up into the building top.

helix [ˈhiːlɪks] *n.* 螺旋

DNA's structure has a double **helix**.

The plane crashed down in a **helix** path.

helix-like [ˈhiːlɪks laɪk] *adj.* 螺旋的

Snails have a **helix-like** shell.

pseudandrist [ˈsuːdndrɪst] *n.* 用男笔名的女作家

Some of the world's famous writers are **pseudandrists**.

pseudonym [ˈsuːdənɪm] *n.* 笔名；艺名（pen name）

nom de plume 笔名

I'm trying to hold on to some old, useful feelings of obscurity. If I had to do it over again, I'm pretty sure I'd use a **pseudonym** during publication years. It's a great pity that **noms de plume** have gone out of fashion. (J. D. Salinger, U.S. novelist)

androgyne [ˈændrədʒaɪn] *n.* 阴阳人；【植】（一花序中）有雌雄两花的植物

Do you think **androgynes** have more sexual pleasure than men or women?

hub [hʌb] *n.*（兴趣、活动的）中心；集线器

Shanghai is the biggest commercial **hub** in China.

spoke [spəʊk] *v.* 为……装轮辐；阻碍 *n.* 轮辐；【船】舵轮把柄

Steel **spokes** were attached to the **hub** of the wheel.

Part 3 识记单词/词组

helical [ˈhelɪkəl, ˈhiːlɪ-] *adj.* 螺旋的；螺旋形的

pseud-=pseudo- [suːd][ˈsuːdəʊ] *pref.* 假的；冒充的

pseudandry *n.* 女作家用的男性笔名

pseudogyny *n.* 男作家用的女性笔名

sybarite [ˈsɪbəraɪt] *n.* 爱奢侈享乐的人

entrepot [ˈɑntrəpəʊ] *n.* 货物集散地；仓库

entrepot trade 转口贸易

stave [steɪv] *v.* 折断木条；在物体上打洞 *n.* 五线谱；木条

Lesson 132

Part 1 主力单词

amnesia [æm'niːʒə] *n.* 健忘（症）；记忆丧失

Collective **amnesia** in the Food and Drug Administration is astounding. The fake vaccines have resurged recently.

amnesic [æm'niːzɪæk, æm'niːsɪk] *adj.* 遗忘的；失去记忆的

The story depicted an alcoholic, **amnesiac** young man in London and how he struggled to cure his illness and made his way to the upper echelon of society.

dement [dɪ'ment] *v.* 使发狂

The old man who looked like somebody insane or **demented** squawked at the bank teller.

dementia [dɪ'menʃə] *n.* 老人痴呆

Rarely do gamblers suffer from **dementia**.

limbo ['lɪmbəʊ] *n.* 中间状态或位置；停滞不前；监狱

I didn't go to school. Neither did I found a job. I was in **limbo**.

His proposals were kept in **limbo**. The manager didn't like his ideas.

derange [dɪ'reɪndʒ] *v.* 使疯狂；使（精神）错乱

He was **deranged** by the slightest damage on the surface of his new car.

He used drugs excessively and became **deranged**.

• Words in sentences 句中单词 / 词组 •

the Food and Drug Administration (FDA) 食品药品监督管理局

alcoholic [ˌælkə'hɑːlɪk] *n.* 嗜酒者 *adj.* 酒精的；含酒精的

astounding [ə'staʊndɪŋ] *adj.* 令人震惊的；使人惊骇的

squawk [skwɔːk] *v.* 粗声叫出；大声抱怨 *n.*（鸟类的）嘎嘎叫声

Part 2 补充单词

uppermost [ˈʌpərməʊst] *adj.* 至上的；最重要的 *adv.* 处于最高位置；面向上地

Her husband's safe return is **uppermost** in her mind. She doesn't mind paying the ransom.

dipsomaniac [ˌdɪpsəˈmeɪnɪæk] *n.* 嗜酒狂

dipsomania [ˌdɪpsəˈmenɪə, -ˈmenjə] *n.* 耽酒症；嗜酒狂

She is a **dipsomaniac** who has to drink every day.

menial [ˈmiːnɪəl] *n.* 仆人 *adj.* 枯燥的；报酬低的

scrub [skrʌb] *v.*（尤指用硬刷、肥皂和水）擦洗；取消（原有安排） *n.* 小树；混种；医院松散的防护服

Am I wasting all my talent on this **menial** job, **scrubbing** the floor?

The flight has been **scrubbed** because of bad weather.

mongrel [ˈmʌŋgrəl, ˈmɑŋ-] *n.* 混种（动物或植物）；混种狗 *adj.* 混的

One realizes with horror, that the race of men is almost extinct in Europe. Only Christ-like heroes and woman-worshipping Don Juans, and rabid equality-**mongrels**. (from D. H. Lawrence, British writer)

clamor [ˈklæmər] *v.* 喧嚷；叫嚷 *n.* 连续的嘈杂声

The child **clamors** to play outside.

They **clamored** for independence from Spain.

I hear the **clamors** of vendors in a night market.

The joyful **clamor** of kids in kindergarten doesn't bother me at all.

waterfall [ˈwɔːtərfɔːl] *n.* 瀑布

I can hear the **clamor** of the **waterfall**.

underplay [ˌʌndərˈpleɪ] *v.* 低调处理；降低……的重要性

Both sides are inclined to **underplay** the boat-collision matter.

The government has consistently **underplayed** contagious issues.

Part 3 识记单词 / 词组

demented [dɪˈmentɪd] *adj.* 精神错乱状态的；疯狂的

derangement [dɪˈrendʒmənt] *n.* 精神错乱

forgetful [fərˈgetfl] *adj.* 健忘的

oblivious [əˈblɪviəs] *adj.* 健忘的

oblivion [əˈblɪviən] *n.* 被遗忘

recollect [ˌrekəˈlekt] *v.* 回忆；回想

rote [rəʊt] *n.* 死记硬背

absent-minded [ˌæbsentˈmaɪdɪd] *adj.* 心不在焉的；健忘的

learn sth. by rote 死记硬背地学

clamorous [ˈklæmərəs] *adj.* 吵闹的

icefall [ˈaɪsˌfɔːl] *n.* 冰瀑

cascade [kæˈskeɪd] *v.* 瀑布似地落下；联成系列 *n.*（陡峭的）小瀑布；一连串的东西

Lesson 133

Part 1 主力单词

seethe [siːð] *v.* 很生气；翻腾；沸腾 *n.* 骚动

She **seethes** with jealousy at her sister's success.

He seethed with anger when he witnessed his most-cherished vase being broken by a child.

The entire city was **seething** with political unrest.

Venezuela **seethes** with internal discontent and disorder.

ebullition [ˌebəˈliːʃən] *n.*（感情等的）爆发；沸腾

The earsplitting **ebullition** of the fans follows a 30-yard field goal.

The feelings of unutterable agony overwhelmed me following my extreme **ebullition** of anger.

What he said was a genuine **ebullition** of feeling although he was not that familiar with you.

outburst [ˈaʊtbɜːrst] *n.*（感情的）爆发；迸发

I heard an **outburst** of laughter.

burst out 突然激动地说；突然开始（做某事）

She finally **burst out** that she has been molested by her father.

九阴真经

burst [bɜːrst] *v.* 使爆炸；冲；闯；裂 *n.* 爆炸；缺口

The bomber **burst** Tokyo city.

smolder [ˈsməʊldər] *v.* 怒火中烧 *n.*（愤怒等）闷在心里

The rascal had been sitting on the bench, **smoldering**, waiting to ignite, **burst out**, and make something happen.

The racial hostilities have **smoldered** for years.

His eyes **smoldered** with hatred.

The campfire still **smoldered** and produced a lot of smoke.

simmer [ˈsɪmər] *v.* 酝酿；炖 *n.* 即将沸腾的状态

Revenge **simmers** in my heart.

You had better talk it out before **simmering** discontent.

Simmer the chicken for 30 minutes.

• Words in sentences 句中单词 / 词组 •

Venezuela [ˌvenəˈzweɪlə] *n.* 委内瑞拉

ear-splitting [ˈɪrˌsplɪtɪŋ] *adj.* 震耳欲聋的

field goal 射门得分

Part 2 补充单词

skittish [ˈskɪtɪʃ] *adj.* 怯懦的；易受惊吓的；活蹦乱跳的

He is a **skittish** investor who examines corporations thoroughly.

The **skittish** mare gallops in the field.

squid [skwɪd] *n.* 乌贼；鱿鱼

Squids are usually **skittish**.

equatorial [ˌiːkwəˈtɔːrɪəl, ˌekwə-] *adj.* 赤道的；酷热的

Indonesia has an **equatorial** climate.

alchemy [ˈælkəmɪ] *n.* 炼金术；（将事物变得更好的）神奇力量

I need financial **alchemy** to generate more income.

NATO （North Atlantic Treaty Organization）北大西洋公约组织

The outbreak of war in Syria shocked a lethargic **NATO** into action.

scorch [skɔːrtʃ] *v.* 烤（或烫、晒）得变色 *n.* 高速疾驶（尤指摩托车和小汽车）

scorching [ˈskɔːrtʃɪŋ] *v.* 烫坏；烧糊 *adj.* 灼热的

She walked lethargically through the desert under the relentless, **scorching** sun.

Part 3 识记词组

an outburst of anger 勃然大怒

an outburst of volcano （火山等的）喷发

the outburst of technology 科技爆发

talk out 协商解决；讲出来

Lesson 134

Part 1 主力单词 / 词组

modest [ˈmɑːdɪst] *adj.* 谦虚的；朴素的；庄重的；些许的

The team leader is a **modest** man, refusing to take any credit for this successful mission.

His artistic skill in sculpting shows **modest** improvement.

modesty [ˈmɑːdəstɪ] *n.* 谦虚

Human history is a brief spot in space, and its first lesson is **modesty**. (from Will Durant, U.S. historian)

humility [hjʊˈmɪlɪtɪ] *n.* 谦卑；谦逊

The winner accepts the prize with **humility**.

Ordeal and misfortune might teach him **humility**.

humble [ˈhʌmbl] *v.* 谦逊；虚心 *adj.* 谦逊的；虚心的

Sculpture: Your **humble** genealogy should make you silent. Painting: Well, yours is not astonishing either. Sculpture: You began in shadow. Painting: And you, in idolatry. (from Juan de Jáuregui, Spanish poet)

九阴真经

down to earth 务实的；切合实际的

He is **down to earth** and puts all his resources into his business.

self-effacing [ˌselfɪˈfesɪŋ] *adj.* 谦逊的

The millionaire was a **self-effacing** person who never sought the limelight.

unassuming [ˌʌnəˈsuːmɪŋ] *adj.* 谦虚的；不装腔作势的

My grandfather is a quiet, **unassuming** man despite his rich origin.

unpretentious [ˌʌnprɪˈtenʃəs] *adj.* 不爱炫耀的；谦逊的（很自然的）

The fisherman's garment appears to be shredded and **unpretentious**.

moderate [ˈmɑːdərət, ˈmɑːdəreɪt] *adj.* 适度的

Moderate reforms in discrimination law left populism with no political base.

• Words in sentences 句中单词 •

genealogy [ˌdʒɪnɪˈɑlədʒɪ, -ˈæl-, ˌdʒenɪ-] *n.* 祖谱；祖谱学

limelight [ˈlaɪmlaɪt] *v.* 使显露头角；使受到注目 *n.* 公众注意的中心

Part 2 补充单词

gruel [ˈgrʊəl] *n.* 稀粥

gruelling [ˈgrʊəlɪŋ, ˈgrʊlɪŋ] *adj.* 使人精疲力竭的；让人受不了的（=exhausting）

foundry [ˈfaʊndrɪ] *n.* 铸造厂；玻璃厂

The process of democratization for a long-standing dictatorial country is **grueling** like a **foundry** work.

striate [ˈstraɪˌeɪt] *v.* 在……上划条纹

The glacier has **striated** the rocks in Antarctic Circle.

striated [ˈstraɪeɪtɪd] *adj.* 有条纹的；有条痕的

The **striated** shell is so beautiful.

The **striated** photos showed the velocity of the car was high.

streak [striːk] *v.* 疾驶；裸奔；使布满条纹 *n.* 条纹；条痕；一道（亮光）；（不好的）性格特征

Zebras have black and white **streaks**.

A dazzling **streak** lit up the Stygian sky.

He has a **streak** of cruelty. You had better stay away from him.

There are **streaks** of rare gems in this mountain.

The wall was **streaked** with blood.

The race car **streaked** down the highway.

Part 3 识记单词

overbearing [ˌəʊvərˈberɪŋ] *adj.* 专横的；飞扬跋扈的

showy [ˈʃəʊɪ] *adj.* 显眼的；花哨的

excessive [ɪkˈsesɪv] *adj.* 过分的；过度的

stria [straɪə] *n.*【地】条纹；细槽

striation [straɪˈeɪʃən] *n.*【书】条纹

porridge [ˈpɔːrɪdʒ] *n.* 粥；麦片粥

pedigree [ˈpedɪgriː] *n.* 祖谱；门第 *adj.* 优良品种的；纯种的

Lesson 135

Part 1 主力单词 / 词组

overtone [ˈəʊvərtəʊn] *n.* 暗示；言外之意；【声】泛音

An anti-government demonstration had ominous political **overtones** for the ruling party.

These aboriginal goddesses tend to have sexual **overtones** and to be associated with the celebration of fertility.

The acquittal of the corrupted president has political **overtones**.

undertone [ˈʌndərtəʊn] *n.* 含义；（文章或讲话的）弦外之音；（事件或情况的）蕴含意义

In Lisa's most cheerful words, the teacher detected an **undertone** of sorrow.

People usually speak in an **undertone** in the library.

connotation [ˌkɑːnəˈteɪʃn] *n.* 含义

The word "mistress" has acquired largely negative **connotations** as gold-diggers and money-seekers.

insinuate [ɪn'sɪnjʊeɪt] *v.* 暗示

The national security bureau **insinuates** that there had once been a homosexual relationship between Tommy and John.

implication [ˌɪmplɪ'keɪʃn] *n.* 含义；暗指

The urban population has been adversely affected by a significant rise in the cost of living, a problem with obvious and serious political **implications** that the government tries to deal with strenuously.

signify ['sɪgnɪfaɪ] *v.* 表示……的意思；意味着

Dark clouds **signify** the impending rain.

shibboleth ['ʃɪbəlɪθ, -ˌleθ] *n.* 暗语（区分阶层）；过时的信仰；习俗

His accent is a **shibboleth** of his origin.

His clothing is a **shibboleth** of social class.

"The great America" somehow became Trump's **shibboleth**.

The director reproduced the **shibboleths** of the Middle West.

watchword ['wɑtʃwɜːrd] *n.* 暗语；口号

You have to use a **watchword** to pass that guard.

denote [dɪ'nəʊt] *v.* 表示；（符号等）代表

Ragged clothes **denote** poverty.

SOS is a Morse code that **denotes** a distress call.

denotation [ˌdɪnəʊ'teɪʃn] *n.* 表示；意义

His life has lost his **denotation** since she died.

betoken [bɪ'təʊkən] *v.* 表示；证明

Dark clouds and strong winds **betoken** a storm.

Her manners **betoken** that she is well-educated.

inkling ['ɪŋklɪŋ] *n.* 暗示；迹象

Can you give me an **inkling** of her whereabouts?

have an inkling of sth. 对某事略知一二

I **have an inkling of** this matter.

give sb. an inkling of 给某人一点……暗示

He **gave an inkling of** her impending departure.

Part 2 补充单词

hologram [ˈhɑləgræm] *n.* 全息影像

polymer [ˈpɑlɪmər] *n.* 聚合物

A new **polymer** material can be applied in the storage of **holograms** and optical image processing.

holography [həˈlɒgrəfɪ] *n.* 全息摄影术

The researcher became well-known for his invention and the subsequent development of **holography**.

holographic [ˌhɑləˈgræfɪk] *adj.* 全息图的

Bright and dark spots were recorded to form **holographic** images.

hexagon [ˈheksəgɑn] *n.* 六角形

polygon [ˈpɑːlɪgɑn] *n.* 多边形；多角形

A **hexagon** is a **polygon** of six angles.

hexagonal [hekˈsægənəl] *adj.* 六角形的

basalt [bəˈsɔːlt] *n.* 玄武岩（火山岩；深色）

There is a cluster of thousands of **hexagonal basalts** in this volcano.

opportunist [ˌɑpərˈtuːnɪst] *n.* 机会主义者 *adj.* 机会主义的；投机的

constellation [ˌkɑːnstəˈleɪʃn] *n.* 星座；一系列（相关的想法、事物）；模式

The **opportunist** takes advantage of the shifting **constellation** of power throughout the political world.

Coronavirus has a **constellation** of symptoms.

lopsided [ˌlɑpˈsaɪdɪd] *adj.* 向一侧倾斜的；不平衡的

pentagon [ˈpentəgɑn] *n.* 五边形

The **constellation** looks like a **lopsided pentagon**.

the Pentagon 五角大楼

The president ratified legislation giving **the Pentagon** funding of 200 billion dollars this year.

mosaic [məʊˈzeɪɪk] *v.* 镶嵌图案；镶嵌画 *n.* 马赛克

stucco [ˈstʌkəʊ] v. 涂粉饰灰泥 n.（涂墙壁或天花板用的）粉饰灰泥

The gallery was elaborately decorated with statues, **mosaics**, paintings, and **stuccos**.

exoskeleton [ˈeksəʊskelɪtn] n.【动】外骨骼；外甲

chitin [ˈkaɪtɪn] n. 蟹壳质；几丁质

The **exoskeleton** is made of **chitin**, which is a tough, waterproof carbohydrate.

graphic [ˈgræfɪk] adj. 生动的；绘画的；平面艺术的；图解的

Historians tried to interpret the **graphic** symbols of the ancient Maya.

taxation [tækˈseɪʃən] n. 课税；税收

People oppose additional **taxation**.

tithe [taɪð] v. 捐款 n. 教区税（十分之一的所得）；小部分

Everyone was required to pay **tithe** to the church.

He refused to give the beggar even a **tithe** of money.

polyhedron [ˌpɑlɪˈhɪdrən] n. 多面体；多角体

-heron 表示"……面体"

Line structure is the most basic structure for a simple **polyhedron**.

Lesson 136

Part 1 主力单词

amaze [əˈmeɪz] v. 使惊奇；使惊诧

He **amazes** audiences with magic.

A schoolmaster should have an atmosphere of awe and walk wonderingly as if he was **amazed** at being himself. (from Walter Bagehot, British economist and journalist)

astonish [əˈstɑːnɪʃ] v. 使大为惊奇；使吃惊

They were **astonished** by the vastness and majesty of the forbidden city.

Newspaper hypes are designed to **astonish** ignorant and unsuspicious readers.

astound [əˈstaʊnd] v. 使震惊；使大惊

He was **astounded** beyond measure by the drenching, raging storm.

Austria will **astound** the world with the magnitude of her ingratitude. (Felix zu

Schwarzenberg, Austrian statesman)

Astounding progress has been made recently in the fields of artificial intelligence and automation.

awe [ɔː] *v.* 使敬畏；使惊叹 *n.* 敬畏；惊叹

When I had read this story to the end, I was filled with **awe**. I could not remain in my room and went out of doors. I felt as if I were locked up in a ward too. (from Vladimir Ilyich Lenin, Russian revolutionary leader)

His adventure in the jungle has a sense of **awe** and mystery.

awesomely [ˈɔːsəmlɪ] *adv.* 令人惊叹地；使人惊惧地

That is the great, seductive thing about America—the people always get what they want, right now, whether it is good for them or not. There is something deeply worrying, and **awesomely** irresponsible, about this endless self-gratification, this constant appeal to the baser instincts. (from Bill Bryson, U.S. writer)

shock [ʃɑːk] *v.* 使震惊；使气愤 *n.* 震惊；休克；(由爆炸、地震等引起的)剧烈震动

Love leaped out at us like a murderer jumping out of a dark alley. It **shocked** us both—the **shock** of a stroke of lightning, the **shock** of a flick-knife. (from Mikhail Bulgakov, Russian novelist and playwright)

petrifaction [ˌpetrəˈfækʃən] *n.* 石化；吓呆

The government's bureaucratic **petrifaction** poses a serious issue. The government seems to react to imminent danger very slowly.

Shocking stunts cause **petrification** among the audience.

gorgonize [ˈɡɔːɡənaɪz] *v.* 使吓呆

A bamboo viper appears suddenly in a remote forest which **gorgonizes** me for a moment.

petrify [ˈpetrɪfaɪ] *v.* 使僵化；使惊呆

I found the climb absolutely **petrifying**.

• Words in sentences 句中单词 / 词组 •

hype [haɪp] *v.* 夸张地宣传（某事物） *n.*（新闻媒体的）大肆宣传；促销广告

九阴真经

base [beɪs] v. 以……为基础 n. 底部；基地 adj. 卑鄙的；不道德的

leap [liːp] v. 跳；迅速进行 n. 跳跃

flick knife 弹簧刀

bamboo viper 青竹丝

Part 2 补充单词 / 词组

in awe 敬畏；敬畏地

The kids were **in awe** of their teachers.

flick [flɪk] v. 轻弹；轻击；轻拂；（使）突然快速移动；向……笑了一下（或瞥了一眼等） n.（用鞭子等的）轻打；（身体部位）快的小动作；电影；浏览

The servant **flicked** off the switch before going out.

The beautiful woman **flicks** her hair back over her shoulder.

I can constantly see **flicks** of the old woman's head.

flicker [ˈflɪkər] v. 闪烁；颤动 n.（情感、情绪的）闪现

The candle **flickers** in the light wind.

Doubts and negative thoughts **flickered** through my mind.

The **flicker** of a candle creates an atmosphere of telling a ghost story.

silhouette [ˌsɪluˈet] v. 使呈现暗色轮廓 n.（浅色背景衬托出的）暗色轮廓；剪影

Monstrous **silhouettes flicker** on the wall as they pass through.

a flicker of an eyelash 眨眼间（很快的意思）

She returned fire with a **flicker of an eyelash**.

saltation [sælˈteɪʃən] n. 舞蹈；突变；翻滚的移动

Her India **saltation** perfectly matched with this ancient music.

The bacteria suddenly changed by **saltation**.

can [kæn, kən] v. 把（食品等）装罐 n. 罐头 aux. 能；会

A grain of dust **can** travel to a great distance by strong wind during **saltation**.

Cinderella [ˌsɪndəˈrelə] n. 灰姑娘

Cinderella continued her **saltation** with a prince until midnight.

apparition [ˌæpəˈrɪʃən] *n.* 幽灵；特异景象

I was petrified by the presence of an **apparition**.

preserve [prɪˈzɜːrv] *v.* 保存；防腐；把……做成蜜饯（或果酱）；把……制成罐头食品 *n.*（动植物）保护区；防护用品

The petrification of the specimens in different eras is nature's best way to **preserve** the evidence of evolution.

Part 3 识记单词 / 词组

electric shock 触电；电击

canning [ˈkænɪŋ] *n.* 罐头制造

preservation [ˌprezərˈveɪʃn] *n.* 保护；保养

eyelash [ˈaɪˌlæʃ] *n.* 睫毛

eyelash curler 睫毛夹

curler [ˈkɜːrlər] *n.* 卷发夹

curly [ˈkɜːrlɪ] *adj.* 有卷发（或毛）的；卷曲状的

Lesson 137

Part 1 主力单词

suffocate [ˈsʌfəˌkeɪt] *v.*（使）窒息而死；让人感觉闷热；憋气

Both countries were tired of fighting and unwilling to incur the losses which might **suffocate** their citizens.

Miners were **suffocated** due to the failure of the ventilation system in the tunnel.

The strangler accidentally **suffocates** the victim in an attempt to silence her.

asphyxiate [æsˈfɪksɪˌeɪt] *v.* 窒息

The firefighters trapped on the fifth floor were **asphyxiated** by smoke and gas from a fire that started in the basement.

asphyxiation [æsˌfɪksɪˈeɪʃən] *n.* 窒息

His torch ignited polyurethane wall sealant accidentally, sending toxic fumes through the underground shafts. As a result, most people were killed by **asphyxiation**.

asphyxia [æsˈfɪksɪə] *n.* 缺氧；喘不过气

These fish died of **asphyxia**.

strangle [ˈstræŋgl] *v.* 压制；扼杀

A committee is a cul-de-sac down which ideas are lured and then quietly **strangled**. (from Hilaire Belloc, French-born British writer)

smother [ˈsmʌðər] *v.* 抑制；扼杀

Ridicule often checks what is absurd, and fully as often **smothers** that which is noble. (Sir Walter Scott, Scottish novelist)

strangulate [ˈstræŋgjəleɪt] *v.* 扼杀；掐死

suffocation [ˌsʌfəˈkeɪʃn] *n.* 窒息

• Words in sentences 句中单词 / 词组 •

ventilation system 通风系统

ventilation [ˌventəˈleɪʃən] *n.* 通风；公开讨论

polyurethane [ˌpɑlɪˈjʊrəθeɪn] *n.* 聚氨酯

sealant [ˈsiːlənt] *n.* 密封胶；防渗漏剂

shaft [ʃæft] *n.* 通风井；箭杆；矛柄；一道（阳光） *v.* 亏待

shafts of sunlight 一束阳光

Part 2 补充单词

cul-de-sac [ˈkʌldɪˈsæk, ˌkʊl-] *n.* 死巷；死胡同

The project is a **cul-de-sac**. Evolution has its dead end.

smolder [ˈsməʊldər] *v.* 闷烧；郁积 *n.* 暗火；浓烟

The hostility has been **smoldered** for years.

His eyes **smolder** with hatred toward Jews.

I use water to put out **smoldering** fires to prevent wildfire.

vent [vent] *v.* 泄露；发泄感情；放出

You don't have to **vent** your anger out on me.

catharsis [kə'θɑːrsɪs] *n.* 情感宣泄；导泻；洗涤

Watching movies is a means of **catharsis** for me.

Her boyfriend bumped her. She ate a lot of chocolates for **catharsis**.

cathartic [kə'θɑːrtɪk] *n.* 泻药；清肠剂 *adj.* 有宣泄作用的；有净化作用的

We are going to have a **cathartic** dancing party after the test.

The man hit him for **cathartic** revenge.

posterior [pɑː'stɪrɪə] *n.* 臀部；屁股 *adj.* 在后面的；在后部的

concussion [kən'kʌʃən] *n.* 脑震荡

The basketball player has a **concussion** in the **posterior** part of his brain.

Lesson 138

Part 1 主力单词

consign [kən'saɪn] *v.* 寄送；交付；把……置于；去除

She **consigned** her son to the care of her grandparents before going to prison.

The accountant **consigned** the documents to the flames before fleeing.

Invention, treasure conserved in the jewel box of fantasy, power of the soul, that lifts up the images and, guided by a fine understanding, **consigns** them to the governing hand that transmutes them into practice...This is the most essential part of painting. (from Marco Boschini, Italian art theorist)

deliver [dɪ'lɪvər] *v.* 递送；交付；发表；分娩；履行诺言；释放

The postman **delivers** the packages in time.

The sheriff **delivered** the robber to the police station.

The pregnant woman is about to **deliver** a baby.

The promise you failed to **deliver** was not very difficult.

delivery [dɪ'lɪvərɪ] *n.* 递送；分娩；演讲方式

Please allow 7 days for **delivery**.

九阴真经

consignee [ˌkɒnsaɪ'niː] *n.* 收货人；承销人

Please send us your **consignee** account number.

• Words in sentences 句中单词 •

postman ['pəʊstmən] *n.* 邮差

pregnant ['pregnənt] *adj.* 怀孕的；饱含的

Part 2 补充单词 / 词组

garnet ['gɑːrnɪt] *n.* 石榴石

ruby ['ruːbɪ] *n.* 红宝石；深红色 *adj.* 红宝石的；红宝石色的

amazonite [æmə'zəʊnaɪt] *n.* 天河石

cabochon ['kæbəʃɑn] *n.*（已抛光但未琢面的）宝石

rutilated ['ruːtɪleɪtɪd] *n.* 发晶族；发晶

Colombian emeralds are paired with rock crystal, purple sapphires and **garnets** surround a volcanic matrix opal, **rubies** play with **amazonite**, brilliant-cut diamonds encircle a **cabochon**-cut **rutilated** quartz. (from The Editors, Town & Country, " The 2020 Town & Country Jewelry Awards," 17 Jan. 2020)

rubicund ['ruːbɪkənd] *adj.* 透红的；红润的

The baby having a **rubicund** face is very healthy.

I would like to have a glass of **rubicund** wine.

catch on 理解；变得流行；抓牢

Miniskirts might continue to **catch on** this year.

The intelligent child **catches on** to every subject very quickly.

matrix ['meɪtrɪks] *n.* 社会环境；政治局势；线路网；发源地；矩阵

Mutual understanding is the **matrix** of world peace.

infomercial [ˌɪnfəʊ'mɜːrʃl] *n.* 电视购物

There are fifteen minutes of **infomercials** every hour on this channel.

cringe [krɪndʒ] *v.* 畏缩；退缩

The small birds **cringed** in the corner of the cage.

telemarketing [ˈtelɪmɑːrkɪtɪŋ] *n.* 电话营销

Receiving **telemarketing** calls during dinner is kind of annoying.

yell [jel] *v.* 叫喊；呐喊 *n.* 喊叫；叫嚷

Don't **yell** at me. I will do it.

cri de coeur [ˌkrɪdəˈkɜːr] *n.*（发自内心的）呐喊

Before his decapitation, the martyr shouted out a **cri de coeur**, " Even I died, I still felt glorious."

The **cri de coeur** of the poor will not be heard due to the sanction of the news.

Part 3 识记单词

rubicundity [ˌrubəˈkʌndətɪ] *n.* 颜色发红；脸红

rutile [ˈrʊtɪl] *n.* 氧化钛；金红石

telemarketer [ˈtelɪmɑːrkɪtər] *n.* 电话营销员

latex [ˈleɪteks] *n.*【植】【化】乳汁；乳胶

deadend [dedənd] *n.* 死胡同；封锁

Lesson 139

Part 1 主力单词

mores [ˈmɔːreɪz] *n.* 风俗习惯；传统

Women chafed under social **mores** and repudiated the tradition of arranged marriages.

Making the company into something of a self-sustaining institution, with its own methods and **mores** and organization—that's tough. (from Andrew S. Grove, Hungarian-born U.S. business executive)

The book offers much insight into Haitian cultural identity and **mores**.

custom [ˈkʌstəm] *n.* 风俗；（个人的）习惯 *adj.* 定做（制）的

九阴真经

customs [ˈkʌstəmz] *n.* 海关；关税

Understanding foreign **customs** is crucial in terms of international business.

He went through the **customs** empty-handed with nothing to declare.

• Words in sentences 句中单词 •

chafe [tʃeɪf] *v.* 擦痛；擦得红肿；（尤指因受限制而）恼怒； *n.* 烦恼

Haitian [ˈheɪʃn] *n.* 海地；海地语 *adj.* 海地的

empty-handed [ˌemptɪ ˈhændɪd] *adj.* 空手的；一无所获的

Part 2 补充单词 / 词组

documentary [ˌdɑːkjʊˈmentrɪ] *n.* 纪录影片；纪实广播（或电视）节目 *adj.* 文献的；纪实的

pull no punches 毫不保留地告诉别人你的看法

squalor [ˈskwɑlər] *n.* 肮脏；邋遢

The **documentary pulls no punches** in describing the **squalor** of medieval life.

pull punches 谨慎（或婉转）地批评

He **pulled punches** about the seriousness of the epidemic.

indemnity plan 赔偿计划

How much reimbursement can I get from this **indemnity plan**?

living on a shoestring 用很少的钱

The orphan has been **living on a shoestring**.

sprinter [sprɪntər] *n.* 短跑运动员

The **sprinter** blew off all the competitors.

nomenclature [ˈnəʊmənˌkleɪtʃər, nəʊˈmenklə-] *n.* 命名系统；术语表

The geologist is familiar with the classification and **nomenclature** of sedimentary rocks.

blow off 忽略；中止关系；（比赛）表现得更好；没有去参加

The drunken father **blew off** his kids as usual.

She **blew** him **off** for beginning another relationship.

The manager **blew off** the annual corporate meeting.

indemnity [ɪn'demnətɪ] *n.* 担保；赔偿；免罚

The rich man provided the **indemnity** of 1 million dollars against prosecution.

The **indemnity** is for anticipated damage.

You have to provide 200 million dollars in **indemnities** to contract the public bridge construction project.

indemnify [ɪn'demnəfaɪ] *v.* 担保；赔偿

licensee [ˌlaɪsən'siː] *n.* 售酒执照持有者；特许制作（或使用）……的人（或公司）

reactor [ri'æktər] *n.* 核反应堆

The government will **indemnify** each **licensee** up to ten million for each **reactor** accident.

indemnification [ɪnˌdemnɪfɪ'keɪʃn] *n.* 担保的状态

The insurance corporation is well-known to be stagnant while processing claims for **indemnification**.

dumbfounded [dʌm'faʊndɪd] *adj.* 惊呆了的；傻眼的

Bill was **dumbfounded** when he heard the strange voice whispering to his left ear in the woods at night. He made no effort to either advance or retreat.

promontory ['prɑməntɔːrɪ] *n.* 岬

The cabin is picturesquely situated on a rocky **promontory**.

Lesson 140

Part 1 主力单词

alienate ['eɪlɪəneɪt] *v.* 使疏远；离间；使（与某群体）格格不入

She has **alienated** all her classmates since her father passed away.

Steve always feels **alienated** in the school.

aloof [ə'luːf] *adj.* 冷漠；冷淡

The disinterested wise man remains **aloof** from secular pleasure.

九阴真经

He held **aloof** from these gangsters.

The philosophical mentor values the calm elevation of the thoughtful students who stands **aloof** from the heated scramble of fame and profit. People shouldn't be the slaves of money.

The girl used to keep **aloof** from strangers.

estrange [ɪˈstreɪndʒ] *v.* 使（某人）疏远某人；离间

She becomes **estranged** from her family after the bequest dispute.

A hermit is a man who **estranges** himself from the world.

The statesmen of the world who boast and threaten that they have Doomsday weapons are far more dangerous, and far more **estranged** from " reality, " than many of the people on whom the label "psychotic" is affixed. (from R. D. Laing, Scottish psychiatrist)

isolate [ˈaɪsəleɪt] *v.* 孤立；隔离

He **isolated** himself after being defeated.

People cannot be **isolated** from others, nor can they ignore the plight of the less fortunate.

isolation [ˌaɪsəˈleɪʃn] *n.* 隔离；孤独

The nation came out of **isolation**.

Some aboriginals in the Amazon rainforest are still in **isolation**.

insulate [ˈɪnsəleɪt] *v.* 隔离；【物】使绝缘

The nation is financially **insulated** from the rest of the world.

insulation [ˌɪnsəˈleɪʃn] *n.* 隔离；孤立；绝缘（体）

Trade barriers have been effective **insulation** from outside competition.

sequester [sɪˈkwestər] *v.* 使隔离；使隐退；没收 *n.* 隔离

The scientist **sequesters** calcium and magnesium ions.

The two suspects were **sequestered** for interrogation.

The royal subject **sequestered** himself on a remote island.

There would have been a **sequester** of the budget if the boss had opposed the project.

sequestration [ˌsiːkwɪˈstreɪʃən, ˌsekwɪ-] *n.*（财产的）扣押；没收；隔离

The juries were in **sequestration** before the verdict came out.

insulator [ˈɪnsəleɪtər] *n.* 绝缘体

alienation [ˌeɪljəˈneɪʃən, ˌeɪlɪə-] *n.* 异化；疏远

• Words in sentences 句中单词 •

secular [ˈsekjələr] *n.* 修道院外的教士；教区僧侣；俗人 *adj.* 世俗的；长期的；每一世纪发生一次的

doomsday [ˈduːmzˌdeɪ] *n.* 最后审判日；世界末日（基督教认为在这一天世人都将接受上帝的审判）

Part 2 补充单词 / 词组

paydirt [ˈpeɪdɜːrt] 有用的发现；(含贵重矿物或金属的) 矿砂

The **paydirt** is hauled by the rotating machine.

The astronomers hit **paydirt**, there being a rare precious metal deposit in the northern region of the moon.

remunerative [rɪˈmjʊnərətɪv] *adj.* 酬报的；有利可图的

Paydirt is a **remunerative** discovery.

thermal insulating material 绝热材料

The **thermal insulating material** is designed to prevent heat loss.

alienable [ˈæljənəbəl, ˈeɪlɪə-] *adj.* 可让与的

Virtually all the properties are **alienable**.

inalienable [ɪnˈeɪlɪənəbl] *adj.* 不可剥夺的；不可分割的

Freedom of speech and owning properties are **inalienable** rights enshrining in the constitution.

crease [kriːs] *v.* 弄皱；使起皱纹 *n.* 皱痕；皱纹

wrinkle [ˈrɪŋkl] *v.* 起皱 *n.* 皱纹；(布或纸上的) 皱痕

grimace [ˈgrɪməs] *v.* 做鬼脸；做表情（表示痛苦、轻蔑、厌恶等） *n.* 鬼脸

I can see **creases** and **wrinkles** when she makes a **grimace**.

The clown makes a **grimace** of hate and pain.

erroneous [ɪˈrəʊnɪəs] *adj.* 错误的

Erroneous foreign policy will isolate the country.

aquifer [ˈækwɪfər] *n.* 含水土层；地下蓄水层

Carbon dioxide gas can be sequestered by **aquifers** or absorbed by seawater.

Part 3 识记单词 / 词组

thermal interface material 导热材料

principality [ˌprɪnsəˈpælɪtɪ] *n.* 王公治理的国家；侯国

Lesson 141

Part 1 主力单词

stupor [ˈstuːpər] *n.* 昏迷；神志不清；恍惚

I was in a drunken **stupor** last night.

The prisoners were roused from a state of **stupor** by a whip.

Most of the people on long-distance buses are one of the following: actively schizoid, armed, and dangerous, in a drugged **stupor**, just released from prison, or nuns. (from Bill Bryson, U.S. writer)

dizzy [ˈdɪzɪ] *v.* 使头晕眼花 *adj.* 头昏眼花的；愚蠢的

This travelogue made me very **dizzy** on a long-distant bus.

I cultivate my hysteria with joy and terror. Now I am always **dizzy**, and today, January 23, 1862, I experienced a singular premonition. I felt pass over me a breath of wind from the wings of madness. (from Charles Baudelaire, French poet)

Lifting his eyes to the **dizzy** altitude of its summit, the officer saw an astonishing sight—a man on horseback riding down into the valley through the air! (from Ambrose Bierce, U.S. writer and journalist)

vertiginous [vɜːrˈtɪdʒɪnəs] *adj.* 引起眩晕的

giddiness [ˈgɪdɪnəs] *n.* 轻率；眩晕；眼光

giddy [ˈgɪdɪ] *v.* 眩晕；（高兴或激动得）发狂；举止反常 *adj.* 令人眩晕的；使人头昏眼花的

I suffered a **vertiginous giddiness** in a high mountain.

The huge Ferris wheel is revolving at a **vertiginous** speed.

He felt **giddy** and light-headed.

vertigo [ˈvɜːrtɪɡəʊ] *n.*（从高处俯视时感到的）眩晕；头晕目眩

The country was on the slide, in the mire, and had teetered on the brink of the crater so long no one suffered from **vertigo** anymore. They were a nation as blasé as steeplejacks and as irresponsible as crows. (from Timothy Mo, Hong Kong-born British novelist)

• Words in sentences 句中单词 •

schizoid [ˈskɪtsɔɪd] *adj.* 精神分裂般的；（患）精神分裂症的

travelogue [ˈtrævəˌlɑɡ] *n.* 旅行纪录片；旅游广播节目

horseback [ˈhɔːrsbæk] *n.* 马背 *adj.* 骑着马的 *adv.* 在马背上

Ferris wheel [ˈferɪs wiːl] 摩天轮

Part 2 补充单词

mainstay [ˈmeɪnˌsteɪ] *n.* 唯一的依靠；支持主桅的绳索

His mining father is the **mainstay** of his family.

regimen [ˈredʒɪmən] *n.* 养生法；生活制度；【军】统治

The **mainstay** of the treatment relies on the **regimen** of yoga.

The president will have **regimen** over the nation after the inauguration.

sinecure [ˈsɪnɪkjʊr] *n.* 闲职；钱多事少的工作

benefice [ˈbenəfɪs] *n.* 圣俸；有俸圣职

The president's cousin obtained a lucrative **sinecure** in the presidential palace which is like a **benefice** in a church.

lukewarm [ˌluːkˈwɔːrm] *adj.*（液体）微温的；冷淡的

My father only gave me **lukewarm** support to start my business.

It is not the neutrals or the **lukewarm** who make history. (Adolf Hitler, Austrian-born German political and military leader)

tepid [ˈtepɪd] *adj.* 微温的；不热情的

Samuel usually has **tepid** baths in summer.

She watched the movie with **tepid** interest.

The boss only gave us a **tepid** response when we demanded a raise.

九阴真经

Lesson 142

Part 1 主力单词

souvenir [ˌsuːvəˈnɪr] *n.* 纪念物

I went to a **souvenir** shop in Germany before coming back to China.

What is your most cherished **souvenir**?

He kept his love letters as **souvenirs** of his courtship with Helen.

keepsake [ˈkiːpˌseɪk] *n.* 纪念物；纪念品

I have a red gem as the most precious **keepsake** I've ever had.

My girlfriend made a **keepsake** for me on the eve of my study abroad.

memento [məˈmentəʊ] *n.* 纪念品

The museum displayed a variety of **mementos** concerning Italy's past.

The scar on the left cheek is a curious **memento** of my military life.

remembrance [rɪˈmembrəns] *n.* 纪念；回忆

The memorial in Nanjing is a painful **remembrance** of Japan's invasion.

The public graveyard is a **remembrance** of revolutionists' martyrdom.

I gave my girlfriend a locket as a **remembrance** of our abiding affection.

• Words in sentences 句中单词 •

locket [ˈlɑːkɪt] *n.* 盒式项链坠（可放照片、头发等）

abiding [əˈbaɪdɪŋ] *adj.* 持久的；始终不渝的

Part 2 补充单词 / 词组

nickname [ˈnɪkneɪm] *v.* 给……起绰号 *n.* 绰号

My high school classmates gave me the **nickname** "turtle" because I was always late.

epithet [ˈepəˌθet] *n.* 别称；修饰语（尤用于褒贬人或事物特征或性质的）

The military officer trains his soldiers very strictly. Finally, they give him the **epithet** "butcher."

tag [tæg] *v.* 给……加标签 *n.* 标签；(动物的) 尾巴；警句；口头禅

sobriquet [ˈsəʊbrɪkeɪ] *n.* 绰号；昵称

My classmates **tagged** me the **sobriquet** "rat" because I ran fast.

He was known by the **sobriquet** of "Hammering Anderson."

purloin [pɜːrˈlɔɪn] *n.* 偷；擅自使用（steal）

Where should I hide this **purloined** money?

A spy **purloined** a copy of laser technology.

I **purloined** Steven's letter.

filch [fɪltʃ] *v.* 偷

She **filched** a wallet from me.

The child **filched** a cookie and candies from the cupboard.

voluptuous [vəˈlʌptʃʊəs] *adj.* 性感的；令人愉悦的

A number of **voluptuous** Latin dancers are on the stage.

Her figure is seductive and **voluptuous**.

I enjoyed a glass of **voluptuous** wine at the club.

fin de siècle *adj.*【法】世纪末的（尤指文学、艺术等具有 19 世纪末特征的）；颓废派的

Samantha wrote a **fin de siècle** novel regarding voluptuaries and illegal trading.

Part 3 识记单词

voluptuary [vəˈlʌptʃʊerɪ] *n.* 沉迷于酒色的人

smatter [ˈsmætə] *v.* 略知；东拉西扯地泛论 *n.* 一知半解

Lesson 143

Part 1 主力单词

impertinent [ɪmˈpɜːrtnənt] *adj.* 粗鲁无礼的；不合宜的

Don't ask the president **impertinent** questions.

九阴真经

Something Much of his energy was devoted to dodging **impertinent** questions, of which there were many. (from The Economist, " Obituary: Jacques Chirac died on September 26th," 3 Oct. 2019)

impertinence [ɪm'pɜːrtnəns] *n.* 不礼貌；傲慢

The **impertinence** of deliberately ignoring waiting customers can't be overlooked.

imprudence [ɪm'prʊdns] *n.* 不谨慎；轻率

Of **imprudence** and indiscretion in this intricate business transaction, I have been guilty.

imprudent [ɪm'pruːdnt] *adj.* 不谨慎的；不明智的

Stirring up such a racial controversy is **imprudent** during an election year, as it might divide the nation.

impudence ['ɪmpjədəns] *n.* 厚颜无耻；冒失

Their credulity increases his **impudence**: and his **impudence** overpowers their credulity. (from David Hume, Scottish philosopher and historian)

rude [ruːd] *adj.* 粗鲁的；无礼的

The man was downright **rude** to us.

temerity [tə'merɪtɪ] *n.* 鲁莽；冒失

The student has the **temerity** to oppose the teacher's order.

impudent ['ɪmpjədənt] *adj.* （尤指对年长者或上级）放肆的；无礼的

Some of them were **impudent** and insulting.

• Words in sentences 句中单词 / 词组 •

obituary [əʊ'bɪtʃʊerɪ] *n.* 讣闻 *adj.* 死亡的

stir up 引起（不愉快的情绪或事态）；扬起（灰尘）；卷起（泥浆）

Part 2 补充单词

streamline ['striːmlaɪn] *v.* 把……设计成流线型；使现代化 *n.* 流线型 *adj.* 流线型的

The designers **streamline** the race car to reduce air **friction**.

friction [ˈfrɪkʃn] *n.* 摩擦；不和

Chinese people tend to avoid **friction** with others.

jetty [ˈdʒetɪ] *n.* 防波堤；码头 *adj.* 乌黑发亮的；含黑玉的

abrade [əˈbreɪd] *v.* 擦伤；磨损

The **jetty** has been **abraded** by waves and strong wind.

abrasion [əˈbreɪʒn] *n.* 擦伤；磨损；【地】磨蚀

I fell off the bike with minor **abrasions**.

scuff [skʌf] *v.* 使磨损；拖脚而走 *n.* 磨痕；擦痕

He used to **scuff** his feet abrading his poor shoes.

scuffle [ˈskʌfl] *v.* 扭打；乱斗 *n.* 冲突

Legislators **scuffled** in the legislature. Isn't that ironic?

affray [əˈfreɪ] *n.* 斗殴；口角

A large number of protestors were injured in this new **affray**.

asinine [ˈæsənaɪn] *adj.* 愚蠢的；驴子似的

Attacking strong foes without preparation will be unwise and **asinine**.

The excuse is feeble and **asinine**.

ass [æs] *n.* 驴子；笨蛋；【俚】屁股

asininity [æsɪˈnɪnɪtɪ] *n.* 愚蠢

The farmer thinks like an **ass** and his **asininity** is well-known.

scrape [skreɪp] *v.* 擦干净；擦伤；挖出；勉强过日子 *n.* 刮；擦

Glaciers move over bedrock **scraping** and abrading its surface.

masochism [ˈmæsəkɪzəm] *n.* 性受虐狂；受虐狂

effete [ɪˈfiːt] *adj.* 衰弱的；软弱的

corps [kɔːr] *n.* 军团；(陆军) 特种部队；(从事某工作或活动的) 一群人

A spirit of national **masochism** prevails, encouraged by an **effete corps** of impudent snobs who characterize themselves as intellectuals. (Spiro T. Agnew, U.S. vice-president)

Who can imagine the **effete** future of Indian's dying culture?

queue [kjuː] *v.*(使) 排队；把 (发) 梳成辫 *n.*(人或车辆等的) 行列；辫子

The **queue** at the ticket window is very long and I don't want to wait.

九阴真经

Part 3 识记单词

respectful [rɪˈspektfl] *adj.* 表示敬意的；尊敬的

appropriate [əˈprəʊprieɪt, əˈprəʊpriət] *v.* 盗用；挪用 *adj.* 合适的

Lesson 144

Part 1 主力单词

bargain [ˈbɑːrgən] *v.* 讨价还价 *n.* 特价商品；协议

The customer **bargained** for a lower price.

They finally **bargained** on submarine procurement.

The king **bargained** that the quantity of wine should be increased by 10% for the same price.

It is a **bargain**. The exquisite doll is only sold for 10 bucks.

The price is not expensive, and the quality is excellent for this **bargain**.

dicker [ˈdɪkər] *v.* 讨价还价；争论 *n.* 十个；十张

I won't **dicker** for an extra fee if you provide better service.

I have no interest in **dickering** over petty things.

haggle [ˈhægl] *v.* 乱劈；乱砍 *n.* 讨价还价；争论

She **haggled** over prices.

The blue fox raiser **haggled** and argued until he sold the fox furs to the highest bidder.

barter [ˈbɑːrtər] *v.* 以物易物 *n.* 易货贸易；交易品

I live by **barter** now. I pay my chef by making wooden animals for his kids. I pay my guitar teacher the same way.

The troubled African nations shifted from **barter** deals pegged to preset ruble prices toward hard currency commerce based on world market prices.

• Words in sentences 句中单词 / 词组 •

peg [peg] *v.* 用桩标出；孜孜不倦地做某事；急忙前行；限定（薪资、

物价等)(+down) *n.* 琴栓;级;(晒衣用的)衣夹;(物价等的)限定标准;借口;依据;钉子球

ruble [ˈrubəl] *n.* 卢布(俄货币单位)

hard currency 强势货币

Part 2 补充单词 / 词组

into the bargain 此外;而且;在契约规定之外

She is smart and beautiful **into the bargain**.

bargain for 期望

The deal is not what we **bargain for**.

bargain away 为了换取没有价值或价值低的物品而失去或者放弃自由、权利等

You **bargain away** our freedom just for their financial support.

ink [ɪŋk] *v.* 用墨水写 *n.* 墨汁

The **ink** of the scholar is more sacred than the blood of the martyr. (Attributed to Muhammad, Arab religious leader and prophet)

whorl [wɜːrl] *n.* (指纹的)涡纹;螺旋状的东西

I see **whorls** of snow from the window.

The machine can recognize the **whorl** of each individual fingerprint.

eddy [ˈedɪ] *v.* 起旋涡;旋转 *n.* 旋涡;旋涡般的事物

The treacherous river is full of **whorls** and **eddies.**

dock [dɑːk] *v.* 停靠码头;进入船坞;(太空飞行器)在外层空间对接 *n.* 码头

These ships will be **docked** in a port.

quay [kiː] *n.* 码头

The captain **docks** the ferry at the **quay** to get passengers on board.

Part 3 识记单词 / 词组

soft currency 软通货;软货币

inkstick [ˈɪŋkstɪk] *n.* 自来水笔

九阴真经

Lesson 145

Part 1 主力单词

indirect [ˌɪndəˈrekt, ˌɪndaɪˈrekt] *adj.* 不直接的；不坦率的

Currency war is an **indirect** form of warfare between superpower nations.

He made an **indirect** accusation by saying that whoever has the key must be the thief.

Persecution is a bad and **indirect** way to plant religion.

roundabout [ˈraʊndəbaʊt] *n.* 旋转木马 *adj.* 转弯抹角的

Chinese are used to saying anything in a **roundabout** way.

circuitous [sərˈkjuːɪtəs] *adj.* 迂回的；转弯抹角的

The general uses **circuitous** approaches to enervate his enemy.

tortuous [ˈtɔːrtʃʊəs] *adj.* 曲折的；转弯抹角的

The road to national reconciliation and concord between Israel and Palestine proved so **tortuous** and hazardous that it was virtually impossible.

• Word in sentence 句中单词 •

enervate [ˈenərveɪt] *v.* 使衰弱；使丧失活力 *adj.* 无力的

Part 2 补充单词 / 词组

conversance [kənˈvɜːrsəns] *n.* 精通；亲近

Students will gain **conversance** with painting and sculpture in the art school.

conversant [kənˈvɜːrsnt] *adj.* 精通的；亲近的

The professor is **conversant** with western literature.

The nurse is **conversant** with medical knowledge.

devil's advocate 故意唱反调的人；故意提出异议以激发辩论的人

I am but a crow strutting about in peacock feathers. If I were Pope, I would certainly canonize Montesquieu; and that without listening to a **devil's advocate**. (from German-born Russian empress)

Tom is a **devil's advocate** who always does something opposite of what his parents tell him to do.

canonize ['kænənaɪz] *v.* 将……封为圣徒；褒扬

There are many (questionless) **canonized** on earth, that shall never be Saints in Heaven. (from Thomas Browne, English physician and writer)

Seven new saints were **canonized** in 1500 B.C.

familiarize [fə'mɪlɪəraɪz] *v.* 了解；熟悉

Get yourself **familiarized** with it if you want to do business there.

onomatopoeia [ˌɑnəˌmætə'pɪə] *n.* 拟声（字）；拟声法

hum [hʌm] *v.* 发嗡嗡声 *n.* 嗡嗡声

hiss [hɪs] *v.* 发出嘶嘶声；发出嘘声 *n.* 嘶嘶声

Onomatopoeia is an imitation of natural sounds by words, such as: "**humming** bee," "**hissing** snake," and "sizzling hot pot".

polychrome ['pɒlɪˌkrəʊm] *v.* 涂色彩 *n.* 多色彩 *adj.* 多色的；多色装饰的

overglaze ['əʊvəˌgleɪz] *v.* 涂外层釉于 *n.* 面釉 *adj.* 第二层釉的

enamel [ɪ'næməl] *v.* 给……上珐琅；使表面坚硬而有光泽 *n.* 瓷釉

These **polychrome** potteries were **overglazed** with **enamel**.

Part 3 识记单词 / 词组

tortuosity [ˌtɔːtʃʊ'ɒsətɪ] *n.* 弯曲

overt [əʊ'vɜːrt] *adj.* 公开的；明显的

canonization [ˌkænənaɪ'zeɪʃn] *n.* 圣典化

familiarity [fəˌmɪl'jærɪtɪ, -ˌmɪlɪ'ær-] *n.* 亲密；熟悉

familiar [fə'mɪlɪər] *adj.* 熟悉的

sizzle ['sɪzəl] *v.*（热油等）发嘶嘶声 *n.* 发出的嗞嗞声

chrome [krəʊm] *n.* 颜色；色素

onomatomania [ɒnəʊmætə'meɪnɪə] *n.* 称名癖

九阴真经

Lesson 146

Part 1 主力单词

cold(-)shoulder [ˈkəʊld ˈʃəʊldər] *v.* 故意冷落 *n.* 冷落

The poor man was **cold-shouldered** in a luxurious restaurant.

These doctors gave me the **cold shoulder** owing to my lack of academic credentials.

snub [snʌb] *v.* 冷落；拒不接受 *n.* 冷落；怠慢的言辞 *adj.* 短平而上翘的

Don't **snub** or insult the police or they might hit you.

shun [ʃʌn] *v.* 避开；避免

She has been dumped once and always **shuns** human affection.

She tried to **shun** her ex-boyfriend for his revolting deeds.

ostracize [ˈɑstrəsaɪz] *v.* 排斥；故意避开

He deftly utilized the apparatus to **ostracize** his political opponents and place his comrades in key official positions and meddle in a multitude of decisions.

The untouchables were **ostracized** by ordinary people.

blackball [ˈblækˌbɔːl] *v.* 排斥 *n.* 反对票

Communists were **blackballed** in all sorts of associations at that time.

blacklist [ˈblækˌlɪst] *v.* 将……列入黑名单 *n.* 黑名单

If you engage in dealings with **blacklisted** companies, you may be subject to economic exclusion from the United States.

excommunicate [ˌekskəˈmjʊnɪkeɪt] *v.* 开除……的教籍 *n.* 被逐出教会的人

His followers who beat a catechism teacher were **excommunicated**.

expel [ɪkˈspel] *v.* 驱逐；排出

Jews were **expelled** from England in the twelfth century.

banish [ˈbænɪʃ] *v.* 驱逐；放逐

The defeated were **banished** to an island with the stigma of servitude.

• Words in sentences 句中单词 •

credential [krəˈdenʃl] *v.* 提供资格证书 *n.* 资历；身份验证信息

revolting [rɪˈvəʊltɪŋ] *adj.* 令人反感的

deftly [ˈdeftlɪ] *adv.* 灵巧地

meddle [ˈmedl] *v.* 干涉；管闲事；擅自摸弄

catechism [ˈkætɪˌkɪzəm] *n.* 教义问答书；问答集

stigma [ˈstɪgmə] *n.* 耻辱；恶名（尤指不公正的）

servitude [ˈsɜːrvətuːd] *n.* 苦役；劳役

Part 2 补充单词 / 词组

concierge [kɔːnˈsjerz] *n.* 大楼管理员；旅馆服务台人员

Only the rich neighborhood can afford the services of the **concierge**.

errands [ˈerəndz] *n.* 差事；使命

The hotel's **concierge** can run some **errands** for you.

inbox [ˈɪnbɑks] *n.* 收件箱

I have to clear my **inbox** because it contains too many messages.

crux [krʌks, krʊks] *n.* 关键；主轴；难题

The **crux** of his argument is to defend our nation, no matter the cost.

The vague ancient sentence remains a scholarly **crux**.

sticking point 症结；关键；阻塞点

The **sticking point** in this negotiation is how much should be the minimum wage employers can pay their workers.

nub [nʌb] *n.* 要点；小块；瘤

The **nub** of his thesis is to create an atmosphere for mankind.

gnarl [nɑːl] *v.* 吠；咆哮 *n.* 节；瘤；扭转到变形

He had **gnarled** his hands with great pain.

gnarled [nɑːrld] *adj.* 多瘤的；多节的

In the high-altitude mountain, we were surrounded by enormous **gnarled** trees.

九阴真经

His fingers are **gnarled** due to typing for several decades.

dexterous [ˈdekstrəs] *adj.* 敏捷的；用惯右手的

turn around 使（企业、计划或体系）好转

His **dexterous** management has **turned** the company **around**.

ambidextrous [ˌæmbɪˈdekstrəs] *adj.* 两手都善用的；搞两面派的

Most people in Asia are **dexterous** and in America are **ambidextrous**.

dexterity [dekˈsterɪtɪ] *n.* 灵巧；熟练；机敏

sleight of hand 花招；（变戏法等的）巧妙的手法

He uses magic with manual **dexterity** and **sleight of hand**.

This statistical **sleight of hand** will not fool the senior accountant.

brethren [ˈbreðrən] *n.* 教友；同志；【古】诸兄弟

The garden was donated by our church **brethren**.

stigmatize [ˈstɪgmətaɪz] *v.* 给……带来耻辱；指责

His family's name was **stigmatized** by the crime he committed.

naloxone [ˈnæləkˌsəʊn] *n.* 纳洛酮

The addict felt **stigmatized** by carrying **naloxone**.

meddlesome [ˈmedlsəm] *adj.* 爱管闲事的

Her boss is **meddlesome** and questions her about her family.

stultify [ˈstʌltɪfaɪ] *v.* 使显得愚蠢；使无效；使无趣

Superstition might **stultify** the public.

The judge **stultifies** his charges due to his mental illness.

A young woman in a **stultifying** marriage often ends up in a divorce.

Red tape and bureaucracy **stultify** the government.

squeeze [skwiːz] v 挤出；榨出 *n.* 挤压；榨出的液体

The Germans, if this Government is returned, are going to pay every penny; they are going to be **squeezed**, as a lemon is **squeezed**—until the pips squeak. My only doubt is not whether we can **squeeze** hard enough, but whether there is enough juice. (Eric Geddes, British politician)

Part 3 识记单词

squeak [skwiːk] *v./n.* 吱吱声；尖叫声

acknowledge [ək'nɑːlɪdʒ] *v.* 承认；告知收悉

sleight [slaɪt] *n.* 熟练；手法；巧计

sleigh [sleɪ] *v.* 用雪橇运输 *n.* 雪橇

stigmata [stɪg'mɑtə, -'mætə, 'stɪgmə-] *n.* 圣痕

ambidexterity [æmbɪdeks'terɪtɪ] *n.* 两手都善用；怀二心

Lesson 147

Part 1 主力单词

toady ['təʊdɪ] *v.* 谄媚 *n.* 谄媚者

The servile elderly was too eager to **toady** to the Western imperialists.

His **toadying** underlings and associates appear to be more corrupt.

He has the reputation of **toadying** to the Japanese.

She is a real **toady** to her manager.

flatterer ['flætərər] *n.* 拍马屁的人；阿谀者

His generosity to friends and **flatterers** eventually bankrupts him and soon he finds these same people reluctant to assist him in any way.

sycophant ['sɪkəfənt, 'saɪkə-] *n.* 谄媚者

The prodigal son was surrounded by **sycophants**.

Swirling all around were coteries of celebrities, bosses, politicians, publicists and journalists, gawkers, and **sycophants**.

fawn [fɔːn] *n.* 小鹿；淡黄褐色 *v.* 讨好

courtier ['kɔːrtɪər] *n.* 朝臣；谄媚者

The king loves to be **fawned** by **courtiers**.

kowtow [kaʊ'taʊ, 'kaʊˌtaʊ] *v.* 叩头；卑躬屈膝 *n.* 磕头

It is a hi-tech lynching for uppity blacks. Unless you **kowtow**, this is what will happen to you. You will be lynched by a committee rather than hanged from a tree. (from Clarence Thomas, U.S. Supreme Court Judge)

complaisant [kəm'plesənt, -zənt] *adj.* 讨好人的；顺从的

Her father is **complaisant** to her grandmother's wishes.

• Words in sentences 句中单词 •

servile ['sɜːrvl] *adj.* 谄媚的；卑躬的

imperialist [ɪm'pɪrɪəlɪst] *n.* 帝国主义者；帝制拥护者

underling ['ʌndərlɪŋ] *n.* 部下；手下

coterie ['kəʊtərɪ] *n.* 小集团；伙伴；同志

gawker ['gɔːkə] *n.* 伸长脖子呆看的人；(G) 高客传媒

uppity ['ʌpɪtɪ] *adj.* 高傲的；盛气凌人的

Part 2 补充单词

self-seeking ['self'siːkɪŋ] *n.* 追逐私利 *adj.* 追逐私利的

Most businessmen are **self-seeking**. They don't have noble objectives.

devious ['diːvɪəs] *adj.* 算计的；会耍手腕的；迂回的

The leader was sick of **devious** grovelers and pleasers telling him the real situation would be a good idea.

artillery [ɑːr'tɪlərɪ] *n.* 大炮；炮兵（部队）

gunfire ['gʌnˌfaɪə] *n.*（连续不断的）炮火

We groveled forward under the enemy's **artillery gunfire**.

stygian ['stɪdʒɪən] *adj.* 地狱的；冥河的；阴森的

We were attacked by unknown creatures in the **stygian** reaches of the deep forest.

Part 3 识记单词 / 词组

sycophantic [ˌsɪkə'fæntɪk] *adj.* 阿谀奉承的

groveller ['grɑvlər] *n.* 卑躬屈膝的人；谄媚

grovel ['grɑvl] *v.* 卑躬屈膝；匍匐

Styx [stɪks] *n.*【希神】冥河

imperial [ɪm'pɪrɪəl] *n.* 纸张尺寸 *adj.* 帝国的；皇家的；庄严的；特级的；度量衡英制的

imperium [ɪm'pɪərɪəm] *n.* 绝对权；主权统治权

gawk [gɔːk] *v.* 痴呆地看；张口瞠目 *n.* 呆子

kowtow to sb./sth. 在某人/某事物面前唯唯诺诺

Lesson 148

Part 1 主力单词

immoral [ɪ'mɔːrəl] *adj.* 不道德的

He was afflicted by the thought that where beauty was, nothing ever ran quite straight, which, no doubt, was why so many people looked on it as **immoral**.

Nature itself is amoral, not **immoral**.

immorality [ˌɪmə'ræləti] *n.* 不道德

The poor family lives in a ghetto with surroundings of degradation and **immorality**.

unethical [ʌn'eθɪkl] *adj.* 不道德的

Selling weapons to guerrilla is **unethical**.

sordid ['sɔːrdɪd] *adj.* 不道德的；卑鄙的；邋遢的

From some traits of his character which have lately come to my knowledge, he seems to have been so hackneyed in villainy, and so lost to all sense of honor and shame that while his facilities will enable him to continue his **sordid** pursuits there will be no time for remorse. (George Washington, U.S. president)

nefarious [nɪ'ferɪəs] *adj.* 邪恶的；不道德的（wicked）

The underboss underestimates the **nefarious** machinations of his opponent.

iniquity [ɪ'nɪkwɪtɪ] *n.* 邪恶；恶劣行为；不公正

This man purchased a field with the reward of **iniquity**, and falling headlong, he burst asunder in the midst, and all his bowels gushed out. (from King James Bible)

The politician outwardly appears righteous, but within, he is full of hypocrisy and **iniquity**.

iniquitous [ɪ'nɪkwɪtəs] *adj.* 极其错误的；极不公正的

Slavery and the caste system are **iniquitous** practices.

The law of discrimination is unjust and **iniquitous**.

scurrilous [ˈskɜːrələs] *adj.* 没道德的；邪恶的；说话粗鄙恶劣的

The **scurrilous** imposter of a preacher uses a religious exterior, cheating poor people to donate money.

The two rustic women made a **scurrilous** slander on each other.

Words in sentences 句中单词 / 词组

afflict [əˈflɪkt] *v.* 使痛苦；折磨

amoral [ˌeɪˈmɔːrəl] *adj.* 与道德无关的；不分是非的

underboss [ˈʌndəˌbɒs] *n.* 黑帮的二老板

bowel [ˈbaʊəl] *n.* 肠

gush [gʌʃ] *v.* 喷出；滔滔不绝地说 *n.* 涌出

caste system 种姓制度

Part 2 补充单词 / 词组

stray [streɪ] *v.* 偏离原路；走神 *n.* 流浪宠物 *adj.* 走失的；孤立的

stray bullets 散弹

We **strayed** into a war zone and got shot by **stray bullets**.

bullet [ˈbʊlɪt] *n.* 子弹；（在贷款期内）未一次性还清的贷款

I was sweating **bullets** before the verdict came out.

bite the bullet （为渡过难关而）忍受巨大痛苦

I have to **bite the bullet** to infiltrate the gang.

eviscerate [ɪˈvɪsəreɪt] *v.* 取出……的内脏；移除

revenue streams 收入来源；营收来源

Her **revenue streams** are being **eviscerated** by her father.

disembowel [ˌdɪsɪmˈbaʊəl] *v.* 除去……的内脏；移除

The lions use their claws to **disembowel** prey.

rating [ˈreɪtɪŋ] *v.* 评估；划分等级 *n.* 收听率（ratings 为复数）；等级

The program has been **disemboweled** due to low **ratings**.

Johns Hopkins University has a good academic **rating** in biology.

Part 3 识记单词 / 词组

nefariousness [nɪ'feərɪəsnəs] *n.* 邪恶

sweat bullets 极端焦虑不安

stray dogs 流浪狗

intestine [ɪn'testɪn] *n.* 肠

tragedy ['trædʒədɪ] *n.* 悲剧性事件；灾难

astray [ə'streɪ] *adv.* 偏离正轨地；迷路地

Lesson 149

Part 1 主力单词

assert [ə'sɜːrt] *v.* 断言；坚称；主张有权力

The professor **asserted** that the training and retention of good teachers are pivotal for education; especially in students' formative age.

The garments encrusted with jewels and gold **asserted** her nobility and her right to rule.

assertion [ə'sɜːrʃn] *n.* 明确肯定；断言

His **assertion** of seeing a paranormal being was genuine.

aver [ə'vɜːr] *v.* 断言；坚称

A priest from the Vatican **averred** that she was possessed by a demon that spoke abstruse colloquial Latin. He let her lay supine before performing an exorcism.

avow [ə'vaʊ] *v.* 坦率承认；公开表示

He **avowed** he has committed the crime.

affirm [ə'fɜːrm] *v.* 断言

The constitution **affirms** the equality of all citizens.

九阴真经

• Words in sentences 句中单词 •

formative [ˈfɔːrmətɪv] *n.* 可塑期；【语】构词成分 *adj.* 有持续重大影响的

encrust [ɪnˈkrʌst] *v.* 用（贵重物品）装饰外层；形成硬的外层

nobility [nəʊˈbɪlətɪ] *n.* 高贵；贵族（阶层）

demon [ˈdɪmən] *n.* 恶魔；魔鬼

colloquial [kəˈləʊkwɪəl] *adj.* 口语的；会话的

supine [sjʊˈpaɪn, ˈsjʊˌpaɪn] *adj.* 仰卧的；软弱的

exorcism [ˈeksɔːrsɪzəm] *n.* 驱魔

Part 2 补充单词

crust [krʌst] *v.* 用外皮覆盖 *n.* 地壳；硬外皮；面包片

The continental **crust** is thicker than the oceanic **crust**.

demoniac [dɪˈməʊnɪˌæk] *n.* 魔鬼附身的人；凶暴的人 *adj.* 魔鬼的

He seemed possessed by a **demoniac** wish to do harm to others.

colloquy [ˈkɑləkwɪ] *n.* 正式的谈话；讨论

The teacher attended a **colloquy** on primary education.

The secretary recorded a **colloquy** between senators.

colloquium [kəˈləʊkwɪəm] *n.* 讨论会；学术报告会

He suggested lowering taxes in an economic **colloquium**.

Part 3 识记单词 / 词组

assert one's innocence 坚称自己无辜

enjoy in affluence 养尊处优；生活富裕

demonic [dɪˈmɑnɪk] *adj.* 魔鬼的

exorcise [ˈeksɔːrsaɪz] *v.* 驱魔

Lesson 150

Part 1 主力单词 / 词组

relax [rɪˈlæks] *v.* 放松

This crime witness needs to **relax** and collect herself for a day or two before trial.

relaxation [ˌriːlækˈseɪʃn] *n.* 放松；消遣

The governor authorized the **relaxation** of the restrictions on holding processions.

The U.S. president authorized **relaxation** of the restrictions on holding marijuana.

One of my favorite **relaxations** is watching animated movies.

take it easy 别着急

Take it easy. The meal will be served in a second.

loosen up 放松

These football players stretch their muscles and **loosen up** before the contest.

slacken [ˈslækən] *v.* 放松；减缓；（使）变松；（使）松开

He didn't **slacken** his pace as he accompanied his girlfriend in the street.

A cautious inventory policy was being followed after **slackening** sales.

levity [ˈlevɪtɪ] *n.* 轻率；轻浮

The murderer talked with childish **levity**, prattle, and nonsense while the solemn judge tried the case.

• Words in sentences 句中单词 •

marijuana [ˌmærəˈwɑːnə] *n.* 大麻

inventory [ˈɪnvəntɔːrɪ] *n.* 存货

try [traɪ] *v.* 审理；审讯 *n.* 考验；磨炼

Part 2 补充单词

laissez-faire [leseɪ ˈfer] *n.* 自由放任（指政府对工商业的政策）；放任主义

I believe **laissez-faire** and free trade are the best ways to boost the economy.

The government adopted a **laissez-faire** economic policy.

levy [ˈlevɪ] *v.* 征税；征兵；宣战；没收财产（法律） *n.* 征收额

graduated [ˈgrædʒʊeɪtɪd] *adj.* 分级的

When the government decides to **levy** a **graduated** income tax, it encounters heavy resistance from rural residents.

prattle [ˈprætl] *v.* 闲扯 *n.* 胡扯

I can't stop her **prattling** on about her kindergarten past and national affairs.

solemnity [səˈlemnɪtɪ] *n.* 严肃；庄重

His tomb emulated the **solemnity** of an ancient monarch.

staid [steɪd] *adj.* 古板的；稳重的

Sandra was taught by a solemn, **staid** father who wouldn't allow her to stay out all night.

Lesson 151

Part 1 主力单词

interrogate [ɪnˈterəgeɪt] *v.* 讯问；审问；盘问

The judge **interrogates** the defendant about whether or not he spread trolls and malicious bots on the internet.

Hong Kong rioters were arrested and **interrogated**.

Police bluntly **interrogate** prisoners or detainees and conduct searches without a warrant.

debrief [ˌdiːˈbriːf] *v.* 盘问；询问

The superintendent **debriefs** the pilot about airplane conditions after the flight.

An official of the secret service has **debriefed** his spies over a span of four years in Germany.

probe [prəʊb] v. 追问　n. 探究；详尽调查

The lawyer **probes** into his client's personal life to find any clues which might prove that he had no motivation for the crime.

cross-examine [ˌkrɑs ɪg'zæmɪn] v. 盘问；诘问（尤指证人）

The police found the supposed criminal was not guilty after **cross-examining** the witness.

question ['kwestʃən] v. 盘问；怀疑　n. 问题；疑惑

Police **question** a member of an ISIS splinter group in the street amidst a cacophony of dogs barking and police sirens.

• Words in sentences 句中单词 / 词组 •

troll [trəʊl] v. 反复；搜索　n. 巨人；侏儒

rioter ['raɪətər] n. 暴徒；喧闹者

detainee [ˌdɪteɪ'niː] n. 被拘留者；未判决囚犯

splinter group 分裂出来的小团体

cacophony [kə'kɑfənɪ] n. 嘈杂的声音；杂音

siren ['saɪrən] n. 警报器；汽笛

Part 2 补充单词

heckle ['hekəl] v. 诘问；激烈质问；刁难（候选人）

He frequently **heckled** opposition speakers with sharp questions.

Part 3 识记单词

heckler ['heklər] n. 激烈质问者；起哄者

splinter ['splɪntər] v. 分裂；（使）裂成碎片；分裂成小团体　n. 碎片

flight [flaɪt] v.（候鸟）迁徙；射击（飞禽）；使（鸟）惊起；逃跑　n. 飞机航程；飞翔

九阴真经

Lesson 152

Part 1 主力单词 / 词组

seek [siːk] v. 寻找；追求；请求

Nonviolent direct action **seeks** to create such a crisis and foster such a tension that a community which has constantly refused to negotiate is forced to confront the issue.
(Martin Luther King, Jr., U.S. civil rights leader)

Do not **seek** death. Death will find you. But seek the road which makes death a fulfillment.
(from Dag Hammarskjöld, Swedish statesman and diplomat)

search [sɜːrtʃ] v. 寻找；搜查 n. 搜索

The gangster's awakening heralds his **search** for self-awareness.

ransack [ˈrænˌsæk] v. 全面寻找；洗劫

Jewelry designers who found themselves in a quandary **ransacked** the past for suitable engraving gems or stylish filigrees.

rummage [ˈrʌmɪdʒ] v. 仔细的翻找；寻找 n. 没有目地的寻找

A clown **rummaged** through a costume trunk while a funambulist was walking on a rope high above the ground.

ferret [ˈferɪt] v. 不断的搜寻；翻找 n. 雪貂

Four mercenaries were commissioned to **ferret** the enemy in a pristine jungle of the Philippines.

ferret sth. out 搜寻出；搜索出

The incompetent district attorney failed to **ferret out** corruption in the government.

• Words in sentences 句中单词 •

gem [dʒem] v. 点缀；用宝石装饰 n. 宝石

funambulist [fjʊˈnæmbjʊlɪst] n. 走绳索的人（tight rope walker)

Part 2 补充单词

commission [kəˈmɪʃn] v. 安排……做；委任……为军官 n. 佣金；手续费；犯下（罪行）；（接受报酬的）任务；工作

He was **commissioned** to lead the army.

You can have ten percent of **commission** if the deal is made.

If you use a knife in the **commission** of a crime, you will get caught.

I am going to quit my naval **commission**.

filigree [ˈfɪlɪˌgriː] *v.* 雕刻……图案 *n.* 金属细丝饰品；浮雕细工的图案 *adj.* 华丽的

The floor was decorated with a **filigree** pattern.

engrave [ɪnˈgreɪv] *v.* 雕刻；将……铭记

She **engraved** her name on a gravestone.

Your words are **engraved** in my mind.

engraving [enˈgreɪvɪŋ] *n.* 雕刻（术）；版画

She studies **engraving** at a university.

vellum [ˈveləm] *n.* 上等纸；（牛）羊皮纸；羊皮纸手稿

We found some **vellum** manuscripts in the ancient cave.

Part 3 识记词组

in commission （机器、军舰等）在使用中的；在服役的

out of commission （机器、军舰等）坏了的；退役的

verbal filigree 言辞华丽

Lesson 153

Part 1 主力单词 / 词组

reciprocate [rɪˈsɪprəˌkeɪt] *v.* 回报；酬答

How did some white people **reciprocate** Indians' help in North America?

The girl doesn't **reciprocate** his advances.

His generosity to the poor was **reciprocated** with a gift.

九阴真经

requite [rɪ'kwaɪt] *v.* 报答；报复

The knights who unfurl the armorial pennant will **requite** the king with their lives if the king is in dire need.

Do you think the **requited** love can last forever?

return the favor 报答；回报

It's unconditional love. Parents don't need their kids to **return the favor**.

quid pro quo [ˌkwɪd prəʊ 'kwəʊ] *n.* 报偿；回报

The United States has promised food aid to the nation as a **quid pro quo** for stopping its missile testing.

• Words in sentences 句中单词 •

armorial [ɑːr'mɔːrɪəl] *adj.* 徽章的

pennant ['penənt] *n.* 三角旗；尖旗；锦旗

unconditional [ˌʌnkən'dɪʃənl] *adj.* 无条件的；无限制的

Part 2 补充单词

dotingly ['dəʊtɪŋlɪ] *adv.* 宠爱地

nagging ['nægɪŋ] *v.* 抱怨；指责 *adj.* 抱怨的；指责的

unrequited love 没有回报的爱

His mother is **dotingly** attentive to her prodigal son with the **nagging** sadness of **unrequited love**.

unfurl [ˌʌn'fɜːrl] *v.* (使)(旗帜、船帆、横幅等卷着的东西) 展开

His speech **unfurls** his desire for peace.

It's raining so she **unfurls** her umbrella.

encroach [ɪn'krəʊtʃ] *v.* 侵蚀；蚕食（土地）；逐步侵犯（权利）；慢慢侵占（时间）；逐渐干扰（工作）

They **encroached** their lands and drove them almost to extinction.

Part 3

unrequited [ˌʌnrɪˈkwaɪtɪd] *adj.*（爱情）单方面的；得不到回报的

encroachment [ɪnˈkrəʊtʃmənt] *n.* 侵蚀

reciprocation [rɪˌsɪprəˈkeɪʃən] *n.* 报答；互换

reciprocal [rɪˈsɪprəkl] *n.* 倒数（数学） *adj.* 互惠的；报答的

reciprocity [ˌresɪˈprɑːsətɪ] *n.* 互惠

Lesson 154

Part 1 主力单词

correct [kəˈrekt] *v.* 改正；矫正 *adj.* 正确的

The doctor has decided to **correct** the patient's facial deformity caused by heredity with surgery.

The fact that your patient gets well does not prove that your diagnosis was **correct**. (from Attributed to Samuel J. Meltzer, Russian-born U.S. physician and physiologist)

correctional [kəˈrekʃənl] *adj.* 改造的

There are a few **correctional** associations for drug addicts.

rectify [ˈrektɪfaɪ] *v.* 纠正；矫正；整流（把电流由交流变成直流）；蒸馏

The drastic measure has to be taken to **rectify** the long-standing discrimination against minority students.

redress [rɪˈdres] *v.* 纠正；矫正 *n.* 补偿；赔款

The China ambassador **redresses** Japan's position as a defeated nation during World War Two. It has no sovereignty over Diaoyutai Island.

The judicial minister does whatever he can to **redress** social injustices and problems during his tenure.

The government **redressed** radiation victims handsomely.

九阴真经

• Words in sentences 句中单词 •

deformity [dɪ'fɔːrmətɪ] *n.* 身体畸形；发育异常
physiologist [ˌfɪzɪ'ɑːlədʒɪst] *n.* 生理学家
long-standing ['lɑŋ'stændɪŋ] *adj.* 由来已久的；长期存在的

Part 2 补充单词

fleece [fliːs] *v.* 欺诈；剥削 *n.* 羊毛

The clothes were made from the best **fleece**.

The old lady was **fleeced** by a salesman into buying something she didn't need.

metaphysically [ˌmetə'fɪzɪklɪ] *adv.* 玄学地

of shreds and patches 七拼八凑的；破破烂烂的

misfit ['mɪsˌfɪt, mɪs'fɪt] *n.* 不适应环境的人；不为别人接受的人

Man is physically as well as **metaphysically** a thing **of shreds and patches**, borrowed unequally from good and bad ancestors; and a **misfit** from the start. (Ralph Waldo Emerson, U.S. poet and essayist)

rectitude ['rektɪtuːd] *n.* 公正；正直；诚实

The judge is renowned for her impeccable **rectitude** and integrity that keeps her from taking a bribe.

self-dealing ['self'diːlɪŋ] *n.* 假公济私；自利交易

Rectitude can be an enemy of **self-dealing**.

Many religious donations and activities involve a scheme of **self-dealing**.

black sheep 害群之马；有辱门楣的人

He is the **black sheep** in his family.

physiological [ˌfɪzɪə'lɑdʒɪkəl] *adj.* 生理学的；生理的

Radiation will affect **physiological** activities.

Part 3 识记单词 / 词组

rectification [ˌrektəfə'keɪʃən] *n.* 纠正；修正

incorrect [ˌɪnkəˈrekt] *adj.* 不正确的

inaccurate [ɪnˈækjərɪt] *adj.* 不精确的

metaphysics [ˌmetəˈfɪzɪks] *n.* 玄学

patch [pætʃ] *v.* 修补；连接 *n.* 补丁；膏药

patch sb./sth. up 给……提供基本（或临时）的治疗；给……草草包扎

be in a minority of one 是唯一持不同意见者；得不到任何人的支持

an eyepatch 眼罩

unimpeachable [ˌʌnɪmˈpiːtʃəbəl] *adj.* 不容置疑的；无可怀疑的；无可指摘的

impeachable [ɪmˈpiːtʃəbəl] *adj.* 会招致控告（或弹劾）的

physiology [ˌfɪzɪˈɑːlədʒɪ] *n.* 生理学；生理机能

Lesson 155

Part 1 主力单词

anomaly [əˈnɑməlɪ] *n.* 异常的人或事物；不规则

Kicking someone while he is down, to this gentleman, amounted to an **anomaly**.

anomalous [əˈnɑmələs] *adj.* 不按常规的；不规则的

The riot was a highly organized political action. However, the **anomalous** use of violence to promote pacifism was unjustifiable.

nonstandard [nɑnˈstændəd] *adj.* 非标准的

The rodeo includes some standard and **nonstandard** performances.

uncharacteristic [ˌʌnkærəktəˈrɪstɪk] *adj.* 非典型的

The hawk held a martial conference with **uncharacteristic** prudence and calmness.

atypical [eɪˈtɪpɪkəl] *adj.* 非典型的；异常的

Albinism is the lack of pigmentation in people, animals, or plants. An Asian with white hair is **atypical**.

abnormal [æbˈnɔːrml] *adj.* 不正常的；反常的

The **abnormal** chromosome might induce mutation.

unusual [ʌn'juːʒʊəl] *adj.* 不同寻常的；非比一般的

It is not an **unusual** move for a store like this to woo new customers.

• Words in sentences 句中单词 •

rodeo ['rəʊdɪəʊ] *v.* 竞技 *n.* 牛仔竞技表演；竞技者

hawk [hɔːk] *v.* 沿街叫卖；清喉咙 *n.* 鹰派人物；鹰

albinism ['ælbəˌnɪzəm] *n.* 白化

pigmentation [ˌpɪgmən'teɪʃən] *n.* （生物的）天然颜色

chromosome ['krəʊməsəʊm] *n.* 染色体

woo [wuː] *v.* 争取；努力说服；向……求婚

Part 2 补充单词 / 词组

phlegmatic [fleg'mætɪk] *adj.* 多痰的；冷淡的；迟钝的；镇定的

His normal **phlegmatic** countenance has been shaken by his wife's death.

ring a bell 听起来耳熟

Her name **rings a bell**, but I can't remember where I've heard it.

garland ['gɑːrlənd] *v.* 给……献花环 *n.* 花环

After the show, the audience can **garland** their favorite performers.

albino [æl'baɪnəʊ] *n.* 白化的人；动物或植物

In Africa, they considered the **albino** as a white devil.

serrated [sə'reɪtɪd] *adj.* 锯齿状的

The plant has **serrated** leaves.

He bought a **serrated** knife.

Part 3 识记单词 / 词组

day of reckoning 报应之时

to be reckoned with 须重视的；须认真处理的

hawking newspapers 沿街卖报

phlegm [flem] *n.* 痰；镇定；冷淡；迟钝

racism ['reɪsɪzəm] *n.* 种族主义；反战主义；和平主义

sawtooth ['sɔːtʊθ] *n.* 锯齿

lei ['leɪ] *n.*（常戴在脖子上的）花环

leis [leɪz] *n.* 花环（复数）

pigment ['pɪgmənt] *v.* 把……加颜色 *n.* 色素；颜料

melanism ['melənɪzəm] *n.* 黑色素（black pigment）

Lesson 156

Part 1 主力单词

didactic [daɪ'dæktɪk] *adj.* 教训的；说教的

They shared with us moralistic and **didactic** tales and legends.

I consider this treatment of my editorial unprofessional, **didactic** journalism, and a disservice to my reputation.

We should talk more about science instead of **didactic** teaching.

sententious [sen'tenʃəs] *adj.* 简洁的；警句的；爱说教的

His **sententious** interpretation of noblesse oblige has put him in a controversial spotlight.

He is never glib, never **sententious**, but platitude is not far away either.

dogmatic [dɔːg'mætɪk] *adj.* 自以为是的；教条的；武断的

The earth was flat. This **dogmatic** and ludicrous concept had prevailed for centuries.

homiletic [ˌhɒmə'letɪk] *adj.* 说教的；布道的

He ended up in a haunted somber dungeon where there is no Bible, no devotional materials of any kind, no crucifixes, or **homiletic** asides.

I've found the ancient manuscript of Apocrypha with exegetical and **homiletic** commentaries in it.

autodidactic [ˌɔːtəʊdaɪ'dæktɪk] *adj.* 自学的；无师自通的（self-taught）

She is an **autodidactic** biologist.

autodidact ['ɔːtəʊdaɪdækt] *n.* 自学者

The **autodidact** is too smart to be taught.

• Words in sentences 句中单词 •

moralistic [ˌmɔːrə'lɪstɪk] *adj.* 道学的；说教的

disservice [dɪs'sɜːrvɪs] *n.* 损害；危害

spotlight ['spɑːtlaɪt] *v.* 使公众瞩目；引起公众关注 *n.* 聚光灯

ludicrous ['luːdɪkrəs] *adj.* 荒谬的

dungeon ['dʌndʒən] *n.* 地牢

crucifix ['krʊsəˌfɪks] *n.* 有耶稣像的十字架；耶稣受难像

asides [ə'saɪdz] *n.* 悄悄话；离题；旁白

exegetical [eksə'dʒetɪkəl] *adj.* 解经的；评释的；注释的

Part 2 补充单词 / 词组

noblesse oblige 上流社会或贵族应尽的道德义务

pitiful ['pɪtɪfl] *adj.* 可怜的；令人同情的；可鄙的

The rich man feels a **noblesse oblige** toward this **pitiful** girl.

noblesse [nəʊ'bles] *n.* 贵族；高贵

The **noblesse** of French was fond of dogfights.

risible ['rɪzəbəl] *adj.* 滑稽的；可笑的；令人发笑的

He said the pig could fly, sounding **risible**.

The reciprocal civility of authors is one of the most **risible** scenes in the farce of life. (Samuel Johnson, British lexicographer and writer)

somber ['sɑmbər] *adj.* 暗淡的；严肃忧郁的

It is a **somber** and sober decision to impeach the president.

dudgeon ['dʌdʒən] *n.* 生气；恼怒

He walked out in high **dudgeon** after a fight with his girlfriend.

restrain [rɪ'streɪn] *v.* 抑制；限制；监禁

restrained [rɪˈstreɪnd] *adj.* 受限制的；拘束的；严谨的

My father sat in high **dudgeon** at being **restrained** from his favorite dessert.

exegesis [ˌeksəˈdʒiːsɪs] *n.* 注解；（尤指对《圣经》文本的）诠释

exegeses [ˌeksɪˈdʒɪsɪz] *n.*（exegesis 的复数）注解；诠释

The scholar of the Qing Dynasty made some **exegeses** to the novel "Dream of the Red Mansion."

scholia [ˈskəʊljə] *n.*（scholium 的复数）旁注；评注；注释

scroll [skrəʊl] *v.* 滚屏；滚动 *n.* 卷轴；裱成卷轴的古书

The **scholia** of the ancient **scroll** made by a great sorcerer were highly credible.

annotate [ˈænəʊteɪt] *v.* 注解；给……做注解

Other reference books were **annotated** at their end.

analects [ˌænəˈlekts] *n.* 文选；论集（**analecta** [ænəˈlektə] 复数）

The **analects** of Confucius has been annotated by several scholars.

tome [təʊm] *n.* 册；卷；大型书本

The **tome** in the altar recorded ancient wizardry.

Part 3 识记单词

didact [ˈdaɪˌdækt] *n.* 说教者

marginalia [ˌmɑːrdʒɪˈneɪlɪə] *n.* 旁注（marginal note）

scholiast [ˈskəʊlɪˌæst] *n.*（古典典籍的）注释者

bibliography [ˌbɪblɪˈɑːgrəfɪ] *n.* 参考书目；文献目录

cricket [ˈkrɪkɪt] *n.* 蟋蟀；板球

Lesson 157

Part 1 主力单词

abridge [əˈbrɪdʒ] *v.* 删节；节略

The word is uncommon which is why you can't find it in an **abridged** dictionary.

九阴真经

I have to **abridge** the speech for the later appointment.

The right of citizens of the United States to vote shall not be denied or **abridged** by the United States or by any State on account of sex. (from Constitution of the United States, U.S. system of fundamental laws)

abbreviate [ə'bri:vɪˌeɪt] *v.* 缩略；缩写；简称

Gross domestic product **abbreviates** as GDP.

The movie is an **abbreviated** version of the novel Les Misérables.

truncate ['trʌŋkeɪt] *v.* 截短；删节；缩短（尤指去尾）

Without losing a moment, the smith flung the **truncated** pyramid along a rainbow.

shorten ['ʃɔ:rtn] *v.*（使）变短；（使）缩短

Pollutants, food preservatives, and contagious fatal diseases **shorten** lives each year.

Part 2 补充单词

debonair [ˌdebə'ner] *adj.* 温文尔雅的；潇洒的

duplex ['dʊpleks] *n.* 楼中楼；复式房屋 *adj.* 双的；双向的

The **debonair** gentleman lives in a **duplex** apartment.

conciliatory [kən'sɪlɪətɔ:rɪ] *adj.* 和解的；调解的；安抚的

I want to fight. I am not in a **conciliatory** mood.

dash [dæʃ] *v.* 急奔；猛冲 *n.* 猛冲；匆忙；少量搀合物

dashing ['dæʃɪŋ] *adj.* 风度翩翩的；华丽的；潇洒的

The negotiator is **conciliatory**, **dashing**, and **debonair**.

hurtle ['hɜ:rtl] *v.* 猛冲；猛烈碰撞（rush）

He **hurtled** down the hill to search for his girlfriend.

The truck **hurtled** past us with a cloud of dust.

I saw a missile **hurtling** in the sky.

conciliate [kən'sɪlɪˌeɪt] *v.* 调解；安抚

We should **conciliate** strikers in advance.

She tried to **conciliate** a crying child with a lollipop.

conciliation [kənˌsɪlɪ'eɪʃən] *n.* 和解的意愿；和解；调解

The war goes on without any international **conciliation**.

unwind [ˌʌnˈwaɪnd] *v.* 打开；松开（卷绕之物）；放松

unwound [ʌnˈwaʊnd] *v.*（unwind 过去式）打开；放松

serpentine [ˈsɜːpəntiːn] *v.* 蜿蜒前进 *n.* 蛇纹石 *adj.* 蛇的；弯弯曲曲的；阴险的

The edifice stood without turning on itself, and the thread **unwound** in **serpentine** coils suggesting the movement of water.

cafeteria [ˌkæfəˈtɪrɪə] *n.* 自助餐馆

Do you want to go to the **cafeteria** with me?

refectory [rɪˈfektərɪ] *n.* 食堂；餐厅（dining hall）

I took them to the **refectory** for lunch.

Part 3 识记单词 / 词组

expand [ɪkˈspænd] *v.* 增加；扩展；详述

conciliator [kənˈsɪlɪˌeɪtə] *n.* 调解人抚慰

elegance [ˈelɪgəns] *n.* 优美；优雅

Lesson 158

Part 1 主力单词

abstain [əbˈsteɪn] *v.* 节制；戒绝（尤指不好的享乐）；弃权

He has his moral code and **abstains** from harming other people.

Six committee members voted in favor, two opposed, and two **abstained**.

abstinent [ˈæbstɪnənt] *adj.* 节制的；禁欲的

He identified genius with immunity from the cravings and turpitudes which make us human. Hence his regime of sexual continence which so confused and dismayed the women he persisted in loving, and hence too his **abstinent** diet of grated vegetables. (Michael Holroyd, British biographer)

九阴真经

abstention [æb'stenʃən] *n.* 抑制；节欲弃权

There were six ayes, two nays, and two **abstentions**.

abstemious [æb'stɪmiəs] *adj.*（尤指对美食或饮酒）有节制的；戒绝的

The elderly attribute their longevity to **abstemious** habits, not drinking, and not eating too much.

teetotal [ˌtiː'təʊtl] *adj.* 绝对戒酒的；绝对的

Is that Muslim restaurant **teetotal**?

The worshiper looks pious and **teetotal** earnest while bowing to the bishop.

I don't smoke at all. I am a **teetotal** nonsmoker.

ascetic [ə'setɪk]] *adj.*（尤指）苦行的；禁欲的 *n.* 苦行者；禁欲者

A penniless **ascetic** monk disdains Hollywood profligacy.

self-denial [ˌselfdɪ'naɪəl] *n.* 克己；（宗教）弃绝自己

Asceticism is a practice of austerity and **self-denial**.

• Words in sentences 句中单词 •

craving ['kreɪvɪŋ] *n.* 渴望；难以抑制的渴求

turpitude ['tɜːrpətuːd] *n.* 腐化；邪恶；卑鄙；堕落

continence ['kɑntɪnəns] *n.* 克己；自制；禁欲

grate [greɪt] *v.* 摩擦；使烦恼；磨碎（食物） *n.* 格栅；炉栅

longevity [lɔːn'dʒevətɪ] *n.* 长寿；长期受欢迎

asceticism [ə'setɪsɪzəm] *n.* 禁欲主义；苦行主义

Part 2 补充词组

on the wagon 戒酒的

I was **on the wagon** for eight years.

Part 3 识记单词 / 词组

abstinence ['æbstɪnəns] *n.*（因道德、宗教或健康原因对酒等）节制；禁欲

teetotalism [ˌtiː'təʊtəlɪzəm] *n.* 禁酒主义

sobriety [sə'braɪətɪ] *n.*（饮酒）有节制；严肃

indulge [ɪn'dʌldʒ] *v.* 沉溺（于……）；满足（欲望、兴趣等）；放纵

moral turpitude 道德败坏

Lesson 159

Part 1 主力单词

ether ['iːθər] *n.* 苍穹；太空（sky）；乙醚

The balloon disappears into the **ether**.

The rocket vanished into the **ether** leaving a stunning contrail in the predawn sky.

The vault of the **ether** seems to be infinite.

ethereal [ɪ'θɪrɪəl] *adj.* 轻飘的；天上的；超凡的；乙醚的

Ethereal minstrel! Pilgrim of the sky! Dost thou despise the earth where cares abound? (from William Wordsworth, British poet)

Mindful of the feminine contradiction, the great Pavlova insisted that for photographs her feet be pared down to **ethereal** points by a skilled retoucher. (from Susan Brownmiller, U.S. journalist and writer)

firmament ['fɜːrməmənt] *n.* 天空；苍穹

The meteorites blazed through the **firmament** of the blue planet.

He makes his name known in the political **firmament**.

She is a rising star in the entertaining **firmament**.

supernal [sʊ'pɜːrnəl] *adj.* 天上的；超凡的

Charles's **supernal** performance in playing piano has won praises among the audience.

She has a **supernal** ability to craft her miserable life into a novel.

His fate was guided by **supernal** powers.

• Words in sentences 句中单词 •

contrail ['kɒnˌtreɪl] *n.* 飞机或火箭在高空中发出的蒸气（vapor trail）

predawn [prɪ'dɔːn] *adj.* 黎明前的

minstrel [ˈmɪnstrəl] n.（中世纪的）游方艺人
abound [əˈbaʊnd] v. 大量存在；有很多
retoucher [ˌriːˈtʌtʃə] n. 修整的人
blaze [bleɪz] v. 燃烧；闪耀 n. 烈火；火灾

Part 2 补充单词 / 词组

the underworld （希腊神话中的）阴间；冥府

Do you know the entrance to **the underworld**?

underworld [ˈʌndərwɜːrld] n. 黑社会

The president allegedly has ties to the Japanese **underworld**.

netherworld [ˈneðərwɜːrld] n. 黑社会；地狱；阴暗的地方

The king of the **netherworld** dominates the land of the dead.

The criminal is used to living in the **netherworld** of drugs and crime.

stilted [ˈstɪltɪd] adj. 踏着高跷的；夸张的；矫揉造作的

Stilted, doctored photographs had been prevailing at that time.

I get used to his **stilted** talking such as he won a million-dollar wound.

matutinal [məˈtjʊtɪnəl] adj. 早晨的；黎明的

The athlete enjoys his **matutinal** jog.

Matutinal traffic is better than evening traffic.

doctor [ˈdɑːktər] v. 篡改（文件；账目等）；伪造阉割（动物） n. 医生

The male dog has been **doctored**.

Part 3 识记单词 / 词组

etheric [ˈiθerɪk] adj.（=ethereal）醚的；太空的

retouch [riˈtʌtʃ] v. 润色；修整（照片；图画）

stilt [stɪlt] n. 高跷；支撑物；长脚鹬

on stilts 踩着高跷

impost [ˈɪmpəʊst] v. 把（进口商品）分类以估税 n. 关税（custom duty）；贡物

Lesson 160

Part 1 主力单词

senescent [sɪˈnesənt] *adj.* 老年的；衰老的

Senescent arthritis has a symptom of degenerative joints.

This kind of parrot over the age of five will go into a **senescent** phase.

senescence [sɪˈnesns] *n.* 衰老；老年化

The female celebrity is beginning to show signs of **senescence**. I can see some wrinkles around her eyes.

aging [ˈeɪdʒɪŋ] *adj.* 衰老的；老化的 *v./n.* 老化，变老

Large radiation exposures in the laboratory resulted in premature **aging**.

Aging is an inevitable lifelong process and varies in its effects on individuals.

• Word in sentence 句中单词 •

degenerative [dɪˈdʒenərətɪv] *adj.*（疾病）恶化的；变性的；退化性的

Part 2 补充单词

rejuvenate [rɪˈdʒʊvəneɪt] *v.* 使年轻；使青春焕发

I felt **rejuvenated** after vacation.

The subsidies were designed to **rejuvenate** the tourist industry.

The coach **rejuvenates** the team by encouragement.

degenerate [dɪˈdʒenərət] *v.* 质量下降；退化 *n.* 堕落的人 *adj.* 堕落的；颓废的

The world **degenerates** and grows worse every day...The calamities inflicted on Adam...were light in comparison with those inflicted on us. (from Martin Luther, German theologian and religious reformer)

vie [vaɪ] *v.* 竞争；争夺

ignoble [ɪg'nəʊbl] *adj.* 卑鄙的；不光彩的

The rustics **vie** with each other in bringing up their **ignoble** and **degenerate** offspring to the liberal arts.

Attacking from behind is an **ignoble** act.

vying ['vaɪɪŋ] *v.* 激烈竞争 *adj.* 竞争的；竞赛的（vie 的动词现在分词、动名词）

China and America were **vying** for power in the Pacific Ocean.

phosphate ['fɑːsfeɪt] *n.* 磷酸盐（或酯）；磷肥

The discovery of **phosphate** deposits has led to a juvenescence of the island's economy.

Part 3 识记单词 / 词组

rejuvenation [rɪˌdʒʊvə'neɪʃn] *n.* 更新；复苏；回春作用

rejuvenescence [riˌdʒʊvə'nesəns] *n.* 返老还童；（细胞的）再生

rejuvenescent [riˌdʒʊvə'nesənt] *adj.* 回春的

senescent forgetfulness 老年健忘症

phosphorus ['fɑsfərəs] *n.* 磷；磷光体

pyrophosphate [ˌpaɪrə'fɒsˌfeɪt] *n.* 焦磷酸盐

Lesson 161

Part 1 主力单词 / 词组

comprehensive [ˌkɑːmprɪ'hensɪv] *n.* 期末考 *adj.* 全面的；包罗万象的

A congressman countered the proposal of the so-called **comprehensive** judicial reform.

Comprehensive sanitary reform is needed against coronavirus.

The oceanographer's knowledge of marine life seems to be **comprehensive**.

catholic ['kæθlɪk] *adj.* 广泛的；包罗万象的

The antiquarian has a **catholic** taste in ancient European landscape paintings.

The e-commerce giant's monopoly has an influence on **catholic** businesses.

all-embracing [ˈɔːl emˈbreɪsɪŋ] *adj.* 全包含的

The government gives **all-embracing** 200 dollar vouchers to its civilians to spend in order to boost the sapping economy.

all-inclusive [ˈɔːl ɪnˈkluːsɪv] *adj.* 包括一切的

The **all-inclusive** quotation for the graduation ceremony covers any decoration, medal, badge, ribbon, or appurtenance. (from Tsitsi Dangarembga, Zimbabwean writer and filmmaker)

inclusive [ɪnˈkluːsɪv] *adj.* 包含的；包括一切费用在内的

The rent is up to 1 000 dollars, not **inclusive** of utilities.

This is an **inclusive** tour. You don't need to pay any extra fees.

across-the-board [əˈkrɒs ðə ˈbɔːrd] *adj.* 全面的；响到各个领域和阶层的

across the board 全面地

The new law is applied **across the board.** There is no exception.

Across the board, housing prices have been increased since the last decade.

universal [ˌjuːnɪˈvɜːrsl] *adj.* 普遍的；全体的 *n.* 普遍性；一般性

Tea is **universal** in China.

The victimization, I saw, was **universal**. It didn't depend on poverty, on lack of education or on tradition. It didn't depend on any of the things I had thought it depended on. Men took it everywhere with them. Even heroes like Babamakuru did it. And that was the problem. Femaleness as opposed and inferior to maleness. (from Tsitsi Dangarembga, Zimbabwean writer and filmmaker)

exhaustive [ɪɡˈzɔːstɪv] *adj.* 彻底的；全面的

The police made an **exhaustive** search for the missing people.

To give an accurate and **exhaustive** account of that period would need a far less brilliant pen than mine. (Max Beerbohm, British essayist, critic, and caricaturist)

• Words in sentences 句中单词 •

counter [ˈkaʊntər] *v.* 反驳；对抗 *n.* 柜台 *adv.* 逆向地；相反地

oceanographer [ˌəʊʃəˈnɒɡrəfər] *n.* 海洋学家

quotation [kwəʊˈteɪʃn] *n.* 引用；报价

九阴真经

Part 2 补充单词 / 词组

local bully 地方恶霸

monopolize [mə'nɑpəlaɪz] *n.* 垄断；专利

The **local bully monopolizes** the market and seizes all economic activities in town.

aquiline ['ækwəlaɪn, -lɪn] *adj.* 鹰钩（鼻）的；钩状的

A man who has an **aquiline** nose is supposed to be very vicious.

monopoly [mə'nɑ:pəlɪ] *n.* 垄断；专利权；垄断企业

Philosophers are as jealous as women. Each wants a **monopoly** of praise. (from George Santayana, philosopher, poet, and novelist)

appurtenance [ə'pɜ:rtɪnəns] *n.* 附属物；附加物

Notebooks, laptops, and pencils are **appurtenances** of student life.

The tribe lives without television, cell phones, credit cards, and the other **appurtenances** of civilization.

ribbon ['rɪbən] *v.* 用缎带装饰；把……撕成条带　*n.* 丝带；荣誉

judo ['dʒu:doʊ] *n.* 柔道

I wore a black **ribbon** while I practiced **judo**.

quote [kwoʊt] *v.* 举出；举证；报价　*n.* 引语；引文

The financier **quoted** several successful business models.

cite [saɪt] *v.* 引证；传唤；举例　*n.* 引用；传讯

The sentence was **cited** from the news.

He was **cited** for his honesty.

Part 3 识记单词

counterattack ['kaʊntərəˌtæk] *v.* 还击　*n.* 反击

citation [saɪ'teɪʃən] *n.* 引用；列举；【律】传票

oceanography [ˌoʊʃə'nɑgrəfɪ] *n.* 海洋学

Lesson 162

Part 1 主力单词 / 词组

scold [skəʊld] *v.* 责骂 *n.* 责备

The teacher **scolds** me for not doing homework.

The abused child is used to being **scolded** and kicked at home.

You may abuse a tragedy, though you cannot write one. You may **scold** a carpenter who has made you a bad table, though you cannot make a table. It is not your trade to make tables. (from Samuel Johnson, British lexicographer and writer)

rebuke [rɪ'bjuːk] *v.* 指责；批评 *n.* 非难；指责

I have been closely watching whether his father will **rebuke** or embrace him, who has repeatedly denied the allegation of the dangerous journey to the Amazon Rainforest, in spite of evidence to the contrary.

reprove [rɪ'pruːv] *v.* 责备；指责；非难

My chemistry teacher **reproves** me for slouching while in his class.

censure ['senʃər] *v.* 指责；斥责 *n.* 谴责

His constant absence from work has discomfited her manager who once **censured** and warned her the pretext had better be good.

reprimand ['reprɪmænd] *v.* 训斥；申斥 *n.* 谴责；训斥

The principal delivered a curt **reprimand** to a tween for his spoof and undirected graffiti on the campus wall.

The soldiers who failed the mission have been **reprimanded** and disciplined.

reproach [rɪ'prəʊtʃ] *v.* 责备；责怪 *n.* 责备；责怪

His manager **reproaches** him for his negligence.

It's not your fault. You don't have to **reproach** yourself. Let bygones be bygones.

objurgate ['ɒbdʒəˌgeɪt] *v.* 严厉责骂；责备

The judge **objurgated** the terrorist and adjudicated what his sentence would be.

objurgation [ˌɒbdʒə'geɪʃən] *n.* 叱责；非难

Constant **objurgations** and **reproaches** toward inmates are common practices in the prison.

九阴真经

excoriate [ɪk'skɔːrɪˌeɪt, -'skəʊr-] *v.* 严厉指责；擦破；削皮

Defeating capitalism, and **excoriating** imperialism was the perfect zeitgeist in the cold war era.

flay [fleɪ] *v.* 严责；抽打；剥……的皮

He was **flayed** by his father for filching a trinket.

The frozen wind was like a knife **flaying** my face.

Africans **flayed** the deer and prepared it for cooking.

tell off 责骂

The teacher **tells** me **off** for being tardy.

upbraid [ʌp'breɪd] *v.* 责骂；训斥

He was **upbraided** for his misconduct.

chide [tʃaɪd] *v.* 责备

His father **chided** her for her laziness.

vituperative [vaɪ'tuːpərətɪv] *adj.* 谩骂的

Levi was making **vituperative** comments after he lost the election.

I felt funny about the **vituperative** verbal exchanges of the two vixens.

vituperation [vaɪˌtuːpə'reɪʃn] *n.* 谩骂

Kinsley was broken down by his father's constant insults and **vituperations**.

• Words in sentences 句中单词 •

slouch [slaʊtʃ] *v.* 没精打采地站（或坐、走） *n.* 没精打采地站（或坐、走）的姿态

curt [kɜːrt] *adj.* 唐突的；简明的

tween [twiːn] *n.*（8 或 10 岁的）少年

spoof [spuːf] *v.* 哄骗；捉弄 *n.* 滑稽模仿的作品；玩笑

adjudicate [ə'dʒuːdɪkeɪt] *v.* 裁判；裁定（对错）

zeitgeist ['tsaɪtgaɪst] *n.*（某一特定历史时期的）时代精神；文化风气

Part 2 补充单词 / 词组

haul/rake somebody over the coals 严厉地责骂某人

The gunman was **hauled over the coals** in the sentencing hearing.

discomfit [dɪs'kʌmfɪt] *v.* 使不安；阻止某人的计划

She figured out a way to **discomfit** her foes.

discomfiture [dɪs'kʌmfɪˌtʃʊr, -tʃər] *n.* 窘迫；狼狈

I can see her patent **discomfiture** as she is tripped by a stone.

rendition [ren'dɪʃən] *n.* 翻译；阐释；表演

The book is the first **rendition** of English.

rumba ['rʌmbə] *v.* 跳伦巴舞 *n.* 伦巴舞

Her dance is the perfect **rendition** of the **rumba**.

Part 3 识记单词 / 词组

flunk [flʌŋk] *v.* 未通过（考试）；（课程）不及格

flunk out （因学业不好而）退学

charcoal ['tʃɑːrkəʊl] *v.* 用木炭画（或写、涂） *n.* 木炭；木炭画

Lesson 163

Part 1 主力单词

insouciant [ɪn'suːsɪənt] *adj.* 无忧无虑的

Insouciant, glisten green of banana trees against the iron fence across the street reminds me of my aunt who used to be an orchard worker.

insouciance [ɪn'suːsɪəns] *n.* 无忧无虑；漫不经心

The police chief wandered into the international conference with complete **insouciance** to the fact he was tardy.

九阴真经

jaunty [ˈdʒɔːntɪ] *adj.* 轻松活泼的；时髦的；漂亮的

I walked out with **jaunty** steps as I passed the exam.

She wore a **jaunty** hat.

carefree [ˈkerfriː] *adj.* 无忧无虑的；无牵挂的

I had the most **carefree** time while vacationing in Thailand.

light-hearted [ˌlaɪt ˈhɑːrtɪd] *adj.* 心情轻松的；愉快的

I have a **lighted-hearted** conversation with an expansive sailor.

blithe [blaɪð, blaɪθ] *adj.* 不在意的；欢乐的

He didn't wear a mask during the outbreak of the coronavirus and was **blithe** about the risks of his health.

The **blithe** unconcern of his fortune has cost him dearly.

His **blithe** humor belies an earnest concern.

The novel describes the scenes of **blithe** society and the scenes of existential angst vividly.

• Words in sentences 句中单词 •

glisten [ˈglɪsən] *v.* 闪耀；反光

orchard [ˈɔːrtʃərd] *n.* 果园

angst [ɑŋkst] *n.* 焦虑；烦忧

Part 2 补充单词 / 词组

jumper cable 跨接电缆线

jump-start [ˈdʒʌmpˌstɑːrt] *v.* 助推启动 *n.* 助推启动；推动力

Would you let me borrow a **jumper cable** for me to **jump-start** my car?

sloppy [ˈslɑːpɪ] *adj.* 草率的；过稀的；庸俗伤感的

The manager was very diligent at first, but he got **sloppy** at the end of the project.

The **sloppy** love song turns out to be pop music.

chat [tʃæt] *v.* 聊天 *n.* 闲谈；鸣禽（尤指金莺、野鹟）

I was with an old friend having a fireside **chat** last night.

accost [əˈkɔːst] *v.* 搭讪

I **accost** her in a friendly manner.

He was **accosted** by a stranger and didn't know whether or not she was a prostitute.

blithe disregard 不当一回事

She shows **blithe disregard** for the feeling of others and says your time is meaningless to me.

cut in line 插队

The boy **cut in line** with blithe disregard for the rights of others.

fail-safe [ˈfeɪl seɪf] *adj.* 万无一失的；万全的

He controls a **fail-safe** machine with a buoyant mood.

potassium [pəˈtæsiəm] *n.* 钾

Banana contains the element of **potassium** which is good for the heart.

potash [ˈpɑːtæʃ] *n.* 碳酸钾；钾碱；木灰

The company produces **potash** and nitrogen fertilizer.

fleck [flek] *v.* 使……有斑点 *n.* 斑点；微粒

The **flecks** on his face become his distinctive trademark.

Part 3 识记单词 / 词组

buoyant [ˈbɔɪənt] *adj.* 轻松愉快的；能浮起的；成功的

buoyance [ˈbɔɪəns] *n.* 弹性；浮力；轻快

buoy [ˈbuːɪ, bɔɪ] *v.* 鼓舞；使漂浮 *n.* 浮标

fireside [ˈfaɪərsaɪd] *n.* 炉边；家庭 *adj.* 炉边的；无拘束的

cable [ˈkeɪbl] *v.* 发电报；铺设电缆 *n.* 电缆

blithe neglect 漫不经心的疏忽

push-start [pʊʃ stɑːrt] *v.* 推车起动

coronavirus pneumonia 冠状病毒性肺炎

Lesson 164

Part 1 主力单词

predict [prɪˈdɪkt] *v.* 预言

The psychic can **predict** future events.

九阴真经

The physician **predicted** the severe-injured patient wouldn't survive for three days.

prediction [prɪˈdɪkʃn] *n.* 预言；预测

It's a matter of life and death. I won't hazard a **prediction** that oxygen in cans is still sufficient for all of us to climb down before sunset.

predictable [prɪˈdɪktəbl] *adj.* 可预见的；老套乏味的

Do you think one's fate can be **predictable**?

foretell [fɔːrˈtel] *v.* 预言

There was no such thing as a 16th-century astrologer that could accurately **foretell** 20th-century events.

sibyl [ˈsɪbəl] *n.* 女巫；女预言家（prophetess）

The mysterious **sibyl foretold** the outcome of the battle accurately.

soothsay [ˈsuːθˌseɪ] *v.* 预言

I took the **soothsaying** of impending catastrophes published in the tabloids with a grain of salt.

prophesy [ˈprɑfəsaɪ] *v.* 预言

In the tumult of annual tribal celebration, an ancestral voice I heard from far **prophesied** war.

portend [pɔːrˈtend] *v.* 预示；预兆（坏事）

Seeing a meteor crossing through the sky **portends** an ominous sign.

presage [ˈpresɪdʒ] *v.* 预兆；警示 *n.* 预示；预兆（尤指不祥之事）

The president's unprecedented cover-up **presages** barefaced attempts to meddle with justice.

premonition [ˌpriːməˈnɪʃən, ˌpremə-] *n.*（尤指不祥的）预兆；预感

I have a **premonition** that he will return one day.

premonitory [prɪˈmɒnɪtərɪ] adj 预告的；【医】前驱性的

Volcanoes usually erupt with **premonitory** seismic activities.

The disease has some **premonitory** symptoms.

omen [ˈəʊmən] *n.* 征兆；预兆性

The grave **omen** told by a priest aroused the rogue to think more seriously over his action of atrocity than he has ever done before.

prognosticate [prɑɡˈnɑstɪˌkeɪt] *v.* 预测

It's very hard to **prognosticate** the naughty kid's elusive mind.

herald [ˈherəld] *v.* 预示；宣布（好或重要） *n.* 预兆；使者

The stagnant sale in the housing market **heralds** bubble and recession.

forecast [ˈfɔːrkæst] *v.*（尤指对特定形势或天气的）预测 *n.* 预报

The corporation is **forecasting** an upswing in business next year.

forebode [fɔːrˈbəʊd] *v.* 预感

That ambulance parked outside the house doesn't **forebode** well.

bode [bəʊd] *v.* 预示

The data **bodes** ill for the nation's economy.

prefigure [ˌpriːˈfɪɡjər] *v.* 预想；预示

I can **prefigure** that the child might have an extraordinary talent in painting.

forethought [ˈfɔːrθɔːt] *n.* 事先的考虑；先见

The strategist plans the war with remarkable **forethought**.

With a little **forethought**, you can save a lot of trouble.

prescience [ˈpresɪəns, ˈpreʃəns] *n.* 预知；先见

Fishermen usually have a **prescience** for the weather.

The mastermind who displayed **prescience** transferred goods to a safer place in time.

prescient [ˈpresɪənt] *adj.* 预知的；有先见的

Sending her to study abroad is so **prescient** for her advancement.

divination [ˌdɪvəˈneɪʃən] *n.* 占卜；预测

Physiognomy is a highly unscientific practice involving the **divination** of human character or temperament according to facial features.

augury [ˈɔːɡjərɪ] *n.* 预兆；占卜术

The constant plunge in oil prices is an **augury** of a global recession.

The ancient **augury** involved the interpretation of the animal's behavior.

sibylline [ˈsɪbəˌlaɪn, -ˌlɪn] *adj.* 女预言家的；神秘性的

The **sibylline** book records arcane, dark magic.

• Words in sentences 句中单词 / 词组 •

hazard [ˈhæzərd] *v.* 冒险；使遭受危险 *n.* 危险物

take somthing with a grain of salt 对……半信半疑；对……有所怀疑

tumult [ˈtuːmʌlt] *n.* 吵闹；混乱

barefaced [ˈberfeɪst] *adj.* 露骨的；无耻的

atrocity [əˈtrɑːsətɪ] *n.* 凶恶的行为；残暴的行为

upswing [ˈʌpˌswɪŋ] *v.* 上升；提高 *n.* 改善

mastermind [ˈmæstərmaɪnd] *v.* 策划 *n.* 策划者；主谋

physiognomy [ˌfɪzɪˈɑːnəmɪ] *n.* 面容；相面术

Part 2 补充单词 / 词组

sortilege [ˈsɔːtəlɪdʒ] *n.* 抽签占卜；巫术（divination by lots）

The little girl asked God about her future by **sortilege** in a temple.

refund [ˈriːfʌnd, rɪˈfʌnd] *n.* 退款金额 *v.* 退（款）；退还

I bought a deficient product and asked for a **refund**.

The store **refunded** my money.

rebate [ˈriːbeɪt] *v.* 退还；在（木块）上开槽口 *n.* 部分退款；槽口

The government tried to stimulate the economy. Many startups received a tax **rebate**.

The store offers a hundred-dollar **rebate** for the computer.

multilevel marketing 多层次推销

cashback [ˈkæʃbæk] *n.* 返现金

The **multilevel marketing** company **rebates** the commission in the form of immediate **cashback**.

pandemonium [ˌpændəˈməʊnɪəm] *n.* 混乱；地狱（大写）

fisticuffs [ˈfɪstɪˌkʌfs] *n.* 拳斗

The legislator seized the microphone amid the outbreaks of **pandemonium** and **fisticuffs**.

Pandemonium erupted after the president announced to dissolve the parliament.

The witch made a blood pact with a demon of **Pandemonium**.

picaresque [ˌpɪkə'resk] *n.* 以无赖为题材的小说 *adj.* 无赖的；以无赖为题材的

He is penniless leading a **picaresque** life.

rogue [rəʊg] *v.* 除去；为……的作物去劣 *n.* 流氓；捣蛋鬼

This is a **picaresque** movie. A **rogue** agent turns into a hero.

varlet ['vɑːlɪt] *n.* 无赖；仆人

These wretched **varlets** were set up by a rapacious miser.

prognosis [prɑg'nəʊsɪs] *n.* 预测；诊断

The economist gave the nation a grim **prognosis** of its future economy.

The **prognosis** of patients is quite accurate nowadays.

Part 3 识记单词 / 词组

soothsayer ['suːθˌseɪər] *n.* 预言家；占卜者

sooth [suːθ] *n.* 实际 *adj.* 真正的；抚慰的；光滑的

prophecy ['prɑfəsɪ] *n.* 预言；预言能力

prophet ['prɑːfɪt] *n.* 预言家；先知

foresee [fɔːr'siː] *v.* 预料；预知

foreshadow [fɔːr'ʃædəʊ] *v.* 预示；是……的预兆

portent ['pɔːrtent] *n.* 前兆；凶兆；迹象

prognostic [prɒg'nɒstɪk] *adj.* 预断的

foreboding [fɔːr'bəʊdɪŋ] *n.*（对不祥之事的）预感 *adj.* 恶兆的

augur ['ɔːgər] *v.* 预兆；占卜 *n.* 占卜师；预言者

retrospect ['retrəspekt] *n.* 回顾；追溯

supersonic boom 音爆

supersonic [ˌsuːpər'sɑːnɪk] *adj.* 超音速的

forewarn [fɔːr'wɔːrn] *v.* 预先警告；事先告诫

atrocious [ə'trəʊʃəs] *adj.* 糟透的；十分讨厌的；残暴的

hazardous ['hæzərdəs] *adj.* 危险的；有害的

Lesson 165

Part 1 主力单词 / 词组

nonage [ˈnɒnɪdʒ] *n.* 早期；未成年；未达法定年龄

He is highly self-disciplined due to his seemly upbringing in his **nonage**.

The indiscretions of his **nonage** have come back to haunt him now that he's a serious legislative contender.

He has revealed his talent in math in his **nonage**.

childhood [ˈtʃaɪldhʊd] *n.* 童年

I had seldom heard a train go by within my earshot and not wished I were on it in my **childhood**.

premature [ˌpriːməˈtʃʊr, ˌpriːməˈtʊr] *adj.* 未成熟的；提前的；草率的

It's **premature** to conclude which suspect is the murderer. We need more evidence.

legal minority 未达法定成年

The empire was once attacked during the **legal minority** of the king.

• Words in sentences 句中单词 •

seemly [ˈsiːmlɪ] *adj.* 合适的；有礼的（polite）

upbringing [ˈʌpbrɪŋɪŋ] *n.* 教育；教养

earshot [ˈɪrʃɑt] *n.* 听力可及的范围

Part 2 补充单词

roster [ˈrɑstər] *v.* 将……列入名单 *n.* 值勤名单；花名册

The tall guy was **rostered** to the basketball team.

The security guard was not in the duty **roster** in that period.

Part 3 识记单词 / 词组

adulthood [əˈdʌlthʊd] *n.* 成年（时期）

legal majority 法定成年

maturity [məˈtʃʊrətɪ] *n.* 成熟；成年；到期

mature [məˈtʃʊr] *v.* 成熟；长成 *adj.* 明白事理的；成熟的

minor [ˈmaɪnər] *v.* 辅修 *n.* 未成年人；辅修科目 *adj.* 较小的；次要的；小音阶的

unseemly [ʌnˈsiːmlɪ] *adj.* 不得体的；不礼貌的（impolite）

decorous [ˈdekərəs] *adj.* 彬彬有礼的

nonagenarian [ˌnɑnədʒəˈnerɪən] *n.* 九十多岁的人 *adj.* 九十多岁的

Lesson 166

Part 1 主力单词

odorous [ˈəʊdərəs] *adj.* 有臭味的；有味道的

Discolored and **odorous** water occasionally came out of faucets due to groundwater contamination.

stinky [ˈstɪŋkɪ] *adj.* 发恶臭的；令人厌恶的；糟糕透顶的

Limburger cheese has been recognized as the world's most **stinky** cheese which has its own characteristic aroma.

fetid [ˈfetɪd] *adj.* 腐臭的；恶臭的

He is draining the swamp and pumping the **fetid** water around so as to discharge it at protesters.

malodorous [ˌmælˈəʊdərəs] *adj.* 有臭味的

His freewheeling, reckless driving habit is a stinker too **malodorous** to ignore.

odoriferous [ˌəʊdəˈrɪfərəs] *adj.* 有强烈味道的；很不道德的

This Africa tree's sap can be manufactured into **odoriferous** gums and frankincense.

九阴真经

redolent [ˈredlənt] *adj.* 使人想到……的；有……的强烈气味的

The garden in spring is always **redolent** with the fragrance of diverse flowers.

The Pharaoh's pyramid is **redolent** of mysteries.

stench [stentʃ] *n.* 可怕的臭味（会停留很久的）

The **stench** of feces was overwhelmingly unforgiving.

effluvium [e'flu:vɪəm] *n.* 腐臭

effluvia [e'flu:vjə] *n.* 臭气（复数）

effluvial [e'fl:vɪəl] *adj.* 腐臭的；恶臭的

I can smell all sorts of **effluvia** in a garbage disposal site.

• Words in sentences 句中单词 •

faucet [ˈfɔ:sɪt] *n.*（水）龙头；阀门

aroma [ə'rəʊmə] *n.* 香味；芳香（通常指食物、饮料的）

freewheeling [ˈfri:ˈhwi:lɪŋ, -ˈwi:-] *n.* 惯性滑行 *adj.* 随心所欲的；惯性滑行的

gum [gʌm] *v.* 用黏胶粘 *n.* 树脂；牙龈；口香糖

frankincense [ˈfræŋkɪnˌsens] *n.* 乳香（点燃时散发出香味的黏稠液体；树脂）

fragrance [ˈfreɪgrəns] *n.* 香气；香水

feces [ˈfi:si:z] *n.* 粪便

Part 2 补充单词 / 词组

bouquet [bʊ'keɪ] *n.* 香味；（酒散发的）芬芳；花束

The wine has a distinct **bouquet**.

I sent my girlfriend a **bouquet** of roses on Valentine's Day.

nosegay [ˈnəʊzgeɪ] *n.*（尤指芳香扑鼻的）花束

He waited for his lover with a small **nosegay**.

posy [ˈpəʊzɪ] *n.* 花束

She gathered a **posy** of wildflowers.

chlorination [ˌklɔːrɪˈneɪʃn] *n.* 加氯消毒

water plant 自来水厂；水生植物

Chlorination is commonly used in **water plants** and swimming pools to kill toxic bacteria and other microorganisms.

dairy produce 乳品

Dairy produce goes stale or rancid very quickly.

alimony [ˈælɪməʊnɪ] *n.* 赡养费

If you file divorce first, you might not get the **alimony**.

drain [dreɪn] *v.* 抽出变干；消耗；使疲惫 *n.* 下水道；消耗

She is **draining** me of too much mental energy.

drainage [ˈdreɪnɪdʒ] *n.* 排水系统

culvert [ˈkʌlvərt] *n.* 地下管道（水；电缆）

The civil engineer constructed **drainages** and **culverts**.

conduit [ˈkaːnduɪt] *n.* 水管；渠道；【电】导线管

On both sides of the road, there are **conduits** for rainwater.

Spies usually have a special **conduit** of information, so they can evacuate in time.

incense [ɪnˈsens, ˈɪnsens] *v.* 激怒；使大怒 *n.* 香；焚香时的烟；香气

Chinese people use **incenses** to worship gods in temples.

effluent [ˈefluənt] *n.* 污水；支流

The factory has been discharging **effluent** into the river.

olfactory [ɑlˈfæktərɪ] *adj.* 嗅觉的

Hounds have an acute **olfactory** sense.

ammonia [əˈməʊnɪə] *n.* 基氨；氨水；阿摩尼亚

soluble [ˈsaːljəbl] *adj.* 可溶解的（+in）；可解决的

aqueous solution 水溶剂

Ammonia is a pungent, colorless gas with a pungent smell. It is **soluble** in water and can be fully saturated in an **aqueous solution**.

insoluble [ɪnˈsaljəbl] *adj.* 不易溶解的；不能解决的；难以解释的

I have to face the **insoluble** problem every day. I can't divorce my parents.

九阴真经

saturate ['sætʃəreɪt] *v.* 渗透；使充满；使饱和 *n.* 饱和脂肪 *adj.* 湿透的

Seawater is **saturated** with salt.

The book is **saturated** with terror.

Part 3 识记单词 / 词组

rancid ['rænsɪd] *adj.* 腐臭的；令人作呕的

medley ['medlɪ] *n.* 混合曲；集成曲；混杂物

cologne [kə'ləʊn] *n.* 古龙香水

aqua- ['ækwə] *pref.* 水

aqueous ['eɪkwɪəs] *n.* 水的；水般的

olfactory receptor 嗅觉受体

ammonium [ə'məʊnɪəm] *n.* 铵盐基

ammonium hydroxide 氢氧化铵

hydroxide [haɪ'drɑksaɪd] *n.* 氢氧化物

ammonium nitrate 硝酸铵

nitrate ['naɪtreɪt] *v.* 用硝酸处理；使硝化 *n.* 硝酸盐；硝酸酯

nitrite ['naɪtraɪt] *n.* 亚硝酸盐

nitrogen ['naɪtrədʒən] *n.* 氮

nitrogen gas 氮气

ammonium chloride 氯化铵

chlorine ['klɔːriːn] *n.* 氯

chlorite ['klɔːraɪt] *n.* 氯酸盐

chloric ['kləʊrɪk] *adj.* 氯的；含氯的

malodorous reputation 臭名

nauseating ['nɔːzɪeɪtɪŋ] *adj.* 令人恶心的；让人作呕的

nauseate ['nɔːzɪeɪt] *v.* 使恶心；使厌烦

scent [sent] *v.* 觉察出；预感到 *n.* 香味；气味

odor ['əʊdər] *n.* 味道；气味

whiff [hwɪf, wɪf] *v.* 发臭；挥空棒（击球未中） *n.* 一股味道；一点点

waft [wɑft] *v.*（在空气中）飘荡 *n.* 一阵轻风；一阵香味

puff [pʌf] *v.* 吸；使喷出 *n.* 吸；（烟、气等的）一缕；少量

sewerage ['suːərɪdʒ] *n.* 排污水系统

sewer [ˈsuːər] *n.* 排污水管

sewage [ˈsuːɪdʒ] *n.* 污水；污物

censer [ˈsensər] *n.* 香炉

olfaction [ɑlˈfækʃən] *n.* 嗅觉

Lesson 167

Part 1 主力单词

strident [ˈstraɪdnt] *adj.* 刺耳的；尖厉的；措辞强硬的

Most of the **strident** voices in criticism of democracy had been stifled by African warlords.

Strident opposition parties coalesce into a larger party.

That frenzy patriot often speaks with a **strident** tone.

shrill [ʃrɪl] *v.* 尖叫 *n.* 尖声；尖叫 *adj.* 尖叫的；尖刻的

The **shrill** sound heralds that the ship is about to depart.

The mud-splattered pedestrians were **shrilling** with outrage at the inconsiderate trunk driver.

raucous [ˈrɔːkəs] *adj.* 刺耳的；尖厉的

Frogs in the rainforest have calls ranging from melodious chirps to **raucous** growls.

He has a **raucous** voice which is easily recognized.

I can't endure the noise made by a **raucous** flock of birds in the roost.

hoarse [hɔːrs] *adj.*（嗓音）嘶哑的；粗哑的

They shouted themselves **hoarse** within five minutes.

hoarsen [ˈhɔːrsən] *v.* 使嘶哑

The poison **hoarsened** the singer's voice.

grating [ˈɡreɪtɪŋ] *n.*（尤指下水道的）格栅 *adj.* 刺耳的

grate [ɡreɪt] *v.* 擦碎；使人烦躁；(使）发出刺耳的声

I think she has a strong personality from her **grating** voice toward her employees who make a mistake.

九阴真经

pierce [pɪrs] *v.* 扎；刺破；穿透

piercing [ˈpɪrsɪŋ] *v.* 刺破；穿过 *n.* 洞眼 *adj.* 刺耳的；穿透的；深切的

I heard a **piercing** screech from a bus which scared the Hell out of me.

clamorous [ˈklæmərəs] *adj.* 吵闹的；强烈要求的

The relinquishment of the public housing project has provoked a **clamorous** outcry from the proletariat.

hubbub [ˈhʌbʌb] *n.* 吵闹声；骚动

I hear a **hubbub** outside the house.

There was an expectant happy **hubbub** as the fans awaited the star's entrance.

The marketplace is full of a **hubbub**.

obstreperous [əbˈstrepərəs] *adj.* 吵闹的；难驾驭的

The kindergarten is full of **obstreperous** children.

An **obstreperous** crowd gathered in front of the White House protesting the new policy of quarantine.

• Words in sentences 句中单词 •

warlord [ˈwɔːrlɔːrd] *n.* 军阀

coalesce [ˌkəʊəˈles] *v.* 联合；合并（merge）

splatter [ˈsplætər] *v.* 泼溅（尤指黏稠的液体） *n.* 泼溅的污渍

melodious [məˈləʊdɪəs] *adj.* 悦耳的

chirp [tʃɜːrp] *v.* 唧唧叫；叽喳叫 *n.* 吱吱声；唧唧声

growl [graʊl] *v.* 发出低沉的吼叫 *n.* 咆哮；低沉的怒吼；轰隆声

screech [skriːtʃ] *v.* 发出刺耳声 *n.* 刺耳的尖叫

relinquishment [rɪˈlɪŋkwɪʃmənt] *n.* 放弃

Part 2 补充单词 / 词组

coarse [kɔːrs] *adj.* 粗的；供做粗活用的；普遍的；粗俗的

A poor man wears **coarse** clothes.

The beach has **coarse** sands.

The executive takes a look at the **coarse** preliminary report.

I am highly educated and will not use **coarse** language.

coarsen [ˈkɔːrsn] *v.* 使变粗；使变粗俗

Killing for pleasure only **coarsens** your soul.

guffaw [ɡəˈfɔː] *n.* 大笑

A **guffaw** is a boisterous burst of laughter.

Her joke sparked **guffaws**.

a sidereal day 恒星日

a solar day 太阳日

Earth's motion around the Sun causes the disparity between **a sidereal day** and **a solar day**.

dulcet [ˈdʌlsɪt] *adj.* 悦耳的；怡人的

Her **dulcet** smile entrances me.

Her **dulcet** tone melted my frozen heart.

euphonious [juːˈfəʊnɪəs] *adj.* 悦耳的；声音和谐的

chime [tʃaɪm] *v.* 鸣；敲；报时 *n.* 铃声；（尤指）钟声

The cell phone has a **euphonious chime**.

mellifluous=mellifluent [məˈlɪfluəs] [məˈlɪflʊrnt] *adj.* 声音甜美的；流畅的；柔和的；如蜜般的

She has a **mellifluous** voice.

clergyman [ˈklɜːrdʒɪmən] *n.* 神职人员；牧师

The sweet witty soul of Ovid lives in **mellifluous** honey-tongued Shakespeare. (Attributed to Francis Meres, English **clergyman** and writer)

confection [kənˈfekʃən] *n.* 糕饼；蜜饯

Kids usually love **mellifluous confections**.

confectioner [kənˈfekʃənər] *n.* 糕点或糖果制造人

His father is a **confectioner** in the airport.

sacerdotal [ˌsæsərˈdəʊtl] *adj.* 僧侣的；祭司的

The book recorded **sacerdotal** celibacy in the Christian church.

九阴真经

The **sacerdotal** authority and several apostles decided to rebuild the church.

somnambulate [sɒm'næmbjəˌleɪt] *v.* 梦游（sleepwalk）

My baby sister **somnambulated** at night. We dare not wake her up.

somnifacient [ˌsɒmnə'feɪʃənt] *n.* 催眠剂（soporific） *adj.* 催眠的

-facient ['feɪʃənt] *suff.* 造成

The doctor gave her some **somnifacient** drugs to help her sleep.

febrile ['febrəl, 'fiːbrəl] *adj.* 发烧的；发热所引起的

Patricia contracted an acute, **febrile** disease.

Part 3 识记单词 / 词组

hoarseness ['hɔːsnəs] *n.* 嘶哑；刺耳

gratingly ['greɪtɪŋlɪ] *adv.* 使人气恼地

clamor ['klæmər] *v.* 大声地抱怨 *n.* 吵闹声

sidereal [saɪ'dɪrɪəl] *adj.* 恒星的；根据恒星测定的

scare a hell out of someone 把某人吓了个半死

discordant [dɪs'kɔːrdənt] *adj.* 不和谐的

accordant [ə'kɔːdənt] *adj.* 协调的

concordant [kən'kɔːdənt] *adj.* 一致的

splash [splæʃ] *v.* 洒；泼溅；溅着水花行走或游 *n.* 溅泼声；显著的刊登

bystander ['baɪstændər] *n.* 旁观者

silencer ['saɪlənsər] *n.* 消音器

confect ['kɒnfekt] *v.* 配制；把……制成糖果 *n.* 西点；糖果

confectionery [kən'fekʃənerɪ] *n.* （总称）糕点糖果

somnambulist [sɑm'næmbjəlɪst] *n.* 梦游症患者

somni=somn 睡

febrifacient [ˌfebrə'feɪʃənt] *n.* 引起发烧之病源 *adj.* 发热的

coalescence [ˌkəʊə'lesns] *n.* 合并；接合

coalition [ˌkəʊə'lɪʃn] *n.* 联盟；联合体

din [dɪn] *n* 喧嚣；嘈杂声

Lesson 168

Part 1 主力单词

nepotism [ˈnepəˌtɪzəm] *n.* 任用亲戚；用人唯亲

Disparities in wealth and opportunity have caused a great public discontent over the president's **nepotism**, foreign exploitation over natural resources and military repression, and heavy-handedness to media.

Nepal's president as expected failed to tackle corruption and **nepotism**.

The president of South Korea anticipated the practice of **nepotism** during her presidency.

cronyism [ˈkrəʊnɪɪzəm] *n.* 任用亲信

Prosperity was accompanied by rampant corruption, political benefit-funneling, governmental **cronyism**, land-grabbing, and bid-rigging of public construction.

favoritism [ˈfeɪvərɪtɪzəm] *n.* 偏爱；偏袒

Teachers shouldn't show **favoritism** when assigning grades.

preferentialism [prefəˈrenʃəlɪzəm] *n.* 优惠某人；优惠某团体

The nation's **preferentialism** has nurtured a culture of impunity typical of a broken justice system.

• Words in sentences 句中单词 •

heavy-handedness [ˈhevɪ ˈhændɪdnəs] *n.* 高压；粗暴

Nepal [nəˈpɔːl] *n.* 尼泊尔

funnel [ˈfʌnl] *v.* （使）经过漏斗形口子 *n.* 漏斗

land-grabbing [ˈlændˌgræbɪŋ] *n.* 土地攫取

rigging [ˈrɪgɪŋ] *n.* 操纵（采取不正当的手段）；索具

impunity [ɪmˈpjuːnətɪ] *n.* 免于惩处；逃过惩罚

Part 2 补充单词 / 词组

hindsight [ˈhaɪndsaɪt] *n.* 事后的认知；（枪的）照门

In **hindsight**, the governor has taken the right step.

九阴真经

People looked at the policy, each with their own different **hindsight**.

esprit de l'escalier 事后的灵光乍现

The plaintiff was afflicted with **esprit de l'escalier** after a trial on his way home.

I always experience **esprit de l'escalier** while playing chess.

retrospective [ˌretrə'spektɪv] *n.* 回顾展 *adj.* 回顾的；怀旧的；追溯的

There is a **retrospective** exhibition in Beijing.

His **retrospective** report might be useful.

The planner made a **retrospective** analysis of what went wrong.

in retrospect [ɪn 'retrəˌspekt] 回顾

In retrospect, we should have saved money for the trying time.

Part 3 识记单词 / 词组

impartiality [ˌɪmpɑːrʃɪ'ælətɪ] *n.* 公平；不偏不倚

neutrality [nuː'trælətɪ] *n.* 中立

neutral ['nuːtrəl] *adj.* 中立的；中立国的 *n.* 中立国；非彩色

grab sb.'s attention 吸引（某人的）注意

how does...grab you? 你对……是否感兴趣?

up for grabs 提供给任何人

Neptune ['neptjuːn] *n.* 海王星

Neptunian [nep'tjʊnɪən] *adj.* 海神的；海王星的

crony ['krəʊnɪ] *n.* 亲朋好友；亲信

preferential [ˌprefə'renʃl] *adj.* 优先的；优惠的

Lesson 169

Part 1 主力单词

refulgence [rɪ'fʌldʒəns] *n.* 亮丽；堂皇

The **refulgence** of a full moon shone upon my face.

We had a cup of coffee in the glorious **refulgence** of a summer afternoon.

Students who major in acting are jealous of her talent, her energy, her grace, her pure **refulgence** onstage.

refulgent [rɪˈfʌldʒənt] *adj.* 十分明亮的；灿烂的

The great wall is a reminder of China's **refulgent** history.

brighten [ˈbraɪtn] *v.*（使）明亮；（使）快乐；有趣

The candle **brightens** a dark room.

The criminal's hope of probation was first **brightened**, then dimmed.

effulgence [ɪˈfʌldʒəns] *n.* 灿烂的光；强光

The **effulgence** radiates from Heaven, brightening my gloomy and malicious soul on a lonely night.

effulgent [ɪˈfʌldʒənt] *adj.* 光彩夺目的；光芒四射的

We sat on chairs and watched the **effulgent** canopy of stars at night in the backyard that ravished us.

radiance [ˈreɪdɪəns] *n.* 发光；光彩照人；辐射

The **radiance** of sunlight dispels the mist.

Her **radiance** and sanguine personality were tonics while we toiled in the office.

incandescent [ˌɪnkənˈdesənt] *adj.* 白炽的；强烈的；极好的

The **incandescent** coals of the campfire shone upon our faces.

Inferior qualities of the company's staples might cause power galvanized customers to file a lawsuit with **incandescent** rage.

fluorescent [flʊˈresənt, flə-] *adj.* 荧光的

The algae in the Florida sea shimmered **fluorescent**-blue light.

luminosity [ˌluːmɪˈnɒsətɪ] n 亮光；天空的物体散发出的能量

The medium ascertains the iconoclast's state of health from the color and **luminosity** of the aura.

illuminate [ɪˈluːmɪneɪt] *v.* 为……照明；阐明

The facade of the building has been **illuminated** by LED lights from the translucent windows inside.

chatoyant [ʃəˈtɔɪənt] *n.* 猫眼石；变光宝石 *adj.* 可变光泽的

There are **chatoyant** diamonds.

Kids play with **chatoyant** beads.

iridescent [ˌɪrɪˈdesənt] *adj.* 彩虹色的；灿烂光辉的

The metallic element has an **iridescent** nature.

The shell is **iridescent**.

opalescent [ˌəupəˈlesnt] *adj.* 乳白的；发乳白光的

The **opalescent** windows were widely used at a time.

• Words in sentences 句中单词 •

onstage [ˌɑnˈsteɪdʒ] *adj.* 舞台上的；表演的 *adv.* 上台；上场

candle [ˈkændl] *n.* 蜡烛；遗嘱验证

malicious [məˈlɪʃəs] *adj.* 恶毒的；想伤人的

canopy [ˈkænəpɪ] *v.* 用顶篷遮盖 *n.* 顶罩；罩篷；树冠层

ravish [ˈrævɪʃ] *v.* 使狂喜；使陶醉（intoxicate）

tonic [ˈtɑnɪk] *n.* 补药；主音 *adj.* 有活力的；主音的；紧张的

staple [ˈsteɪpl] *v.* 用订书钉装订 *n.* 订书钉；主食 *adj.* 主要的；基本的

algae [ˈældʒiː] *n.* 水藻；藻类

alga [ˈælgə] *n.* 海藻（单数）

shimmer [ˈʃɪmə] *v.* 发出微弱的闪光；闪烁 *n.* 闪烁的光

iconoclast [aɪˈkɑnəklæst] *n.* 挑战传统信仰的人；异教徒（历史）

translucent [trænzˈluːsnt] *adj.* 半透明的

Part 2 补充单词

witless [ˈwɪtlɪs] *adj.* 愚蠢的

It will be **witless** to attack a lion with bare hands.

opaque [əuˈpeɪk] *n.* 不透明体；不透明颜料 *adj.* 不透明的；晦涩的

Opaque wine is better than a translucent one.

The scholar can understand the **opaque** prose of the Qin dynasty.

musk [mʌsk] *n.* 麝香；发出麝香味的植物

infertility [ˌɪnfərˈtɪlɪtɪ] *n.* 不育；贫瘠

The major side effect of **musk** is **infertility**.

musky [ˈmʌskɪ] *adj.* 麝香的；麝香味的

The **musky** coffee beans are very expensive.

diaphanous [daɪˈæfənəs] *adj.* 轻薄透明的；精致的；模糊的

The insects have **diaphanous** wings.

The painting has **diaphanous** landscapes of the city, Phoenix.

Only **diaphanous** hope is left for us to wait for rescue on this remote island.

cicada [sɪˈkeɪdə] *n.* 蝉

The **diaphanous** future, just as a **cicada's** wing, is too fragile to withstand being taken apart.

murky [ˈmɜːrkɪ] *adj.* 黑暗的；不清楚的；肮脏的

ascertain [ˌæsərˈteɪn] *v.* 确信；弄清

The company has **murky** ownership. Nobody can **ascertain** whether or not it is a tool of the Russian government.

iconoclastic [aɪˌkɑːnəˈklæstɪk] *adj.* 反传统的；反对偶像崇拜的

The atheist wrote an **iconoclastic** book.

turbid [ˈtɜːrbɪd] *adj.* 浑浊的；紊乱的

I don't drink the **turbid** water in the creek.

She is very indecisive with her **turbid** thoughts.

She ran through **turbid** smoke and got rescued.

turbidity [tɜːrˈbɪdətɪ] *n.* 浊度；混浊度

Lakes contain larger quantities of **turbidity** and bacteria than groundwaters.

turgid [ˈtɜːrdʒɪd] *adj.* 枯燥无味的；晦涩难懂的；肿胀的

The **turgid** libretto in an opera was used to intrigue the audience.

The police found a **turgid** corpse in a river.

lucent [ˈluːsənt] *adj.* 明亮的；清澈透明的

orb [ɔːrb] *v.* 使成球形；沿轨道运行 *n.* 球；天体；星球

The moon was a **lucent orb** in the night sky.

I washed my hands in a **lucent** stream.

九阴真经

Part 3 识记单词 / 词组

radiant ['reɪdɪənt] *n.* 辐射源；辐射点 *adj.*（热或光）辐射的；发光的

fluorescence [flə'resəns] *n.* 荧光

luminary ['luːmɪnerɪ] *n.*（某一领域的）专家；发出光的物体（太阳、月亮或星星）

opalescence [əupə'lesəns] *n.* 乳光；乳色

opalesce [ˌəupə'les] *v.* 发乳白光

luminescent [ˌlumə'nesənt] *adj.* 发弱光的；发冷光的

luminescence [ˌlumə'nesəns] *n.* 发光；光辉

luminesce [ˌlumə'nes] *v.* 发冷光

luminous ['luːmɪnəs] *adj.* 光亮的；夜光的；启发的

luminous clothing 夜光服

incandescent love 炽热的爱

transparent [træns'pærənt] *adj.* 透明的

translucence [træns'lʊsns] *n.* 半透明

infertile [ɪn'fɜːrtl] *adj.* 不孕的；不肥沃的

crescent ['kresənt] *n.* 弦月形状 *adj.* 弦月形的；逐渐增加的

outage ['aʊtɪdʒ] *n* 停电（等）期间

stapler ['steɪplər] *n.* 订书机

diaphaneity [ˌdaɪəfə'nɪətɪ] *n.* 透明度

murkiness ['mɜːrkɪnɪs] *n.* 晦涩

turbidity current 浊流

Lesson 170

Part 1 主力单词

sweat [swet] *v.* 流汗 *n.* 汗水；辛苦工作；（运动时或非正式场合穿的）运动服；（在物体表面凝结成的）水珠；水汽

After jogging I am **sweating**.

Mammals use **sweat** glands to modify body temperature.

Twentieth-century woman appears to regard sunlight as a kind of cosmetic effulgence with a light aphrodisiac content...Men, of course, just go on **sweating** in it from century to century. (from John Wyndham, British science-fiction writer)

perspire [pər'spaɪər] *v.* 出汗；发汗

He has a fever and **perspires** a lot. I can see the bed is wet.

exudate ['eksəˌdeɪt] *n.* 流出物；分泌液

The blood **exudates** were composed of serum, fibrin, and white blood cells which release from blood vessels into a superficial lesion or area of inflammation.

swelter ['sweltər] *v.* 热得出汗 *n.* 热得难受

We toiled on a **sweltering** summer day.

The top floor of the building always **swelters** at noon in summer.

• Words in sentences 句中单词 •

sweat gland 汗腺

serum ['sɪrəm] *n.* 血清

fibrin ['faɪbrɪn] *n.* 纤维蛋白

lesion ['liːʒən] *n.* 损伤

inflammation [ˌɪnflə'meɪʃən] *n.* 发炎

Part 2 补充单词 / 词组

air conditioner 空气调节装置；冷气机

We sweltered inside the car without the **air conditioner**.

logarithm ['lɔːgərɪðəm] *n.* 对数

The **logarithm** of 8 to the base 2 is 3, since = 8.

logarithmic [ˌlɔːgə'rɪðmɪk] *adj.* 对数的

The rating scale of earthquakes is **logarithmic**.

diatom ['daɪətəm] *n.* 硅藻

The cell wall of the **diatom** is composed primarily of silica, which provides rigidity.

九阴真经

plankton [ˈplæŋktən] *n.* 浮游生物

Whales feed on **plankton** or other tiny Antarctic shrimps.

phytoplankton [ˌfaɪtəʊˈplæŋktən] *n.* 浮游植物；浮游藻

Phytoplankton, minute floating plants, are the food for most marine organisms.

Part 3 识记单词

perspiration [ˌpɜːrspəˈreɪʃn] *n.* 汗珠；排汗

Lesson 171

Part 1 主力单词

throb [θrɑb] *v.* 跳动；振动（身体部位） *n.* 抽痛

Our hearts **throbbed** together under the same ether.

My leg cramps and its ligaments and tendons **throb** with pain.

pulse [pʌls] *v.* 跳动；搏动 *n.* 脉搏；脉率

The jets of blood were **pulsing** from my comrade's gunshot wounds. His immediate premature death has been an indelible scar on my memory.

The induction detector generates a rapid **pulse** of electricity, creating a magnetic field to detect metal which is extremely useful in terms of a treasure hunt in the sea bottom.

pulses [ˈpʌlsɪz] *n.* 脉冲

The putrid flesh **pulses** with bacterial activity.

pulsate [ˈpʌlseɪt] *v.* 有规律地跳动；充满（激情或活力）

The emissions of light Quasars seem to **pulsate** when being observed from the highly amplified telescope.

It was a **pulsating**, rapturous moment for crowds when Tony kicked the ball into the net, scoring the winning goal.

pound [paʊnd] *v.* 连续重击；捣碎 *n.* 英镑；磅

My heart was **pounding** with euphoria when I saw my beloved in a crowded train station.

• Words in sentences 句中单词 / 词组 •

cramp [kræmp] *v.* 束缚；妨碍 *n.* 痉挛；抽筋；(女性经期的) 腹绞痛

ligament [ˈlɪɡəmənt] *n.* 韧带

tendon [ˈtendən] *n.* 腱；肌腱

induction [ɪnˈdʌkʃn] *n.* 就职；入门；接纳会员

in terms of 从……方面来说

quasar [ˈkweɪzɑːr] *n.* 类星体

euphoria [jʊˈfɔːrɪə] *n.* 欣喜；异常兴奋

Part 2 补充单词 / 词组

inductive [ɪnˈdʌktɪv] *adj.* 感受产生的；【逻】归纳的；【电】感应的

obtrusion [əbˈtruːʒən] *n.* 闯入；强行提出；莽撞

What are we to make of luck in our methodology of science? In the **inductive** view, luck strikes me as completely inexplicable, it can arise only from the gratuitous **obtrusion** of something utterly unexpected upon the senses. (Peter Medawar, Brazilian-born British biologist)

obtrude [ɑbˈtruːd, əb-] *v.* 强迫；打扰 (impose)

My girlfriend hates to **obtrude** her troubles on her classmates.

The kid was **obtruded** by these haunting thoughts.

She is too nosy **obtruding** my affairs.

obtrusive [ɑbˈtruːsɪv, əb-] *adj.* 出风头的；突出的

The waiter who knew his place was attentive without being **obtrusive**.

I dislike **obtrusive** TV commercials.

Her **obtrusive** behavior catches our eyes.

The temple has **obtrusive** edges on the roof.

unobtrusive [ˌʌnəbˈtruːsɪv] *adj.* 不引人注目的；不招摇的

His artwork is **unobtrusive**, nothing special.

It is difficult for her to become a star with her **unobtrusive** appearance.

euphony [ˈjʊfənɪ] *n.* 悦耳语音；谐音

She plays the violin with an appealing **euphony**.

warble [ˈwɔːrbl] *v.*（鸟）啭鸣；用柔和的颤音唱歌 *n.* 鸟啭；颤声

Birds **warble** in the maple trees.

The singer **warbled** on the stage.

cerulean [səˈruːlɪən] *adj.* 天蓝色的

warbler [ˈwɔːrblər] *n.* 鸣禽；歌手

cerulean warbler 蓝莺

I can hear a **cerulean warbler** singing.

We lie on the grassland under a **cerulean** sky.

Anna wore **cerulean** blue clothes.

Part 3 识记单词 / 词组

pulsation [pʌlˈseɪʃən] *n.* 搏动；脉动

palpitate [ˈpælpɪˌteɪt] *v.* 悸动（心脏）

palpitant [ˈpælpɪtənt] *adj.* 悸动的；发抖的

induct [ɪnˈdʌkt] *v.* 使正式就任；将……安置于座位；使入门

inductive reasoning 归纳推理

take sb.'s pulse 测（某人的）脉搏

have/keep your finger on the pulse 了解最新变化（进展）

set someone's pulse racing 使激动

pound away at sth./sb. 对……施加压力；批评；劝说

Lesson 172

Part 1 主力单词

sturdy [ˈstɜːrdɪ] *adj.* 强壮的；坚决的

The bulldog has a **sturdy** physique.

The general ordered his soldiers to launch missiles as a counterattack with **sturdy** determination.

robust [rəʊˈbʌst] *adj.* 强壮的；耐用的；粗糙的

The two bodyguards look very **robust.**

Germany has a **robust** economy.

burly [ˈbɜːrlɪ] *adj.* 高大结实的；魁梧的

The **burly** male actor looks ridiculous with his tight effeminate pink dress.

stout [staʊt] *n.* 烈性黑啤酒 *adj.* 粗壮结实的；不屈不挠的

He is not tall but **stout**.

mighty [ˈmaɪtɪ] *adj.* 强大的；非凡的 *adv.* 很；非常

Far better it is to dare **mighty** things, to win glorious triumphs, even though checkered by failure, than to take rank with those poor spirits who neither enjoy much nor suffer much, because they lie in the gray twilight that knows not victory nor defeat. (from Theodore Roosevelt, U.S. president)

durable [ˈdʊrəbl] *n.* 耐用品；耐久品 *adj.* 持久的；耐久的

The battery is more **durable** than others.

husky [ˈhʌskɪ] *n.* 爱斯基摩狗 *adj.* 高大健壮的；粗哑低沉的

The **husky** black man defeated his opponent in a boxing ring.

steadfast [ˈstedfæst] *adj.* 坚定的；不动摇的

The attack on Pearl Harbor was plotted in secrecy, waged without mercy. Out of that surprise attack grew a **steadfast** resolve that made America freedom's defender, and that mission—our great calling—continues to this hour as the brave men and women of our military fight the forces of terror in Afghanistan and around the world. (from George W. Bush, U.S. governor and president)

Japan seems to be a **steadfast** ally of the United States.

unwavering [ʌnˈweɪvərɪŋ] *adj.* 不动摇的

A punch of farmers pledges **unwavering** support to the landlord.

stalwart [ˈstɔːlwərt] *n.*（政党等组织的）忠诚拥护者 *adj.* 强壮的；忠诚的

The **stalwart** politician has a **stalwart** political sense. He is the only one who can twist **stalwart** soldiers around his little finger.

portly [ˈpɔːrtlɪ] *adj.* 肥胖的；个头大的

He is a **portly** gentleman who clearly lacks exercise.

sinewy [ˈsɪnjuːɪ] *adj.* 强壮的；结实的

The big guy has **sinewy** hands.

九阴真经

The **sinewy** steak is hard to chew.

sinew [ˈsɪnjuː] *n.* 肌腱；力量的来源；支柱

The genius reveals his astonishing intellectual **sinew**.

Social welfare and insurance provide the **sinew** of better living.

Money is the **sinews** of love, as of war. (George Farquhar, Irish dramatist)

His love for his family is the **sinew** of his endeavor.

hale [heɪl] *adj.* 健壮的（尤指老人）；强拉

The **hale** old man climbs every day.

The police **haled** the murderer to the execution site.

• Words in sentences 句中单词 / 词组 •

bulldog [ˈbʊldɔːg] *n.* 斗牛犬

effeminate [ɪˈfemənɪt] *adj.* 女性化的

far better 更好

take rank with... 和……站在相同的位置或地位

twist somebody around your little finger 玩弄于股掌之间

Part 2 补充单词

checkered [ˈtʃekərd] *adj.* 盛衰多变的；有不同颜色格子图案的

checker [ˈtʃekər] *v.* 使呈现成方形图案；使盛衰无常 *n.* 方形图案；检查员；收银员

He has been a manager and a clerk in his **checkered** career.

Do you like green and white **checkered tiles**?

tile [taɪl] *v.* 用瓦盖；贴砖于；平铺 *n.* 瓷砖；排水瓦管；瓦沟

tessellate [ˈtesəleɪt] *v.* 镶嵌；合起来刚好

The **tiles tessellate** each other neatly.

tessellated [ˈtesəleɪtɪd] *adj.* 嵌成花纹的；镶嵌细工的

The church floor is **tessellated** with slabs of black and white marble.

tessera ['tesərə] *n.* （小块大理石、玻璃、砖瓦做的）镶嵌物

tesserae ['tesəriː] *n.* 入场券；镶嵌物（复数）

Some **tesserae** in ancient pillars were carved out.

scramble ['skræmbl] *v.* 爬；攀登；争抢；弄乱 *n.* 摩托车越野赛；炒（蛋）；攀爬

They **scrambled** for the best seats in the auditorium.

The climber **scrambled** over the rock.

The emperor sent explorers to **scramble** for Africa to find the legendary magic scepter.

Your hair will look like a bird's nest if you **scramble** it.

decrypt [dɪ'krɪpt] *v.* 解密；破译密码

They **scrambled** information for the computer to **decrypt**.

Part 3 识记单词 / 词组

feeble ['fiːbl] *adj.* 虚弱的；无效的

frail [freɪl] *adj.* 瘦弱的；易损的

the hope so frail 希望渺茫

rickety ['rɪkətɪ] *adj.* 摇摇晃晃的；不结实的（rickety chair 不结实的椅子）

husk [hʌsk] *v.* 去壳；去皮 *n.*（种子或果实的）外壳

durables ['djʊrəbls] *n.* 耐用消费品

decryption [dɪ'krɪpʃn] *n.* 解密；译码

encrypt [ɪn'krɪpt] *v.* 加密

encryption [ɪn'krɪpʃn] *n.* 加密；加密（技）术

Lesson 173

Part 1 主力单词

topple ['tɑːpl] *v.*（使）倒塌；推翻 *n.* 颠覆（政权）

The hurricane **toppled** trees and a building, killing a teenager in Texas.

九阴真经

The mob **toppled** the dictator and changed the entire trajectory of the nation's history.

crumble [ˈkrʌmbl] *v.* （使）粉碎；破碎；坍塌；（开始渐渐）衰退 *n.* 酥皮水果甜点心

The Ottoman Empire **crumbled** in 1922.

Crumbled marriage is a perennial problem nowadays.

oust [aʊst] *v.* 革职；罢免

The dictator has been **ousted** and banished to another country.

I don't think quantity can **oust** quality.

unseat [ʌnˈsiːt] *v.* （尤指通过选举）罢免；使移位

It is out of the question to **unseat** Trump whose popularity has just risen.

The bucking stallion almost **unseated** the rider.

dethrone [ˌdiːˈθrəʊn] *v.* 废黜；推翻（国王或女王）

The monarch was **dethroned** and decapitated in an uprising.

dislodge [dɪsˈlɑdʒ] *v.* 移开；挤下去

The massive mudslide had **dislodged** a great multitude of trees and rocks.

The camper uses a shovel to **dislodge** a small rock which sticks out of the ground before laying his tent.

He tries to elbow the senator out and **dislodge** him.

usurp [juːˈzɜːrp] *v.* 篡夺；侵权

The crown prince couldn't wait any longer and decided to **usurp** the throne.

The writer **usurped** his life story with her consent.

The prejudice of white police **usurps** his calmness.

usurpation [ˌjuːzɜːrˈpeɪʃn] *n.* 篡夺；侵权

He was charged with the **usurpation** of private property.

• Words in sentences 句中单词 / 词组 •

Ottoman Empire　奥斯曼帝国

ottoman [ˈɑtəmən] *n.* 长椅；坐垫

buck [bʌk] *v.* （马）弓背跳跃；猛然震荡；反抗 *n.*（一）美元；雄性动物；雄鹿

stallion ['stæljən] *n.* 种马

uprising ['ʌpraɪzɪŋ] *n.* 起义；暴动

camper ['kæmpər] *n.* 露营者

elbow ['elbəʊ] *v.* 用肘推 *n.* 肘

elbow sb. out 排挤；使……离开（职位或工作）

Part 2 补充单词

consecrate ['kɑːnsɪkreɪt] *v.* 使圣化；把……奉为神圣

The church was **consecrated** as a holy place.

Tomas was **consecrated** as a bishop.

The generous man **consecrated** all his money to an orphanage.

parsnip ['pɑːrsnɪp] *n.* 欧洲防风草

Parsnip is a **perennial** plant.

perennial [pə'reniəl] *n.* 多年生植物 *adj.* 长期存在的；反复的

Unemployment is a **perennial** problem in this country.

The resurrection of the leading actor is a **perennial** theme.

pillory ['pɪləri] *v.* 公开批评；抨击 *n.* 木枷

decapitate [dɪ'kæpɪteɪt] *v.* 砍头；斩首；解雇

He was placed in the **pillory** and mocked by the crowd before being **decapitated**.

The judge who doesn't have enough social experience is **pilloried** in the newspaper for his moronic sentence.

nudge [nʌdʒ] *v.*（用肘）轻推；推动；达到 *n.* 轻触；轻推

He **nudges** the cat off the desk.

The shortage of soybean supply **nudges** the price higher.

Kids are laughing and **nudging** each other.

She has wrinkles and must be **nudging** 40 now.

Part 3 识记单词 / 词组

tumble ['tʌmbl] *v.*（使）跌倒；倒塌；骤降 *n.* 跌倒；暴跌；混乱的一堆

九阴真经

stumble [ˈstʌmbl] *v.* 绊脚；蹒跚而行；（不顺畅地）说 *n.* 失足；过失

overthrow [ˌəʊvərˈθrəʊ, ˈəʊvərθrəʊ] *v.* 推翻；打倒 *n.* 推翻；打倒

depose [dɪˈpəʊz] *v.* 罢免；废黜

enthrone [ɪnˈθrəʊn] *v.* 使登基；使即位

inaugurate [ɪˈnɔːgjəreɪt] *v.* 为（某人）举行就职典礼；引进；开始

bring down 使……垮台；绊倒……

break down （系统或关系）崩溃；（讨论）失败

perennial problems 长期的问题

buck the system 反抗现存体制

buck the trend （尤指经济上）逆潮流

buck (sb./sth.) up 高兴起来；使高兴起来

fine words butter no parsnips 花言巧语是无用的

decapitation [dɪˌkæpɪˈteɪʃn] *n.* 斩首；立即免职

behead [bɪˈhed] *v.* 斩首

give sb. the elbow 甩掉；和（恋人）分手

Lesson 174

Part 1 主力单词

ineffable [ɪnˈefəbəl] *adj.* 说不出的；难以形容的

The police showered **ineffable** contempt upon the felony in every way they could.

A look of **ineffable** joy passed over her face which consoled my heart.

The makeup transfigured her whose beauty was **ineffable**.

indescribable [ˌɪndɪˈskraɪbəbəl] *adj.* 难以形容的

I felt **indescribable** loneliness in the desert at night while watching myriad stars.

unutterable [ʌnˈʌtərəbəl] *adj.* 非言语所能形容的；说不出的

The **unutterable** pain and woes filled my soul because there was no way out.

unspeakable [ʌnˈspiːkəbəl] *adj.* 不能以言语表达的；令人讨厌的

She talked me out of it with **unspeakable** strength of persuasion.

• Words in sentences 句中单词 / 词组 •

felony [ˈfelənɪ] *n.* 重罪

talk someone out of 叫某人不要做

Part 2 补充单词

auspicious [ɔːˈspɪʃəs] *adj.* 吉兆的；幸运的；兴盛的

The stock market is overestimated. The outlook of it is not **auspicious**.

auspice [ˈɔːspɪs] *n.* 预兆；吉兆；（以飞鸟行动为根据的）占卜；赞助

He interprets her smile as an **auspice** that she will accept his invitation.

North Vietnam finally defeated the U.S. under the **auspices** of China.

propitious [prəˈpɪʃəs] *adj.* 吉祥的；有利的；（神等）慈悲的

He waits for the **propitious** moment to give her the birthday present.

Now is not the **propitious** time to travel.

transfigure [trænsˈfɪgjər] *v.* 美化；使变形；使改观

Her face seemed **transfigured** by ecstasy.

University life has seemingly **transfigured** his ambition.

junket [ˈdʒʌŋkɪt] *n.* 公费旅游；宴会；凝乳食品

These government officials have been criticized for expensive **junkets** to European countries.

numismatic [ˌnuːmɪzˈmætɪk] *adj.* 钱币的；徽章的

The trader imported valuable gems, diamonds, antiques, and **numismatic** coins.

numismatist [nuːˈmɪzmətɪst] *n.* 货币学者；古币研究家（或收藏家）

He is a **numismatist** selling ancient coins.

tame [teɪm] *v.* 驯化；使顺从 *adj.* 驯服的；温顺的

Wild horses are hard to **tame**.

Cows and sheep are **tame** animals.

Wild horses are hard to **tame**.

Cows and sheep are **tame** animals.

九阴真经

ovine [ˈəʊvaɪn] *adj.* 似绵羊的

His **ovine** friends ran away before a fight.

paraphrase [ˈpærəfreɪz] *v.* 改述 *n.* 解释

The teacher asked us to **paraphrase** the sentence.

rust [rʌst] *v.* 生锈 *n.* 迟钝；荒废

smut [smʌt] *v.* 弄脏；害上黑穗病 *n.* 黑穗病；淫秽作品

Sugarcane grows both **rust** and **smut** fungi.

Steel **rusts** on the surface.

rusty [ˈrʌstɪ] *adj.* 生锈的；迟钝的；荒废的

The antique copper figurine is **rusty** and full of **patina**.

patina [pəˈtɪnə] *n.* 绿锈；古色；神态；表层

The buyer is fascinated by the aesthetic **patina** of the ceramic.

The boss of the mafia has a **patina** of stability.

She applied a **patina** of strawberry jam on a piece of toast.

customary [ˈkʌstəmerɪ] *n.*【律】习惯法汇编 *adj.* 习惯上的；惯常的

problematic [ˌprɑbləˈmætɪk] *adj.* 有问题的

The country's **customary** corruption is **problematic**.

lioness [ˈlaɪənes] *n.* 母狮

cub [kʌb] *v.* 生育（幼兽） *n.*（熊、狮、虎、狼等的）幼兽；（不成熟的）小青年；学徒

Lionesses usually take care of their **cubs** for two years.

wean [wiːn] *v.* 使断奶；使戒掉

Cubs are **weaned** at six months.

whelp [hwelp, welp] *v.* 下崽 *n.* 幼兽（如幼虎、幼狼等）

The wolf **whelped** in April.